*Aquele que confia nas suas
riquezas cairá, porém os honestos
prosperarão como as folhagens.*

Provérbios 11:28 (NTLH)

DIREITO PENAL
PARTE GERAL

PAULO SUMARIVA

DIREITO PENAL

PARTE GERAL

QUESTÕES COMENTADAS E QUADROS SINÓTICOS

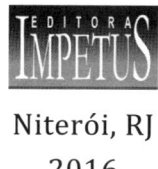

Niterói, RJ
2016

 © 2016, Editora Impetus Ltda.

Editora Impetus Ltda.

Rua Alexandre Moura, 51 – Gragoatá – Niterói – RJ

CEP: 24210-200 – Telefax: (21) 2621-7007

Conselho Editorial
Ana Paula Caldeira • Benjamin Cesar de Azevedo Costa
Ed Luiz Ferrari • Eugênio Rosa de Araújo • Fábio Zambitte Ibrahim
Fernanda Pontes Pimentel • Izequias Estevam dos Santos
Marcelo Leonardo Tavares • Renato Monteiro de Aquino
Rogério Greco • William Douglas

Projeto Gráfico: Editora Impetus Ltda.

Editoração Eletrônica: Editora Impetus Ltda.

Capa: Claudio Duque

Revisão de Português: Carmem Becker

Impressão e Encadernação: Edelbra Indústria Gráfica Ltda.

S955d
    Sumariva, Paulo
        Direito penal : parte geral / Paulo Sumariva. – Niterói, RJ : Impetus, 2016.
        440 p.; 16 x 23 cm.
        ISBN: 978-85-7626-907-6
        1. Direito penal. I. Título.
                                          CDD – 345.81

O autor é seu professor; respeite-o: não faça cópia ilegal.

TODOS OS DIREITOS RESERVADOS – É proibida a reprodução, salvo pequenos trechos, mencionando-se a fonte. A violação dos direitos autorais (Lei nº 9.610/1998) é crime (art. 184 do Código Penal). Depósito legal na Biblioteca Nacional, conforme Decreto nº 1.825, de 20/12/1907.

A **Editora Impetus** informa que quaisquer vícios do produto concernentes aos conceitos doutrinários, às concepções ideológicas, às referências, à originalidade e à atualização da obra são de total responsabilidade do autor/atualizador.

www.impetus.com.br

Dedicatória

*A minha esposa Gracieli,
minha filha Lorena,
meus pais Emerson e Salomé,
meus irmãos Raquel e Emerson Júnior
e a todos os meus alunos.*

O Autor

- Doutor em Direito pela Universidade Metropolitana de Santos – Unimes
- Mestre em Direito pela Universidade de Franca
- Delegado de Polícia da Polícia Civil de São Paulo
- Professor de Direito Penal, Processo Penal, Criminologia e Legislação Penal Especial da Rede de Ensino LFG, Curso IOB/Concursos, Centro Universitário de Rio Preto/Unirp (graduação e pós-graduação) e Grupo Atame de Pós-Graduação – Goiânia, Brasília e Cuiabá
- Professor, por concurso, da Academia de Polícia Civil de São Paulo

Nota do Autor

Apresento ao cenário jurídico a nossa nova obra de Direito Penal. Neste volume abordamos a Parte Geral do Direito Penal, trazendo o que existe de mais novo no campo doutrinário e jurisprudencial. Faço isso após quase duas décadas lecionando Direito Penal nos cursos de graduação e de pós-graduação. Fruto das minhas aulas no Centro Universitário de Rio Preto, onde leciono desde 1998, além das aulas na Unicastelo em Fernandópolis, bem como nos cursos de Pós--Graduação pelo Brasil e nos preparatórios para concursos públicos da Rede de Ensino LFG, IOB/Concursos e dos extintos Praetorium-BH e Marcato, procurei trazer de maneira didática os assuntos utilizados na seara criminal pelo profissional do Direito. Ainda, compilei inúmeras questões de concursos públicos, comentando cada uma delas.

Minha experiência profissional de mais de duas décadas como Delegado de Polícia da Polícia Civil de São Paulo e professor da Academia de Polícia Civil contribuiu para a elaboração deste trabalho, trazendo conteúdo com dicas e perguntas. Procurei lançar os últimos testes cobrados em Exames da Ordem dos Advogados do Brasil e nos principais concursos públicos, abordando, por completo, todos os assuntos relevantes no campo penal.

Além disso, esta obra ficará marcada pelo importante momento de minha vida em que ela foi gerada. Não resta dúvida que a família é a baliza única de sustentação de qualquer pessoa. Com isso, num caminho de vida que jamais pensava trilhar, a elaboração deste livro ajudou a pessoa que mais amo a superar seus limites e vencer paulatinamente àquele que tentava levar o seu bem maior. O auxílio nas pesquisas e na elaboração dos textos fez com que ela esquecesse, dentro do possível, o mal, e se dedicasse a algo útil e eterno. Esta obra ficará marcada pela vitória da saúde e início de uma nova visão de vida.

Deixo aqui minha contribuição aos operadores do Direito. Registro que é uma obra escrita com total seriedade científica, visando a apresentar ao leitor uma leitura legalista do Direito Penal brasileiro.

A todos, meu forte abraço.

Paulo Sumariva
São José do Rio Preto/SP

Sumário

Capítulo 1 – Introdução ao Direito Penal 1
1.1. Conceito de Direito Penal 1
1.2. As Fontes do Direito Penal 3
1.3. As Funções do Direito Penal 4
1.4. Objeto do Direito Penal 5
1.5. Características da Lei Penal 5
1.6. Classificação das Leis Penais 5
1.7. Norma Penal em Branco 6
    1.7.1. Classificação das normas penais em branco 6
1.8. Interpretação da Lei Penal 7
    1.8.1. Espécies de interpretação da lei penal 7
        1.8.1.1. Quanto à origem 7
        1.8.1.2. Quanto ao modo 7
        1.8.1.3. Quanto ao resultado 7
    1.8.2. Interpretação analógica e analogia 8
1.9. Classificação das Infrações Penais 8
1.10. Sujeito Ativo 9
1.11. Sujeito Passivo 10
    1.11.1. Espécies de sujeito passivo 10
1.12. Objetividade Jurídica 10
1.13. Objeto Material 11
1.14. Classificação Doutrinária de Crime 11
1.15. Síntese 15
1.16. Questões de Prova 19

Capítulo 2 – Princípios Fundamentais de Direito Penal 21
2.1. Princípio da Insignificância 21
    2.1.1. Princípio da insignificância e os crimes de contrabando e descaminho 23
    2.1.2. Delitos em que a jurisprudência não aceita a aplicação do princípio da insignificância 25
2.2. Princípio da Lesividade ou Ofensividade 25
2.3. Princípio da Intervenção Mínima 26
    2.3.1. Vertentes do princípio da intervenção mínima 27
2.4. Princípio da Fragmentariedade 27
2.5. Princípio da Subsidiariedade 28
2.6. Princípio da Adequação Social 28
2.7. Princípio da Proporcionalidade 29
2.8. Princípio da Culpabilidade 29
2.9. Princípio da Humanidade 30
2.10. Princípio da Pessoalidade da Pena 30
2.11. Princípio da Individualização da Pena 30
2.12. Princípio da Responsabilidade Penal pelo Fato 31
2.13. Síntese 32
2.14. Questões de Prova 33

Capítulo 3 – Aplicação da Lei Penal 37
3.1. Princípio da Legalidade 37
    3.1.1. Princípio da legalidade e seus fundamentos 39
3.2. Lei Penal no Tempo 39
    3.2.1. Retroatividade da lei penal benéfica 40
    3.2.2. Vigência da lei e sua aplicação 41
    3.2.3. Revogação da lei 41
3.3. Conflito Intertemporal de Leis 42
    3.3.1. Hipóteses de conflito intertemporal de leis 42
        3.3.1.1. *Abolitio criminis* 42
        3.3.1.2. *Novatio legis in mellius* 42
        3.3.1.3. *Novatio legis in pejus* 42
        3.3.1.4. *Novatio legis* incriminadora 42
        3.3.1.5. Princípio da continuidade normativo-típico 43
3.4. Lei Excepcional ou Temporária 43
3.5. Tempo do Crime 44
3.6. Conflito Aparente de Leis Penais 44

3.6.1. Princípio da especialidade...45
3.6.2. Princípio da subsidiariedade..45
3.6.3. Princípio da consunção...46
    3.6.3.1. Espécies da consunção..46
3.6.4. Princípio da alternatividade...48
3.7. Eficácia da Lei Penal no Espaço..48
3.7.1. Princípios para aplicação da norma penal.................................48
3.7.2. Extensão do território brasileiro..49
3.8. Lugar do Crime...50
3.9. Extraterritorialidade..50
3.9.1. Princípios para aplicação da extraterritorialidade...................50
3.10. Pena Cumprida no Estrangeiro..53
3.11. Lei Penal em Relação às Pessoas..53
3.11.1. Imunidades diplomáticas..53
3.11.2. Imunidades parlamentares...54
    3.11.2.1. Imunidade para a prisão...55
    3.11.2.2. Imunidade para o processo..55
    3.11.2.3. Imunidades dos vereadores...56
3.12. Eficácia de Sentença Estrangeira...56
3.13. Contagem de Prazo..57
3.14. Síntese...57
3.15. Questões de Prova...61

Capítulo 4 – Teoria Geral do Crime 69
4.1. Introdução..69
4.2. Conceito de Crime..69
4.2.1. Conceito formal de crime...69
4.2.2. Conceito material de crime..70
4.2.3. Conceito analítico de crime...70
4.3. Fato Típico..70
4.4. Conduta...71
4.4.1. Conduta dolosa ou culposa..71
4.4.2. Conduta comissiva e omissiva...72
    4.4.2.1. Espécies de crimes omissivos..72
4.4.3. Ausência de voluntariedade..73
4.4.4. Teorias da conduta...74
    4.4.4.1. Teoria causal ou naturalista...74
    4.4.4.2. Teoria finalista..75
    4.4.4.3. Teoria social da ação..76

4.5. Resultado 76
    4.5.1. Teorias do Resultado 76
        4.5.1.1. Teoria naturalística 76
        4.5.1.2. Teoria normativa 77
4.6. Nexo de Causalidade 77
    4.6.1. Teoria da equivalência dos antecedentes 78
    4.6.2. Superveniência causal 78
        4.6.2.1. Causas relativamente independentes 79
        4.6.2.2. Causas absolutamente independentes 80
    4.6.3. Teoria da imputação objetiva 80
        4.6.3.1. Requisitos da imputação objetiva 81
        4.6.3.2. Hipóteses de exclusão da imputação objetiva 82
4.7. Tipicidade 82
    4.7.1. Tipo penal e seus elementos 83
    4.7.2. Elementares 83
    4.7.3. Circunstâncias 84
    4.7.4. Classificação dos tipos penais 84
    4.7.5. Espécies de tipo penal 85
    4.7.6. Adequação típica 85
    4.7.7. Tipicidade material 86
    4.7.8. Tipicidade conglobante 86
4.8. Síntese 87
4.9. Questões de Prova 94

Capítulo 5 – Tipo Penal Doloso 101
5.1. Conceito de Dolo 101
5.2. Teorias Sobre o Dolo 101
5.3. Espécies de Dolo 102
5.4. Elementos do Dolo 104
5.5. Síntese 104
5.6. Questões de Prova 106

Capítulo 6 – Tipo Penal Culposo 109
6.1. Introdução 109
6.2. Modalidades de Culpa 110
    6.2.1. Imprudência 110
    6.2.2. Negligência 110
    6.2.3. Imperícia 110

6.3. Elementos do Tipo Culposo 110
6.4. Previsibilidade 111
    6.4.1. Previsibilidade objetiva 111
    6.4.2. Previsibilidade subjetiva 111
6.5. Espécies de Culpa 112
6.6. Graus de Culpa 113
6.7. Compensação de Culpas 113
6.8. Síntese 113
6.9. Questões de Prova 115

Capítulo 7 – Crimes Qualificados pelo Resultado 117
7.1. Conceito 117
7.2. Espécies de Crimes Qualificados pelo Resultado 118
    7.2.1. Conduta dolosa e resultado agravador doloso 118
    7.2.2. Conduta culposa e resultado agravador doloso 118
    7.2.3. Conduta dolosa e resultado agravador culposo 118
    7.2.4. Conduta culposa e resultado agravador culposo 119
7.3. Finalidade do art. 19 do Código Penal 119
7.4. Síntese 120
7.5. Questões de Prova 120

Capítulo 8 – Erro de Tipo 123
8.1. Conceito 123
8.2. Formas de Erro de Tipo 124
    8.2.1. Erro de tipo essencial 124
        8.2.1.1. Consequências do erro de tipo essencial 125
    8.2.2. Espécies de erro de tipo acidental 125
8.3. Erro de Subsunção 128
8.4. Descriminantes Putativas 128
    8.4.1. Consequências das descriminantes putativas 129
8.5. Erro de Tipo e Erro de Direito 129
8.6. Erro de Tipo e Erro de Fato 130
8.7. Síntese 130
8.8. Questões de Prova 131

Capítulo 9 – Crime Consumado e Tentativa...**135**
9.1. Conceito de Crime Consumado 135
9.2. *Iter Criminis* 135
    9.2.1. Teorias de diferenciação dos atos preparatórios para os atos executórios 137
9.3. Consumação nos Crimes 138
9.4. Conceito e Natureza Jurídica da Tentativa.. 139
9.5. Consequência na Aplicação da Pena 139
9.6. Teorias da Tentativa 140
9.7. Espécies de Tentativa 140
9.8. Infrações Penais que não Admitem Tentativa.. 140
9.9. Desistência Voluntária... 141
9.10. Arrependimento Eficaz 142
9.11. Arrependimento Posterior.. 143
    9.11.1. Requisitos do arrependimento posterior.......................................143
    9.11.2. Arrependimento posterior como causa de diminuição de pena 144
    9.11.3. Hipóteses específicas de reparação do dano em que não se aplica a causa de diminuição do art. 16 do Código Penal................ 144
9.12. Crime Impossível... 145
    9.12.1. Ineficácia absoluta do meio 145
    9.12.2. Impropriedade absoluta do objeto 146
    9.12.3. Delito putativo por erro de tipo 146
    9.12.4. Teorias no crime impossível...146
    9.12.5. Súmula nº 145 do Supremo Tribunal Federal e o crime impossível..147
9.13. Síntese... 147
9.14. Questões de Prova 150

Capítulo 10 – Ilicitude **155**
10.1. Conceito.. 155
10.2. Classificação de Ilicitude 155
10.3. Causas Excludentes de Ilicitude 156
10.4. Estado de Necessidade.. 156
    10.4.1. Teorias no estado de necessidade 157
    10.4.2. Requisitos para que a situação de risco configure a excludente...157

- 10.4.3. Requisitos para reconhecimento do estado de necessidade no caso concreto 159
- 10.4.4. Espécies de estado de necessidade 160
- 10.5. Legítima Defesa 160
  - 10.5.1. Requisitos da legítima defesa 160
  - 10.5.2. Não se admite legítima defesa 161
  - 10.5.3. Admite-se legítima defesa 162
  - 10.5.4. Espécies de legítima defesa 162
  - 10.5.5. Excesso na legítima defesa 162
- 10.6. Estrito Cumprimento de Dever Legal 163
  - 10.6.1. Requisitos do estrito cumprimento de dever legal 164
- 10.7. Exercício Regular de Direito 164
  - 10.7.1. Casos específicos 164
    - 10.7.1.1. Ofendículos 164
    - 10.7.1.2. Violência desportiva 165
    - 10.7.1.3. Intervenções médicas e cirúrgicas 165
    - 10.7.1.4. Consentimento do ofendido 166
- 10.8. Excesso nas Excludentes de Ilicitude 166
  - 10.8.1. Excesso doloso 167
  - 10.8.2. Excesso culposo 167
- 10.9. Síntese 167
- 10.10. Questões de Prova 171

Capítulo 11 – Culpabilidade 175

- 11.1. Teorias da Culpabilidade 175
  - 11.1.1. Teoria psicológica 175
  - 11.1.2. Teoria psicológico-normativa 175
  - 11.1.3. Teoria normativa pura 176
- 11.2. Imputabilidade 176
  - 11.2.1. Critérios para definir a inimputabilidade 177
  - 11.2.2. Espécies de inimputabilidade 177
    - 11.2.2.1. Inimputabilidade por doença mental, desenvolvimento mental incompleto ou desenvolvimento mental retardado 177
    - 11.2.2.2. Inimputabilidade por menoridade 178
    - 11.2.2.3. Embriaguez 178
      - 11.2.2.3.1. Fases da embriaguez 180
- 11.3. Emoção e Paixão 180
- 11.4. Potencial Consciência da Ilicitude 180
  - 11.4.1. Erro de proibição 181
    - 11.4.1.1. Espécies de erro de proibição 181

11.5. Exigibilidade de Conduta Diversa 182
    11.5.1. Coação moral irresistível 182
    11.5.2. Obediência hierárquica 183
11.6. Síntese 184
11.7. Questões de Prova 187

Capítulo 12 – Concurso de Agentes 195
12.1. Espécies de Concurso de Agentes 195
12.2. Formas de Concurso de Agentes 196
12.3. Teorias Quanto à Natureza do Concurso de Agentes 196
    12.3.1. Exceções à teoria monista 197
12.4. Requisitos do Concurso de Agentes 197
12.5. Autoria 198
    12.5.1. Espécies de autoria 199
12.6. Participação 201
    12.6.1. Teorias da participação 202
    12.6.2. Tipos de participação 203
12.7. Comunicabilidade e Incomunicabilidade de Elementares e Circunstâncias 204
    12.7.1. Hipóteses de comunicabilidade 204
12.8. Questões Específicas de Concurso de Pessoas 205
    12.8.1. Concurso de pessoas em crime omissivo impróprio 205
    12.8.2. Concurso de pessoas em crime culposo 205
    12.8.3. Concurso de pessoas em crime próprio e de mão própria 205
12.9. Síntese 206
12.10. Questões de Prova 209

Capítulo 13 – Penas 215
13.1. Conceito 215
13.2. Características da Pena 215
13.3. Teorias da Finalidade da Pena 216
13.4. Finalidades na Aplicação e na Execução da Pena 216
13.5. Princípios Fundamentais Relacionados à Pena 217
    13.5.1. Princípio da legalidade ou reserva legal 217
    13.5.2. Princípio da personalidade, intransmissibilidade, intranscendência ou responsabilidade pessoal 218
    13.5.3. Princípio da individualização da pena 218

13.5.4. Princípio da proporcionalidade..219
13.5.5. Princípio da inderrogabilidade ou inevitabilidade da pena........219
13.5.6. Princípio da dignidade da pessoa humana................................219
13.6. Espécies de Pena.. 220
13.7. Penas Privativas de Liberdade 220
　13.7.1. Regimes nas penas privativas de liberdade 220
　　13.7.1.1. Regras do regime fechado...222
　　13.7.1.2. Regras do regime semiaberto..222
　　13.7.1.3. Regras do regime aberto 222
　13.7.2. Regime inicial 223
　　13.7.2.1. Reclusão...223
　　13.7.2.2. Detenção 224
　　13.7.2.3. Prisão simples 224
　13.7.3. Progressão de regime 224
　　13.7.3.1. Critérios para progressão de regime............................225
　　13.7.3.2. Progressão de regime e cometimento de falta grave....225
　13.7.4. Regressão de regime 226
　　13.7.4.1. Hipóteses de regressão de regime................................226
　13.7.5. Direitos do preso...227
　13.7.6. Trabalho do preso 227
　13.7.7. Remição..227
　　13.7.7.1. Contagem do tempo..227
　13.7.8. Superveniência de doença mental...228
　13.7.9. Detração penal 229
　　13.7.9.1. Detração penal e a fixação do regime inicial de
　　　　　　 cumprimento da pena..229
　　13.7.9.2. Detração penal e prisão provisória em outro
　　　　　　 processo 230
13.8. Penas Restritivas de Direitos 230
　13.8.1. Características das penas restritivas de direitos 231
　13.8.2. Requisitos para aplicação das penas restritivas de direitos........232
　13.8.3. Questões específicas...233
　13.8.4. Espécies de penas restritivas de direitos.....................................233
　　13.8.4.1. Prestação pecuniária...234
　　13.8.4.2. Perda de bens e valores 234
　　13.8.4.3. Prestação de serviço à comunidade ou a entidades
　　　　　　 públicas 235
　　13.8.4.4. Interdição temporária de direitos................................235
　　13.8.4.5. Limitação de fim de semana...236
　13.8.5. Conversão da pena restritiva de direitos em privativa de
　　　　 liberdade..236

13.9. Pena de Multa.. 236
    13.9.1. Fixação da pena de multa...237
    13.9.2. Pagamento da multa..238
13.10. Síntese 239
13.11. Questões de Prova 247

Capítulo 14 – Aplicação da Pena Privativa de Liberdade 257
14.1. Etapas de Aplicação da Pena Privativa de Liberdade................ 257
14.2. Fases da Aplicação da Pena.. 258
    14.2.1. Cálculo da pena...258
    14.2.2. Fixação da pena intermediária 260
        14.2.2.1. Circunstâncias agravantes 261
        14.2.2.2. Reincidência..261
            14.2.2.2.1. Requisitos para reincidência............. 261
            14.2.2.2.2. Hipóteses que não se consideram para efeito de reincidência 262
            14.2.2.2.3. Espécies de reincidência 263
            14.2.2.2.4. Efeitos da reincidência....................... 263
        14.2.2.3. Outras circunstâncias agravantes...................264
        14.2.2.4. Agravantes no caso de concurso de pessoas...269
        14.2.2.5. Circunstâncias atenuantes 270
        14.2.2.6. Circunstâncias atenuantes inominadas 272
        14.2.2.7. Concurso de circunstâncias agravantes com atenuantes... 273
    14.2.3. Aplicação das causas de aumento e de diminuição de pena.... 273
        14.2.3.1. Concurso de causas de aumento e de diminuição de pena..274
14.3. Fixação Final da Pena 275
14.4. Síntese 276
14.5. Questões de Prova 282

Capítulo 15 – Concurso de Crimes...289
15.1. Conceito.. 289
15.2. Sistemas de Aplicação da Pena... 289
    15.2.1. Sistema do cúmulo material..289
    15.2.2. Sistema da exasperação 289
    15.2.3. Sistema da absorção 290
15.3. Concurso Material.. 290
    15.3.1. Classificação de concurso material 291
    15.3.2. Aplicação de penas no concurso material 291

15.4. Concurso Formal 292
    15.4.1. Classificação de concurso formal 292
    15.4.2. Aplicação de penas no concurso formal de crimes 293
15.5. Crime Continuado 294
    15.5.1. Requisitos do crime continuado 294
    15.5.2. Crime continuado e unidade de desígnios 295
    15.5.3. Teorias no crime continuado 295
15.6. Concurso de Crimes e Pena de Multa 296
15.7. Concurso de Crimes e Juizados Especiais Criminais 296
15.8. Concurso de Crimes e Prescrição 297
15.9. Síntese 297
15.10. Questões de Prova 299

Capítulo 16 – Suspensão Condicional da Pena 305
16.1. Conceito de Suspensão Condicional da Pena – *Sursis* 305
16.2. Requisitos do *Sursis* 306
16.3. Sistemas 307
16.4. Espécies de *Sursis* 307
16.5. Suspensão Condicional da Pena e os Crimes Hediondos 310
16.6. Revogação do *Sursis* 310
    16.6.1. Revogação obrigatória 310
    16.6.2. Revogação facultativa 311
16.7. Prorrogação do Período de Prova 312
16.8. Cassação da Suspensão Condicional da Pena 312
16.9. Extinção 313
16.10. Diferença entre Suspensão Condicional da Pena e a Suspensão Condicional do Processo 313
16.11. *Sursis* Sucessivos e Simultâneos 314
16.12. Síntese 314
16.13. Questões de Prova 317

Capítulo 17 – Livramento Condicional 319
17.1. Conceito 319
17.2. Requisitos do Livramento Condicional 320
    17.2.1. Requisitos objetivos 320
    17.2.2. Requisitos subjetivos 321

17.3. Condições 322
    17.3.1. Condições obrigatórias 322
    17.3.2. Condições facultativas 323
17.4. Rito Procedimental do Livramento Condicional 323
17.5. Revogação 324
    17.5.1. Revogação obrigatória 324
    17.5.2. Revogação facultativa 324
17.6. Prorrogação 325
17.7. Suspensão 325
17.8. Extinção da Pena 326
17.9. Livramento Condicional Humanitário 326
17.10. Síntese 326
17.11. Questões de Prova 329

Capítulo 18 – Efeitos da Condenação 333
18.1. Classificação dos Efeitos da Condenação 333
18.2. Efeitos Secundários da Condenação 333
    18.2.1. Efeitos secundários de natureza penal 333
    18.2.2. Efeitos secundários de natureza extrapenal 334
        18.2.2.1. Genéricos 334
        18.2.2.2. Específicos 336
18.3. Síntese 338
18.4. Questões de Prova 340

Capítulo 19 – Reabilitação 343
19.1. Conceito 343
19.2. Efeitos da Reabilitação 343
19.3. Natureza Jurídica 344
19.4. Requisitos 344
19.5. Pluralidade de Condenações 345
19.6. Recurso 345
19.7. Competência 346
19.8. Procedimento 346
19.9. Revogação da Reabilitação 346
19.10. Síntese 347
19.11. Questões de Prova 348

Capítulo 20 – Das Medidas de Segurança **351**

20.1. Conceito 351

20.2. Sistemas 351

20.3. Pressupostos 352

20.4. Espécies de Medida de Segurança 353

    20.4.1. Medida de segurança detentiva 353

    20.4.2. Medida de segurança restritiva 353

    20.4.3. Desinternação ou liberação condicional 354

20.5. Medida de Segurança ao Inimputável 354

20.6. Medida de Segurança ao Semi-Imputável 355

20.7. Superveniência de Doença Mental 355

20.8. Medidas de Segurança e Prescrição 356

20.9. Extinção da Medida de Segurança 356

20.10. Síntese 356

20.11. Questões de Prova 358

Capítulo 21 – Da Ação Penal **361**

21.1. Introdução 361

21.2. Condições da Ação 362

    21.2.1. Condições da ação genéricas 362

    21.2.2. Condições da ação específicas 363

21.3. Espécies de Ação Penal 363

    21.3.1. Espécies de ação penal pública 364

    21.3.2. Espécies de ação penal privada 364

21.4. Princípios Aplicados na Ação Penal 365

    21.4.1. Princípios aplicados na ação penal de iniciativa pública 365

    21.4.2. Princípios aplicados na ação penal de iniciativa privada 366

21.5. Ação Penal nos Crimes Complexos 367

21.6. Ação Penal nos Crimes Contra a Dignidade Sexual 367

21.7. Ação Penal nos Crimes Contra a Honra 367

21.8. Síntese 368

21.9. Questões de Prova 370

Capítulo 22 – Da Extinção da Punibilidade **373**

22.1. Conceito de Punibilidade 373

22.2. Causas Extintivas da Punibilidade 373

22.3. Morte Do Agente 374

22.4. Anistia, Graça ou Indulto 375
    22.4.1. Anistia 375
    22.4.2. Graça 376
    22.4.3. Indulto 377
22.5. Retroatividade de Lei que não mais Considera o Fato Como Criminoso 378
22.6. Prescrição, Decadência ou Perempção 379
    22.6.1. Decadência 379
    22.6.2. Decadência e alguns tipos penais 380
    22.6.3. Perempção 381
    22.6.4. Prescrição 382
        22.6.4.1. Espécie de prescrição 383
        22.6.4.2. Prescrição da pretensão punitiva propriamente dita ou em abstrato 383
        22.6.4.3. Efeitos da prescrição da pretensão punitiva propriamente dita ou em abstrato 384
        22.6.4.4. Contagem do prazo prescricional 385
        22.6.4.5. Prescrição da pretensão punitiva retroativa 386
        22.6.4.6. Prescrição da pretensão punitiva intercorrente ou superveniente 386
        22.6.4.7. Prescrição da pretensão executória 387
        22.6.4.8. Causas suspensivas e interruptivas da prescrição 387
        22.6.4.9. Causas suspensivas 388
        22.6.4.10. Causas interruptivas 389
        22.6.4.11. Prescrição da pena restritiva de direitos 389
        22.6.4.12. Prescrição da pena de multa 389
        22.6.4.13. Prescrição da pretensão punitiva da pena de multa 390
        22.6.4.14. Prescrição da pretensão executória da pena de multa 390
        22.6.4.15. Prescrição antecipada, virtual ou em perspectiva 390
22.7. Renúncia ao Direito de Queixa ou ao Perdão Aceito, nos Crimes de Ação Privada 391
    22.7.1. Renúncia 391
    22.7.2. Espécies de renúncia 392
    22.7.3. Perdão do ofendido 392
    22.7.4. Espécie de perdão 393
22.8. Retratação do Agente 393
22.9. Perdão Judicial 394
22.10. Síntese 396
22.11. Questões de Prova 404

Bibliografia 409

Capítulo 1

Introdução ao Direito Penal

1.1. CONCEITO DE DIREITO PENAL

O Direito Penal é o ramo do Direito Público dedicado às normas emanadas pelo legislador com a finalidade repressiva do delito e preservativa da sociedade. É aplicado através da pena.

O Direito Penal distingue-se em:

- **Direito Penal objetivo** – que é o conjunto de normas impostas pelo Estado, a cuja observância os indivíduos podem ser compelidos mediante coerção. É o conjunto de normas que a todos vincula, constituindo um padrão de comportamento, em razão do qual se dirá se uma conduta é correta ou incorreta no plano jurídico;

- **Direito penal subjetivo** – que se refere à titularidade única e exclusiva do Estado de punir as condutas elencadas como criminosas. Dessa forma, o Estado é o único titular do "direito de punir" – *jus puniendi*. A legítima defesa não é exceção ao monopólio estatal de punir, porque na legítima defesa o agente está se defendendo, e não punindo.

Podemos ainda classificar o Direito Penal em:

- **Direito Penal de Emergência** – que se refere ao atendimento de demandas de criminalização, onde o Estado cria normas de repressão, ignorando garantias do cidadão, com o intuito de devolver o sentimento de tranquilidade para a sociedade, como por exemplo, a criação da Lei dos Crimes Hediondos;

- **Direito Penal Simbólico** – representa a fatia do Direito Penal que cria leis sem qualquer eficácia jurídica ou social;
- **Direito Penal Promocional, ou Político ou Demagogo** – o Estado, visando à consecução de seus objetivos políticos, emprega as leis penais desconsiderando o princípio da intervenção mínima. Podemos citar como exemplo a criação da contravenção penal de mendicância, em que o Estado, ao invés de melhorar políticas públicas, utilizou o Direito Penal para punir quem praticasse tal conduta;
- **Direito Penal de Primeira Velocidade** – está relacionado aos crimes graves penalizados com penas privativas de liberdade, de modo que o processo é demorado porque os direitos e garantias processuais não são flexibilizados;
- **Direito Penal de Segunda Velocidade** – refere-se às infrações menos graves e que não geram penas privativas de liberdade, o que permite a flexibilização dos direitos e garantias processuais. Tem como característica a substituição da pena de prisão por penas alternativas. É o chamado Direito Penal Reparador;
- **Direito Penal de Terceira Velocidade** – ficou marcado pelo resgate da pena de prisão por excelência, além de flexibilizar e suprimir diversas garantias penais e processuais penais. Trata-se de uma mescla entre as velocidades acima, utilizando a pena privativa de liberdade (Direito Penal de Primeira Velocidade), mas permitindo a flexibilização de garantias materiais e processuais (Direito Penal de Segunda Velocidade);
- **Direito Penal de Quarta Velocidade** – diz respeito aos crimes praticados por quem é ou já foi Chefe de Estado, que violam tratados sobre direitos humanos e são julgados no Tribunal Internacional Penal, não estando, portanto, ligado ao tempo de punir;
- **Direito Penal Paralelo** – para Eugênio Raul Zaffaroni, o sistema penal paralelo é exercido por agências que não fazem parte do discurso manifesto do sistema penal, mas que, como aquelas, exercem poder punitivo. Com isso, punem com impetuosidade: banimento de atletas pelas federações esportivas em caso de doping;

sanções administrativas que inviabilizam empreendimentos comerciais, multas de trânsito de elevado valor, entre outras;[1]

- **Direito Penal Subterrâneo** – trata-se do exercício arbitrário da lei pelos próprios agentes do Estado, através da prática de diversos delitos, como por exemplo: execuções sem processo, tortura e sequestro. Eugênio Raul Zaffaroni assevera que o Direito Penal Subterrâneo é exercido pelas agências executivas de controle, pertencentes ao Estado, à margem da lei e de maneira violenta e arbitrária, contando com a participação ativa ou passiva, em maior ou menor grau, dos demais operadores que compõem o sistema penal;[2]

- **Direito Penal do Inimigo** – a teoria do Direito Penal do Inimigo foi proposta por Günter Jakobs, um doutrinador alemão, em 1985. Segundo essa teoria, o Direito Penal tem a função primordial de proteger a norma e só indiretamente tutelaria os bens jurídicos mais fundamentais.

O autor alemão procura fazer uma distinção entre o Direito Penal do Cidadão e o Direito Penal do Inimigo, sendo o primeiro garantista, seguindo todos os princípios fundamentais de um Estado Democrático de Direito que lhe são pertinentes, isto é, a contar com todas as garantias penais e processuais, observando na integralidade o devido processo legal (é o Direito Penal de todos), enquanto o Direito Penal do Inimigo é um Direito Penal despreocupado de seus princípios fundamentais, já que estaríamos diante de inimigos do Estado e não de cidadãos. O Direito Penal do Inimigo caracteriza um verdadeiro estado de guerra, em que as regras do jogo devem ser diferentes para o cidadão do bem e o inimigo.

1.2. AS FONTES DO DIREITO PENAL

Fonte é a origem da norma.

As fontes no Direito Penal podem ser materiais ou formais.

---

[1] ZAFFARONI, Eugênio Raul; BATISTA, Nilo; ALAGIA, Alejandro; SLOKAR, Alejandro. *Direito penal brasileiro*, p. 69-70.
[2] ZAFFARONI, Eugênio Raul; BATISTA, Nilo; ALAGIA, Alejandro; SLOKAR, Alejandro. *Direito penal brasileiro*, p. 52-53.

a) **Fontes materiais ou de produção** – do Direito Penal é o Estado, isto é, compete à União legislar sobre Direito Penal, conforme o art. 22, inc. I, da Constituição Federal. Os Estados podem legislar excepcionalmente e somente em relação a questões específicas (art. 22, parágrafo único, Constituição Federal);
b) **Fontes formais** – que se subdividem-se em: fontes imediatas e fontes mediatas.
   - **Fontes formais imediatas** – são as leis penais. Só existe crime se há lei anterior que descreva uma conduta típica e estabeleça uma pena para aqueles que a realizam;
   - **Fontes formais mediatas** – são:
     - **Costumes** – conjunto de normas de comportamento que as pessoas obedecem de maneira uniforme, convictos da sua obrigatoriedade. É possível a aplicação dos costumes no Direito Penal brasileiro desde que seja para interpretar a lei;
     - **Princípios gerais do direito** – "são regras que se encontram na consciência dos povos e são universalmente aceitas, mesmo que não escritas".[3]

> **ATENÇÃO!**
> Costume e princípios gerais do direito não criam crime, em razão do princípio constitucional da reserva legal.

1.3. AS FUNÇÕES DO DIREITO PENAL

Atualmente, os funcionalistas discutem a função do Direito Penal. Temos:

a) **Funcionalismo teleológico, de Claus Roxin** – o fim do Direito Penal é assegurar bens jurídicos indispensáveis à convivência social;
b) **Funcionalismo sistêmico, de Gunther Jakobs** – o fim do Direito Penal é resguardar o império da norma, o sistema, o direito posto;

---
3 GONÇALVES, Carlos Roberto. *Direito civil brasileiro*. p. 53.

c) **Funcionalismo redutor, de Eugênio Raul Zaffaroni** – a função do Direito Penal passa a ser apenas a de impor freio à arbitrariedade estatal, à violência institucional.

O Tribunal Penal Internacional – TPI, de acordo com o art. 1º do Estatuto de Roma, tem aplicação subsidiária, ou seja, complementar. Só é aplicado quando o Estado falhar.

O Estatuto de Roma consagrou o principio da complementaridade, isto é, o TPI não pode intervir indevidamente nos sistemas judiciais nacionais, que continuam tendo responsabilidade de investigar, processar e julgar os crimes cometidos nos seus limites territoriais, salvo nos casos em que o Estado se demonstre incapaz ou não demonstre efetiva vontade de punir seus criminosos.

1.4. OBJETO DO DIREITO PENAL

O Direito Penal tem como objeto a conduta voluntária do homem, pois só ele é capaz de realizar atos com a consciência de seu fim. Neste contexto é que o Direito Penal dirige seus comandos legais ao homem, ordenando ou proibindo que pratique algo. Assim, a normatividade jurídico-penal está restrita às atividades finais humanas.

1.5. CARACTERÍSTICAS DA LEI PENAL

A lei penal apresenta as seguintes características:

a) **exclusividade** – só a lei penal define crime e comina penas;

b) **imperatividade** – a lei penal é imposta a todos, ou seja, praticado um fato típico, o Estado deve buscar a aplicação da pena;

c) **generalidade** – a lei penal deve ser aplicada, indistintamente, a todos;

d) **impessoalidade** – a lei penal é abstrata, isto é, deve ser aplicada a fatos futuros.

1.6. CLASSIFICAÇÃO DAS LEIS PENAIS

As leis penais são classificadas em incriminadoras e não incriminadoras.

a) **Leis penais incriminadoras** – são as normas que descrevem condutas e penas puníveis e impõem a sanção;

b) **Leis penais não incriminadoras** – podem ser: **permissivas** – são normas que permitem que o agente pratique uma conduta descrita em uma norma penal incriminadora, mas não pratique crime, ou seja, quando há ressalvas. Ex.: as hipóteses previstas no art. 150, § 3º, do Código Penal – que não configuram crime de violação de domicílio; **explicativas** – são aquelas normas que esclarecem o conteúdo de outras normas. Ex.: o conceito de funcionário público contido no art. 327 do Código Penal.

1.7. NORMA PENAL EM BRANCO

Norma penal em branco é aquela que exige complementação a ser dada por outra norma de nível igual ou diverso.

Norma penal incriminadora em branco é aquela cuja pena é determinada, mas seu conteúdo permanece indeterminado.

1.7.1. Classificação das normas penais em branco

As normas penais em branco podem ser no sentido:

- **Norma penal em branco imprópria ou em sentido amplo ou homogênea** – é aquela em que o complemento é determinado pela mesma fonte formal da lei punitiva. O órgão encarregado de elaborar o complemento é o mesmo editor da lei penal incriminadora em branco (homogeneidade de fontes, que podem vir de norma igual ou superior, porém advêm da União). Ex.: o art. 237 do Código Penal tipifica como crime o conhecimento prévio de impedimento de contrair casamento que cause nulidade absoluta. Encontramos os impedimentos para o casamento no art. 1.521 do Código Civil;

- **Norma penal em branco própria ou em sentido estrito ou heterogênea** – é aquela cujo complemento está contido em norma procedente de outra instância legislativa (fontes legislativas heterogêneas, que podem ser diversas da União). Ex.: o art. 269 do Código Penal tipifica como crime a omissão

do médico de denunciar à autoridade pública doença cuja notificação é compulsória. Entretanto, quem determina o rol de doenças que devem ser notificadas é a vigilância sanitária.
- **Norma penal em branco inverso ou ao avesso** – é aquela que tem a definição da conduta criminosa – preceito primário, mas não tem definição da pena – preceito secundário. Ex.: crime de genocídio, que está previsto no art. 1º da Lei nº 2.889/56, mas a pena deve ser complementada pelo Código Penal.

1.8. INTERPRETAÇÃO DA LEI PENAL

A interpretação da lei penal consiste em buscar na norma penal seu real significado e alcance. Busca-se, então, exclusivamente a vontade da lei.

1.8.1. Espécies de interpretação da lei penal

1.8.1.1. Quanto à origem

A interpretação da lei penal pode ser:
a) **autêntica ou legislativa** – quando realizada pelo próprio órgão responsável pela elaboração do texto legal;
b) **doutrinária** – é aquela realizada pelos estudiosos do Direito;
c) **jurisprudencial** – é aquela realizada pelos tribunais e juízes em suas decisões.

1.8.1.2. Quanto ao modo

A interpretação da lei penal pode ser:
a) **gramatical ou literal** – considera o sentido literal das palavras contidas no texto legal;
b) **teleológica** – que leva em consideração a vontade da lei, observando os fins a que se destina.

1.8.1.3. Quanto ao resultado

A interpretação da lei penal pode ser:
a) **declarativa** – quando há correspondência entre o texto legal e a vontade do legislador;

b) **restritiva** – quando o texto legal disse mais do que queria o legislador. A interpretação deverá restringir seu alcance;

c) **extensiva** – quando o texto legal disse menos do que queria o legislador. A interpretação deverá ampliar seu alcance.

1.8.2. Interpretação analógica e analogia

A **interpretação analógica** ocorre quando o próprio texto da lei indica a aplicação da analogia em relação a alguma circunstância, ou seja, após uma sequência casuística, o legislador se vale de uma fórmula genérica, que deve ser interpretada de acordo com os casos anteriores. Surge da própria vontade da lei e é aceita pelo Direito Penal. Ex.: o crime de estelionato pode ser praticado mediante artifício, ardil ou **qualquer outro meio fraudulento**.

A **analogia** tem a finalidade de abranger fatos semelhantes não previstos em lei, isto é, o fato não é disposto em nenhuma norma e, por isso aplica-se uma norma de caso análogo. Analogia é forma de integração da lei penal, e não de interpretação. A analogia pode ser: **analogia *in bonam partem*** – quando é aplicada em benefício do réu; **analogia *in malam partem*** – quando é aplicada em prejuízo do réu. Não se aplica analogia no Direito Penal, salvo se for para beneficiar o réu – analogia *in bonam partem*.

PRINCIPAL DISTINÇÃO	
ANALOGIA	INTERPRETAÇÃO ANALÓGICA
Não há norma reguladora para a hipótese.	Existe norma regulando a hipótese, mas de forma genérica e por isso demanda a interpretação.

1.9. CLASSIFICAÇÃO DAS INFRAÇÕES PENAIS

No Brasil as infrações penais estão divididas em crimes ou delitos e contravenções.

O art. 1º da Lei de Introdução ao Código Penal define **crime** como a infração penal a que a lei comina pena de reclusão ou de detenção, quer isoladamente, quer alternativa ou cumulativamente com a pena de multa e a **contravenção** é a infração penal a que a lei comina, isoladamente, pena de prisão simples ou de multa, ou ambas, alternativa ou cumulativamente.

Podemos, ainda, destacar as principais diferenças entre crimes e contravenções:

a) crimes podem ser por meio de ação penal pública condicionada ou incondicionada e ação penal privada; enquanto contravenções só o podem ser por meio de ação penal pública incondicionada;

b) nos crimes a tentativa é punida, enquanto nas contravenções não se pune a forma tentada;

c) os crimes podem ocorrer na forma dolosa ou culposa, conforme previsão legal, enquanto as contravenções só na forma dolosa;

d) a pena máxima prevista para os crimes é de 30 anos, enquanto para as contravenções é de 5 anos.

PRINCIPAIS DIFERENÇAS	
CRIME	**CONTRAVENÇAO**
Pode ser por: – ação penal pública condicionada. – ação penal pública incondicionada. – ação penal privada.	**Somente** por ação penal pública incondicionada.
Admite-se tentativa.	**Não** cabe tentativa.
Pode ocorrer na forma dolosa ou culposa.	**Somente** na forma dolosa.
Pena máxima 30 anos.	Pena máxima 5 anos.

Importante frisar que todas as contravenções penais são processadas e julgadas pela Justiça Comum Estadual, mesmo que atinjam bens, serviços ou interesses da União. Isso ocorre em virtude do art. 109, IV, da Constituição Federal, que excluí a competência da Justiça Federal para o julgamento das contravenções penais. Entretanto, encontramos uma exceção, que ocorre quando o autor da contravenção tiver foro especial por prerrogativa de função na Justiça Federal.

1.10. SUJEITO ATIVO

O sujeito ativo ou agente é a pessoa que pratica o delito. É quem pratica a conduta descrita na norma penal incriminadora.

A regra é que só a pessoa humana, maior de 18 anos de idade, pode ser sujeito ativo de uma infração penal.

A pessoa jurídica, de acordo com o art. 225, § 3º, da Constituição Federal, excepcionalmente, poderá praticar crime, quando realizar condutas e atividades consideradas lesivas ao meio ambiente, o que sujeitará os infratores, pessoas físicas ou jurídicas, a sanções penais e administrativas, independentemente da obrigação de reparar o dano. Regulamentando as disposições constitucionais, a Lei nº 9605/98, expressamente em seu texto trouxe a possibilidade da pessoa jurídica ser sujeito ativo da infração penal contra o meio ambiente.

> **ATENÇÃO!**
> Ninguém pode ser ao mesmo tempo sujeito ativo e passivo de uma conduta típica.

1.11. SUJEITO PASSIVO

Sujeito passivo é a pessoa que sofre os efeitos do crime. É o titular do bem jurídico ofendido pela conduta típica.

1.11.1. Espécies de sujeito passivo

As espécies de sujeito passivo são:

a) **sujeito passivo material ou eventual** – é o titular do bem jurídico ofendido ou ameaçado, podendo ser o homem, o Estado, a pessoa jurídica e a coletividade;

b) **sujeito passivo formal ou constante** – é o Estado, pois é o titular da ordem proibitiva da conduta típica.

> **ATENÇÃO!**
> O morto não pode ser sujeito passivo, por não ser titular de direitos, mas pode ser objeto material do delito.

1.12. OBJETIVIDADE JURÍDICA

A objetividade jurídica do crime é o interesse sobre o qual a conduta típica recai. É o bem que a lei busca proteger quando incrimina determinada conduta. Ex.: no crime de furto, a objetividade jurídica é o patrimônio.

1.13. OBJETO MATERIAL

O objeto material do crime é a pessoa ou a coisa sobre a qual recai a conduta delituosa. Ex.: no crime de furto, o objeto material é a coisa alheia móvel subtraída.

> **ATENÇÃO!**
> No crime de falso testemunho não há objeto material.

1.14. CLASSIFICAÇÃO DOUTRINÁRIA DE CRIME

- **Crime comum** – aquele que pode ser praticado por qualquer pessoa. Ex.: furto;
- **Crime próprio** – é aquele que exige qualidade ou característica pessoal para o sujeito ativo. Ex.: infanticídio;
- **Crime de mão-própria** – é aquele que só pode ser cometido pelo sujeito em pessoa. Ex.: prevaricação;
- **Crime bipróprio** – é aquele que exige uma qualidade especial tanto do sujeito ativo como do passivo. Ex.: infanticídio;
- **Crime de dano**: é aquele que só se consuma com a efetiva lesão do bem jurídico. Ex.: homicídio;
- **Crime de perigo** – é aquele que se consuma com a mera possibilidade de dano. Ex.: perigo para vida ou saúde de outrem;
- **Crime de perigo abstrato** – é aquele em que a lei descreve uma conduta e presume que o agente, ao realizá-la, expõe o bem jurídico a risco. Ex.: rixa;
- **Crime de perigo concreto** – é aquele em que a situação de perigo deve ser provada, ou seja, que o perigo efetivamente ocorreu;
- **Crime de perigo individual** – é aquele que expõe a risco o interesse de uma determinada pessoa. Ex.: perigo de contágio venéreo;
- **Crime de perigo comum** – é aquele que expõe a risco número indeterminado de pessoa. Ex.: explosão;

Capítulo 1

- **Crime material** – é aquele que o resultado naturalístico é necessário para sua consumação. Ex.: homicídio;
- **Crime formal** – é aquele que menciona a conduta e o resultado naturalístico, mas a ocorrência deste é dispensável para sua consumação. Ex.: concussão;
- **Crime de mera conduta** – é aquele em que a lei descreve apenas uma conduta. A consumação se dá no momento da prática da conduta. Ex.: desobediência;
- **Crime instantâneo** – é aquele em que a consumação ocorre em um só instante. Ex.: estupro;
- **Crime permanente** – é aquele em que a consumação se prolonga no tempo por vontade do agente. Ex.: sequestro;
- **Crime instantâneo de efeitos permanentes** – é aquele cujos efeitos se prolongam no tempo, independentemente da vontade do agente. Ex.: homicídio;
- **Crime a prazo** – aquele em que a consumação depende de um determinado lapso de tempo. Ex.: sequestro – art. 148, § 1º, inc. III, do Código Penal;
- **Crime comissivo** – é aquele praticado mediante ação. Ex.: furto;
- **Crime omissivo** – é aquele praticado mediante omissão, ou seja, deixar de fazer alguma coisa;
- **Crime omissivo próprio ou puro** – é aquele em que a omissão é descrita no próprio tipo legal, independentemente de um resultado posterior. Ex.: omissão de socorro;
- **Crime omissivo impróprio ou comissivo por omissão** – é aquele no qual o tipo descreve uma ação, mas há a inércia do agente que tem o dever jurídico de evitar o resultado. Ex.: a mãe que deixa de alimentar o filho, provocando a sua morte por inanição;
- **Crime unissubjetivo** – é aquele praticado por uma só pessoa;
- **Crime plurissubjetivo** – é aquele em que a lei exige a presença de dois ou mais agentes;
- **Crime simples** – é aquele que protege um único bem jurídico. Ex.: homicídio, o qual protege a vida;

- **Crime complexo** – é aquele em que ocorre a fusão de dois ou mais crimes. A norma penal protege dois ou mais bens jurídicos. Ex.: latrocínio;
- **Crime de ação livre** – é aquele que admite vários meios de execução, visto que a lei não exige conduta específica. Ex.: lesão corporal;
- **Crime de ação vinculada** – é aquele em que a lei descreve o meio de execução de maneira pormenorizada. Ex.: curandeirismo;
- **Crime principal** – é aquele que tem existência autônoma, isto é, não depende de outro crime para se configurar. Ex.: furto;
- **Crime acessório** – é aquele que pressupõe a existência de outro crime. Ex.: receptação;
- **Crime unissubsistente** – é aquele cuja conduta é composta por um só ato executório. Ex.: injúria;
- **Crime plurissubsistente** – é aquele cuja conduta é composta de dois ou mais atos executórios. Ex.: homicídio;
- **Crime independente** – é aquele que não está ligado a nenhum outro delito;
- **Crime conexo** – é aquele que está interligado a outra infração e entre quais existe um vínculo qualquer. A conexão pode ser:
  a) **teleológica** – quando praticado para assegurar a execução de outro crime;
  b) **consequencial** – quando praticado para assegurar a ocultação, impunidade ou vantagem de outro crime;
  c) **ocasional** – quando praticado em virtude da oportunidade surgida pela prática de outro crime.
- **Crime à distância** – é aquele cuja conduta ocorre em um país e o resultado em outro país;
- **Crime plurilocal** – é aquele cuja conduta ocorre numa cidade e o resultado em outra cidade, mas dentro do mesmo país;
- **Crime em trânsito** – é aquele em que parte da conduta se dá num país, sem lesar ou expor a perigo bem jurídico de seus cidadãos;
- **Crime progressivo** – é aquele em que o agente, para obter um resultado mais grave, comete um crime menos grave. Ex.: para praticar o homicídio, o agente precisa lesionar a vítima;

- **Crime putativo** – é aquele em que o agente imagina que sua conduta constitui crime, mas na verdade, é um fato atípico;
- **Crime falho** – é aquele em que o agente realiza todo o *iter criminis*, ma não consegue consumar o crime;
- **Crime vago** – é aquele que tem como sujeito passivo entidades sem personalidade jurídica;
- **Crime privilegiado** – é aquele em que o legislador, após a descrição do crime, insere circunstâncias com a finalidade de reduzir a pena;
- **Crime qualificado** – é aquele em que o legislador insere circunstâncias que modificam a própria pena em abstrato para um nível mais elevado;
- **Crime habitual** – é aquele que para ser caracterizado depende de uma reiteração de atos;
- **Crime profissional** – é o crime habitual praticado com ânimo de lucro. Ex.: rufianismo;
- **Crime funcional** – é aquele praticado pelo funcionário público. Pode ser:

    a) crime funcional próprio – é aquele em que a condição de funcionário público é essencial para sua configuração, ou seja, sem esta qualidade não há outro crime;

    b) crime funcional impróprio – é aquele em que a ausência da condição de funcionário público desclassifica-o para outro tipo penal;

- **Crime transeunte** – é aquele que não deixa vestígio;
- **Crime não transeunte** – é aquele que deixa vestígio;
- **Crime de atentado ou de empreendimento** – é aquele em que o próprio tipo penal prevê a tentativa como forma de realização do delito;
- **Crime subsidiário** – é aquele que só é aplicado quando não houver a incidência de outro tipo penal mais grave;
- **Crime gratuito** – é aquele que é praticado sem motivo aparente;

- **Crime de ação única** – é aquele que descreve um único verbo, uma única forma de atuação do agente. Ex.: Furto – subtrair para si ou para outrem;
- **Crime de ação múltipla** – é aquele que descreve vários verbos, ou seja, várias condutas. Ex.: art. 33 da Lei nº 11.343/2006;
- **Crime multitudinário** – é aquele cometido sob a influência de multidão;
- **Crime de opinião** – é aquele que se dá por abuso da liberdade de expressão. Ex.: crimes contra a honra;
- **Crime de domínio** – é o crime doloso regido pela regra do domínio do fato. Caracteriza-se por admitir coautoria, participação, autoria mediata e atuação dolosamente distinta;
- **Crime massificado ou crime de massa** – é aquele cometido contra uma generalidade de pessoas. Ex.: alguns crimes contra a economia popular – venda casada de bens. Os delitos que afetam bens jurídicos difusos, tais como meio ambiente, também são considerados crimes de massa;
- **Crimes de responsabilidade** – estão divididos em:

    a) **crimes de responsabilidade próprios** – trata-se de crimes comuns;

    b) **crimes de responsabilidade impróprios** – que são analisados pelo Poder Legislativo, levando à imposição de sanções políticas.

SÚMULA REFERENTE A CRIMES
Súmula Vinculante nº 46/STF: A definição dos crimes de responsabilidade e o estabelecimento das respectivas normas de processo e julgamento são da competência legislativa privativa da União.

1.15. SÍNTESE

Conceito de Direito Penal	É o ramo do Direito Público dedicado às normas emanadas pelo legislador com a finalidade repressiva do delito e preservativa da sociedade.
Direito Penal Objetivo	É o conjunto de normas que a todos vincula, constituindo um padrão de comportamento, em razão do qual se dirá se uma conduta é correta ou incorreta no plano jurídico.

Capítulo 1

Direito Penal Subjetivo	Refere-se à titularidade única e exclusiva do Estado de punir as condutas elencadas como criminosas. Dessa forma, o Estado é o único titular do "direito de punir" – *jus puniendi*.
Direito Penal de Emergência	Refere-se ao atendimento de demandas de criminalização, em que o Estado cria normas de repressão, ignorando garantias do cidadão, com o intuito de devolver o sentimento de tranquilidade para a sociedade. Ex.: Lei dos Crimes Hediondos.
Direito Penal Simbólico	Representa a fatia do Direito Penal que cria leis sem qualquer eficácia jurídica ou social.
Direito Penal Promocional, ou Político ou Demagogo	O Estado, visando à consecução de seus objetivos políticos, emprega as leis penais desconsiderando o princípio da intervenção mínima. Ex.: a criação da contravenção penal de mendicância, em que o Estado, ao invés de melhorar políticas públicas, utilizou o Direito Penal para punir quem praticasse tal conduta.
Direito Penal de Primeira Velocidade	Relaciona-se aos crimes graves penalizados com penas privativas de liberdade, de modo que o processo é demorado porque os direitos e garantias processuais não são flexibilizados.
Direito Penal de Segunda Velocidade (conhecido como Direito Penal Reparador)	Diz respeito às infrações menos graves e que não geram penas privativas de liberdade, o que permite a flexibilização dos direitos e garantias processuais. Tem como característica a substituição da pena de prisão por penas alternativas.
Direito Penal de Terceira Velocidade	Destaca-se pelo resgate da pena de prisão por excelência, além de flexibilizar e suprimir diversas garantias penais e processuais penais. Trata-se de uma mescla entre o Direito Penal de Primeira Velocidade, mas permitindo a flexibilização de garantias materiais e processuais propostas pelo Direito Penal de Segunda Velocidade.
Direito Penal de Quarta Velocidade	Diz respeito aos crimes praticados por quem é ou já foi Chefe de Estado, que violam tratados sobre direitos humanos e são julgados no Tribunal Internacional Penal, não estando, portanto, ligado ao tempo de punir.
Direito Penal Paralelo	Apresentado por Eugênio Raul Zaffaroni, o sistema penal paralelo é exercido por agências que não fazem parte do discurso manifesto do sistema penal, mas que, como aquelas, exercem poder punitivo.
Direito Penal Subterrâneo	Trata-se do exercício arbitrário da lei pelos próprios agentes do Estado, através da prática de diversos delitos, como por exemplo: execuções sem processo, tortura e sequestro.
Direito Penal do Inimigo	Esta teoria foi proposta por Günter Jakobs, um doutrinador alemão, em 1985. O Direito Penal tem a função primordial de proteger a norma e só indiretamente tutelaria os bens jurídicos mais fundamentais.

Introdução ao Direito Penal

Fontes do Direito Penal	Podem ser:
	a) Fontes materiais ou de produção – do Direito Penal é o Estado, isto é, compete à União legislar sobre Direito Penal, conforme art. 22, inc. I, da Constituição Federal. Os Estados podem legislar excepcionalmente e somente em relação a questões específicas (art. 22, parágrafo único, Constituição Federal).
	b) Fontes formais – subdividem-se em: fontes imediatas e fontes mediatas.
	– **Fontes formais imediatas** – são as leis penais.
	– **Fontes formais mediatas** são:
	   1. **Costumes** – conjunto de normas de comportamento que as pessoas obedecem de maneira uniforme, convictos da sua obrigatoriedade;
	   2. **Princípios gerais do direito** – são regras que estão na consciência do povo e são universalmente aceitas.

Funções do Direito Penal	**a) Funcionalismo Teleológico (Claus Roxin):** o fim do Direito Penal é assegurar bens jurídicos indispensáveis à convivência social; **b) Funcionalismo Sistêmico (Gunther Jakobs):** o fim do Direito Penal é resguardar o império da norma, o sistema, o direito posto; **c) Funcionalismo Redutor (Eugênio Raul Zaffaroni):** a função do Direito Penal passa a ser apenas a de impor freio à arbitrariedade estatal, à violência institucional.
Objeto do Direito Penal	A conduta voluntária do homem, pois só ele é capaz de realizar atos com a consciência de seu fim. O Direito Penal dirige seus comandos legais ao homem, ordenando ou proibindo que se pratique algo.
Características da lei penal	**a) exclusividade** – só a lei penal define crime e comina penas; **b) imperatividade** – a lei penal é imposta a todos; **c) generalidade** – a lei penal deve ser aplicada, indistintamente, a todos; **d) impessoalidade** – a lei penal é abstrata, isto é, deve ser aplicada a fatos futuros.
Classificação das leis penais	**a) leis penais incriminadoras** – são as normas que descrevem condutas e penas puníveis e impõem a sanção. **b) leis penais não incriminadoras** podem ser: **permissivas** – são normas que permitem que o agente pratique uma conduta descrita em uma norma penal incriminadora, mas não pratique crime; **explicativas** – são aquelas normas que esclarecem o conteúdo de outras normas.
Norma penal em branco	É aquela que exige complementação a ser dada por outra norma de nível igual ou diverso.

Classificação das normas penais em branco	**Norma penal em branco imprópria ou em sentido amplo ou homogênea** – é aquela em que o complemento é determinado pela mesma fonte formal da lei punitiva; **Norma penal em branco própria ou em sentido estrito ou heterogênea** – é aquela cujo complemento está contido em norma procedente de outra instância legislativa; **Norma penal em branco inverso ou ao avesso** – é aquela que tem a definição da conduta criminosa – preceito primário, mas não tem definição da pena – preceito secundário.
Espécies de interpretação da lei penal	**Quanto à origem:** a) **autêntica ou legislativa** – quando realizada pelo próprio órgão responsável pela elaboração do texto legal; b) **doutrinária** – é aquela realizada pelos estudiosos do Direito; c) **jurisprudencial** – é aquela realizada pelos tribunais e juízes em suas decisões. **Quanto ao modo:** a) **gramatical ou literal** – considera o sentido literal das palavras contidas no texto legal; b) **teleológica** – leva em consideração a vontade da lei, observando os fins a que se destina. **Quanto ao resultado:** a) **declarativa** – quando há correspondência entre o texto legal e a vontade do legislador; b) **restritiva** – quando o texto legal diz mais do que queria o legislador. A interpretação deverá restringir seu alcance; c) **extensiva** – quando o texto legal diz menos do que queria o legislador. A interpretação deverá ampliar seu alcance.
Interpretação analógica	Quando o próprio texto da lei indica a aplicação da analogia em relação a alguma circunstância, ou seja, após uma sequência casuística, o legislador se vale de uma fórmula genérica, que deve ser interpretada de acordo com os casos anteriores. Ex.: o crime de estelionato pode ser praticado mediante artifício, ardil ou *qualquer outro meio fraudulento*.
Analogia	Tem a finalidade de abranger fatos semelhantes não previstos em lei, isto é, o fato não é disposto em nenhuma norma e, por isso aplica-se uma norma de caso análogo. Pode ser: a) **analogia *in bonam partem*** – quando é aplicada em benefício do réu; b) **analogia *in malam partem*** – quando é aplicada em prejuízo do réu.
Sujeito ativo	É a pessoa que pratica o delito. É quem pratica a conduta descrita na norma penal incriminadora.

Sujeito passivo	É a pessoa que sofre os efeitos do crime. É o titular do bem jurídico ofendido pela conduta típica. Pode ser: **a) sujeito passivo material ou eventual** – é o titular do bem jurídico ofendido ou ameaçado; **b) sujeito passivo formal ou constante** – é o Estado, pois é o titular da ordem proibitiva da conduta típica.
Objetividade jurídica	É o interesse sobre o qual a conduta típica recai. É o bem que a lei busca proteger quando incrimina determinada conduta.
Objeto material do crime	É a pessoa ou a coisa sobre a qual recai a conduta delituosa.

1.16. QUESTÕES DE PROVA

1 – (XI Exame de Ordem Unificado/2013) – O art. 33 da Lei nº 11.343/2006 (Lei Antidrogas) diz: "Importar, exportar, remeter, preparar, produzir, fabricar, adquirir, vender, expor à venda, oferecer, ter em depósito, transportar, trazer consigo, guardar, prescrever, ministrar, entregar a consumo ou fornecer drogas, ainda, que gratuitamente, sem autorização ou em desacordo com determinação legal ou regulamentar. Pena – reclusão de 5 (cinco) a 15 (quinze) anos e pagamento de 500 (quinhentos) a 1.500 (mil e quinhentos) dias-multa.

Analisando o dispositivo acima, pode-se perceber que nele não estão inseridas as espécies de drogas não autorizadas ou que se encontram em desacordo com determinação legal ou regulamentar.

Dessa forma, é correto afirmar que se trata de uma norma penal:

A) em branco homogênea;

B) em branco heterogênea;

C) incompleta (ou secundariamente remetida);

D) em branco inversa (ou ao avesso).

Correta: B

Comentários: *Trata-se de norma penal em branco própria ou em sentido estrito ou heterogêneo, ou seja, aquela cujo complemento está contido em norma procedente de outra instância legislativa (fontes legislativas heterogêneas, que podem ser diversas da União).*

Capítulo 1

2 – (Ministério Público do Estado de São Paulo – 2010) – Assinale a alternativa correta.

A) Crime putativo por erro de tipo pressupõe a suposição errônea do agente sobre a existência da norma penal.

B) Relativamente à tentativa, o Código Penal brasileiro adotou a teoria subjetiva.

C) Crimes funcionais impróprios são aqueles que podem revestir-se de parcial atipicidade.

D) Crimes subsidiários são aqueles para cuja caracterização se faz imprescindível outra norma definidora de suas elementares.

E) Dá-se a ocorrência de crime falho quando o agente, por interferência externa, não consegue praticar todos os atos executórios necessários à consumação.

Correta: C

Comentários: *Crime funcional: é aquele praticado pelo funcionário público. Pode ser: **a)** crime funcional próprio: é aquele que a condição de funcionário público é essencial para sua configuração, ou seja, sem esta qualidade não há outro crime; **b)** crime funcional impróprio: é aquele que a ausência da condição de funcionário público desclassifica-o para outro tipo penal, isto é, pode revestir-se de atipicidade parcial.*

Capítulo 2
Princípios Fundamentais de Direito Penal

O Direito Penal se vale dos princípios para sua efetiva aplicação. Apresentaremos os principais princípios fundamentais de Direito Penal.

2.1. PRINCÍPIO DA INSIGNIFICÂNCIA

O princípio da insignificância surgiu na Europa, precisamente na Alemanha, a partir do século XX, e tem sua origem no Direito Romano. Explica-se o seu aparecimento em razão das crises sociais ocorridas em virtude das duas grandes guerras mundiais. O alto índice de desemprego e a escassez de alimentos provocaram um grande número de pequenos furtos, fato que acabou sendo denominado criminalidade de bagatela. A expressão "princípio da bagatela" foi elaborada por Klaus Tiedemann.

Claus Roxin, jurista alemão, no ano de 1964, elaborou a teoria do princípio da insignificância em matéria criminal, cujo escopo era excluir do âmbito penal as condutas que não apresentam um grau de lesividade mínimo para que se concretize a tipicidade, evitando, assim, que a sanção penal seja imensamente desproporcional ao dano causado pela conduta típica.

O princípio da insignificância ou princípio de bagatela, considerado um instrumento de exclusão da tipicidade, vem tendo os seus contornos desenhados pela doutrina e pela jurisprudência por não contar com norma explícita no Direito Penal brasileiro. Para atrair a aplicação do princípio da insignificância há de se constatar um ataque ao bem jurídico de tal modo irrelevante que não justifique a intervenção do Direito Penal. O princípio da insignificância reclama, portanto, o que se denomina infração bagatelar própria – aquela que já nasce sem nenhuma relevância penal.

Para melhor compreensão, há de se investigar os detalhes que devem apresentar um determinado fato, capaz de torná-lo apto a atrair a incidência do princípio.

O Supremo Tribunal Federal e o Superior Tribunal de Justiça analisam a insignificância do fato sob os seguintes requisitos:

a) ausência de periculosidade social da ação;

b) a mínima ofensividade da conduta do agente, isto é, mínima idoneidade ofensiva da conduta;

c) inexpressividade da lesão jurídica causada;

d) falta de reprovabilidade da conduta.

Presentes esses requisitos é que podemos falar em atipicidade material do fato.

O estudo do principio da insignificância leva ao estudo da tipicidade. Para ter crime, é necessário que tenha fato típico e antijurídico ou fato típico, antijurídico e culpável, dependendo da teoria adotada.

A tipicidade se divide em:

a) **tipicidade formal** – é a adequação perfeita da conduta do agente ao modelo abstrato (tipo) previsto na lei penal;

b) **tipicidade conglobante** – é preciso verificar dois aspectos fundamentais: **1)** se a conduta do agente é antinormativa e **2)** se o fato é materialmente típico (tipicidade material).

Além da necessidade de existir um modelo abstrato que preveja com perfeição a conduta praticada pelo agente, é preciso que, para que ocorra essa adequação, isto é, para que a conduta do agente se amolde com perfeição ao tipo penal, seja levada em consideração a relevância do bem que está sendo objeto de proteção.

O legislador tem em mente os prejuízos relevantes que o comportamento incriminado possa causar à ordem jurídica e social.

Assim, o bem juridicamente protegido pelo Direito Penal deve ser relevante, ficando afastados aqueles considerados inexpressivos.

A tipicidade penal é a conjugação da tipicidade formal com a tipicidade conglobante.

> **ATENÇÃO!**
> O princípio da insignificância não é de aplicação exclusiva aos crimes patrimoniais, ou seja, pode ser aplicado a qualquer espécie de delito que com ele seja compatível.

2.1.1. Princípio da insignificância e os crimes de contrabando e descaminho

Muito se discute sobre a possibilidade e limite de aplicação do princípio da insignificância aos crimes de contrabando e descaminho. Entretanto, antes de analisarmos tal possibilidade, devemos estudar a sua efetiva aplicabilidade nos delitos contra a ordem tributária.

Encontramos na jurisprudência um valor fixado em R$ 10.000,00, tendo como base o art. 20 da Lei nº 10.522/2002. Tal norma determina o arquivamento das execuções fiscais cujo valor consolidado for igual ou inferior a R$ 10.000,00. Assim, o diploma legal citado dispõe que, até o valor de 10 mil reais, os débitos inscritos como Dívida Ativa da União não serão executados. Com isso, não haveria sentido lógico em permitir que alguém seja processado criminalmente pela falta de recolhimento de um tributo que nem sequer será cobrado no âmbito administrativo-tributário. Nesse caso, o Direito Penal deixaria de ser a *ultima ratio*. Importante ressaltar que esse parâmetro de R$ 10.000,00, a princípio, se aplica apenas aos crimes que se relacionam a tributos federais, considerando que é baseado no art. 20 da Lei nº 10.522/2002, que trata dos tributos federais.

Considerando a natureza jurídica do crime de descaminho não resta dúvida que o princípio da insignificância deve ser aqui aplicado.

Entretanto, o Superior Tribunal de Justiça, em decisões recentes, adotou o valor de R$ 10.000,00, para ser utilizado como parâmetro para fins de aplicação do princípio da insignificância aos crimes de descaminho.

Capítulo 2

No julgamento do Recurso Especial 1.393.317-PR, em 12/11/2014, o Ministro Rogerio Schietti Cruz ressaltou o entendimento, do Supremo Tribunal Federal e do Superior Tribunal de Justiça, de que incide o princípio da insignificância no crime de descaminho quando o valor dos tributos iludidos não ultrapassar o montante de R$ 10.000,00, limite fixado pela Lei nº 10.522/2002 para servir como piso para arquivamento, sem baixa nos autos, de execuções fiscais.

Dúvidas existem em relação à aplicação do princípio bagatelar ao crime de contrabando. Definido agora pelo art. 334-A do Código Penal, o delito em questão está relacionado ao fato de se importar ou exportar mercadoria proibida. Com relação a tal conduta, não se aplica o mesmo raciocínio que se impõe ao crime de descaminho.

Diferente do crime de descaminho, em que o tipo pressupõe a simples sonegação dolosa de tributo, no contrabando, ao contrário, a introdução do produto em território nacional é taxativamente proibida, razão pela qual é impossível apurar o valor do tributo devido. Ainda, diversamente do descaminho, não há como o agente pagar o tributo devido e assim obter a liberação da mercadoria apreendida.

Coletamos decisão recente do Superior Tribunal de Justiça, no julgamento do Agravo Regimental do Recurso Especial 348.408-RR, da Ministra Regina Helena Costa, 5ª Turma, afastando a aplicação do princípio da insignificância em relação à conduta de importar gasolina sem autorização e sem o devido recolhimento de tributos, já que se trata de crime de contrabando. No caso em questão entendeu a citada Ministra que a entrada do produto gasolina no Brasil, sem a devida autorização, caracteriza um produto proibido, o que se amolda ao crime de contrabando.

Ainda, o julgado diferenciou o crime de contrabando do de descaminho, em que este, também conhecido como contrabando impróprio, é a fraude utilizada para iludir, total ou parcialmente, o pagamento de impostos de importação ou exportação e aquele é a importação ou exportação de mercadorias cuja entrada no país ou saída dele é absoluta ou relativamente proibida.

Com isso, diante do viés tributário do crime de descaminho, é possível a incidência do princípio da insignificância nas hipóteses em que não houver lesão significativa ao bem jurídico penalmente tutelado. Tendo como bem jurídico principal tutelado a ordem tributária, em que pese estar situado no Código Penal, entende-se que a irrisória lesão ao Fisco conduz à própria atipicidade material da conduta. Diversa, entretanto, a orientação aplicável ao delito de contrabando, que afeta bem jurídico diverso.

2.1.2. Delitos em que a jurisprudência não aceita a aplicação do princípio da insignificância

Não se admite a aplicação do princípio da insignificância nos crimes praticados com emprego de violência à pessoa ou grave ameaça, visto que as consequências não podem ser consideradas insignificantes, mesmo que o bem subtraído seja de ínfimo valor econômico.

A jurisprudência do Supremo Tribunal Federal também é contrária à aplicação do princípio da insignificância aos crimes previstos na Lei nº 11.343/2006 – Lei de Drogas. Seus precedentes são no sentido de que o delito de tráfico de drogas é um crime de perigo abstrato praticado contra a saúde pública. Também, não se deve aplicar ao delito previsto no art. 28 – porte de droga para consumo pessoal, pois assim estaríamos contribuindo para a liberação do porte de pequenas quantidades de droga.

O Supremo Tribunal Federal não aceita o princípio da insignificância "no âmbito da Justiça Militar, sob pena de afronta à autoridade e à hierarquia".[1]

O princípio da insignificância não tem aplicabilidade ao crime de tráfico internacional de arma de fogo, pois se trata de crime de perigo abstrato e atentatório à segurança pública, posição esta observada na jurisprudência do Supremo Tribunal Federal.

2.2. PRINCÍPIO DA LESIVIDADE OU OFENSIVIDADE

O princípio da lesividade tem origem no período iluminista.

O princípio da lesividade identifica os limites do poder do legislador, isto é, orientando no sentido de indicar as condutas que não poderão

---
1 HC 108.512/BA, Rel. Min. Luiz Fux, 1ª Turma, j. 04/10/2011, informativo nº 643.

ser incriminadas pela lei penal, pois não afetam gravemente a direitos de terceiros.

Para que ocorra o delito é imprescindível a efetiva lesão ou perigo de lesão ao bem jurídico, relevante e de terceiro. Em latim pode ser *"nullum crimen sine injuria"*.

Podemos assim destacar as funções do princípio da ofensividade:

a) a proibição da punibilidade dos atos preparatórios do crime, pois estão no âmbito interno do autor;

b) a proibição de incriminar ato ofensivo ao próprio bem jurídico, ou seja, para se falar em crime é necessária a ofensa a bem jurídico alheio. Ex.: não se pune a autolesão;

c) a proibição da incriminação pela condição ou estado existencial do indivíduo, isto é, pune-se a conduta ofensiva ao bem jurídico alheio e não aquilo que o autor representa. Afasta-se a ideia do direito penal do autor.

Crime de perigo se divide em:

- **perigo abstrato** – o perigo é absolutamente presumido por lei, bastando a acusação comprovar a conduta;

- **perigo concreto** – o perigo deve ser demonstrado, exige-se risco concreto, real, efetivo.

A posição do Supremo Tribunal Federal é no sentido de que há crime de perigo abstrato somente em caso excepcionalíssimo.

2.3. PRINCÍPIO DA INTERVENÇÃO MÍNIMA

A ideologia da intervenção mínima é resultado da evolução dos ideais iluministas da primazia da razão e do antropocentrismo.

O Direito Penal deve intervir o mínimo possível nas relações sociais, isto é, só deve ser aplicado quando estritamente necessário para garantir direitos e solucionar fatos relevantes para a coletividade. Logo, o Direito Penal só deve interferir na vida em sociedade quando os demais ramos do Direito, comprovadamente, não forem capazes de proteger os bens jurídicos considerados de maior relevância. Por essa razão, este princípio também é denominado ***ultima ratio.***

O princípio da intervenção mínima tem como destinatários principais:

a) **o legislador** – que deverá agir com moderação no momento da escolha das condutas que são merecedoras de proteção penal, isto é, não incriminando qualquer comportamento;

b) **o intérprete do Direito** – só devem ser responsabilizados criminalmente aqueles que não puderem ser contidos por outros ramos do Direito.

2.3.1. Vertentes do princípio da intervenção mínima

As vertentes deste princípio consistem em:

a) orientar o legislador na seleção dos bens mais importantes e necessários ao convívio em sociedade;

b) servir de norte ao legislador para retirar a proteção do Direito Penal sobre aqueles bens que, no passado, gozavam de especial importância e hoje, com a evolução da sociedade, podem ser satisfatoriamente protegidos pelos demais ramos do ordenamento jurídico.

2.4. PRINCÍPIO DA FRAGMENTARIEDADE

O princípio da fragmentariedade é corolário dos princípios da intervenção mínima, da lesividade e da adequação social.

A natureza fragmentária consiste na escolha de alguns bens fundamentais, comprovada a lesividade e a inadequação das condutas ofensivas a esses bens, as quais passarão a integrar uma pequena parcela da que é tutelada pelo Direito Penal.

Nesse contexto é que afirmamos que o Direito Penal não deve proteger todos os bens jurídicos, mas tão somente os mais relevantes à coletividade e, mesmo assim, somente em relação aos ataques mais intoleráveis. Posto isso, o Direito Penal constitui instrumento de controle social regido pela característica da fragmentariedade.

> **ATENÇÃO!**
> Todo ilícito penal será também ilícito em face dos demais ramos do Direito, mas a recíproca não é verdadeira.[2]

2.5. PRINCÍPIO DA SUBSIDIARIEDADE

O Direito Penal, como os demais ramos do Direito, é uma forma de controle social. Entretanto, a sanção imposta pelo Direito Penal é a mais grave, por privar a liberdade do autor. Por essa razão, é que deve agir de forma subsidiária, ou seja, quando os demais ramos não foram suficientes no controle social.

O Direito Penal se legitima ao constituir meio necessário para a proteção de um determinado bem jurídico.

O princípio da subsidiariedade tem relevância na atuação prática do Direito Penal, pois passa a ser legítimo quando os demais ramos do Direito já tiverem sido empregados sem êxito na proteção do bem jurídico.

2.6. PRINCÍPIO DA ADEQUAÇÃO SOCIAL

A teoria da adequação social foi concebida por Hans Welzel, a qual significa "que apesar de uma conduta se subsumir ao modelo legal não será considerada típica se for socialmente adequada ou reconhecida, isto é, se estiver de acordo com a ordem social da vida historicamente condicionada"[3].

O Direito Penal deve tipificar apenas as condutas que tenham relevância social, pois há condutas que por sua adequação social não podem ser consideradas criminosas.

A consequência da adequação social ainda não está pacificada, inclusive, o próprio Hans Welzel não conclui de forma tranquila quanto aos seus efeitos, visto que inicialmente admitiu-a como excludente da tipicidade, depois apresentou a tese de ser uma causa de justificação, mas tarde retornou ao seu entendimento inicial de ser

---
2 MASSON, Cleber. *Direito penal esquematizado – parte geral*, p. 40.
3 PRADO, Luiz Regis. *Curso de direito penal brasileiro – parte geral*, p. 83.

uma excludente da tipicidade. Por fim, acabou aceitando o princípio da adequação social como sendo um princípio geral de interpretação, posição atual de diversos penalistas.

2.7. PRINCÍPIO DA PROPORCIONALIDADE

A proporcionalidade entre a gravidade do delito e a sanção aplicada será observada na Declaração dos Direitos do Homem e do Cidadão, de 1789. No entanto, o princípio da proporcionalidade foi consagrado pelo constitucionalismo moderno e recepcionado pela Constituição Federal de 1988 em vários dispositivos, tais como: a obrigatoriedade da individualização da pena (art. 5º, inc. XLVI, CF) e a proibição de alguns tipos de pena (art. 5º, inc. XLVII, CF).

O princípio da proporcionalidade tem a função de limitar a atuação estatal e dessa forma protege o indivíduo contra o abuso de poder do Estado na sua atividade punitiva.

O agir do Estado deve ser proporcional, isto é, deve observar os meios a serem empregados e os fins a serem alcançados.

A proporcionalidade exigida no Direito Penal consiste na ponderação entre a pena cominada e o fim perseguido pela cominação legal. Deve existir um equilíbrio entre o delito e a pena cominada.

2.8. PRINCÍPIO DA CULPABILIDADE

A culpabilidade está diretamente ligada ao juízo de censura. Trata-se do juízo de reprovabilidade da conduta típica realizada pelo agente.

O princípio da culpabilidade não está no rol dos princípios constitucionais expressos, mas poderá ser extraído do próprio texto constitucional, quando se fala do princípio da dignidade da pessoa humana.

A culpabilidade, no Direito Penal, pode ser analisada sob três enfoques, a saber:

a) **como fundamento da pena** – a aplicação da pena a um agente depende da presença dos requisitos: imputabilidade, potencial consciência da ilicitude e exigibilidade de conduta diversa;

b) **como elemento da determinação da pena** – a culpabilidade atua como determinação da pena, isto é, possui a função de estabelecer os limites a serem observados pelo juiz quando da fixação da pena;

c) **como conceito contrário à responsabilidade objetiva** – a culpabilidade impede a responsabilidade objetiva, isto é, ninguém será responsável por um crime se não tiver agido com dolo ou culpa.

2.9. PRINCÍPIO DA HUMANIDADE

O princípio da humanidade sustenta que a pena não pode ofender a dignidade da pessoa humana ou lesionar a condição físico-psíquica do condenado.

O respeito à integridade física e moral do preso está assegurado no art. 5º, inc. XLIX, Constituição Federal. Também está vedada a aplicação de penas: de morte, de caráter perpétuo, de trabalhos forçados, de banimento e cruéis (art. 5º, inc. XLVII, Constituição Federal).

2.10. PRINCÍPIO DA PESSOALIDADE DA PENA

O princípio da pessoalidade da pena também é conhecido por intranscendência da pena. A pena não pode passar da pessoa do condenado (art. 5º, inc. XLV, Constituição Federal). Dessa forma, ninguém poderá cumprir pena de outrem, por ser personalíssima.

A pena só pode ser aplicada ao autor do fato, e não a terceiros. Assim, a morte do condenado é causa de extinção de punibilidade, mas os efeitos secundários extrapenais da sentença penal condenatória subsistem, isto é, os herdeiros serão responsáveis até o limite da herança.

2.11. PRINCÍPIO DA INDIVIDUALIZAÇÃO DA PENA

O princípio da individualização da pena estabelece que as características individuais do agente serão levadas em consideração na fixação e na execução da pena.

A individualização da pena a ser cominada ao condenado é a orientação do Superior Tribunal de Justiça, como se observa neste julgado:

> Ao individualizar a pena, o juiz sentenciante deverá obedecer e sopesar os critérios do art. 59, as circunstâncias agravantes e atenuantes e, por fim, as causas de aumento e diminuição de pena, para ao final impor ao condenado, de forma justa e fundamentada, a quantidade de pena que o fato está a merecer (STJ, HC 48.122/SP; HC 2005/0156373-8, Rel.ª Min.ª Laurita Vaz, 5ª T., DJ 12/06/2006, p. 511).

Na fase da execução da pena também temos a sua individualização, visto o art. 5º da Lei nº 7.210/84 – Lei de Execução Penal: "Os condenados serão classificados, segundo os seus antecedentes e personalidade, para orientar a individualização da execução penal".

2.12. PRINCÍPIO DA RESPONSABILIDADE PENAL PELO FATO

O princípio da responsabilidade penal pelo fato cuida da diferença de abordagem entre o Direito Penal do autor e o Direito Penal do fato. Isto é, o Direito Penal deve tratar do fato, e não do autor.

Direito Penal do autor – é aquele que vai rotular, estereotipar, etiquetar determinadas categorias de pessoas. É um Direito Penal autoritário, antidemocrático. Leva em conta quem a pessoa é. Ex.: Direito Penal da Alemanha nazista.

Direito Penal do fato – trata-se de um Direito Penal moderno, garantista, democrático. Leva em conta o fato típico e ilícito praticado, pouco importando quem é o agente. O art. 2º do Código Penal brasileiro deixa clara a sua adoção do Direito Penal do fato – "*Ninguém pode ser punido por **fato** que lei posterior deixa de considerar crime, cessando em virtude dela a execução e os efeitos penais da sentença condenatória.*"

2.13. SÍNTESE

Princípio da Insignificância	Surgiu no século XX, na Europa, precisamente, na Alemanha.
	A teoria do princípio da insignificância no âmbito criminal foi elaborada pelo jurista Claus Roxin, em 1964.
	Tem a finalidade de excluir da esfera penal as condutas que não apresentam um grau de lesividade mínimo para que se concretize a tipicidade, evitando, assim, que a sanção penal seja imensamente desproporcional ao dano causado pela conduta típica.
	É considerado um instrumento de exclusão da tipicidade.
	Para o STF e o STJ, a análise da insignificância do fato deve obedecer aos seguintes requisitos: **a)** ausência de periculosidade social da ação; **b)** a mínima ofensividade da conduta do agente, isto é, mínima idoneidade ofensiva da conduta; **c)** inexpressividade da lesão jurídica causada; **d)** falta de reprovabilidade da conduta.
Princípio da Lesividade ou Ofensividade	Surgiu no período iluminista.
	Identificar os limites do poder do legislador, isto é orientando no sentido de indicar as condutas que não poderão ser incriminadas pela lei penal, pois não afetam gravemente a direitos de terceiros.
	Funções: a) proibição da punibilidade dos atos preparatórios do crime, pois estão no âmbito interno do autor; **b)** proibição de incriminar ato ofensivo ao próprio bem jurídico, ou seja, para se falar em crime é necessária a ofensa a bem jurídico alheio; **c)** proibição da incriminação pela condição ou estado existencial do indivíduo.
Princípio da Intervenção Mínima	O Direito Penal deve intervir o mínimo possível nas relações sociais, ou seja, só deve ser aplicado quando estritamente necessário para garantir direitos e solucionar fatos relevantes para a coletividade. Só deve usado quando os demais ramos do Direito, comprovadamente, não forem capazes de proteger os bens jurídicos considerados de maior relevância.
	Vertentes: a) orientar o legislador na seleção dos bens mais importantes e necessários ao convívio em sociedade; **b)** servir de norte ao legislador para retirar a proteção do Direito Penal sobre aqueles bens que atualmente estão protegidos pelos demais ramos do ordenamento jurídico.
Princípio da Fragmentariedade	É corolário dos princípios da intervenção mínima, lesividade e da adequação social.
	Consiste na escolha de alguns bens fundamentais, comprovada a lesividade e a inadequação das condutas ofensivas a esses bens, as quais passarão a integrar uma pequena parcela da que é tutelada pelo Direito Penal.
Princípio da Subsidiariedade	O Direito Penal deve agir de forma subsidiária, isto é, quando os demais ramos não foram suficientes no controle social.
	Tem relevância na atuação prática do Direito Penal, pois passa a ser legítimo quando os demais ramos do Direito já tiverem sido empregados, sem êxito na proteção do bem jurídico.

Princípio da Adequação Social	A teoria da adequação social foi concebida por Hans Welzel. Em que pese a subsunção da conduta ao tipo legal, não será considerada típica se for socialmente aceita, adequada ou reconhecida.
Princípio da Proporcionalidade	Tem a função de limitar a atuação estatal e dessa forma protege o indivíduo contra o abuso de poder do Estado na sua atividade punitiva. No Direito Penal, a proporcionalidade consiste na ponderação entre a pena cominada e o fim perseguido pela cominação legal. Deve existir um equilíbrio entre o delito e a pena cominada.
Princípio da Culpabilidade	A culpabilidade está diretamente ligada ao juízo de censura. Pode ser analisada sob três enfoques: **a)** como fundamento da pena; **b)** como elemento da determinação da pena; **c)** como conceito contrário à responsabilidade objetiva.
Princípio da Humanidade	Sustenta que a pena não pode ofender a dignidade da pessoa humana ou lesionar a condição físico-psíquica do condenado.
Princípio da Pessoalidade da Pena	A pena não pode passar da pessoa do condenado. Só pode ser aplicada ao autor do fato, e não a terceiros. A morte do condenado é causa de extinção de punibilidade, mas os efeitos secundários extrapenais da sentença penal condenatória subsistem para os herdeiros, até o limite da herança.
Princípio da Individualização da Pena	Estabelece que as características individuais do agente devem ser levadas em consideração: na fixação e na execução da pena.
Princípio da Responsabilidade Penal pelo Fato	Cuida da diferença de abordagem entre o Direito Penal do autor e o Direito Penal do fato. **Direito Penal do autor** – é aquele que vai rotular, estereotipar, etiquetar determinadas categorias de pessoas. É um Direito Penal autoritário, antidemocrático. Leva em conta quem é a pessoa; **Direito Penal do fato** – trata-se de um Direito Penal moderno, garantista, democrático. Leva em conta o fato típico e ilícito praticado, pouco importando quem é o agente.

2.14. QUESTÕES DE PROVA

1 – (Delegado de Polícia do Estado de São Paulo/2014) – Assinale a alternativa que apresenta o princípio que deve ser atribuído a Claus Roxin, defensor da tese de que a tipicidade penal exige uma ofensa de gravidade aos bens jurídicos protegidos.

A) Insignificância;
B) Intervenção mínima;
C) Fragmentariedade;
D) Adequação social;
E) Humanidade.

Correta: A

Comentários: *A questão faz referência ao princípio da insignificância. Claus Roxin, jurista alemão, no ano de 1964, elaborou a teoria do princípio da insignificância em matéria criminal, cujo escopo era excluir do âmbito penal as condutas que não apresentam um grau de lesividade mínimo para que se concretize a tipicidade, evitando, assim, que a sanção penal seja imensamente desproporcional ao dano causado pela conduta típica. Para este princípio, o bem juridicamente protegido pelo Direito Penal deve ser relevante, ficando afastados aqueles considerados inexpressivos.*

2 – (XV-Exame de Ordem Unificado – OAB/2014) – Pedro Paulo, primário e de bons antecedentes, foi denunciado pelo crime de descaminho (art. 334, *caput*, do Código Penal), pelo transporte de mercadorias procedentes do Paraguai e desacompanhadas de documentação comprobatória de sua importação regular, no valor de R$ 3.500,00, conforme atestam o Auto de Infração e o Termo de Apreensão e Guarda Fiscal, bem como o Laudo de Exame Merceológico, elaborado pelo Instituto Nacional de Criminalística.

Em defesa de Pedro Paulo, segundo entendimento dos Tribunais Superiores, é possível alegar a aplicação do:

A) princípio da proporcionalidade;
B) princípio da culpabilidade;
C) princípio da adequação social;
D) princípio da insignificância ou da bagatela.

Correta: D

Comentários: *Encontramos na jurisprudência um valor fixado em R$ 10.000,00, tendo como base o art. 20 da Lei nº 10.522/2002. Tal norma* *determina o arquivamento das execuções fiscais cujo valor consolidado for igual ou inferior a R$ 10.000,00. Assim, o diploma legal citado dispõe que, até o valor de 10 mil reais, os débitos inscritos como Dívida Ativa da União não serão executados. Com isso, não haveria sentido lógico em permitir que alguém seja processado criminalmente pela falta de recolhimento de um tributo que nem sequer será cobrado no âmbito administrativo-tributário. Nesse caso, o Direito Penal deixaria de ser a* ultima ratio. *Importante ressaltar que esse parâmetro de R$ 10.000,00 a princípio, se aplica apenas para os crimes que se relacionam a tributos federais, considerando que é baseado no art. 20 da Lei nº 10.522/2002, que trata dos tributos federais. Considerando a natureza jurídica do crime de descaminho não resta dúvida que o princípio da insignificância deve ser aqui aplicado. Entretanto, o Superior Tribunal de Justiça, em decisões recentes, adotou o valor de R$ 10.000,00, para ser utilizado como parâmetro para fins de aplicação do princípio da insignificância aos crimes de descaminho.*

3 – (Ministério Público do Estado do Mato Grosso – 2014) – No que concerne ao princípio da insignificância, assinale a afirmativa INCORRETA.

A) **S**eu reconhecimento exclui a tipicidade material da conduta.

B) Aplica-se quando se mostra ínfima a lesão ao bem jurídico tutelado.

C) Somente pode ser invocado em relação a fatos que geraram mínima perturbação social.

D) Exige, para seu reconhecimento, que as consequências da conduta tenham sido de pequena relevância.

E) Só é admissível em crimes de menor potencial ofensivo.

Correta: E

Comentários: *Claus Roxin, jurista alemão, no ano de 1964, elaborou a teoria do princípio da insignificância em matéria criminal, cujo escopo era excluir do âmbito penal as condutas que não apresentam um grau de lesividade mínimo para que se concretize a tipicidade, evitando, assim, que a sanção penal seja imensamente desproporcional ao dano* *causado pela conduta típica. O Supremo Tribunal Federal e o Superior Tribunal de Justiça analisam a insignificância do fato sob os seguintes requisitos: **a)** ausência de periculosidade social da ação; **b)** a mínima ofensividade da conduta do agente, isto é, mínima idoneidade ofensiva da conduta, **c)** inexpressividade da lesão jurídica causada; **d)** falta de reprovabilidade da conduta. Presentes estes requisitos é que podemos falar em atipicidade material do fato. O princípio da insignificância não é de aplicação exclusiva aos crimes patrimoniais, ou seja, pode ser aplicado a qualquer espécie de delito que com ele seja compatível.*

Capítulo 3
Aplicação da Lei Penal

3.1. PRINCÍPIO DA LEGALIDADE

O princípio da legalidade foi reconhecido pela primeira vez em 1215, na Magna Carta, por imposição dos barões ingleses ao Rei João Sem-Terra. Seu art. 39 previa que nenhum homem livre poderia ser submetido à pena não cominada em lei local.

Este princípio está claramente previsto no art. 1º do Código Penal e no art. 5º, inc. XXXIX, da Constituição Federal. Assim descreve o dispositivo penal: "Não há crime sem lei anterior que o defina. Não há pena sem prévia cominação legal". Não pode ser considerado como conduta criminosa o fato que não estiver previsto na lei, muito menos pode ser aplicada sanção penal.

A doutrina subdivide o princípio da legalidade em:

- **Princípio da Anterioridade** – Não há crime sem lei anterior que o defina, nem pena sem prévia cominação legal. A lei que descreve um crime deve ser anterior ao fato incriminado. A irretroatividade da lei é uma consequência lógica da anterioridade. A lei penal só poderá alcançar fatos anteriores para beneficiar o réu. Isto é, uma pessoa só pode ser punida se, na época da prática o fato já estava previsto como crime na lei penal.

- **Princípio da Reserva Legal** – Não há crime sem lei que o defina, nem pena sem cominação legal. Somente lei em sentido estrito pode descrever crimes e cominar penas. O legislador não poderá utilizar-se de medidas provisórias, decretos ou outras formas legislativas para tipificar condutas.

Encontramos duas posições a respeito da utilização de medida provisória no Direito Penal, a saber:

- **1ª Posição** – o STF diz que sim, desde que favoravelmente ao réu. Ex.: o Estatuto do desarmamento criou uma atipicidade temporária para a entrega voluntária de arma de fogo, posteriormente, o prazo para entrega das armas foi prorrogado por medida provisória.
- **2ª Posição** – não, pois o art. 62, § 1º, inc. I, alínea "b", da Constituição Federal proíbe a edição de medida provisória sobre Direito Penal.

O princípio da reserva legal pode ser analisado sob dois aspectos:

a) **formal – reserva absoluta da lei** – somente a lei no sentido estrito da palavra, emanada e aprovada pelo Poder Legislativo, por meio de procedimento legislativo adequado, poderá criar tipos e impor penas; **taxatividade**: a lei penal deve ser clara e precisa, de forma que seu destinatário possa compreendê-la, sendo vedada, a criação de tipos penais que contenham conceitos vagos ou imprecisos, isto é, há necessidade de a lei descrever o crime em todos os seus pormenores. A descrição da conduta criminosa deve ser detalhada e específica. A lei não pode conter expressões vagas e de sentido equívoco, uma vez que fórmulas excessivamente genéricas criam insegurança no meio social. A lei penal deve ser taxativa;

b) **material** – o tipo penal exerce também uma função seletiva, pois é por meio dele que o legislador seleciona, entre todas as condutas humanas, as mais perniciosas à sociedade. Em um tipo penal não pode constar conduta positiva que não represente qualquer ameaça à sociedade.

O conteúdo essencial do princípio da legalidade se traduz em não poder haver crime nem pena que não resultem de uma lei:

a) **prévia** – é vedada aplicação da lei penal incriminadora, a fatos não considerados crimes, praticados antes de sua vigência – *nullum crimen, nulla poena sine lege praevia;*

b) **escrita** – a lei deve ser escrita. É vedado o costume incriminador – *nullum crimen, nulla poena sine lege scripta;*

c) **estrita** – a competência para a criação de crimes e penas é do Poder Legislativo, por meio de lei. Também, é vedada a analogia contra o réu – *nullum crimen, nulla poena sine lege stricta;*

d) **certa** – a lei penal deve ser precisa, clara e determinada, para que o cidadão possa se orientar sobre o permitido e o proibido. É vedada a criação de crimes vagos e indeterminados – *nullum crimen, nulla poena sine lege certa.*

3.1.1. Princípio da legalidade e seus fundamentos

Os fundamentos do princípio da legalidade são:

a) **político** – a exigência de vinculação dos Poderes Executivo e Judiciário às leis formuladas de forma abstrata, impedindo assim, o poder punitivo com base no livre-arbítrio;

b) **democrático** – respeito ao princípio da divisão de poderes ou divisão de funções. O Poder Legislativo deve ser o responsável pela criação de leis;

c) **jurídico** – uma lei prévia e clara produz importante efeito intimidativo.

3.2. LEI PENAL NO TEMPO

O art. 2º, *caput*, do Código Penal, dispõe que "ninguém pode ser punido por fato que lei posterior deixa de considerar crime, cessando em virtude dela a execução e os efeitos penais da sentença condenatória".

Lei que revoga um tipo incriminador extingue o direito de punir, trata-se de *abolitio criminis*. Assim, a consequência da *abolitio criminis* é a extinção da punibilidade do agente, prevista no art. 107, inc. III, do Código Penal.

Por beneficiar o agente, a *abolitio criminis* alcança fatos anteriores, devendo ser aplicada pelo juiz do processo, se antes do seu término, o que leva ao afastamento de quaisquer efeitos da sentença.

No caso de já existir condenação transitada em julgado, a *abolitio criminis* causa os seguintes efeitos:

a) a extinção imediata da pena principal e de sua execução;

b) a libertação imediata do condenado preso e extinção dos efeitos penais da sentença condenatória. Entretanto, os efeitos extrapenais subsistem, como a perda de cargo público, perda de pátrio poder, perda da habilitação, confisco dos instrumentos do crime etc.

A competência para a aplicação da *abolitio criminis* após o trânsito em julgado é do juízo da execução, de acordo com a Súmula nº 611 do Supremo Tribunal Federal.

SÚMULAS REFERENTES À LEI PENAL NO TEMPO
Súmula nº 611/STF: Transitada em julgado a sentença condenatória, compete ao Juízo das Execuções a aplicação da lei mais benigna.
Súmula nº 471/STJ: Os condenados por crimes hediondos ou assemelhados cometidos antes da vigência da Lei nº 11.464/2007 sujeitam-se ao disposto no art. 112 da Lei nº 7210/1984 (Lei da Execução Penal) para a progressão de regime prisional.
Súmula nº 501/STJ: É cabível a aplicação retroativa da Lei nº 11.343/2006, desde que o resultado da incidência das suas disposições, na íntegra, seja mais favorável ao réu do que o advindo da aplicação da Lei nº 6.368/76, sendo vedada a combinação de leis.

3.2.1. Retroatividade da lei penal benéfica

O art. 2º, parágrafo único, do Código Penal, dispõe "a lei posterior, que de qualquer modo favorecer o agente, aplica-se aos fatos anteriores, ainda que decididos por sentença condenatória transitada em julgado".

A Constituição Federal, em seu art. 5º, inc. XL, dispõe que a lei penal só retroagirá para beneficiar o réu.

A lei penal será aplicada para fatos futuros, para fatos ocorridos após o seu nascimento.

A lei penal não retroagirá, entretanto, em uma única hipótese, ela será aplicada a fatos praticados antes do seu nascimento. Esta hipótese ocorrerá quando for para beneficiar o réu.

> **ATENÇÃO!**
> **Regra** – A lei penal não pode retroagir. **Exceção** – A lei penal retroagirá quando for para beneficiar o réu.

3.2.2. Vigência da lei e sua aplicação

A lei começa a produzir efeitos a partir da data em que entra em vigor, passando a regular as situações que irão ocorrer. A lei valerá até que outra a revogue.

A aplicação da lei penal consiste em:

a) **atividade** – é o fenômeno pelo qual a lei penal regula situações durante a sua vigência;

b) **extra-atividade** – é o fenômeno pelo qual a lei penal regula situações fora da sua vigência;

c) **retroatividade** – é a extra-atividade da lei penal quando ela regula situações passadas, ou seja, situações praticadas antes da sua vigência;

d) **ultratividade** – é a extra-atividade da lei quando ela regula situações futuras, ou seja, após a sua revogação. A ultratividade da lei penal ocorre quando for para beneficiar o réu e nos casos de leis temporárias e excepcionais.

3.2.3. Revogação da lei

A revogação da lei ocorre quando deixar de existir, ou seja, com a morte da lei.

Uma lei penal só poderá ser revogada por outra lei.

A revogação da lei pode ser:

a) **expressa ou direta** – quando a lei posterior declara textualmente a revogação da lei anterior;

b) **tácita ou indireta** – quando a lei posterior não diz expressamente que revoga a anterior, mas com ela é incompatível ou regula inteiramente a matéria.

A revogação da lei pode ser ainda:

a) **integral ou total** – quando ocorre a revogação integral da lei. Neste caso temos ab-rogação;

b) **parcial** – quando a revogação da lei é parcial. Neste caso temos derrogação.

3.3. CONFLITO INTERTEMPORAL DE LEIS

O conflito intertemporal de leis só existe quando um fato é praticado na vigência de uma lei e esta é revogada por outra lei, sendo esta última mais grave ou mais benéfica.

3.3.1. Hipóteses de conflito intertemporal de leis

3.3.1.1. *Abolitio criminis*

Quando a lei posterior deixa de considerar o fato como infração penal. Neste caso ocorrerá a retroatividade da lei mais favorável, ou seja, o fato deixa de ser crime. Ex.: adultério, que deixou de ser crime. Trata-se de uma das causas de extinção da punibilidade, prevista no art. 107, inc. III, do Código Penal.

Abolitio criminis é a revogação de um tipo penal pela superveniência de lei descriminalizadora.[1]

3.3.1.2. *Novatio legis in mellius*

Quando a lei posterior de qualquer forma beneficie o réu. Neste caso ocorrerá a retroatividade da lei penal benéfica. Ex.: o art. 28 da Lei nº 11.343/2006 não prevê mais pena de prisão para o usuário de droga, o que era previsto no art. 16 da Lei nº 6.368/76.

3.3.1.3. *Novatio legis in pejus*

Quando a lei modifica o regime anterior, agravando a situação do sujeito. Neste caso, a lei nova, sem criar novas incriminações ou abolir outras precedentes, agrava a situação do acusado. Ex.: o art. 33 da Lei nº 11.343/2006, em decorrência do art. 12 da Lei nº 6.368/76.

3.3.1.4. *Novatio legis* incriminadora

Quando uma nova lei define um fato como sendo criminoso. Antes o fato não era crime e passou a ser crime pela nova lei. Ex.: a lei nº 12.550/2011 criou o crime de fraude em certames de interesse público – art. 311-A do Código Penal.

---

[1] CUNHA, Rogério Sanches. *Manual de direito penal*, p. 100.

3.3.1.5. Princípio da continuidade normativo-típica

Ocorre quando a conduta descrita em uma norma penal migra da norma revogada para outra norma penal, ou seja, ela continua sendo típica em outro diploma legal. Ex.: o antigo art. 214 do Código Penal, por força da Lei nº 12.015/2009 passou a integrar o art. 213 do mesmo diploma legal.

> **ATENÇÃO!**
>
> A aplicação da lei que de qualquer forma favoreça o agente será do juiz do processo se este estiver em 1º grau. Se o processo estiver em grau de recurso, será competente o Tribunal. Após o trânsito em julgado da sentença, será o juiz da Execução Penal, conforme disposto no art. 66, inc. I, da Lei de Execuções Penais (Lei nº 7.210/84) e Súmula nº 611 do Supremo Tribunal Federal.

3.4. LEI EXCEPCIONAL OU TEMPORÁRIA

Lei excepcional – é aquela feita para vigorar em épocas especiais, tais como: calamidade pública, guerra, inundação etc. Não é fixado prazo de vigência, que persistirá enquanto não cessar a situação que a determinou.

Lei temporária – é aquela feita para vigorar por determinado tempo, previamente estabelecido na própria lei. O texto legal já traz a data de cessação de sua vigência.

Tanto a lei excepcional como a temporária são leis autorrevogáveis e criadas para atender a situações anômalas.

Essas duas espécies de lei são ultra-ativas, ainda que prejudiquem o agente, ou seja, aplicam-se aos fatos cometidos durante o seu período de vigência, mesmo após sua autorrevogação. Ex.: durante a epidemia de uma determinada doença é criado um crime de omissão de notificação dessa doença. Caso alguém cometa este crime e logo em seguida a epidemia seja controlada, cessando assim a vigência da lei, mesmo assim, o agente responderá pelo crime. Se não fosse dessa forma, a lei perderia sua força coercitiva, uma vez que o agente, sabendo qual seria o término da vigência da lei, poderia retardar o processo para que não fosse responsabilizado pelo crime.

> **ATENÇÃO!**
> Os crimes praticados na vigência das leis temporárias e excepcionais, quando criadas por estas, não se sujeita à *abolitio criminis* em decorrência do término de sua vigência.

3.5. TEMPO DO CRIME

É de suma importância estabelecer o tempo em que o delito foi praticado, pois a partir daí identificaremos a lei que deve ser aplicada e definiremos a imputabilidade do agente.

Temos, então, três teorias acerca do tempo do crime:

a) **Teoria da atividade** – o crime é considerado praticado no momento da ação ou omissão, ainda que outro seja o momento do resultado;

b) **Teoria do resultado** – o crime é considerado praticado no momento do resultado, ou seja, da consumação, não importando o momento da ação ou omissão;

c) **Teoria da ubiquidade ou mista** – o crime é considerado praticado no momento da conduta ou do resultado.

O Código Penal brasileiro, no art. 4º, adotou a **teoria da atividade**: "Considera-se praticado o crime no momento da ação ou omissão, ainda que outro seja o momento do resultado".

Assim, a imputabilidade do agente deve ser aferida no momento em que o crime é praticado, pouco importando a data em que o resultado venha a ocorrer.

3.6. CONFLITO APARENTE DE LEIS PENAIS

O conflito aparente de normas também é conhecido por: concurso aparente de normas; concurso aparente de normas coexistentes; conflito aparente de disposições penais; concurso fictício de leis; concorrência imprópria; concurso ideal impróprio e concurso impróprio de normas.

Conflito aparente de leis penais é a situação que ocorre quando ao mesmo fato parecem ser aplicáveis duas ou mais normas, ou seja, quando existir:

a) unidade de fato;

b) pluralidade de normas;

c) aparente aplicação de todas as normas ao mesmo fato;

d) efetiva aplicação de somente uma das normas.

O conflito existente não é real, mas sim aparente, tendo em vista que apenas uma das normas será aplicável. Para solucionar esse conflito temos os princípios da especialidade, da subsidiariedade, da consunção e da alternatividade.

3.6.1. Princípio da especialidade

O princípio da especialidade estabelece que a lei especial prevalece sobre a geral – *lex specialis derogat generali*.

Se houver um conflito entre uma norma especial e uma norma geral, aplica-se sempre a norma especial, pois esta contém todos os elementos da norma geral mais alguns elementos especializantes.

A norma especial não é necessariamente mais grave ou mais ampla do que a geral, ela é apenas especial. Norma especial é aquela que possui todos os elementos da lei geral e mais alguns elementos chamados de elementos especializantes. Ex.: o art. 123 do Código Penal, que trata do infanticídio, prevalece sobre o art. 121, que cuida do homicídio, pois além dos elementos genéricos deste último, possui elementos especializantes: "próprio filho", "durante o parto ou logo após" e "sob a influência do estado puerperal".

A aplicação deste princípio afasta a possibilidade de *bis in idem*.

3.6.2. Princípio da subsidiariedade

O princípio da subsidiariedade é também chamado de "soldado de reserva" por Nelson Hungria.

O princípio da subsidiariedade estabelece que a lei primária derroga a subsidiária – *lex primaria derogat legi subsidiariae*.

Se houver um conflito entre uma norma mais ampla e uma menos ampla, aplica-se sempre a norma mais ampla, tendo em vista que a norma subsidiária é compreendida na norma primária como fase de execução desta, que é mais grave. A norma subsidiária é parte da norma primária.

Existem duas formas de subsidiariedade:

- **expressa ou explícita** – quando o legislador expressamente reconheceu a subsidiariedade. A norma, em seu próprio texto, subordina a sua aplicação à não aplicação de outra de maior gravidade. Ex.: o crime de perigo para a vida ou saúde de outrem, previsto no art. 132 do Código Penal é subsidiário do disparo de arma de fogo, previsto no art. 15 da Lei nº 10826/2003, pois consta do preceito sancionador a expressão "se o fato não constitui crime mais grave".
- **tácita ou implícita** – quando a subsidiariedade advém implicitamente. Ex.: constrangimento ilegal é subsidiário do sequestro.

3.6.3. Princípio da consunção

O princípio da consunção estabelece que um fato mais grave absorve outro fato menos grave, o qual constitui meio de preparação ou execução – *lex consumens derogat consuptae*.

O conflito aparente não se dá propriamente entre normas, mas sim entre fatos, em razão de ser um mais grave do que o outro.

Um fato definido como crime absorve outro que funciona como fase normal de preparação ou execução ou, ainda, como mero exaurimento. Uma conduta aparece como uma etapa para a realização da outra conduta, sendo a primeira consumida pela segunda. Necessariamente, é preciso se cometer o crime-meio, o que pode ocorrer antes ou depois de atingir o crime principal. Ex.: é preciso praticar a lesão corporal para alcançar o homicídio.

3.6.3.1. Espécies da consunção

- **Crime Progressivo** – ocorre quando o agente, objetivando desde o início o resultado mais grave, realiza sucessiva violação ao bem jurídico protegido, até a obtenção do resultado. Existe um elemento subjetivo, unidade de fato e pluralidade de atos. Ex.: agente tem o dolo de matar a vítima; para isso utiliza-se de uma faca e vai causando lesões, desde leves até as gravíssimas, chegando à consumação do crime. Neste caso, o homicídio absorve as lesões.

- **Progressão Criminosa** – ocorre quando o agente inicialmente deseja produzir um resultado, mas após obtê-lo, move-se por uma nova vontade (*animus*) e reinicia um novo delito. Ex.: um sujeito tem a vontade de causar uma lesão leve na vítima; após consumado o crime o agente decide causar lesões graves; logo em seguida o agente decide matar a vítima, consumando o crime. Neste caso, o homicídio absorve as lesões corporais.

> **ATENÇÃO!**
> **Crime progressivo** pressupõe um só fato, **progressão criminosa** pressupõe uma pluralidade de fatos cometidos de forma continuada, porém a pena é a mesma.

- *Antefactum* **não punível** – ocorre sempre que o fato antecedente menos grave é considerado meio necessário para realização do fato mais grave, ficando, assim, o primeiro absorvido. O delito menos grave é fase normal de preparação ou execução de outro mais grave. Ex.: o agente encontra uma folha de cheques, preenche-a, inclusive, falsificando a assinatura do correntista e a utiliza para fazer uma compra. Nesse caso, a falsificação é um meio necessário para a prática do crime de estelionato e se exaure com ele. O estelionato absorve a falsificação. Nesse sentido dispõe a Súmula nº 17 do Superior Tribunal de Justiça: "Quando o falso se exaure no estelionato, sem mais potencialidade lesiva, é por este absorvido".

- *Post factum* **não punível** – quando o agente, após a consumação do delito, pratica um novo ataque contra a coisa, violando mais o bem jurídico protegido, sendo considerado mero exaurimento. Ex.: agente põe fogo no livro furtado, mas mesmo assim o furto não deixará de ser punido.

- **Crime complexo** – quando dois ou mais crimes autônomos funcionarem como elementares ou circunstâncias do tipo penal complexo. Ex.: latrocínio. O delito complexo absorve os crimes que o compõem.

3.6.4. Princípio da alternatividade

O princípio da alternatividade ocorre quando a mesma norma descreve várias formas de realização da conduta. A prática de várias condutas ou de apenas uma configura um crime único. Tais normas denominam-se tipos mistos alternativos e descrevem crimes de ação múltipla ou conteúdo variado. Ex.: o art. 33 da Lei nº 11.343/2006.

3.7. EFICÁCIA DA LEI PENAL NO ESPAÇO

Espaço soberano compreende todo o território aéreo, marítimo (dentro das 12 milhas) do país.

O princípio da territorialidade estabelece que a lei penal terá aplicabilidade somente no território brasileiro. No Brasil, valem as leis brasileiras, por ser um país soberano. A soberania é o poder que o governo exerce sobre seu território.

3.7.1. Princípios para aplicação da norma penal

- **Princípio da territorialidade** – aplica-se a lei penal do lugar do crime, não importando a nacionalidade dos envolvidos;
- **Princípio da territorialidade absoluta** – aplica-se somente a lei penal nacional a crimes cometidos em seu território;
- **Princípio da territorialidade temperada** – aplica-se a lei penal nacional aos crimes cometidos em seu território, mas excepcionalmente, permite-se aplicar lei estrangeira, quando assim estabelecer algumas convenções, tratados ou regras de direito internacional.

O Código Penal adotou no seu art. 5º o princípio da territorialidade temperada.

3.7.2. Extensão do território brasileiro

O art. 5º, § 1º, do Código Penal apresenta duas hipóteses em que a lei considera como extensão do território nacional:

- **embarcações e aviões brasileiros de natureza pública, isto é, de propriedade do Estado** – o navio e o avião que pertencem ao governo brasileiro, estando onde estiverem, serão considerados território brasileiro. Logo, aplica-se a lei brasileira,

- **embarcações e aviões de natureza privada**: encontramos as seguintes situações: **a)** estando em território estrangeiro, prevalece a lei penal daquele país; **b)** estando no seu território, prevalece a lei penal do seu país; **c)** estando em alto-mar ou no espaço aéreo correspondente, prevalece a lei da sua bandeira.

Importante, ainda, destacar que se o avião ou a embarcação privada estiverem a serviço do governo brasileiro, aplica-se a lei penal brasileira.

Extensão do território brasileiro	Aplicabilidade da lei
Embarcações e aviões públicos	Aplica-se lei brasileira.
Embarcações e aviões privados em território estrangeiro	Aplica-se lei estrangeira.
Embarcações e aviões privados em território próprio	Aplica-se lei do próprio país.
Embarcações e aviões privados em alto-mar ou espaço aéreo correspondente	Aplica-se a lei penal da bandeira da embarcação ou do avião.
Embarcações e aviões privados a serviço do governo brasileiro	Aplica-se a lei brasileira.

A Lei nº 8.617/93 cuidou também da passagem inocente, isto é, quando a embarcação ou a aeronave passam pelo território nacional apenas como passagem necessária para chegar a seu destino, ficando sujeitas à lei da bandeira.

Se um fato é cometido a bordo de navio ou avião estrangeiro de propriedade privada, que esteja apenas de passagem pelo território brasileiro, não será aplicada a nossa lei, se o crime não afetar em nada nossos interesses.

3.8. LUGAR DO CRIME

O art. 6º do Código Penal dispõe – "Considera-se praticado o crime no lugar em que ocorreu a ação ou omissão, no todo ou em parte, bem como onde se produziu ou deveria produzir-se o resultado".

Há três teorias a respeito do lugar do crime:

- **Teoria da atividade** – o lugar do crime é onde ocorreu a ação ou a omissão, ou seja, o lugar onde ocorreu a conduta;
- **Teoria do resultado** – o lugar do crime é o do resultado;
- **Teoria mista ou da ubiquidade** – o lugar do crime é qualquer um dos lugares, ou seja, da ação, da omissão ou do resultado.

O Código Penal adotou a teoria mista ou da ubiquidade, segundo a qual o lugar do crime é tanto o da conduta quanto o do resultado.

Importante destacar que o Código de Processo Penal, no seu art. 70, adotou a teoria do resultado, como regra, para fixação da competência, ou seja, será competente o foro no qual o crime se consumou.

> **ATENÇÃO!**
>
> **Exceção à regra** – no caso do homicídio, quando a morte é produzida em local diverso daquele em que foi realizada a conduta, a jurisprudência entende que o foro competente é o da ação ou omissão, e não o do resultado. Essa posição é majoritária na jurisprudência e tem por fundamento a maior facilidade que as partes têm para produzir provas no local onde ocorreu a conduta.

3.9. EXTRATERRITORIALIDADE

A extraterritorialidade consiste na possibilidade de aplicar a lei penal brasileira a crimes cometidos no estrangeiro.

3.9.1. Princípios para aplicação da extraterritorialidade

- **Princípio da nacionalidade ou personalidade ativa** – aplica-se a lei penal brasileira ao crime praticado por brasileiro fora do Brasil. Não importa a origem da vítima ou se o bem jurídico tutelado é de interesse nacional. O critério utilizado é o da nacionalidade do sujeito ativo (art. 7º, inc. II, alínea "b", Código Penal);

- **Principio da nacionalidade ou personalidade passiva** – aplica-se a lei penal brasileira ao crime cometido por estrangeiro contra brasileiro fora do Brasil (art. 7º, § 3º, Código Penal);
- **Principio da defesa, real ou proteção** – aplica-se a lei penal brasileira ao crime praticado fora do Brasil, que ofende interesse nacional. É o caso de crime cometido contra o Presidente da República, contra o patrimônio ou fé pública da União, do Distrito Federal, de Estado, de Território, de Município, de empresa pública, sociedade de economia mista, autarquia ou fundação instituída pelo Poder Público ou ainda contra a Administração Pública, por quem está a seu serviço. O interesse público de qualquer modo foi ofendido (art. 7º, inc. I, alíneas "a", "b" e "c", Código Penal);
- **Princípio da justiça penal universal ou cosmopolita** – todo Estado tem direito de punir qualquer crime, seja qual for a nacionalidade do agente e da vítima ou ainda o local de sua prática. Logo, o agente fica sujeito à lei do país onde for encontrado (art. 7º, inc. I, alínea "d" e inc. II, alínea "a", Código Penal);
- **Princípio da representação** – a lei penal nacional aplica-se aos crimes praticados em aeronaves e embarcações privadas, quando realizados no estrangeiro e aí não venham a ser julgados (art. 7º, inc. II, alínea "c", Código Penal).

O art. 7º do Código Penal apresenta as regras para a aplicação da lei brasileira a crimes cometidos no estrangeiro: ficam sujeitos à lei brasileira, embora cometidos no estrangeiro:

I – Os crimes:

a) contra a vida ou a liberdade do Presidente da República;

b) contra o patrimônio ou a fé pública da União, do Distrito Federal, de Estado, de Território, de Município, de empresa pública, sociedade de economia mista, autarquia ou fundação instituída pelo Poder Público;

c) contra a Administração Pública, por quem está a seu serviço;

d) de genocídio, quando o agente for brasileiro ou domiciliado no Brasil.

II – Os crimes:

a) que, por tratado ou convenção, o Brasil se obrigou a reprimir;

b) praticados por brasileiro;

c) praticados em aeronaves ou embarcações brasileiras, mercantes ou de propriedade privada, quando em território estrangeiro e aí não sejam julgados.

Parágrafo 1º – Nos casos do inc. I, o agente é punido segundo a lei brasileira, ainda que absolvido ou condenado no estrangeiro.

Parágrafo 2º – Nos casos do inc. II, a aplicação da lei brasileira depende do concurso das condições:

a) entrar o agente no território nacional;

b) ser o fato punível também no país em que foi praticado;

c) estar o crime incluído entre aqueles pelos quais a lei brasileira autoriza a extradição;

d) não ter sido o agente absolvido no estrangeiro ou não ter aí cumprido pena;

e) não ter sido o agente perdoado no estrangeiro ou, por outro motivo, não estar extinta a punibilidade, segundo a lei mais favorável.

Parágrafo 3º – A lei brasileira aplica-se também ao crime cometido por estrangeiro contra brasileiro fora do Brasil, se, reunidas as condições previstas no parágrafo anterior:

a) não foi pedida ou foi negada a extradição;

b) houve requisição do Ministro da Justiça.

Princípio da defesa real	Art. 7º, inc. I, alíneas "a", "b" e "c"
Princípio da justiça universal	Art. 7º, inc. II, alínea "a"
Princípio da nacionalidade ativa	Art. 7º, inc. II, alínea "b"
Princípio da representação	Art. 7º, inc. II, alíneas "c"
Princípio da defesa real	Art. 7º, § 3º

A extraterritorialidade pode ser:

- **extraterritorialidade incondicionada** – quando a lei brasileira é aplicada a crimes ocorridos no estrangeiro, sem que sejam exigidas condições;
- **extraterritorialidade condicionada** – quando a aplicação da lei brasileira a crimes ocorridos no estrangeiro depende da existência de alguns requisitos.

> **SÚMULA REFERENTE À EXTRATERRITORIALIDADE**
> **Súmula nº 1/STF:** "É vedada a expulsão de estrangeiro casado com brasileira, ou que tenha filho brasileiro dependente da economia paterna."

3.10. PENA CUMPRIDA NO ESTRANGEIRO

O art. 8º do Código Penal determina que a pena cumprida no estrangeiro, pelo mesmo crime, atenua a pena imposta no Brasil, quando distintas, ou nela é computada, quando idênticas.

3.11. LEI PENAL EM RELAÇÃO ÀS PESSOAS

O art. 5º, *caput*, do Código Penal dispõe – "Aplica-se a lei brasileira, sem prejuízo de convenções, tratados e regras de Direito Internacional, ao crime cometido no território nacional".

Logo, a lei penal é aplicada a todos, isto é, nacionais ou estrangeiros. Entretanto, a parte final do art. 5º, *caput*, do Código Penal (sem prejuízo de convenções, tratados e regras de Direito Internacional) autoriza a criação das imunidades diplomática e de chefes de governo estrangeiros.

As regras previstas na Constituição Federal instituem as imunidades parlamentares.

3.11.1. Imunidades diplomáticas

A imunidade diplomática é regulada pela Convenção de Viena sobre relações diplomáticas, de 1961, e foi incorporada no ordenamento jurídico brasileiro pelo Decreto nº 56.435/65.

A imunidade diplomática é uma prerrogativa dos agentes diplomáticos estrangeiros de não se sujeitarem à jurisdição penal do Estado perante o qual estão acreditados. Aplica-se:

a) ao chefe de governo e de Estado estrangeiro, aos seus familiares e membros de sua comitiva, durante a visita ao país;

b) ao embaixador e sua família;

c) aos funcionários do corpo diplomático e família;

d) aos funcionários das organizações internacionais (ONU), quando em serviço.

> **ATENÇÃO!**
> O agente diplomático é inviolável, ou seja, não poderá ser objeto de nenhuma medida de restrição de liberdade e nem sujeito a qualquer procedimento sem autorização de seu país.

As sedes diplomáticas são invioláveis, mas não são consideradas como território estrangeiro.

Os cônsules possuem apenas imunidade em processo pelos atos praticados no exercício de suas funções. Esta imunidade é regulada pela Convenção de Viena de 1963, da qual o Brasil é signatário, tendo sido regulamentada pelo Decreto nº 61.078/67.

3.11.2. Imunidades parlamentares

O art. 53, *caput,* da Constituição Federal, dispõe – "Os Deputados e Senadores são invioláveis, civil e penalmente, por quaisquer de suas opiniões, palavras e votos".

Logo, observa-se que essa imunidade tem a finalidade de garantir a liberdade e independência da função parlamentar. Trata-se de imunidade parlamentar absoluta.

As imunidades parlamentares são prerrogativas ou garantias inerentes ao exercício do mandato parlamentar, preservando-se a instituição de ingerências externas.[2]

As imunidades parlamentares estão vinculadas às atividades parlamentares, razão pela qual a necessidade do nexo causal entre o exercício do mandato e a eventual ofensa. Não abrange manifestações desprovidas de conexão com seus deveres constitucionais.

---
2 MASSON, Cleber. *Direito penal esquematizado – parte geral,* p. 152.

> **ATENÇÃO!**
> As imunidades parlamentares não podem ser objeto de renúncia, por serem inerentes à função e não à pessoa que exerce o cargo.

O art. 27, § 1º, da Constituição Federal dispõe que serão aplicadas as mesmas regras quanto às imunidades aos deputados estaduais.

3.11.2.1. Imunidade para a prisão

O art. 53, § 2º, da Constituição Federal, dispõe – "Desde a expedição do diploma, os membros do Congresso Nacional não poderão ser presos, salvo em flagrante de crime inafiançável. Nesse caso, os autos serão remetidos dentro de vinte e quatro horas à Casa respectiva, para que, pelo voto da maioria de seus membros, resolva sobre a prisão".

A regra geral é de que os parlamentares não poderão ser presos, salvo no caso de flagrante de crime inafiançável. O Supremo Tribunal Federal denominou essa imunidade como relativa incoercibilidade pessoal dos congressistas.

> **ATENÇÃO!**
> Os membros do Congresso Nacional não estão imunes à prisão decorrente de sentença condenatória transitada em julgado.

3.11.2.2. Imunidade para o processo

O art. 53, § 3º, da Constituição Federal, dispõe – "Recebida a denúncia contra o Senador ou Deputado, por crime ocorrido após a diplomação, o Supremo Tribunal Federal dará ciência à Casa respectiva, que, por iniciativa de partido político nela representado e pelo voto da maioria de seus membros, poderá, até a decisão final, sustar o andamento da ação".

O pedido de sustação será apreciado pela Casa respectiva no prazo improrrogável de 45 dias do seu recebimento pela Mesa diretora e a sustação do processo suspende a prescrição, enquanto durar o mandato (CF, art. 53, §§ 3º a 5º). O pedido de sustação poderá ser feito, contudo, até a decisão final da ação penal movida contra o parlamentar.³

> **ATENÇÃO!**
>
> No caso de crime praticado pelo parlamentar, após a diplomação, havendo sustação da ação penal, e se o crime houver sido realizado em concurso de agentes, o processo será desmembrado, pois o regime de prescrição diferenciado só se aplica ao parlamentar.

3.11.2.3. Imunidades dos vereadores

O art. 29, inc. VIII, da Constituição Federal dispõe – "inviolabilidade dos Vereadores por suas opiniões, palavras e votos no exercício do mandato e na circunscrição do Município".

O Supremo Tribunal Federal já firmou entendimento de que "a imunidade material concedida aos vereadores por suas opiniões, palavras e votos não é absoluta. Abarca as manifestações que tenham pertinência com o cargo e o interesse municipal, ainda que ocorram fora do recinto da Câmara, desde que dentro da circunscrição municipal". (STF – 1ª Turma – AI 698.921 AgR – Rel. Min. Ricardo Lewandowski – Dje 14/08/2009).

3.12. EFICÁCIA DE SENTENÇA ESTRANGEIRA

O art. 9º do Código Penal cuida da eficácia de sentença estrangeira, que pode ser homologada no Brasil para:

a) obrigar o condenado à reparação do dano, a restituições e a outros efeitos civis;

b) sujeitá-lo à medida de segurança.

A homologação, nos termos do art. 105, inc. I, alínea "i", da Constituição Federal, é de competência do Superior Tribunal de Justiça.

Para a hipótese de reparação do dano, a homologação depende de pedido da parte interessada. Já para os outros efeitos depende

---
3 SILVA, José Afonso da. *Curso de direito constitucional positivo*, p. 533.

da existência de tratado de extradição com o país de cuja autoridade judiciária emanou a sentença, ou, na ausência de tratado, de requisição do Ministro da Justiça.

3.13. CONTAGEM DE PRAZO

No Direito Penal, o dia do começo inclui-se no cômputo do prazo. Contam-se os dias, os meses e os anos pelo calendário comum (art. 10 do Código Penal). Ex.: uma pena começa a ser cumprida às 23h00min; a hora restante será contada como sendo o primeiro dia do cumprimento da pena.

> **ATENÇÃO!**
> O prazo penal difere do prazo processual.

No processo penal, exclui-se o dia do começo e inclui-se o dia do final (art. 798, § 1º, do Código de Processo Penal). Ex.: se o réu é intimado da sentença no dia 10 de fevereiro, o prazo para recorrer começa a fluir no dia 11 de fevereiro, se for dia útil.

Nas penas privativas de liberdade e nas restritivas de direitos, desprezam-se as frações na contagem de prazo, de dia e valores. Considera-se, apenas, o número inteiro.

3.14. SÍNTESE

Princípio da Legalidade	Em 1215 – Magna Carta. Reconhecido por imposição dos barões ingleses ao Rei João Sem-Terra. Previsão legal: art. 1º do CP e art. 5º, inc. XXXIX, da CF. Subdivisão em: **a) Princípio da Anterioridade** – não há crime sem lei anterior que o defina, nem pena sem prévia cominação legal. A irretroatividade da lei é uma consequência lógica da anterioridade; **b) Princípio da Reserva Legal** – não há crime sem lei que o defina, nem pena sem cominação legal. Pode ser analisado sob dois aspectos: **1 – formal:** **1.1 reserva absoluta da lei** – somente a lei no sentido estrito da palavra poderá criar tipos e impor penas; **1.2 taxatividade** – a lei penal deve ser clara e precisa, de forma que o destinatário da lei possa compreendê-la.

Capítulo 3

	2 – material – o tipo penal exerce uma função seletiva, pois é por meio dele que o legislador seleciona, dentre todas as condutas humanas, as mais prejudiciais à sociedade. **Fundamentos do Princípio da legalidade: a) político:** a exigência de vinculação dos Poderes Executivo e Judiciário às leis formuladas de forma abstrata. **b) democrático:** respeito ao princípio da divisão de poderes ou divisão de funções. **c) jurídico:** uma lei prévia e clara produz importante efeito intimidativo.
Abolitio criminis	Previsão legal – art. 2º, *caput*, do CP. Lei que revoga um tipo incriminador extingue o direito de punir. **Consequência** – extinção da punibilidade do agente (art. 107, inc. III, do CP). **Efeitos – quando da existência de condenação transitada em julgado: a)** a extinção imediata da pena principal e de sua execução; **b)** a libertação imediata do condenado preso e extinção dos efeitos penais da sentença condenatória.
Aplicação da lei penal	**atividade** – é o fenômeno pelo qual a lei penal regula situações durante a sua vigência. **extra-atividade** – é o fenômeno pelo qual a lei penal regula situações fora da sua vigência. **retroatividade** – é a extra-atividade da lei penal quando ela regula situações passadas. **ultratividade** – é a extra-atividade da lei quando ela regula situações futuras.
Revogação da lei – quando deixa de existir. Pode ser:	**expressa ou direta** – quando a lei posterior declara textualmente a revogação da lei anterior. **tácita ou indireta** – quando a posterior não diz expressamente que revoga a anterior, mas com ela é incompatível ou regula inteiramente a matéria. **integral ou total** – quando ocorre a revogação integral da lei. **parcial** – quando a revogação a lei é parcial.
Conflito intertemporal de leis – quando um fato é praticado na vigência de uma lei e esta lei é revogada por outra, sendo esta última mais grave ou mais benéfica.	**Hipóteses:** **a)** *abolitio criminis* – quando a lei posterior deixa de considerar o fato como infração penal; **b)** *novatio legis in mellius* – quando a lei posterior de qualquer forma beneficia o réu; **c)** *novatio legis in pejus* – quando a lei modifica o regime anterior, agravando a situação do sujeito; **d)** *novation legis incriminadora* – quando uma nova lei define um fato como sendo criminoso.
Princípio da continuidade normativo-típica	Quando a conduta descrita em uma norma penal migra da norma revogada para outra norma penal, ou seja, continua sendo típica em outro diploma legal.

Lei excepcional	é aquela feita para vigorar em épocas especiais, tais como: calamidade pública, guerra, inundação e etc.
Lei temporária	é aquela feita para vigorar por determinado tempo, previamente estabelecido na própria lei.
Tempo do crime	**Teorias:** **1 – Teoria da atividade** – considera-se praticado o crime no momento da ação ou omissão, ainda que outro seja o momento do resultado; **2 – Teoria do resultado** – considera-se praticado o crime no momento do resultado, ou seja, da consumação; **3 – Teoria da ubiquidade ou mista** – considera-se praticado o crime no momento da conduta ou do resultado. O Código Penal adotou a **teoria da atividade** (art. 4º do CP).
Conflito aparente de leis penais – é uma situação que ocorre quando ao mesmo fato parecem ser aplicáveis duas ou mais normas.	Para solucionar esse conflito, temos: **Princípio da especialidade** – no caso de uma norma especial e uma norma geral, aplica-se sempre a norma especial, pois esta contém todos os elementos da norma geral mais alguns elementos especializantes. A lei especial prevalece sobre a geral – *lex specialis derogat generali*. **Princípio da subsidiariedade** – no caso de uma norma mais ampla e uma menos ampla, aplica-se sempre a norma mais ampla, tendo em vista que a norma subsidiária é compreendida na norma primária como fase de execução desta, que é mais grave. a lei primária derroga a subsidiária – *lex primaria derogat legi subsidiariae*. **Princípio da consunção** – estabelece que um fato mais grave absorve outro fato menos grave, o qual constitui meio de preparação ou execução – *lex consumens derogat consuptae*. **Espécies –** **a) crime progressivo** – ocorre quando o agente objetivando desde o início resultado mais grave realiza sucessiva violação ao bem jurídico protegido, até a obtenção do resultado. **b) progressão criminosa** – quando o agente inicialmente deseja produzir um resultado, mas após obtê-lo, move-se por uma nova vontade e reinicia um novo delito. **c)** *antefactum* **não punível** – quando o fato antecedente menos grave é considerado meio necessário para realização do fato mais grave, ficando, assim, o primeiro absorvido. **d)** *post factum* **não punível** – quando o agente após a consumação do delito pratica um novo ataque contra a coisa, violando mais o bem jurídico protegido, sendo considerado mero exaurimento. **e) crime complexo** – quando dois ou mais crimes autônomos funcionarem como elementares ou circunstâncias do tipo penal complexo. **Princípio da alternatividade** – a mesma norma descreve várias formas de realização da conduta. A prática de várias condutas ou de apenas uma configura um crime único.

Capítulo 3

Princípios para aplicação da norma penal	**Princípio da territorialidade** – aplica-se a lei penal do lugar do crime, não importando a nacionalidade dos envolvidos. **Princípio da territorialidade absoluta** – aplica-se somente a lei penal nacional a crimes cometidos em seu território. **Princípio da territorialidade temperada** – aplica-se a lei penal nacional aos crimes cometidos em seu território, mas excepcionalmente, permite-se a aplicação da lei estrangeira, quando assim estabelecer algumas convenções, tratados ou regras de Direito Internacional. Foi adotado pelo CP.
Lugar do crime (art. 6º do CP)	**Teorias:** **Teoria da atividade** – lugar do crime é onde ocorreu a ação ou omissão (conduta); **Teoria do resultado** – lugar do crime é o do resultado; **Teoria mista ou da ubiquidade** – lugar do crime é qualquer um dos lugares, ou seja, da ação, da omissão ou do resultado. Foi adotada pelo CP.
Extraterritorialidade	Consiste na possibilidade de aplicar a lei penal brasileira a crimes cometidos no estrangeiro. **Princípios para aplicação da extraterritorialidade:** **a) Princípio da nacionalidade ou personalidade ativa** – aplica-se a lei penal brasileira ao crime praticado por brasileiro fora do Brasil. Não importa a origem da vítima ou se o bem jurídico tutelado é de interesse nacional. O critério utilizado é o da nacionalidade do sujeito ativo; **b) Princípio da nacionalidade ou personalidade passiva** – aplica-se a lei penal brasileira ao crime cometido por estrangeiro contra brasileiro fora do Brasil; **c) Princípio da defesa, real ou proteção** – aplica-se a lei penal brasileira ao crime praticado fora do Brasil, que ofende interesse nacional; **d) Princípio da justiça penal universal ou cosmopolita** – todo Estado tem direito de punir qualquer crime, seja qual for a nacionalidade do agente e da vítima ou ainda o local de sua prática. O agente fica sujeito a lei do país onde for encontrado; **e) Princípio da representação** – a lei penal nacional aplica--se aos crimes praticados em aeronaves e embarcações privadas, quando realizados no estrangeiro e aí não venham a ser julgados.
Imunidades diplomáticas	A imunidade diplomática é uma prerrogativa dos agentes diplomáticos estrangeiros de não se sujeitarem à jurisdição penal do Estado perante o qual estão acreditados. Aplica-se: **a)** ao chefe de governo e de Estado estrangeiro, aos seus familiares e membros de sua comitiva, durante a visita ao país; **b)** ao embaixador e sua família; **c)** aos funcionários do corpo diplomático e família; **d)** aos funcionários das organizações internacionais (ONU), quando em serviço.

APLICAÇÃO DA LEI PENAL

Imunidades parlamentares (art. 53, CF)	Os deputados e senadores são invioláveis, civil e penalmente, por quaisquer de suas opiniões, palavras e votos. Finalidade de garantir a liberdade e independência da função parlamentar. Trata-se de imunidade parlamentar absoluta. As imunidades parlamentares estão vinculadas às atividades parlamentares, razão pela qual há a necessidade do nexo causal entre o exercício do mandato e a eventual ofensa. Aplicam-se as mesmas regras para deputados estaduais (art. 27, § 1º, CF).
Imunidade para a prisão (art. 53, § 2º, CF)	Regra – é de que os parlamentares não poderão ser presos, salvo no caso de flagrante de crime inafiançável. O Supremo Tribunal Federal denominou essa imunidade como relativa incoercibilidade pessoal dos congressistas.
Imunidade para o processo (art. 53, §§ 3º a 5º, CF)	O pedido de sustação será apreciado pela Casa respectiva no prazo improrrogável de 45 dias do seu recebimento pela Mesa diretora e a sustação do processo suspende a prescrição, enquanto durar o mandato. O pedido de sustação poderá ser feito, contudo, até a decisão final da ação penal movida contra o parlamentar.
Imunidades dos Vereadores (art. 29, VIII, CF)	Os vereadores são invioláveis por suas opiniões, palavras e votos no exercício do mandato e na circunscrição do Município.
Eficácia de sentença estrangeira (art. 9º, CP)	Pode ser homologada no Brasil para: a) obrigar o condenado à reparação do dano, a restituições e a outros efeitos civis; b) sujeitá-lo à medida de segurança.
Contagem de prazo	**Direito Penal** – o dia do começo inclui-se no cômputo do prazo (art. 10, CP). **Direito Processual Penal** – exclui-se o dia do começo e inclui-se o dia do final (art. 798, § 1º, CPP).

3.15. QUESTÕES DE PROVA

1 – (XIII-Exame de Ordem Unificado – OAB/2014) – Considere que determinado agente tenha em depósito durante o período de um ano, 300 kg de cocaína. Considere também que, durante o referido período, tenha entrado em vigor uma nova lei elevando a pena relativa ao crime de tráfico de entorpecentes.

Sobre o caso sugerido, levando em conta o entendimento do Supremo Tribunal Federal sobre o tema, assinale a afirmativa correta.

A) Deve ser aplicada a lei mais benéfica ao agente, qual seja, aquela que já estava em vigor quando o agente passou a ter a droga em depósito.

B) Deve ser aplicada a lei mais severa, qual seja, aquela que passou a vigorar durante o período em que o agente ainda estava com a droga em depósito.

C) As duas leis podem ser aplicadas, pois ao magistrado é permitido fazer a combinação das leis sempre que essa atitude puder beneficiar o réu.

D) O magistrado poderá aplicar o critério do caso concreto, perguntando o réu qual lei ele pretende que lhe seja aplicada por ser, no seu caso, mais benéfica.

Correta: B

Comentários: *A questão traz a hipótese de novatio legis in pejus, que ocorre quando a lei modifica o regime anterior, agravando a situação do sujeito. Neste caso, a lei nova, sem criar novas incriminações ou abolir outras precedentes, agrava a situação do acusado.*

2 – (XIV-Exame de Ordem Unificado – OAB/2014) – O Presidente da República, diante da nova onda de protestos, decide, por meio de medida provisória, criar um novo tipo penal para coibir os atos de vandalismo. A medida provisória foi convertida em lei, sem impugnações.

Com base nos dados fornecidos, assinale a opção correta.

A) Não há ofensa ao princípio da reserva legal na criação de tipos penais por meio de medida provisória, quando convertida em lei.

B) Não há ofensa ao princípio da reserva legal na criação de tipos penais por meio de medida provisória, pois houve avaliação prévia do Congresso Nacional.

C) Há ofensa ao princípio da reserva legal, pois não é possível a criação de tipos penais por meio de medida provisória.

D) Há ofensa ao princípio da reserva legal, pois não cabe ao Presidente da República a iniciativa de lei em matéria penal.

Correta: C

Comentários: *O art. 62, § 1º, inc. I, alínea "b", da Constituição Federal proíbe a edição de medida provisória sobre Direito Penal.*

3 – (X-Exame de Ordem Unificado – OAB/2013) – Filipe foi condenado em janeiro de 2011 à pena de cinco anos de reclusão pela prática do crime de tráfico de drogas, ocorrido em 2006.

Considerando-se que a Lei nº 11.464, que modificou o período para a progressão de regime nos crimes hediondos para 2/5 (dois quintos) em caso de réu primário, foi publicada em março de 2007, é correto afirmar que:

A) se reputará cumprido o requisito objetivo para a progressão de regime quando Felipe completar 1/6 (um sexto) do cumprimento da pena, uma vez que o crime foi praticado antes da Lei nº 11.464;

B) se reputará cumprido o requisito objetivo para a progressão de regime quando Felipe completar 2/5 (dois quintos) do cumprimento da pena, uma vez que a Lei nº 11.464 tem caráter processual e, portanto, deve ser aplicada de imediato;

C) se reputará cumprido o requisito subjetivo para a progressão de regime quando Felipe completar 1/6 (um sexto) do cumprimento da pena, uma vez que o crime foi praticado antes da Lei nº 11.464;

D) se reputará cumprido o requisito subjetivo para a progressão de regime quando Felipe completar 2/5 (dois quintos) do cumprimento da pena, uma vez que a Lei nº 11.464 tem caráter processual e, portanto, deve ser aplicada de imediato.

Correta: A

Comentários: *O requisito temporal para cumprimento de pena para fins de progressão de regime é objetivo. A questão traz hipótese de novatio legis in pejus que ocorre quando a lei modifica o regime anterior, agravando a situação do sujeito. Neste caso, a lei nova, sem criar novas incriminações ou abolir outras precedentes, agrava a situação do acusado. A lei da época do crime é mais benéfica para o réu, devendo ser aplicada no caso em tela.*

4 – (XI-Exame de Ordem Unificado – OAB/2013) – No ano de 2005, Pierre, jovem francês residente na Bulgária, atentou contra

a vida do então presidente do Brasil que, na ocasião, visitava o referido país. Devidamente processado, segundo as leis locais, Pierre foi absolvido.

Considerando apenas os dados descritos, assinale a afirmativa correta.

A) Não é aplicável a lei penal brasileira, pois como Pierre foi absolvido no estrangeiro, não ficou satisfeita uma das exigências previstas à hipótese de extraterritorialidade condicionada.

B) É aplicável a lei penal brasileira, pois o caso narrado traz hipótese de extraterritorialidade incondicionada, exigindo-se, apenas, que o fato não tenha sido alcançado por nenhuma causa extintiva de punibilidade no estrangeiro.

C) É aplicável a lei penal brasileira, pois o caso narrado traz hipótese de extraterritorialidade incondicionada, sendo irrelevante o fato de ter sido o agente absolvido no estrangeiro.

D) Não é aplicável a lei penal brasileira, pois como o agente é estrangeiro e a conduta foi praticada em território também estrangeiro, as exigências relativas à extraterritorialidade condicionada não foram satisfeitas.

Correta: C

Comentários: *A questão traz a hipótese de extraterritorialidade incondicionada, isto é, quando a lei brasileira é aplicada a crimes ocorridos no estrangeiro, sem que sejam exigidas condições. O art. 7º, inc. I, alínea "a" e § 1º, do Código Penal, estabelece que se o crime for praticado contra a vida ou a liberdade do Presidente da República, o agente será punido segundo a lei brasileira, ainda que absolvido ou condenado no estrangeiro.*

5 – (Delegado de Polícia do Estado de São Paulo/2014) – Para subtrair um automóvel, "X", de forma violenta, danificou a sua porta. Nesse caso, "X" deverá responder:

A) pelo crime de roubo, visto que se utilizou de violência para danificar a porta;

B) apenas pelo crime de furto, em razão do princípio da subsidiariedade;

C) apenas pelo crime de furto, em razão do princípio da consunção;

D) pelos crimes de furto e de dano;

E) apenas pelo crime de furto, em razão do princípio da especialidade.

Correta: C

Comentários: *A questão cuida do princípio da consunção, pois este estabelece que um fato mais grave absorve outro fato menos grave, o qual constitui meio de preparação ou execução* – lex consumens derogat consuptae. *Um fato definido como crime absorve outro que funciona como fase normal de preparação ou execução ou, ainda, como mero exaurimento. Uma conduta aparece como uma etapa para a realização da outra conduta, sendo a primeira consumida pela segunda.*

6 – (Delegado de Polícia do Estado de Santa Catarina/2014) – Observadas as disposições do Código Penal assinale a alternativa **correta**.

A) É aplicável a lei do país de procedência aos crimes praticados a bordo de aeronaves ou embarcações estrangeiras de propriedade privada, achando-se aquelas em pouso no território nacional ou em voo no espaço aéreo correspondente, e estas em porto ou mar territorial do Brasil.

B) A sentença estrangeira, quando a aplicação da lei brasileira produz na espécie as mesmas consequências, não pode ser homologada no Brasil para obrigar o condenado à reparação do dano a restituições e a outros efeitos civis.

C) Para os efeitos penais consideram-se como extensão do território nacional as embarcações e aeronaves brasileiras, de natureza pública ou a serviço do governo brasileiro, onde quer que se encontrem, bem como as aeronaves e as embarcações brasileiras mercantes ou de propriedade privada, que se achem, respectivamente, no espaço aéreo correspondente ou em alto-mar.

D) Considera-se praticado o crime no lugar em que ocorreu a ação ou omissão, no todo ou em parte, exceto se em outro local produziu ou deveria produzir-se o resultado.

E) Ficam sujeitos à lei brasileira, embora cometidos no estrangeiro, os crimes de injúria, calúnia e difamação praticados contra o Presidente da República do Brasil.

Correta: C

Comentários: *O art. 5º, § 1º, do Código Penal apresenta as hipóteses em que a lei considera como extensão do território nacional: 1) –* **embarcações e aviões brasileiros de natureza pública, isto é, de propriedade do Estado** *– o navio e o avião que pertencem ao governo brasileiro, estando onde estiverem, serão considerados território brasileiro; 2) –* **embarcações e aviões de natureza privada** *– encontramos as seguintes situações: a) estando em território estrangeiro, prevalece a lei penal daquele país; b) estando no seu território, prevalece a lei penal do seu país; c) estando em alto-mar ou no espaço aéreo correspondente, prevalece a lei da sua bandeira.*

7 – (Auditor Fiscal/2012 – ESAF) Considerando a legislação, a doutrina e a jurisprudência a respeito da aplicação da lei penal no tempo, com relação ao instituto da *abolitio criminis*, analise as assertivas abaixo e assinale a opção correta.

I. A *abolitio criminis* pode ser aplicada para delitos tributários.

II. A lei penal pode retroagir para prejudicar o réu já condenado em trânsito em julgado e tal instituto denomina-se *abolitio criminis.*

III. A obrigação de indenizar o dano causado pelo crime, oriunda de efeito da condenação penal, desaparece com a *abolitio criminis.*

IV. O instituto da *abolitio criminis* não é aceito pela jurisprudência do Supremo Tribunal Federal.

A) Todos estão corretos.

B) Somente I está correta.

C) I e IV estão corretos.

D) I e III estão corretos.

E) II e IV estão corretos.

Correta: B

Comentários: *Abolitio criminis ocorre quando a lei posterior deixa de considerar o fato como infração penal. Neste caso ocorrerá a retroatividade da lei mais favorável, ou seja, o fato deixa de ser crime. Situação possível também nos crimes tributários.*

8 – (Magistratura do Estado de São Paulo/2011) – Antônio, quando ainda em vigor o inc. VII do art. 107 do Código Penal, que contemplava como causa extintiva da punibilidade o casamento da ofendida com o agente, posteriormente revogado pela Lei nº 11.106, publicada no dia 29 de março de 2005, estuprou Maria, com a qual veio a casar em 30 de setembro de 2005. O juiz, ao proferir a sentença, julgou extinta punibilidade de Antônio, em razão do casamento com Maria, fundamentando tal decisão no dispositivo revogado (art. 107, VII, do Código Penal). Assinale, dentre os princípios adiante mencionados, em qual deles fundamentou-se tal decisão.

A) Princípio da isonomia.
B) Princípio da proporcionalidade.
C) Princípio da retroatividade da lei penal benéfica.
D) Princípio da ultratividade da lei penal benéfica.
E) Princípio da legalidade.

Correta: D

Comentários: *O princípio da ultratividade consiste na extra-atividade da lei quando ela regula situações futuras, ou seja, após a sua revogação. A ultratividade da lei penal ocorre quando for para beneficiar o réu e nos casos de leis temporárias e excepcionais.*

Capítulo 4

Teoria Geral do Crime

4.1. INTRODUÇÃO

O art. 1º da Lei de Introdução ao Código Penal considera crime a infração penal a que a lei comina pena de reclusão ou de detenção, quer isoladamente, quer alternativa ou cumulativamente com a pena de multa; contravenção, a infração penal a que a lei comina, isoladamente, pena de prisão simples ou de multa, ou ambas, alternativa ou cumulativamente.

4.2. CONCEITO DE CRIME

Crime pode ser conceituado sob os aspectos formal, material e analítico.

4.2.1. Conceito formal de crime

Crime é todo o ato jurídico típico e antijurídico. Culpabilidade é pressuposto de pena.

O conceito formal de crime "resulta da mera subsunção da conduta ao tipo legal e, portanto, considera-se infração penal tudo aquilo que o legislador descrever como tal, pouco importando o seu conteúdo."[1]

Crime é o fato descrito na lei, é a mera desobediência à norma. Basta adequação do fato à lei. Isso preponderou do final do século XIX até meados do século XX.

---

1 CAPEZ, Fernando. *Curso de direito penal: parte geral*, p. 134.

4.2.2. Conceito material de crime

Crime é o fato humano que lesa ou expõe a perigo bens jurídicos penalmente protegidos.

O conceito material de crime prima pela essência da conduta criminosa, como ação humana que, consciente ou descuidadamente, lesa ou expõe a perigo bem jurídico relevante para a sociedade.

4.2.3. Conceito analítico de crime

O conceito analítico de crime dá ênfase aos elementos ou requisitos do delito. Logo, crime é concebido como conduta típica, antijurídica e culpável (teoria tripartida) ou apenas como conduta típica e antijurídica (teoria bipartida). Para esta teoria a culpabilidade é mero pressuposto de aplicação de pena, isto é, pode ocorrer crime – fato típico e antijurídico, mas o agente fica isento de pena.

Atualmente, prevalece na doutrina e nos Tribunais Superiores, o conceito tripartido de crime: fato típico + antijurídico + culpável.

CRIME		
FATO TÍPICO	ANTIJURÍDICO – quando o agente não atua em:	CULPÁVEL
Conduta	Estado de necessidade	Imputabilidade
Resultado	Legítima defesa	Potencial consciência sobre a ilicitude do fato
Nexo de causalidade	Estrito cumprimento do dever legal	Exigibilidade de conduta diversa
Tipicidade	Exercício regular de direito	

4.3. FATO TÍPICO

Fato típico é a conduta (ação ou omissão) que provoca, em regra, um resultado que se amolda perfeitamente aos elementos constantes do modelo previsto na lei penal.

O fato típico é composto dos seguintes elementos: **a)** conduta; **b)** resultado; **c)** nexo de causalidade entre a conduta e o resultado; **d)** tipicidade.

4.4. CONDUTA

Conduta "é a materialização da vontade humana, que pode ser executada por um único ou por vários atos".[2] É a exteriorização de um pensamento por meio de uma ação ou omissão.

Conduta é toda ação ou omissão humana, consciente e voluntária, voltada a uma finalidade.

A conduta é o primeiro elemento do fato típico.

A conduta compreende qualquer comportamento humano comissivo (positivo, ação) ou omissivo (negativo), podendo ser ainda doloso (quando a finalidade coincide com o resultado da conduta) ou culposo (quando o resultado acaba sendo diverso da finalidade, pois não obedeceu ao dever objetivo de cuidado).

O fato típico só pode ser praticado por pessoa física, pois é necessário vontade, o que é inerente aos seres humanos. Com relação à pessoa jurídica, em que pese a divergência doutrinária, quanto aos crimes ambientais (Lei nº 9.605/98, arts. 3º e 21 a 24) a pessoa jurídica poderá praticar crime, sendo assim possível ser responsabilizada criminalmente.

> **ATENÇÃO!**
> Não há conduta sem dolo ou culpa, pois são integrantes da conduta.

4.4.1. Conduta dolosa ou culposa

A conduta praticada pelo agente pode ser:

a) **dolosa** – quando o agente quer diretamente o resultado ou assume o risco de produzi-lo;

b) **culposa** – quando o agente age com culpa, isto é, dá causa ao resultado em razão da sua imprudência, negligência ou imperícia.

A regra, no Código Penal, é de que todo crime é doloso. Para que o crime seja punido na forma culposa é necessária a expressa previsão legal nesse sentido.

---
2 GONÇALVES, Victor Eduardo Rios. *Direito penal – parte geral*, p. 44.

4.4.2. Conduta comissiva e omissiva

A conduta comissiva se caracteriza por um comportamento positivo, ação ou um fazer. É o que se manifesta por intermédio de um movimento corpóreo, tendente a uma finalidade. Logo, no crime comissivo, o agente pratica uma conduta proibida por lei.

A conduta omissiva se caracteriza pelo comportamento negativo, não fazer. No crime omissivo há uma abstenção de um agir que era imposto pela lei ao agente.

4.4.2.1. Espécies de crimes omissivos

O crime omissivo pode ser:

- **crime omissivo próprio ou puro** – é aquele cuja conduta negativa está descrita na própria norma penal incriminadora. A simples omissão é suficiente para a consumação, independentemente de qualquer resultado anterior. O omitente responde por sua própria conduta, e não pelo resultado. Ex.: crime de omissão de socorro.

- **crime omissivo impróprio ou impuro** – é aquele em que o agente tem o dever jurídico de evitar o resultado, ou seja, ele não faz o que deveria ser feito. Existe norma que determina que ele faça; logo a omissão tem relevância causal. O omitente não responde só pela omissão como simples conduta, mas também pelo resultado produzido, salvo se esse resultado não lhe puder ser atribuído por dolo ou culpa. Trata-se de crime próprio, pois só pode ser cometido por quem tem o dever jurídico de impedir o resultado.

O dever jurídico está estabelecido no § 2º do art. 13 do Código Penal e incumbe a quem:

a) **Tem o dever legal** – quem tenha por lei a obrigação de cuidado, proteção ou vigilância. Ex.: dever dos pais em proteger os filhos;

b) **Tem o dever de garantidor** – quem de qualquer outra forma assumiu a responsabilidade de impedir o resultado. Ex.: uma babá contratada para tomar conta de uma criança responderá pelo resultado caso aconteça algo com ela;

c) **Tem ingerência dentro da norma** – quem com o seu comportamento anterior criou o risco da ocorrência do resultado. Ex.: um indivíduo, por brincadeira, joga na piscina uma pessoa que não sabe nadar, tem o dever de socorrê-la e impedir o resultado.

PRINCIPAIS DISTINÇÕES	
CRIME OMISSIVO PRÓPRIO	CRIME OMISSIVO IMPRÓPRIO
Não admite tentativa	Admite tentativa
Sempre doloso	Pode ser doloso ou culposo

4.4.3. Ausência de voluntariedade

A conduta consiste numa atuação consciente da vontade no mundo exterior. Assim não existe conduta sem vontade ou consciência. Excluída a voluntariedade, fica excluída a conduta. Ninguém pode ser punido por ter realizado uma conduta desvestida de consciência e vontade.

Hipóteses de ausência de voluntariedade:

a) **caso fortuito** (acontecimento resultante de fatos humanos) ou **força maior** (acontecimento resultante de eventos físicos ou naturais). São acontecimentos imprevisíveis e inevitáveis, que escapam do domínio da vontade do homem;

b) **movimento reflexo**, causado por excitação de um nervo sensitivo. Ex.: tosse, espirro. Nesse caso, o movimento corporal não é impulsionado pelo elemento psíquico – querer interno – e sim, por um elemento fisiológico. Tal ato não constitui conduta. Ex.: um dano causado por movimento rotuliano – não é típico;

c) a conduta praticada mediante **coação física (*vis absoluta*)** elimina a vontade, pois o agente não possui liberdade de agir. O ato é realizado pela vontade exclusiva do coator;

d) nos casos de movimentos praticados durante o sonho ou sonambulismo, sob sugestão ou hipnose e em estado de inconsciência, não há vontade e inexiste a conduta.

> **ATENÇÃO!**
> Na coação moral irresistível (*vis compulsiva*) não ocorre a exclusão da conduta. Neste caso, o agente possui a opção de realizar a conduta desejada pelo coator ou sofrer as consequências do ato ameaçado. Sempre existirá um resíduo de vontade. A vontade é viciada, mas não é excluída.

4.4.4. Teorias da conduta

4.4.4.1. Teoria causal ou naturalista

Trata-se da concepção clássica do delito, que surgiu no final do século XIX, durante o apogeu do positivismo científico. Esta teoria foi apresentada no Tratado de Franz Von Liszt.

A teoria causal defende que a ação é considerada puro fator de causalidade, isto é, uma mera produção do resultado, realizada mediante o emprego de força física. Logo, conduta é uma simples exteriorização de movimento ou abstenção de comportamento, desprovida de qualquer finalidade, prescindindo assim para a caracterização do delito se houve dolo ou culpa, sendo necessário apenas saber quem foi o causador material. Ex.: um sujeito conduz seu veículo com prudência na via pública e, sem que possa prever, um suicida se joga na frente do veículo e, atingido por este, vem a falecer. Para a teoria naturalista, o motorista, que não quis matar nem agiu com culpa, cometeu homicídio, ficando a análise do dolo e da culpa para um momento posterior, quando da aferição da culpabilidade[3].

Para a teoria causal o crime é um fato típico, antijurídico e culpável. O dolo e a culpa integram a culpabilidade.

O dolo é normativo por ter como característica a consciência de ilicitude e seus requisitos são:

a) consciência da conduta e do resultado;

b) consciência do nexo de causalidade;

c) consciência da antijuridicidade;

---

3 CAPEZ, Fernando. *Curso de direito penal – parte geral*, p. 140.

d) vontade de realizar a conduta e produzir o resultado.

A Teoria causal recebeu críticas de Hans Welzel, o qual defendia que não se pode considerar apenas o aspecto material do delito, devendo-se também atentar para a natureza do comportamento reprovável. Dessa maneira, esta teoria não consegue explicar o crime omissivo e a tentativa.

4.4.4.2. Teoria finalista

A teoria finalista foi elaborada por Hans Welzel no final da década de 20, como uma reação à teoria causal.

Para a teoria finalista a conduta é um comportamento humano, voluntário e consciente voltado a uma finalidade, podendo ser doloso ou culposo. Logo, o dolo e a culpa passam a integrar a conduta, isto é, o fato típico, e não mais a culpabilidade. Sem dolo e culpa não há fato típico.

O dolo deixou de ser normativo e passou a ser natural, isto é, não mais contém a consciência de ilicitude.

Os requisitos do dolo natural são:

a) consciência da conduta;

b) consciência do resultado;

c) consciência do nexo causal;

d) vontade de realizar a conduta e de produzir o resultado.

O finalismo se sustenta na finalidade inerente à ação, isto é, o resultado desejado pelo agente irá caracterizar sua conduta.

A culpabilidade passa a ser pressuposto da aplicação da pena. Não se fale em dolo ou culpa, mas sim em potencial consciência da ilicitude.

O Código Penal adotou a teoria finalista, no art. 18, onde reconhece que o crime deve ser doloso ou culposo. No caso, portanto, de o sujeito vir a matar alguém, sem dolo ou culpa, como no exemplo do motorista, citado anteriormente, embora tenha se produzido o resultado morte, não se pode falar em crime.

4.4.4.3. Teoria social da ação

A teoria social da ação foi defendida por Hans-Heinrich Jescheck, o qual afirma que somente haverá crime se a conduta do agente for socialmente inadequada.

Essa teoria considera a conduta sob a ótica causal e finalista, acrescentando, ainda, a visão social.

A ação, sob a visão da teoria social da ação, é uma conduta socialmente relevante, isto é, aquela socialmente danosa, pois atinge o meio em que os indivíduos vivem. Embora, objetiva e subjetivamente típico, o comportamento humano não ofende o senso de normalidade ou da adequação social da sociedade.

4.5. RESULTADO

Resultado é o segundo elemento do fato típico.

Resultado consiste na modificação do mundo exterior produzida por uma conduta do agente.

Não podemos confundir evento com resultado. Evento é qualquer acontecimento ocorrido no mundo exterior. Resultado é uma decorrência da conduta humana juridicamente relevante, praticada com dolo ou culpa.

4.5.1. Teorias do resultado

4.5.1.1. Teoria naturalística

A teoria naturalística defende que o resultado ocorre quando há modificações no mundo exterior provocado por uma conduta.

Para essa teoria, é possível que haja crime sem resultado, isto é, crime de mera conduta.

De acordo com o resultado naturalístico, os crimes classificam-se em:

- **crime material** – o tipo penal exige para sua consumação a produção de um resultado, isto é, o resultado naturalístico integra o próprio tipo penal. Ex.: homicídio, furto e roubo.

- **crime formal** – o tipo penal descreve uma conduta que pode gerar um resultado naturalístico, mas não o exige para sua consumação. A ocorrência do resultado naturalístico, apesar de admitida, não é relevante, pois se consuma antes e independentemente de sua produção. Ex.: extorsão mediante sequestro: o resultado naturalístico desejado é a obtenção da vantagem econômica, mas o crime se consuma no momento em que a vítima é sequestrada, independentemente do recebimento ou não do resgate.
- **crime de mera conduta** – o tipo penal descreve apenas uma conduta. Não descreve um resultado naturalístico e muito menos o exige para sua consumação. Ex.: desobediência.

Crime Material	Crime Formal	Crime de Mera Conduta
Resultado naturalístico é **indispensável**	Resultado naturalístico é **dispensável**	Não há resultado naturalístico

Predomina na doutrina que o art. 13, *caput*, do Código Penal adotou para o resultado a teoria naturalística.

4.5.1.2. Teoria normativa

A teoria normativa defende que resultado é toda lesão ou possibilidade de lesão ao bem jurídico protegido.

Para essa teoria, não há crime sem resultado, pois assim o fato seria um irrelevante penal.

> **ATENÇÃO!**
> Todo crime terá um resultado normativo, mas nem todo crime terá um resultado naturalístico. Todo resultado naturalístico é normativo.

4.6. NEXO DE CAUSALIDADE

Nexo causal é o terceiro elemento do fato típico.

Nexo de causalidade é a ligação entre a conduta e o resultado naturalístico. É o liame entre a conduta e o resultado necessário para que se possa imputar responsabilidade pelo resultado ao agente.

O estudo da causalidade busca concluir se o resultado, como um fato, ocorreu da ação e se pode ser atribuído, objetivamente, ao sujeito ativo, inserindo-se na sua esfera de autoria.

O nexo causal existe apenas nos crimes materiais e comissivos.

4.6.1. Teoria da equivalência dos antecedentes

A teoria da equivalência dos antecedentes causais foi adotada no art. 13, *caput,* do Código Penal. Também é conhecida por *conditio sine qua non.*

O resultado do crime somente é imputável a quem lhe deu causa.

Considera-se causa a ação ou omissão sem a qual o resultado não teria ocorrido, isto é, tudo que tenha contribuído, de qualquer modo, para o resultado é sua causa.

A lei atribui relevância causal a todos os antecedentes do resultado, considerando que nenhum elemento de que depende a sua produção pode ser excluído da linha de desdobramento causal.

Para se estabelecer se a conduta foi causa do resultado, basta aplicar o critério da eliminação hipotética que consiste em simular se uma conduta não foi praticada. Se eliminar a conduta também será eliminado o resultado, porque a conduta o causou.

Não se aplica o *regressus ad infinitum* na teoria da equivalência dos antecedentes, pois esta se situa no plano exclusivamente físico, isto é, resulta da aplicação da lei natural de causa e efeito. Responsabiliza apenas as pessoas que de qualquer forma acabaram por contribuir com o resultado, desde que tenham agido com dolo ou culpa, os quais são indispensáveis no fato típico.

4.6.2. Superveniência causal

A superveniência causal prevista no art. 13, § 1º, do Código Penal, dispõe que a superveniência de causa relativamente independente exclui a imputação quando, por si só, produz o resultado. Também é conhecida por teoria da condicionalidade adequada.

Concausa é toda causa que concorre paralelamente com outra, contribuindo assim para o resultado.

As concausas podem ser:

a) **dependentes** – aquelas que estão na linha de desdobramento normal da conduta. Nunca rompem o nexo de causalidade;

b) **independentes** – aquelas que não estão na linha de desdobramento normal da conduta, isto é, por si só produzem o resultado.

4.6.2.1. Causas relativamente independentes

As causas relativamente independentes são as que, por si só, produzem o resultado, mas têm origem na conduta do agente. O agente responde pelo resultado. Neste sentido, encontramos:

a) **as causas preexistentes** – são aquelas anteriores à conduta. O agente responde pelo resultado, pois não se rompe o nexo causal. Ex.: "A" dá uma facada em "B", que é hemofílico. Em decorrência da facada e da doença, "B" vem a falecer.

b) **as causas concomitantes** – são aquelas que ocorrem ao mesmo tempo que a conduta do agente. Ex.: "A", querendo matar "B", efetua um disparo de arma de fogo contra "B". "B" é cardíaco e no exato momento do disparo sofre um infarto, em virtude do susto, vindo a óbito.

c) **as causas supervenientes** – são aquelas posteriores à conduta. Neste caso, rompe-se o nexo causal e o réu não responde pelo resultado, mas tão somente pelos atos até então por ele praticados. Após a conduta praticada pelo agente, ocorre outra causa relativamente independente que, por si só, produz o resultado. Ex.: "A" efetua um disparo de arma de fogo contra "B", que é atingido no abdômen. Em razão do ferimento, "B" é conduzido a um hospital. Durante o período de sua internação ocorre um incêndio no hospital, que causa a morte de "B". Neste caso aplica-se o § 1º do art. 13 do Código Penal, isto é, a superveniência da causa relativamente independente exclui a imputação quando por si só produziu o resultado. O incêndio deu causa por si só ao resultado. O agente responde pela tentativa de homicídio.

4.6.2.2. Causas absolutamente independentes

As causas absolutamente independentes são as que têm origem totalmente diversa da conduta, isto é, as causas ou concausas que por si só produzem o resultado. Neste sentido encontramos:

- **a) as causas preexistentes** – aquelas que ocorrem antes da existência da conduta, ou seja, antes do comportamento humano. Ex.: "A" quer matar "B". "A" atira contra "B" e o atinge. Mas "B", anteriormente havia ingerido grande quantidade de veneno, sendo que sua *causa mortis* foi em decorrência do envenenamento. Logo, o envenenamento é uma causa preexistente absolutamente independente. "A" responde apenas por tentativa de homicídio;

- **b) as causas concomitantes** – quando ocorrem simultaneamente com a conduta, ou seja, ao mesmo tempo. Ex.: "Se "A" e "B", com armas de calibres diferentes, atiram contra "C" (afastada a hipótese de coautoria) e ficar provado que o projétil de "B" é que, atingindo o coração da vítima, a matou, ao passo que o de "A" alcançou levemente um braço, somente aquele responde por homicídio"[4];

- **c) as causas supervenientes** – quando se manifestam após a realização da conduta. Ex.: "A" ministra dose letal de veneno em "B", mas, antes que produzisse o seu efeito, aparece "C", antigo inimigo de "B", o qual desfere várias facadas no abdômen de "B", causando sua morte.

Em qualquer dessas situações a causa poderá produzir o resultado de forma absolutamente independente.

> **ATENÇÃO!**
> Causas absolutamente independentes sempre afastam o nexo causal.

4.6.3. Teoria da imputação objetiva

Claus Roxin e Gunther Jakobs foram os maiores defensores da teoria da imputação objetiva.

---
4 NORONHA, Edgard Magalhães. *Direito penal*, p. 119.

A teoria da imputação objetiva não afasta a teoria da equivalência dos antecedentes causais, apenas deixa de lado a observação de uma relação de causalidade puramente material para se valorar uma de outra natureza jurídica normativa. Isto é, busca restringir o alcance da teoria da equivalência dos antecedentes causais adotada pelo art. 13, *caput*, do Código Penal.

Para a teoria da imputação objetiva só se fala em crime quando o agente, com sua conduta, cria um risco proibido que dá causa ao resultado.

Essa teoria não diverge da teoria finalista da ação, apenas acrescenta um elemento ao fato típico. Para ela, o fato típico é composto dos seguintes elementos: **a)** conduta (dolosa ou culposa); **b)** resultado; **c)** nexo causal; **d)** tipicidade; **e)** imputação objetiva. Ex.: o filho desejando a morte do pai lhe dá de presente uma viagem para uma cidade conhecida pelos constantes atentados terroristas, esperando que o pai seja uma das vítimas. O pai viaja e acaba sendo vítima num atentado terrorista, que lhe causa a morte. Para a teoria da imputação objetiva o filho não realiza o tipo objetivo por ausência da criação do risco proibido. O fato é atípico, pois sua conduta estava pautada no risco permitido.

> **ATENÇÃO!**
> Para que seja imputada objetivamente a alguém a prática de um crime é indispensável que este tenha criado um risco proibido, o qual é a causa do resultado que se amolde a um tipo penal.

4.6.3.1. Requisitos da imputação objetiva

Os requisitos da imputação objetiva são:

1 – relação física de causa e efeito;

2 – criação de uma situação de risco proibido, isto é, criação ou incremento de um risco não permitido para o objeto da ação;

3 – o resultado deve estar no âmbito do risco provocado pela conduta do agente;

4 – a conduta do agente deve atuar no sentido da violação da norma.

4.6.3.2. Hipóteses de exclusão da imputação objetiva

1 – Critério de confiança – quando o agente age na confiança de que os outros se comportarão de maneira correta e acaba dando causa ao resultado. Ex.: a farmacêutica de um centro de oncologia, que é responsável por preparar a dose dos medicamentos a serem ministrados durante uma sessão quimioterápica, deixa de observar corretamente a dose de cada droga. O enfermeiro aplica a medicação no paciente, que em razão da elevada dose de um dos medicamentos, vem a óbito. O enfermeiro não responde pelo resultado morte.

2 – Risco permitido e risco tolerado – algumas condutas criam riscos que são socialmente aceitos. Ex.: dirigir veículos automotores, o exercício da medicina, a prática de alguns esportes etc. Ex.: lutador de boxe, dentro das regras desse esporte, que pratica lesões corporais em seu adversário. O risco permitido ou tolerado torna a conduta atípica.

3 – Proibição do regresso – a conduta inicial é lícita e por isso não pode ser punida por delito praticado por terceiro, que não era de seu conhecimento. Ex.: o comerciante que vende licitamente uma arma de fogo, que é utilizada posteriormente em um homicídio.

4.7. TIPICIDADE

Tipicidade formal é a correspondência entre o fato praticado pelo agente e a descrição de cada espécie de infração contida na lei incriminadora.

Tipicidade é a justaposição, é a subsunção, é o encaixamento da conduta do agente no mundo real ao tipo penal, ou seja, ao molde penal.

Tipicidade é o quarto elemento do fato típico.

4.7.1. Tipo penal e seus elementos

O tipo penal é o modelo descritivo da conduta contido na lei. Quando o agente comete uma conduta que se enquadra no tipo penal, ocorre a denominada tipicidade.

O tipo é um molde criado pela lei, em que está descrito o crime com todos os seus elementos, sendo que alguém cometerá um delito se realizar uma conduta idêntica à constante no modelo legal.

Os elementos do tipo penal são:

- **Objetivo** – também conhecido por descritivo. Descreve claramente a conduta do agente. Não demanda juízo de valor. Refere-se ao aspecto material da infração penal, isto é, está relacionado à forma de execução, tempo, modo, lugar etc. É aquele elemento que existe concretamente no mundo, ou seja, com uma simples observação já é possível identificá-lo;

- **Normativo** – refere-se à antijuridicidade. É aquele do qual não é possível extrair o significado com uma simples leitura, sendo necessária a realização de um juízo lógico de valoração (opinião de cada um) para extrair o seu significado. O juízo de valor se baseia no aspecto histórico, moral, político, cultural e jurídico. Ex.: art. 233 – ato obsceno;

- **Subjetivo** – é aquele sentimento interno do agente, que exprime a sua vontade. Existe uma finalidade específica do agente. Consiste na vontade específica do agente, ou seja, uma finalidade específica da sua conduta. É chamado pela doutrina de dolo específico.

> **ATENÇÃO!**
> Toda vez que o tipo penal trouxer a expressão: "com o fim de" e "para que", "para si ou para outrem", "em proveito próprio ou alheio", trata-se de elemento subjetivo.

4.7.2. Elementares

Elementar é todo componente essencial, imprescindível para a existência do tipo penal. Ausente a elementar, não há que se falar em tipo penal (atipicidade absoluta) ou então o tipo penal será outro (atipicidade relativa).

A elementar, por ser essencial, está sempre no *caput* da norma incriminadora, razão pela qual o *caput* é denominado tipo fundamental. No entanto, existem algumas figuras típicas descritas em parágrafos, as quais são chamadas de figuras equiparadas.

4.7.3. Circunstâncias

Circunstâncias são todos os dados acessórios do tipo penal, mas a ausência destes não elimina a figura típica. Têm a função de influenciar na dosimetria da pena.

O crime será mais ou menos grave em decorrência da circunstância, mas será sempre o mesmo crime. Ex.: furto durante o repouso noturno. Trata-se de circunstância, pois sendo ou não durante o repouso noturno, o furto continuará a existir.

As circunstâncias estão dispostas em parágrafos, podendo ser: qualificadoras ou privilégios.

4.7.4. Classificação dos tipos penais

Os tipos penais estão classificados em:

1 – **Normal** – é aquele que só tem elementos objetivos;

2 – **Anormal** – é aquele que, além dos elementos objetivos, também possui os elementos normativos e/ou subjetivos. Pressupõe a interpretação do juiz em cada caso concreto;

3 – **Fechado** – é aquele que não exige juízo de valor por parte do juiz;

4 – **Aberto** – é aquele que exige juízo de valor por parte do juiz;

5 – **Simples** – é aquele em que o tipo penal prevê tão somente um único comportamento, isto é, um único núcleo;

6 – **Misto** – é aquele que prevê mais de um comportamento, ou seja, mais de um núcleo em seu preceito primário. Pode ser subdividido em:

   a) **misto cumulativo** – é aquele em que a prática de mais de um comportamento previsto no tipo penal ensejaria a utilização do mesmo raciocínio de concurso de crimes, ao agente. Ex.: crime de abandono material;

b) misto alternativo – é aquele no qual vários comportamentos (núcleos) são previstos em um determinado tipo penal, sendo que a prática de mais de um deles importará em crime único. Ex.: crime de receptação, o agente adquire, transporta e oculta, em proveito próprio, coisa que sabe ser produto de crime, respondendo somente por um crime de receptação.[5]

4.7.5. Espécies de tipo penal

Os tipos penais podem ser:

- **Permissivos** – são as causas justificadoras, ou seja, as causas excludentes de antijuridicidade, a saber: legítima defesa, estado de necessidade, estrito cumprimento de dever legal ou exercício regular de direito. São as causas que permitem que o agente pratique o fato, mas não se fala em crime;
- **Proibitivos** – são aqueles que descrevem conduta proibitiva. Ex.: parte especial do Código Penal, a partir do art. 121.

4.7.6. Adequação típica

A adequação típica é a aplicação da norma penal a um caso concreto. Busca investigar a presença do dolo e da culpa.

Há duas espécies de adequação típica:

1 – Adequação típica por subordinação imediata – quando a conduta se encaixa perfeitamente. Ocorre quando se analisa a conduta e o tipo penal, existe uma perfeita correspondência, ocorrendo uma adequação direta, ou seja, a conduta da vida real se amolda diretamente, perfeitamente à norma penal incriminadora;

2 – Adequação típica por subordinação mediata – quando necessita de mais de um artigo para adequar a conduta a um fato típico. Ao analisar a conduta e o tipo penal, não se verifica uma perfeita correspondência, sendo necessário recorrer a

---
5 GRECO, Rogério. *Curso de direito penal – parte geral*, p. 224.

outra norma, chamada de **norma de extensão ou ampliação** para que se obtenha o encaixe entre a conduta e o tipo penal, evitando assim que o fato fique sem enquadramento típico. Ex.: homicídio tentado. É necessário combinar o art. 121 com o art. 14, inc. II, do Código Penal.

Na tentativa, a extensão ocorre no tempo, pois o modelo descritivo alcança o fato em momento anterior à sua consumação – a conduta só deveria subsumir-se no tipo penal com a consumação, mas a norma que trata da tentativa faz com que retroceda no tempo e alcance o fato antes de sua realização completa. Trata-se de **norma de extensão ou ampliação** *temporal* **da figura típica.**

Na participação, o partícipe é aquele que não pratica o núcleo descrito na norma, decorrendo daí a impossibilidade de adequação direta. O art. 29 do Código Penal é o elo entre a conduta do partícipe e o tipo penal. Trata-se de **norma de extensão ou ampliação** *espacial* **da figura típica.**

4.7.7. Tipicidade material

A tipicidade material consiste na realização de atividade valorativa, isto é, um juízo de valor para verificar se a conduta possui relevância penal.

Para que um fato seja materialmente típico, a conduta deve possuir certo grau de desvalor e o bem jurídico tutelado deve sofrer um dano ou ter sido exposto a um perigo de dano, impregnado de significativa lesividade.[6]

A tipicidade material está diretamente ligada à lesividade a bens jurídicos relevantes.

4.7.8. Tipicidade conglobante

A teoria da tipicidade conglobante foi criada por Eugenio Raúl Zaffaroni, que defende que o fato típico não se baseia simplesmente na descrição na lei da conduta humana proibida.

---

[6] SALIM, Alexandre; AZEVEDO, Marcelo André de. *Direito penal – parte geral*, p. 188-189.

O fato típico deve ser analisado como um todo, isto é, a conduta é proibida pelo ordenamento jurídico, como um todo, pois se um ramo do Direito permitir tal comportamento, o fato será considerado atípico.

A teoria da tipicidade conglobante afirma que para existência de fato típico é necessário:

- **a)** a tipicidade formal – que consiste na correspondência formal entre o tipo e o que foi praticado pelo agente no caso concreto;
- **b)** tipicidade conglobante – que a conduta seja anormal, ou seja, violadora do ordenamento jurídico como um todo e ofenda um bem jurídico relevante.

4.8. SÍNTESE

Conceitos de crime	**Conceito formal de crime** – crime é todo ato jurídico típico e antijurídico. Culpabilidade é pressuposto de pena. Crime é o fato descrito na lei é a mera desobediência à norma. Basta a adequação do fato à lei.
	Conceito material de crime – crime é o fato humano que lesa ou expõe a perigo bens jurídicos penalmente protegidos. Prima pela essência da conduta criminosa, como ação humana.
	Conceito analítico de crime – crime é concebido como conduta típica, antijurídica e culpável (teoria tripartida) ou apenas como conduta típica e antijurídica (teoria bipartida).
Fato típico	É a conduta que provoca, em regra, um resultado que se amolda perfeitamente aos elementos constantes do modelo previsto na lei penal.
	Elementos: a) conduta; **b)** resultado; **c)** nexo de causalidade entre conduta e resultado; **d)** tipicidade.
Conduta	É toda ação ou omissão humana, consciente e voluntária, voltada a uma finalidade.
	A conduta pode ser:
	a) dolosa – quando o agente quer diretamente o resultado ou assume o risco de produzi-lo;
	b) culposa – quando agente age com culpa, ou seja, dá causa ao resultado em razão da sua imprudência, negligência ou imperícia.
	A conduta, ainda, pode ser:
	a) comissiva – caracteriza-se por um comportamento positivo, ação ou um fazer;
	b) omissiva – caracteriza-se pelo comportamento negativo, não fazer.

Capítulo 4

Espécies de crime omissivo	**Crime omissivo próprio ou puro** – é aquele cuja conduta negativa está descrita na própria norma penal incriminadora. A simples omissão é suficiente para a consumação, independentemente de qualquer resultado anterior. Ex.: crime de omissão de socorro. **Crime omissivo impróprio ou impuro** – é aquele em que o agente tem o dever jurídico de evitar o resultado, ou seja, ele não faz o que deveria ser feito. O omitente não responde só pela omissão como simples conduta, mas também pelo resultado produzido, salvo se esse resultado não lhe puder ser atribuído por dolo ou culpa. Trata-se de crime próprio, pois só pode ser cometido por quem tem o dever jurídico de impedir o resultado. Dever jurídico (art. 13, § 2º, CP) incumbe a quem: a) **tem dever legal** – quem tenha por lei a obrigação de cuidado, proteção ou vigilância. Ex.: dever dos pais em proteger os filhos; b) **tem dever de garantidor** – quem de qualquer outra forma assumiu a responsabilidade de impedir o resultado. Ex.: uma babá contratada para tomar conta de uma criança responderá pelo resultado caso aconteça algo com ela; c) **tem ingerência dentro da norma** – quem com o seu comportamento anterior criou o risco da ocorrência do resultado. Ex.: um indivíduo, por brincadeira, joga na piscina uma pessoa que não sabe nadar, tem o dever de socorrê-lo e impedir o resultado.
Ausência de voluntariedade	A conduta consiste numa atuação consciente da vontade no mundo exterior. Não existe conduta sem vontade ou consciência. **Hipóteses de ausência de voluntariedade:** a) **caso fortuito** (acontecimento resultante de fatos humanos) **ou força maior** (acontecimento resultante de eventos físicos ou naturais). São acontecimentos imprevisíveis e inevitáveis, que escapam do domínio da vontade do homem; b) **movimento reflexo** – causado por excitação de um nervo sensitivo; c) **coação física** – a conduta praticada sob coação física elimina a vontade, pois o agente não possui liberdade de agir; d) nos casos de movimentos praticados durante o sonho ou sonambulismo, sob sugestão ou hipnose e em estado de inconsciência.
Teorias da conduta	**Teoria causal ou naturalista** – trata-se da concepção clássica do delito, que surgiu no final do século XIX. Foi apresentada por Franz Von Liszt. Defende que a ação é considerada puro fator de causalidade, isto é, uma mera produção do resultado, realizada mediante o emprego de força física. Conduta é uma simples exteriorização de movimento ou abstenção de comportamento, desprovida de qualquer finalidade, prescindindo assim para a caracterização do delito se houve dolo ou culpa, sendo necessário apenas saber quem foi o causador material. O crime é um fato típico, antijurídico e culpável. O dolo e a culpa integram a culpabilidade.

	Dolo é normativo por ter como característica a consciência de ilicitude e seus requisitos são: **a)** consciência da conduta e do resultado; **b)** consciência do nexo de causalidade; **c)** consciência da antijuridicidade; **d)** vontade de realizar a conduta e produzir o resultado. **Teoria finalista** – foi elaborada por Hans Welzel no final da década de 20, como uma reação à teoria causal. A conduta é um comportamento humano, voluntário e consciente voltado a uma finalidade. Podendo ser doloso ou culposo. O dolo e a culpa passam a integrar a conduta, isto é, o fato típico, e não mais a culpabilidade. Sem dolo e culpa não há fato típico. Dolo não é normativo e sim natural. Não mais contém a consciência de ilicitude. Os requisitos são: **a)** consciência da conduta; **b)** consciência do resultado; **c)** consciência do nexo causal; **d)** vontade de realizar a conduta e de produzir o resultado. Sustenta-se na finalidade inerente à ação, isto é, o resultado desejado pelo agente irá caracterizar sua conduta. Culpabilidade passa a ser pressuposto da aplicação da pena. Não se fale em dolo ou culpa, mas sim em potencial consciência da ilicitude. É a teoria adotada pelo CP (art. 18). **Teoria social da ação** – foi defendida por Hans-Heinrich Jescheck, o qual afirma que somente haverá crime se a conduta do agente for socialmente inadequada. Considera a conduta sob a ótica causal e finalista, acrescentando, ainda, a visão social. A conduta é socialmente relevante, isto é, socialmente danosa, pois atinge o meio em que os indivíduos vivem. Embora, objetiva e subjetivamente típico, o comportamento humano não ofende o senso de normalidade ou da adequação social da sociedade.
Resultado	Consiste na modificação do mundo exterior produzida por uma conduta do agente. **Teorias do resultado** **1. Teoria naturalística** – defende que o resultado ocorre quando há modificações no mundo exterior provocado por uma conduta. É possível que haja crime sem resultado. De acordo com o resultado naturalístico, os crimes classificam-se em: **a) crime material** – o tipo penal exige para sua consumação a produção de um resultado; **b) crime formal** – o tipo penal descreve uma conduta que pode gerar um resultado naturalístico, mas não o exige para sua consumação. A ocorrência do resultado naturalístico, apesar de admitida, não é relevante, pois se consuma antes e independentemente de sua produção;

	c) crime de mera conduta – o tipo penal descreve apenas uma conduta. Não descreve um resultado naturalístico e muito menos o exige para sua consumação. **Teoria normativa** – defende que resultado é toda lesão ou possiblidade de lesão ao bem jurídico protegido. Não há crime sem resultado, pois assim o fato seria um irrelevante penal.
Nexo de causalidade	É a ligação entre a conduta e o resultado naturalístico. É o liame entre a conduta e o resultado necessário para que se possa imputar responsabilidade pelo resultado ao agente.
Teoria da equivalência dos antecedentes (art. 13, *caput*, CP)	Também é conhecida por *conditio sine qua non*. O resultado do crime somente é imputável a quem lhe deu causa. Considera-se causa a ação ou omissão sem a qual o resultado não teria ocorrido, isto é, tudo que tenha contribuído, de qualquer modo, para o resultado é sua causa. A lei atribui relevância causal a todos os antecedentes do resultado, considerando que nenhum elemento de que depende a sua produção pode ser excluído da linha de desdobramento causal. Não se aplica o *regressus ad infinitum*, pois esta se situa no plano exclusivamente físico, isto é, resulta da aplicação da lei natural de causa e efeito. Responsabiliza apenas as pessoas que de qualquer forma acabaram por contribuir com o resultado, desde que tenham agido com dolo ou culpa, os quais são indispensáveis no fato típico.
Superveniência causal (art. 13, § 1º, CP)	A superveniência de causa relativamente independente exclui a imputação quando, por si só, produz o resultado. Também é conhecida por **teoria da condicionalidade adequada**. **Concausa** é toda causa que concorre paralelamente com outra, contribuindo assim para o resultado. Pode ser: **a) dependentes** – aquelas que estão na linha de desdobramento normal da conduta. Nunca rompem o nexo de causalidade; **b) independentes** – aquelas que não estão na linha de desdobramento normal da conduta, isto é, por si só produzem o resultado.
Causas relativamente independentes	São as que, por si só, produzem o resultado, mas têm origem na conduta do agente. O agente responde pelo resultado. Temos: **a) as causas preexistentes** – são aquelas anteriores à conduta. O agente responde pelo resultado, pois não se rompe o nexo causal; **b) as causas concomitantes** – são aquelas que ocorrem ao mesmo tempo que a conduta do agente; **c) as causas supervenientes** – são aquelas posteriores à conduta. Neste caso, rompe-se o nexo causal e o réu não responde pelo resultado, mas tão somente pelos atos até então por ele praticados. Após a conduta praticada pelo agente, ocorre outra causa relativamente independente que, por si só, produz o resultado.

Causas absolutamente independentes	São as que tem origem totalmente diversa da conduta, isto é, as causas ou concausas que por si só produzem o resultado. Temos: **a) as causas preexistentes** – aquelas que ocorrem antes da existência da conduta, ou seja, antes do comportamento humano; **b) as causas concomitantes** – quando ocorrem simultaneamente com a conduta, ou seja, ao mesmo tempo; **c) as causas supervenientes** – quando se manifestam após a realização da conduta. Em qualquer dessas situações a causa poderá produzir o resultado de forma absolutamente independente.
Teoria da imputação objetiva	Defensores: Claus Roxin e Gunther Jakobs. A teoria da imputação objetiva não afasta a teoria da equivalência dos antecedentes causais, apenas deixa de lado a observação de uma relação de causalidade puramente material para se valorar uma de outra natureza jurídica normativa. Só se fala em crime quando o agente, com sua conduta, cria um risco proibido que dá causa ao resultado. Para ela, o fato típico é composto dos seguintes elementos: **a)** conduta (dolosa ou culposa); **b)** resultado; **c)** nexo causal; **d)** tipicidade; **e)** imputação objetiva. **Requisitos da imputação objetiva** **1** – Relação física de causa e efeito; **2** – Criação de uma situação de risco proibido, isto é, criação ou incremento de um risco não permitido para o objeto da ação; **3** – O resultado deve estar no âmbito do risco provocado pela conduta do agente; **4** – A conduta do agente deve atuar no sentido da violação da norma. **Hipóteses de exclusão da imputação objetiva** **1 – Critério de confiança** – Quando o agente age na confiança de que os outros se comportarão de maneira correta e acaba dando causa ao resultado; **2 – Risco permitido e risco tolerado** – Algumas condutas criam riscos que são socialmente aceitos. O risco permitido ou tolerado torna a conduta atípica; **3 – Proibição do regresso** – A conduta inicial é lícita e por isso não pode ser punida por delito praticado por terceiro, que não era de seu conhecimento.
Tipicidade	É a correspondência entre o fato praticado pelo agente e a descrição de cada espécie de infração contida na lei incriminadora.

Capítulo 4

Tipo penal	É o modelo descritivo da conduta contido na lei. O tipo é um molde criado pela lei, em que está descrito o crime com todos os seus elementos, sendo que alguém cometerá um delito se realizar uma conduta idêntica à constante no modelo legal. **Elementos** **a) Objetivo ou descritivo** – descreve claramente a conduta do agente. Não demanda juízo de valor. Refere-se ao aspecto material da infração penal, isto é, está relacionado à forma de execução, tempo, modo, lugar e etc; **b) Normativo** – refere-se a antijuridicidade. É aquele do qual não é possível extrair o significado com uma simples leitura, sendo necessária a realização de um juízo lógico de valoração (opinião de cada um) para extrair o seu significado. O juízo de valor se baseia no aspecto histórico, moral, político, cultural e jurídico; **c) Subjetivo** – é aquele sentimento interno do agente, que exprime a sua vontade. Existe uma finalidade específica do agente.
Elementares	É todo componente essencial, imprescindível para a existência do tipo penal. Ausente a elementar, não há que se falar em tipo penal (atipicidade absoluta) ou então o tipo penal será outro (atipicidade relativa).
Circunstâncias	São todos os dados acessórios do tipo penal, mas a ausência destes não elimina a figura típica. Têm a função de influenciar na dosimetria da pena. O crime será mais ou menos grave em decorrência da circunstância, mas será sempre o mesmo crime.
Classificação dos tipos penais	**1 – Normal** – é aquele que só tem elementos objetivos; **2 – Anormal** – é aquele que além dos elementos objetivos, também possui os elementos normativos e/ou subjetivos; **3 – Fechado** – é aquele que não exige juízo de valor por parte do juiz; **4 – Aberto** – é aquele que exige juízo de valor por parte do juiz; **5 – Simples** – é aquele cujo tipo penal prevê tão somente um único comportamento, isto é, um único núcleo; **6 – Misto** – é aquele que prevê mais de um comportamento, ou seja, mais de um núcleo em seu preceito primário. Pode ser subdividido em: **a) misto cumulativo** – é aquele em que a prática de mais de um comportamento previsto no tipo penal ensejaria a utilização do mesmo raciocínio de concurso de crimes, ao agente; **b) misto alternativo** – é aquele no qual vários comportamentos (núcleos) são previstos em um determinado tipo penal, sendo que a prática de mais de um deles importará em crime único.

Espécies de tipo penal	**Permissivos** – são as causas justificadoras, ou seja, as causas excludentes de antijuridicidade, a saber: legítima defesa, estado de necessidade, estrito cumprimento de dever legal ou exercício regular de direito. São as causas que permitem que o agente pratique o fato, mas não se fala em crime; **Proibitivos** – são aqueles que descrevem conduta proibitiva.
Adequação típica	É a aplicação da norma penal a um caso concreto. Busca investigar a presença do dolo e da culpa. **Espécies** **1 – Adequação típica por subordinação imediata** – quando a conduta se encaixa perfeitamente. Ocorre quando, ao analisar a conduta e o tipo penal, existe uma perfeita correspondência, ocorrendo uma adequação direta. **2 – Adequação típica por subordinação mediata** – quando necessita de mais de um artigo para adequar a conduta a um fato típico. Ao analisar a conduta e o tipo penal, não se verifica uma perfeita correspondência, sendo necessário recorrer a outra norma, chamada de *norma de extensão ou ampliação* para que se obtenha o encaixe entre a conduta e o tipo penal, evitando assim que o fato fique sem enquadramento típico. **Norma de extensão ou ampliação *temporal* da figura típica** – na tentativa, a extensão ocorre no tempo, pois o modelo descritivo alcança o fato em momento anterior à sua consumação – a conduta só deveria subsumir-se no tipo penal com a consumação, mas a norma que trata da tentativa faz com que retroceda no tempo e alcance o fato antes de sua realização completa. **Norma de extensão ou ampliação *espacial* da figura típica** – na participação, o partícipe é aquele que não pratica o núcleo descrito na norma, decorrendo daí a impossibilidade de adequação direta. O art. 29 do Código Penal é o elo entre a conduta do partícipe e o tipo penal.
Tipicidade material	Consiste na realização de atividade valorativa, isto é, um juízo de valor para verificar se a conduta possui relevância penal. Está diretamente ligada à lesividade a bens jurídicos relevantes.
Tipicidade conglobante	A teoria da tipicidade conglobante foi criada por Eugenio Raúl Zaffaroni, que defende que o fato típico não se baseia simplesmente na descrição na lei da conduta humana proibida. O fato típico deve ser analisado como um todo, isto é, a conduta é proibida pelo ordenamento jurídico, como um todo, pois se um ramo do Direito permitir tal comportamento, o fato será considerado atípico. Para existência de fato típico é necessário: **a)** a tipicidade formal – que consiste na correspondência formal entre o tipo e o que foi praticado pelo agente no caso concreto; **b)** tipicidade conglobante – que a conduta seja anormal, ou seja, violadora do ordenamento jurídico como um todo e ofenda um bem jurídico relevante.

4.9. QUESTÕES DE PROVA

1 – (XIV-Exame de Ordem Unificado – OAB/2014) – Isadora, mãe da adolescente Larissa, de 12 anos de idade, saiu um pouco mais cedo do trabalho e, ao chegar à sua casa, da janela da sala, vê seu companheiro, Frederico, mantendo relações sexuais com sua filha no sofá. Chocada com a cena, não teve qualquer reação. Não tendo sido vista por ambos, Isadora decidiu, a partir de então, chegar à sua residência naquele mesmo horário e verificou que o fato se repetia por semanas. Isadora tinha efetiva ciência dos abusos perpetrados por Frederico, porém, muito apaixonada por ele, nada fez. Assim, Isadora, sabendo dos abusos cometidos por seu companheiro contra sua filha, deixa de agir para impedi-los.

Nesse caso, é correto afirmar que o crime cometido por Isadora é:

A) omissivo impróprio;

B) omissivo próprio;

C) comissivo;

D) omissivo por comissão.

Correta: A

Comentários: *Omissivo impróprio é aquele em que o agente tem o dever jurídico de evitar o resultado, ou seja, ele não faz o que deveria ser feito. Existe norma que determina que ele faça; logo a omissão tem relevância causal. O omitente não responde só pela omissão como simples conduta, mas também pelo resultado produzido, salvo se esse resultado não lhe puder ser atribuído por dolo ou culpa. O dever jurídico está estabelecido no § 2º do art. 13 do Código Penal e incumbe a quem tem: **a) dever legal** – quem tenha por lei a obrigação de cuidado, proteção ou vigilância; **b) dever de garantidor** – quem de qualquer outra forma assumiu a responsabilidade de impedir o resultado; **c) Ingerência dentro da norma** – quem com o seu comportamento anterior criou o risco da ocorrência do resultado.*

2 – (XII – Exame de Ordem Unificado – OAB/2013) – Paula, com intenção de matar Maria, desfere contra ela quinze facadas, todas na região do tórax. Cerca de duas horas após a ação de Paula, Maria vem a falecer. Todavia, a *causa mortis* determinada pelo auto de exame cadavérico foi envenenamento. Posteriormente, soube-se que Maria nutria intenções suicidas e que, na manhã dos fatos, havia ingerido veneno.

Com base na situação descrita, assinale a afirmativa correta.

A) Paula responderá por homicídio doloso consumado.

B) Paula responderá por tentativa de homicídio.

C) O veneno, em relação às facadas, configura concausa relativamente independente superveniente que por si só gerou o resultado.

D) O veneno, em relação às facadas, configura concausa absolutamente independente concomitante.

Correta: B

Comentários: *As causas absolutamente independentes são as que têm origem totalmente diversa da conduta, isto é, as causas que por si só produzem o resultado. Na questão estamos diante de uma causa absolutamente independente preexistente, que ocorreu antes da existência da conduta. Logo, Paula responderá apenas por tentativa de homicídio.*

3 – (XIV – Exame de Ordem Unificado – OAB/2014) – Wallace, hemofílico, foi atingido por um golpe de faca em uma região não letal do corpo. Júlio, autor da facada, que não tinha dolo de matar, mas sabia da condição de saúde específica de Wallace, sai da cena do crime sem desferir outros golpes, estando Wallace ainda vivo. No entanto, algumas horas depois, Wallace morre, pois, apesar de a lesão ser em local não letal, sua condição fisiológica agravou o seu estado de saúde.

Acerca do estudo da relação de causalidade, assinale a opção correta.

A) O fato de Wallace ser hemofílico é uma causa relativamente independente preexistente, e Júlio não deve responder por homicídio culposo, mas, sim, por lesão corporal seguida de morte.

B) O fato de Wallace ser hemofílico é uma causa absolutamente independente preexistente, e Júlio não deve responder por homicídio culposo, mas, sim por lesão corporal seguida de morte.

C) O fato de Wallace ser hemofílico é uma causa absolutamente independente concomitante, e Júlio deve responder por homicídio culposo.

D) O fato de Wallace ser hemofílico é uma causa relativamente independente concomitante, e Júlio não deve responder pela lesão corporal seguida de morte, mas, sim, por homicídio culposo.

Correta: A

Comentários: *As causas relativamente independentes são as que, por si só, produzem o resultado, mas têm origem na conduta do agente. As causas relativamente independentes preexistentes são aquelas anteriores à conduta. O agente responde pelo resultado, pois não se rompe o nexo causal.*

4 – (X – Exame de Ordem Unificado – OAB/2013) João, com intenção de matar, efetua vários disparos de arma de fogo contra Antônio, seu desafeto. Ferido, Antônio é internado em um hospital, no qual vem a falecer, não em razão dos ferimentos, mas queimado em um incêndio que destrói a enfermaria em que se encontrava.

Assinale a alternativa que indica o crime pelo qual João será responsabilizado.

A) Homicídio consumado.

B) Homicídio tentado.

C) Lesão corporal.

D) Lesão corporal seguida de morte.

Correta: B

Comentários: *A questão trabalha com a causa relativamente independente superveniente, isto é, aquela posterior à conduta. Neste caso, rompe-se o nexo causal e o réu não responde pelo resultado, mas tão somente pelos atos até então por ele praticados. Após a conduta* *praticada pelo agente, ocorre outra causa relativamente independente que, por si só, produz o resultado. Neste caso aplica-se o § 1º do art. 13 do Código Penal, ou seja, a superveniência da causa relativamente independente exclui a imputação quando por si só produziu o resultado. O incêndio deu causa por si só ao resultado. O agente responde pela tentativa de homicídio.*

5 – (X – Exame de Ordem Unificado – OAB/2013) – Jane, dirigindo seu veículo dentro do limite de velocidade para a via, ao efetuar manobra em uma rotatória, acaba abalroando o carro de Lorena, que, desrespeitando as regras de trânsito, ingressou na rotatória enquanto Jane fazia a manobra. Em virtude do abalroamento, Lorena sofreu lesões corporais.

Nesse sentido, com base na teoria da imputação objetiva, assinale a afirmativa correta.

A) Jane não praticou crime, pois agiu no exercício regular de direito.

B) Jane não responderá pelas lesões corporais sofridas por Lorena com base no princípio da intervenção mínima.

C) Jane não pode ser responsabilizada pelo resultado com base no princípio da confiança.

D) Jane praticou delito previsto no Código de Trânsito Brasileiro, mas poderá fazer jus a benefícios penais.

Correta: C

Comentários: *A questão cuida do princípio da confiança, que é uma das causas de exclusão de imputação objetiva. Ocorre quando o agente age na confiança de que os outros se comportarão de maneira correta e acaba dando causa ao resultado. Neste caso não responde pelo resultado.*

6 – (IX – Exame de Ordem Unificado – OAB/2012) – José subtrai o carro de um jovem que lhe era totalmente desconhecido, chamado João. Tal subtração deu-se mediante o emprego de grave ameaça exercida pela utilização de arma de fogo. João, entretanto, rapaz jovem e de boa saúde, sem qualquer histórico de doença cardiovascular, assusta-se de tal forma com a arma, que vem a óbito em virtude de ataque cardíaco.

Com base no cenário acima, assinale a afirmativa correta.

A) José responde por latrocínio.

B) José não responde pela morte de João.

C) José responde em concurso material pelos crimes de roubo e de homicídio culposo.

D) José praticou crime preterdoloso.

Correta: B

Comentários: *A questão cuida de uma causa absolutamente independente superveniente, ou seja, que se manifesta após a realização da conduta, Este tipo de causa sempre afasta o nexo causal. Logo, José não responde pela morte de João.*

7 – (Ministério Público do Estado de São Paulo/2010) – Assinale a alternativa correta.

A) Ocorre a chamada adequação típica mediata quando o fato se amolda ao tipo legal sem a necessidade de qualquer outra norma.

B) O princípio da insignificância incide diretamente sobre a punibilidade do agente.

C) A exigência de um conteúdo material do crime não se satisfaz com a simples subsunção formal das condutas humanas.

D) A constitucionalização do Direito Penal limita-se à valorização do princípio da legalidade estrita e do conteúdo formal do princípio da reserva legal.

E) A ultratividade *in mellius* da lei penal significa que a lei posterior aplica-se a eventos passados, salvo quando ela beneficia o réu.

Correta: C

Comentários: *A tipicidade material consiste na realização de atividade valorativa, ou seja, um juízo de valor para verificar se a conduta possui relevância penal. Sendo assim, a exigência de um conteúdo material do crime não se satisfaz apenas com a sua subsunção na forma das condutas* *humanas. A tipicidade material está diretamente ligada à lesividade a bens jurídicos relevantes.*

8 – (Ministério Público do Estado de São Paulo/2010) – Assinale a alternativa incorreta:

A) Segundo o princípio da especialidade, a norma específica derroga a norma geral, ainda que aquela contenha consequências penais mais gravosas.

B) Seguindo o princípio da consunção, na hipótese de crime progressivo, as normas que definem crimes mais graves absorvem as de menor gravidade.

C) O resultado da ação não pode ser atribuído ao agente na hipótese da existência de causa absolutamente independente, salvo se esta for preexistente.

D) Nos crimes comissivos por omissão, o agente, que possui o especial dever de agir, abstem-se dessa atuação.

E) Nos crimes de perigo abstrato, o perigo é objeto de presunção *juris et de jure*.

Correta: C

Comentários: *As causas independentes são aquelas que não estão na linha de desdobramento normal da conduta, isto é, por si só produzem o resultado. Temos as causas absolutamente independentes e relativamente independentes. As causas absolutamente independentes são as que têm origem totalmente diversa da conduta, isto é, são as causas que por si só produzem o resultado. As causas absolutamente independentes podem ser: preexistentes, concomitantes e supervenientes. As causas absolutamente independentes preexistentes são aquelas que ocorrem antes da existência da conduta, ou seja, antes do comportamento humano. Ex.: "A" quer matar "B". "A" atira contra "B" e o atinge. Mas "B", anteriormente havia ingerido grande quantidade de veneno, sendo que sua causa mortis foi em decorrência do envenenamento. Logo, o envenenamento é uma causa preexistente absolutamente independente. "A" responde apenas por tentativa de homicídio. A causa poderá produzir o resultado de forma absolutamente independente.*

Capítulo 5

Tipo Penal Doloso

5.1. CONCEITO DE DOLO

Dolo é a vontade consciente de realizar os elementos descritos no tipo penal incriminador. É a vontade de praticar a conduta.

O art. 18, inc. I, do Código Penal define crime doloso quando o agente quis o resultado ou assumiu o risco de produzi-lo.

5.2. TEORIAS SOBRE O DOLO

- **Teoria da Vontade** – é o dolo direto. Dolo é a vontade consciente de realizar o ato criminoso. É a vontade de realizar a conduta e produzir o resultado. O agente quer o resultado.
- **Teoria da Representação (probabilidade)** – é uma previsão, ou seja, a simples previsão do resultado caracteriza dolo. É a vontade de realizar a conduta, prevendo a possibilidade de produção do resultado, sem, contudo desejá-lo. Basta prever a possibilidade para a conduta ser considerada dolosa.
- **Teoria do Assentimento ou Consentimento** – é o chamado dolo eventual, em que o dolo é a previsão do resultado e a aceitação do risco de produzi-lo. É a vontade de realizar a conduta, assumindo o risco da produção do resultado. É o assentimento do resultado, isto é, a previsão do resultado com a aceitação dos riscos de produzi-lo. O agente não quer, mas não se importa com o resultado.

O Código Penal adotou as teorias da vontade e do assentimento. A primeira com relação ao dolo direto e a segunda no que diz ao dolo eventual.

5.3. ESPÉCIES DE DOLO

- **Dolo direto ou determinado** – é o dolo da teoria da vontade. É a vontade de produzir o resultado.
- **Dolo indireto** – é o dolo da teoria do assentimento. O agente consente o resultado. O dolo indireto se divide em duas espécies:
  a) Dolo eventual – quando o agente prevê o resultado e aceita os riscos de produzi-lo. Ele não quer o resultado, porém existe a previsão do resultado e a aceitação do risco de produzi-lo. Ex.: o motorista que, em desabalada corrida, para chegar em seu destino, aceita o resultado de atropelar uma pessoa.
  b) Dolo alternativo – quando o agente prevê o resultado e assume o risco de produzir aquele resultado ou outro qualquer. No dolo alternativo ele tem a vontade de produzir o resultado, mas assume o risco de produzir aquele ou outro resultado. A doutrina chama esse dolo de "crime de intenção alternativa". Ex.: o agente atira para ferir ou para matar; nesse caso, responde pelo resultado mais grave, aplicando-se o princípio da consunção.

DIFERENÇA ENTRE DOLO EVENTUAL E DOLO ALTERNATIVO	
DOLO EVENTUAL	**DOLO ALTERNATIVO**
O agente não quer o resultado, mas assume o risco de produzi-lo.	O agente quer um resultado e assume o risco de produzir outro resultado.

- **Dolo de dano** – é a vontade de produzir uma lesão. O agente quer o dano, ele quer lesionar o bem jurídico protegido. É a vontade de produzir uma lesão efetiva a um bem jurídico protegido. Ex.: roubo, homicídio.
- **Dolo de perigo** – é a vontade de expor um bem jurídico protegido a um perigo. O agente não quer o dano, ele quer apenas colocar o bem jurídico protegido em risco. O agente não quer o dano, só quer expor a perigo. Ex.: crime de rixa, crime de perigo para a vida ou saúde de outrem.

DIFERENÇA ENTRE DOLO DE DANO E DOLO DE PERIGO	
DOLO DE DANO	**DOLO DE PERIGO**
Há vontade de PRODUZIR a lesão no bem jurídico protegido.	Há vontade de EXPOR a perigo o bem jurídico protegido.

- **Dolo natural** – é a consciência da conduta, do resultado e do nexo causal entre ambos e a vontade de realizar a conduta e produzir o resultado. É a espécie de dolo adotada pela teoria finalista da ação. O dolo é elemento integrante da conduta.
- **Dolo normativo** – o dolo contém a consciência da ilicitude. É o dolo que depende de um juízo de valor. É a espécie de dolo adotada pela teoria clássica da ação. O dolo é elemento integrante da culpabilidade.
- **Dolo genérico** – é a vontade de praticar uma conduta, sem qualquer finalidade especial. É a simples vontade do agente produzir o efeito lesivo ou perigoso.
- **Dolo específico** – é o elemento subjetivo do tipo. É a vontade específica do agente, isto é, a vontade de realizar a conduta, visando a um fim especial. Ex.: extorsão mediante sequestro – sequestrar pessoa, com fim de obter qualquer vantagem.
- **Dolo geral** – também é conhecido por erro sucessivo ou *aberratio causae*. Ocorre quando o agente, supondo ter consumado o crime, realiza atos de mero exaurimento, e aí sim consuma o crime. Ex.: "A" efetua disparos contra "B" e, supondo que "B" já esteja morto, joga-o ao mar, provocando a sua morte. Na tentativa de ocultar o cadáver, "A" acabou matando "B". Responde por homicídio doloso consumado, por força do dolo geral.
- **Dolo de 1º grau** – consiste na vontade de produzir as consequências primárias do delito, ou seja, o resultado típico inicialmente visado[1]. Exemplo: "A" envenena "B" (conduta consciente e voluntária), pretendendo causar a sua morte (resultado consciente e voluntário).
- **Dolo de 2º grau** – também conhecido por dolo de consequências necessárias. Ocorre quando o agente prevê e deseja produzir o resultado como consequência inevitável para atingir outro fim proposto. Abrange os efeitos colaterais de sua conduta. O agente não deseja imediatamente os efeitos colaterais, mas tem por certa a sua superveniência, caso se concretize o

---
1 CAPEZ, Fernando. *Curso de direito penal – parte geral*, p. 229.

resultado pretendido. Ex.: "A" querendo matar "B", coloca uma bomba dentro do ônibus em que "B" viajava, vindo a matá-lo, bem como aos demais passageiros.

– **Dolo cumulativo** – é aquele em que o agente pretende alcançar dois resultados, em sequência.

DIFERENÇA ENTRE DOLO DE 2º GRAU E DOLO EVENTUAL	
DOLO DE 2º GRAU	**DOLO EVENTUAL**
O agente prevê que o resultado é certo ou quase certo, em razão do meio escolhido para alcançar o fim desejado.	O agente prevê que o resultado é possível de ocorrer, mas não deixa de agir, assumindo o risco de sua produção.

5.4. ELEMENTOS DO DOLO

Os elementos do dolo são:

a) **consciência** – é o conhecimento do fato que constitui a ação típica. O agente possui a consciência dos elementos objetivos do tipo. Trata-se do elemento cognitivo ou intelectual;

b) **vontade** – é o elemento volitivo de realizar esse fato. O agente possui a vontade de praticar a conduta e produzir o resultado. A vontade de realizar o fato típico. Trata-se do elemento volitivo.

5.5. SÍNTESE

Conceito de dolo	É a vontade consciente de realizar os elementos descritos no tipo penal incriminador. É a vontade de praticar a conduta.
Teorias do dolo	**Teoria da Vontade** – é o dolo direto. Dolo é a vontade consciente de realizar o ato criminoso. É a vontade de realizar a conduta e produzir o resultado. O agente quer o resultado. **Teoria da Representação (probabilidade)** – é a vontade de realizar a conduta, prevendo a possibilidade de produção do resultado, sem, contudo, desejá-lo. Basta prever a possibilidade para a conduta ser considerada dolosa. **Teoria do Assentimento ou Consentimento** – é a previsão do resultado e a aceitação do risco de produzi-lo. É a vontade de realizar a conduta, assumindo o risco da produção do resultado. O agente não quer, mas não se importa com o resultado. O Código Penal adotou as teorias da vontade e do assentimento.

Espécies de dolo	**Dolo direto ou determinado** – é a vontade de produzir o resultado. **Dolo indireto** – o agente consente o resultado. O dolo indireto se divide em: a) **Dolo eventual** – quando o agente prevê o resultado e aceita os riscos de produzi-lo. Ele não quer o resultado, porém existe a previsão do resultado e a aceitação do risco de produzi-lo. b) **Dolo alternativo** – quando o agente prevê o resultado e assume o risco de produzir aquele resultado ou outro qualquer. No dolo alternativo ele tem a vontade de produzir o resultado, mas ele assume o risco de produzir aquele ou outro resultado. **Dolo de dano** – é a vontade de produzir uma lesão. O agente quer o dano, ele quer lesionar o bem jurídico protegido. É a vontade de produzir uma lesão efetiva a um bem jurídico protegido. **Dolo de perigo** – é a vontade de expor um bem jurídico protegido a um perigo. O agente não quer o dano, ele quer apenas colocar o bem jurídico protegido em risco. **Dolo natural** – é a consciência da conduta, do resultado e do nexo causal entre ambos e a vontade de realizar a conduta e produzir o resultado. **Dolo normativo** – o dolo contém a consciência da ilicitude. É o dolo que depende de um juízo de valor. **Dolo genérico** – é a vontade de praticar uma conduta, sem qualquer finalidade especial. **Dolo específico** – é o elemento subjetivo do tipo. É a vontade específica do agente, isto é, a vontade de realizar a conduta, visando a um fim especial. **Dolo geral** – quando o agente, supondo ter consumado o crime, realiza atos de mero exaurimento, e aí sim consuma o crime. **Dolo de 1º grau** – consiste na vontade de produzir as consequências primárias do delito, ou seja, o resultado típico inicialmente visado. **Dolo de 2º grau** – também conhecido por dolo de consequências necessárias. Ocorre quando o agente prevê e deseja produzir o resultado como consequência inevitável para atingir outro fim proposto. Abrange os efeitos colaterais de sua conduta. O agente não deseja imediatamente os efeitos colaterais, mas tem por certa a sua superveniência, caso se concretize o resultado pretendido. **Dolo cumulativo** – é aquele em que o agente pretende alcançar dois resultados, em sequência.

Capítulo 5

Elementos do dolo	a) **consciência** – é o conhecimento do fato que constitui a ação típica. O agente possui a consciência dos elementos objetivos do tipo.
	b) **vontade** – é o elemento volitivo de realizar esse fato. O agente possui a vontade de praticar a conduta e produzir o resultado. Há vontade de realizar o fato típico.

5.6. QUESTÕES DE PROVA

1 – (Ministério Público do Estado do Paraná/2011) – Sobre o tipo dos crimes dolosos de ação, assinale a alternativa incorreta.

A) A imputação do resultado pressupõe, além da relação de causalidade, a criação de risco para o bem jurídico pela ação do autor e a realização do risco criado pelo autor no resultado de lesão do bem jurídico.

B) O dolo direto de 2º grau abrange os efeitos colaterais representados como certos ou necessários pelo autor, determinantes de lesões a bens jurídicos, ainda que lamentados ou indesejados por este.

C) O erro de tipo pode ter por objeto elementos descritivos ou normativos do tipo objetivo e, quanto ao tipo subjetivo, não pode incidir sobre o dolo, mas pode ter por objeto elementos subjetivos especiais, diversos do dolo.

D) O tipo subjetivo dos delitos de homicídio e lesões corporais é composto somente pelo dolo, e o tipo subjetivo dos delitos de furto, extorsão, falsidade ideológica e prevaricação é composto pelo dolo e por elementos subjetivos especiais, diversos do dolo.

E) O erro de tipo inevitável sobre elementos objetivos do tipo de homicídio (CP, art. 121, *caput*) e o erro de tipo evitável sobre elementos objetivos do tipo de aborto simples provocado pela gestante (CP, art. 124) não resultam em qualquer responsabilidade penal ao seu autor.

Correta: C

Comentários: *O erro de tipo é o erro de agente que recai sobre os requisitos objetivos constitutivos do tipo legal. Observe o art. 20 do Código Penal: O erro sobre elemento constitutivo do tipo legal de crime exclui o dolo, mas permite a punição por crime culposo, se previsto em lei. O erro de tipo pode ter por objeto elementos descritivos (que descrevem de forma imediata o tipo penal, dispensando valoração específica) ou normativos (que precisam de valoração prévia) do tipo penal objetivo. Quando o legislador descreveu no referido artigo que erro de tipo é o que recai sobre elemento constitutivo do tipo devemos entender "requisito constitutivo objetivo do tipo". Erro de tipo NÃO alcança requisitos subjetivos. O erro de tipo só pode incidir sobre elemento objetivo do tipo penal. A alternativa está errada, pois afirma que o erro de tipo pode incidir sobre elementos subjetivos especiais diversos do dolo, quando, na verdade, o erro de tipo só pode incidir sobre elementos objetivos do tipo penal.*

2 – (Procurador de Contas do Estado do Ceará/2015) – São elementos do crime doloso:

   A) previsibilidade objetiva e dever de cuidado objetivo;
   B) previsibilidade subjetiva e dever de cuidado objetivo;
   C) desejo do resultado e assunção do risco de produzi-lo;
   D) previsão do resultado pelo agente, mas que não se realize sinceramente a sua produção e especificidade do dolo;
   E) elemento subjetivo do tipo e previsibilidade subjetiva.

Correta: C

Comentários: *O Código Penal adotou em seu art. 18 as teorias da vontade e do assentimento. A teoria da vontade, em que dolo é tão somente a vontade livre e consciente de querer praticar a infração penal, isto é, de querer levar a efeito a conduta prevista no tipo penal incriminador. A teoria do assentimento, em que atua com dolo aquele que, antevendo como possível o resultado lesivo com a prática de sua conduta, mesmo não o querendo de forma direta, não se importa com a sua ocorrência, assumindo o risco de vir a produzi-lo.*

3 – (Ministério Público do Estado do Rio de Janeiro/ 2012) – As três principais teorias sobre o dolo são as seguintes:

A) Eventualidade, Assentimento e Vontade;

B) Assentimento, Representação e Atividade;

C) Eventualidade, Vontade e Representação;

D) Representação, Assentimento e Vontade;

E) Eventualidade, Atividade e Representação.

Correta: D

Comentários: *As teorias do dolo são:* ***a) teoria da vontade*** *– em que dolo é tão somente a vontade livre e consciente de querer praticar a infração penal, isto é, de querer levar a efeito a conduta prevista no tipo penal incriminador;* ***b) teoria do assentimento*** *– em que atua com dolo aquele que, antevendo como possível o resultado lesivo com a prática de sua conduta, mesmo não o querendo de forma direta, não se importa com a sua ocorrência, assumindo o risco de vir a produzi-lo;* ***c) teoria da representação*** *– em que há de se falar em dolo toda vez que o agente tiver tão somente a previsão do resultado como possível e, ainda assim, decidir pela continuidade de sua conduta. Para esta teoria não há distinção entre dolo eventual e culpa consciente, é tudo dolo.*

Capítulo 6
Tipo Penal Culposo

6.1. INTRODUÇÃO

No crime culposo, o sujeito ativo não quer e nem assume o risco de produzir o resultado, porém dá causa a ele, por imprudência, negligência ou imperícia.

No crime culposo ocorre a quebra do dever objetivo de cuidado, isto é, o cuidado normal exigido de todos os seres humanos. É o dever imposto a todas as pessoas.

Culpa é violação ou inobservância de uma regra de conduta que resulta numa lesão do direito alheio. É a pratica não intencional do crime, faltando ao agente um dever de atenção e cuidado.

O Código Penal, no parágrafo único do art. 18, consagrou o princípio da excepcionalidade do crime culposo, ao afirmar que, salvo nos casos expressos em lei, ninguém pode ser punido por fato previsto como crime, senão quando o pratica dolosamente.

> **ATENÇÃO!**
> A existência de crime culposo depende de expressa previsão legal.

O tipo penal culposo é chamado de aberto, pois a conduta culposa não é descrita. Isto é, torna-se impossível descrever todas as hipóteses de culpa, pois sempre será imprescindível, no caso concreto, comparar a conduta com o que seria ideal naquelas circunstâncias e condições.

6.2. MODALIDADES DE CULPA

6.2.1. Imprudência

Imprudência é a prática de um fato sem as devidas cautelas, isto é, de uma ação descuidada ou um fato perigoso. Está ligada à ideia de comportamento positivo. O agente faz sem cuidado ou sem cautela. Ex.: excesso de velocidade, manipular arma de fogo sem cuidado, passar no semáforo fechado.

6.2.2. Negligência

Negligência é um comportamento negativo ou omissivo, é a ausência de precaução. Ocorre quando o agente deixa de tomar o devido cuidado. É a culpa de quem se omite. Ex.: esquecer de calibrar os pneus do carro antes de viajar e assim dar causa a um acidente de trânsito.

6.2.3. Imperícia

Imperícia é a inaptidão técnica, o desconhecimento da profissão ou do ofício. É a falta de habilidade no exercício de uma profissão ou atividade.

A imperícia difere do *erro profissional*, porque este ocorre quando são empregados os conhecimentos normais da arte ou ofício e o agente chega a uma conclusão equivocada. A imperícia não se restringe à área médica, ou seja, pode ocorrer em qualquer outra atividade ou profissão que demande habilidade especial.

> **ATENÇÃO!**
> Não há imperícia quando realizada por pessoa que não exerce a arte ou profissão. Haverá, sim, imprudência ou negligência.

6.3. ELEMENTOS DO TIPO CULPOSO

1 – Conduta voluntária.

2 – Resultado naturalístico involuntário.

3 – Nexo causal.

4 – Tipicidade.

5 – Quebra do dever objetivo de cuidado – é o dever de cuidado imposto a todos. As três maneiras de violar o dever objetivo de cuidado são as modalidades de culpa: negligência, imprudência e imperícia.

6 – Previsibilidade objetiva – é a possibilidade de qualquer pessoa dotada de prudência mediana prever o resultado. É aquela previsibilidade analisada comparando a conduta do agente ao "homem médio". O que se leva em conta é se o resultado era ou não previsível para uma pessoa de prudência mediana, e não a capacidade do agente de prever o resultado.

7 – Ausência de previsão – não prever o previsível. Exceto na culpa consciente, em que há previsão.

6.4. PREVISIBILIDADE

Previsibilidade consiste na possibilidade de conhecer o perigo que sua conduta revela ao bem jurídico alheio. É a possibilidade de prever o resultado, de acordo com as circunstâncias pessoais em que o agente se encontrava.

6.4.1. Previsibilidade objetiva

Previsibilidade objetiva é a possibilidade de qualquer pessoa dotada de prudência mediana prever o resultado. É aquela previsibilidade analisada comparando a conduta do agente ao "homem médio". Vale-se da previsibilidade objetiva para identificar se há crime culposo.

A previsibilidade objetiva é aplicada no campo da tipicidade.

6.4.2. Previsibilidade subjetiva

A previsibilidade subjetiva revela apenas se o sujeito podia ou não ter, no caso concreto, previsto o resultado, levando em consideração as sua condições pessoais no momento do fato. Exclui a culpabilidade, mas não o fato típico e ilícito. É utilizada para calcular a pena.

Para que o sujeito ativo seja culpável deve estar também presente a previsibilidade subjetiva.

> **ATENÇÃO!**
> A ausência de previsibilidade subjetiva não exclui a culpa, pois não é seu elemento. A consequência será a exclusão da culpabilidade, mas jamais da culpa.

6.5. ESPÉCIES DE CULPA

- **Culpa consciente** – o agente prevê o resultado, mas não assume o risco de produzi-lo. O resultado é previsto, mas o agente supõe que poderá evitá-lo com sua habilidade. Ex.: artista de circo atirador de facas, que se acertar a pessoa, responderá culposamente pelo resultado.
- **Culpa inconsciente** – o agente não prevê o resultado, mas era objetiva e subjetivamente previsível. É a culpa sem previsão, em que o agente não prevê o que era previsível.
- **Culpa própria** – o agente não quer e não assume o risco de produzir o resultado.
- **Culpa imprópria** – também conhecida por culpa por extensão, por assimilação, por equiparação. Ocorre quando o agente, diante de um erro de tipo inescusável ou vencível, imagina estar diante de uma causa excludente de ilicitude, que na verdade nunca existiu, provocando intencionalmente um resultado ilícito. O agente responde por crime culposo, apesar de ter agido com dolo, nos termos do art. 20, § 1º, do Código Penal. Ex.: uma pessoa após ser assaltada diversas vezes, se apossa de uma arma de fogo e fica de tocaia aguardando o ladrão, quando de repente avista um vulto em sua sala e pensando que era o ladrão efetua um disparo, mas na verdade era sua esposa.
- **Culpa indireta ou mediata** – é aquela em que o agente dá causa indiretamente a um resultado culposo. Ex.: o assaltante aponta uma arma de fogo a uma senhora que está na calçada. A senhora, assustada, sai correndo pela rua e acaba sendo atropelada. A solução do problema depende da previsibilidade ou imprevisibilidade do segundo resultado.

DIFERENÇA ENTRE CULPA CONSCIENTE E DOLO EVENTUAL	
CULPA CONSCIENTE	**DOLO EVENTUAL**
O agente prevê o resultado, mas espera que ele não ocorra.	O agente prevê o resultado, mas não se importa que ele ocorra.

6.6. GRAUS DE CULPA

A culpa pode ser grave, leve ou levíssima, dependendo da maior ou menor possibilidade de previsão.

Não há distinção, para a lei, do grau da culpa. Porém, terá relevância na fixação da pena, quando o juiz a levará em consideração na primeira fase da dosagem da pena (art. 59 do Código Penal).

6.7. COMPENSAÇÃO DE CULPAS

O Direito Penal não adota a compensação de culpas. O fato de a vítima ter agido também com culpa não impede que o agente responda pela sua conduta culposa, ou seja, uma conduta culposa não anula a outra.

Quando comprovada a culpa exclusiva da vítima, afasta-se a incidência de crime culposo para o agente.

> **ATENÇÃO!**
> Não confundir compensação de culpas com concorrência de culpas. Esta ocorre quando duas ou mais pessoas agem culposamente, dando causa ao resultado. Neste caso, ambas responderão pelo crime culposo.

6.8. SÍNTESE

Conceito de crime culposo	Ocorre quando o sujeito ativo não quer e nem assume o risco de produzir o resultado, porém dá causa a ele, por imprudência, negligência ou imperícia. Ocorre a quebra do dever objetivo de cuidado.
Conceito de culpa	É a violação ou inobservância de uma regra de conduta que resulta numa lesão do direito alheio.
Modalidades de culpa	**Imprudência** – é a prática de um fato sem as devidas cautelas, isto é, de uma ação descuidada ou um fato perigoso. Está ligada à ideia de comportamento positivo. O agente faz sem cuidado ou sem cautela.

Capítulo 6

	Negligência – é um comportamento negativo ou omissivo, é a ausência de precaução. é quando o agente deixa de tomar o devido cuidado. **Imperícia** – é a inaptidão técnica, o desconhecimento da profissão ou do ofício. É a falta de habilidade no exercício de uma profissão ou atividade.
Elementos do tipo culposo	1 – Conduta voluntária 2 – Resultado naturalístico involuntário 3 – Nexo causal 4 – Tipicidade 5 – Quebra do dever objetivo de cuidado 6 – Previsibilidade objetiva 7 – Ausência de Previsão
Previsibilidade	Consiste na possibilidade de conhecer o perigo que sua conduta revela ao bem jurídico alheio. É a possibilidade de prever o resultado, de acordo com as circunstâncias pessoais em que o agente se encontrava.
Previsibilidade objetiva	É a possibilidade de qualquer pessoa dotada de prudência mediana prever o resultado. É aquela previsibilidade analisada comparando a conduta do agente ao "homem médio". Vale-se da previsibilidade objetiva para identificar se há crime culposo.
Previsibilidade subjetiva	Revela apenas se o sujeito podia ou não ter, no caso concreto, previsto o resultado, levando em consideração as sua condições pessoais no momento do fato.
Espécies de culpa	**Culpa consciente** – o agente prevê o resultado, mas não assume o risco de produzi-lo. O resultado é previsto, mas o agente supõe que poderá evitá-lo com sua habilidade. **Culpa inconsciente** – o agente não prevê o resultado, mas era objetiva e subjetivamente previsível. É a culpa sem previsão, em que o agente não prevê o que era previsível. **Culpa própria** – o agente não quer e não assume o risco de produzir o resultado. **Culpa Imprópria** – também conhecida por culpa por extensão, por assimilação, por equiparação. Ocorre quando o agente diante de um erro de tipo inescusável ou vencível, imagina estar diante de uma causa excludente de ilicitude, que na verdade nunca existiu, provocando intencionalmente um resultado ilícito. **Culpa indireta ou mediata** – é aquela em que o agente dá causa indiretamente a um resultado culposo.
Graus de culpa	Grave Leve Levíssima
Compensação de culpas	O Direito Penal não adota a compensação de culpas. O fato de a vítima ter agido também com culpa não impede que o agente responda pela sua conduta culposa, ou seja, uma conduta culposa não anula a outra.

6.9. QUESTÕES DE PROVA

1 – (XII – Exame de Ordem Unificado – OAB/2013) – Wilson, competente professor de uma autoescola, guia seu carro por uma avenida à beira-mar. No banco do carona está sua noiva, Ivana. No meio do percurso, Wilson e Ivana começam a discutir: a moça reclama da alta velocidade empreendida. Assustada, Ivana grita com Wilson, dizendo que, se ele continuasse naquela velocidade, poderia facilmente perder o controle do carro e atropelar alguém. Wilson, por sua vez, responde que Ivana deveria deixar de ser medrosa e que nada aconteceria, pois se sua profissão era ensinar os outros a dirigir, ninguém poderia ser mais competente do que ele na condução de um veículo. Todavia, ao fazer uma curva, o automóvel derrapa na areia trazida para o asfalto por conta dos ventos do litoral, o carro fica desgovernado e acaba ocorrendo o atropelamento de uma pessoa que passava pelo local. A vítima do atropelamento falece instantaneamente. Wilson e Ivana sofrem pequenas escoriações. Cumpre destacar que a perícia feita no local constatou excesso de velocidade.

Nesse sentido, com base no caso narrado, é correto afirmar que, em relação à vítima do atropelamento, Wilson agiu com:

A) dolo direto;

B) dolo eventual;

C) culpa consciente;

D) culpa inconsciente.

Correta: C

Comentários: *Na culpa consciente, o agente prevê o resultado, mas não assume o risco de produzi-lo. O resultado é previsto, mas o agente supõe que poderá evitá-lo com sua habilidade.*

2 – (Delegado de Polícia do Estado de São Paulo/2014) – "X" estaciona seu automóvel regularmente em uma via pública com o objetivo de deixar seu filho, "Z", na pré-escola, entretanto, ao descer do veículo para abrir a porta para "Z", não percebe que, durante esse instante, a criança havia soltado o freio de mão, o suficiente para que o veículo se deslocasse e derrubasse um idoso, que vem a falecer em razão do traumatismo craniano causado pela queda. Em tese, "X":

A) responderá pelo crime de homicídio culposo com pena mais severa do que a estabelecida no Código Penal, nos termos do Código de Trânsito Brasileiro;

B) responderá pelo crime de homicídio culposo, entretanto, a ele poderá ser aplicado o perdão judicial;

C) não responde por crime algum, uma vez que não agiu com dolo ou culpa;

D) responderá pelo crime de homicídio doloso por dolo eventual;

E) responderá pelo crime de homicídio culposo em razão de sua negligência.

Correta: C

Comentários: *Na questão, devemos analisar se estão presentes os elementos do dolo – vontade e consciência para afirmarmos que o crime é doloso. Os elementos do crime culposo são: **a)** conduta voluntária; **b)** resultado naturalístico involuntário; **c)** nexo causal; **d)** tipicidade; **e)** quebra do dever objetivo de cuidado – é o dever de cuidado imposto a todos; **f)** previsibilidade objetiva; **g)** ausência de previsão. "X" não agiu com dolo e nem com culpa, logo, não deverá responder por crime.*

Capítulo 7
Crimes Qualificados pelo Resultado

7.1. CONCEITO

Crime qualificado pelo resultado é aquele em que o legislador, após definir um tipo penal fundamental, acrescenta-lhe um resultado que tem a função de aumentar abstratamente a pena.

Crime qualificado pelo resultado é aquele que possui uma conduta básica, definida e apenada como delito de forma autônoma, inobstante ainda ostente um resultado que o qualifica, majorando-lhe a pena por força de sua gravidade objetiva, desde que presente entre eles relação causal física e subjetiva.[1]

O crime qualificado pelo resultado é um crime único, que resulta da fusão de duas ou mais infrações penais autônomas. Trata-se de crime complexo.

> **ATENÇÃO!**
> Todo crime preterdoloso é um crime qualificado pelo resultado, mas nem todo crime qualificado pelo resultado é um crime preterdoloso. Pois é possível conduta dolosa ou culposa com resultado agravador doloso ou culposo.

---
1 MASSON, Cleber. *Direito penal esquematizado – parte geral*, p. 294-295.

7.2. ESPÉCIES DE CRIMES QUALIFICADOS PELO RESULTADO

7.2.1. Conduta dolosa e resultado agravador doloso

O agente pratica o delito com dolo e em seguida acrescenta um resultado doloso.

Conduta	Resultado	Exemplo
DOLO	DOLO	Quando o agente, durante o roubo, mata intencionalmente a vítima, há o crime de roubo qualificado pelo resultado morte (art. 157, § 3º, do CP) – também conhecido por latrocínio.

7.2.2. Conduta culposa e resultado agravador doloso

O agente pratica o crime com culpa e depois acrescenta um resultado doloso. Houve uma conduta anterior culposa, que sucedeu uma outra dolosa, a qual agravou o crime.

Conduta	Resultado	Exemplo
CULPA	DOLO	O agente atropela a vítima culposamente e, após, deixa o local sem prestar o devido socorro, ou seja, omitindo-se a socorrê-la.

7.2.3. Conduta dolosa e resultado agravador culposo

O agente pratica o delito com dolo e depois acrescenta um resultado culposo. Há dolo no antecedente e culpa no consequente. O autor fez mais do que queria, agiu além do dolo, ou seja, com preterdolo.

Essa é a hipótese de crime preterdoloso, também conhecido por preterintencional. Trata-se de uma espécie do gênero crime qualificado pelo resultado.

Crime preterdoloso ocorre quando o agente pratica um crime distinto do que havia projetado cometer, advindo resultado mais grave, em decorrência de negligência, em sentido amplo.

A diferença entre crime qualificado pelo resultado e crime doloso é que o primeiro é gênero, do qual o preterdoloso é apenas uma de suas espécies.

Conduta	Resultado	Exemplo
DOLO	CULPA	O agente desfere um soco contra a vítima, que cai bate a cabeça na sarjeta, vindo a óbito. Trata-se de crime de lesão corporal seguida de morte.

> **ATENÇÃO!**
> Não cabe tentativa no crime preterdoloso, pois o resultado agravador é produzido por culpa e não pode haver tentativa naquilo que não se quer produzir.

7.2.4. Conduta culposa e resultado agravador culposo

O agente pratica um delito culposamente e, em decorrência dele, dá causa a um resultado agravador culposo.

Conduta	Resultado	Exemplo
CULPA	CULPA	O incêndio culposo, de que resulta a morte culposa da vítima. Ex.: art. 258, parte final, do Código Penal, que prevê o crime de incêndio culposo qualificado pelo resultado morte.

7.3. FINALIDADE DO ART. 19 DO CÓDIGO PENAL

O art. 19 do Código Penal dispõe: "Pelo resultado que agrava especialmente a pena, só responde o agente que o houver causado ao menos culposamente." Para podermos falar em responsabilidade do agente pelo resultado agravador é necessário que ele tenha dado causa, ao menos, de forma culposa, ou seja, em decorrência de inobservância do seu dever de cuidado, pois com sua conduta permitiu que viesse a ocorrer um resultado que, nas circunstâncias em que se encontrava, lhe era previsível.

Este artigo tem como finalidade afastar a responsabilidade penal sem culpa, ou seja, a objetiva. Para que o agente responda pelo resultado é necessário que este, embora previsível, não tenha sido previsto pelo agente.

Capítulo 7

Eugenio Raúl Zaffaroni afirma que "não só há responsabilidade penal objetiva quando se pune a conduta só por ter causado um resultado, senão também quando se agrava a pena pela mesma razão".[2]

Não se aplica a qualificadora quando o resultado decorre de caso fortuito ou força maior, mesmo que haja nexo de causalidade. Ex.: a vítima é sequestrada e mantida como refém numa casa, enquanto aguarda o pagamento do seu resgate. Nesse ínterim há uma tempestade naquela região, que ocasiona a queda de um raio na casa, causando a morte da vítima. Os sequestradores não serão responsabilizados pelo evento morte, por ser em decorrência de caso fortuito.

7.4. SÍNTESE

Crime qualificado pelo resultado	É aquele em que o legislador, após definir um tipo penal fundamental, acrescenta-lhe um resultado que tem a função de aumentar abstratamente a pena.
Espécies de crimes qualificados pelo resultado	1 – **Conduta dolosa e resultado agravador doloso** – o agente pratica o delito com dolo e em seguida acrescenta um resultado doloso. 2 – **Conduta culposa e resultado agravador doloso** – o agente pratica o crime com culpa e depois acrescenta um resultado doloso. 3 – **Conduta dolosa e resultado agravador culposo** – o agente pratica o delito com dolo e depois acrescenta um resultado culposo. 4 – **Conduta culposa e resultado agravador culposo** – o agente pratica um delito culposamente e em virtude dele dá causa um resultado agravador culposo.
Crime preterdoloso	Quando o agente pratica um crime distinto do que havia projetado cometer, advindo resultado mais grave, decorrência de negligência, em sentido amplo.
Finalidade do art. 19 do Código Penal	É afastar a responsabilidade penal sem culpa, ou seja, a objetiva. Para que o agente responda pelo resultado é necessário que este, embora previsível, não tenha sido previsto pelo agente.

7.5. QUESTÕES DE PROVA

1 – (Defensor Público do Estado de Goiás/2010) – Na situação de roubo, se ocorrer homicídio e subtração consumados, há latrocínio consumado e, se ocorrer homicídio e subtração tentados, há latrocínio tentado.

---

2 ZAFFARONI, Eugenio Raúl. *Manual de derecho penal – Parte general*, p. 442.

Nessas hipóteses, o entendimento é pacífico. Entretanto, no caso de homicídio consumado e subtração tentada, há diversas correntes doutrinárias. Para o Supremo Tribunal Federal, Súmula nº 610, há, nessa última hipótese:

A) tentativa de latrocínio;

B) homicídio consumado em concurso formal com tentativa de furto;

C) homicídio qualificado consumado em concurso material com tentativa de roubo;

D) latrocínio consumado;

E) somente homicídio qualificado.

Correta: D

Comentários: *A Súmula nº 610 do STF dispõe: "Há crime de latrocínio, quando o homicídio se consuma, ainda que não realize o agente a subtração de bens da vítima."*

2 – (Magistratura do Estado de São Paulo/2009) – A e B, agindo de comum acordo, apontaram revólveres para C exigindo a entrega de seus bens. Quando B encostou sua arma no corpo de C, este reagiu entrando em luta corporal com A e B, recusando a entrega da *res furtiva*. Nesse entrevero, a arma portada por B disparou e o projétil atingiu C, que veio a falecer, seguindo-se a fuga de A e B, todavia, sem levar coisa alguma de C. Esse fato configura:

A) roubo tentado e lesão corporal seguida de morte;

B) roubo tentado e homicídio consumado;

C) latrocínio;

D) homicídio consumado.

Correta: C

Comentários: *O roubo qualificado pela morte da vítima é um crime qualificado pelo resultado denominado pela doutrina e pela jurisprudência latrocínio. O resultado agravador (morte) pode sobrevir tanto a título de dolo quanto a título de culpa. Exige-se, portanto, dolo*

Capítulo 7

no antecedente (roubo) e dolo ou culpa no consequente (morte). Os atos tendentes a tirar a vida da vítima devem sobrevir durante ou logo após o roubo, mas sempre em razão deste. Foi o que ocorreu no caso versado na questão em comento: houve a morte da vítima em razão do roubo, podendo-se imputar aos agressores, pelo menos a título de culpa, referido evento. Quanto ao fato de não ter havido subtração, clara é a Súmula nº 610 do STF.

Capítulo 8
Erro de Tipo

8.1. CONCEITO

Erro de tipo é aquele que incide sobre as elementares, circunstâncias ou qualquer dado que se agregue à figura típica.

Erro de tipo é o que incide sobre as elementares, circunstâncias da figura típica, sobre os pressupostos de fato de uma causa de justificação ou dados secundários da norma penal incriminadora.[1]

O erro de tipo consiste no desconhecimento ou falsa ideia de uma situação de fato, um dado da realidade ou uma relação jurídica descritos no tipo legal.

O art. 20, *caput*, do Código Penal estabelece que o erro sobre elementos do tipo exclui o dolo, mas permite a punição por crime culposo, se previsto em lei.

> **ATENÇÃO!**
> O erro de tipo não se confunde com erro de direito (ignorância da lei) e nem com crime putativo (crime imaginário).

Sendo assim, o erro de tipo é aquele que incide sobre um dado da realidade, descrito em um tipo penal, como:

- **a)** elementar de tipo incriminador;
- **b)** circunstância de tipo incriminador;
- **c)** elementar de um tipo permissivo;
- **d)** dado irrelevante para o tipo penal.

---
[1] JESUS, Damásio E. de. *Direito penal – parte geral*, p. 349.

Capítulo 8

> **ATENÇÃO!**
> O erro de tipo exclui **sempre** o dolo, seja evitável ou inevitável. O dolo é elemento do tipo, a sua presença exclui a tipicidade do fato doloso, podendo o sujeito responder por crime culposo, desde que seja típica a modalidade culposa.

8.2. FORMAS DE ERRO DE TIPO

O erro de tipo pode ser:

- **erro de tipo essencial** – ocorre quando a falsa percepção impede o sujeito de compreender a natureza criminosa do fato. Recai sobre os elementos ou circunstâncias do delito, de maneira que o agente não tem consciência de que está cometendo um crime ou incidindo em alguma figura qualificada ou agravada;
- **erro de tipo acidental** – é aquele que recai sobre os dados acessórios da figura típica, isto é, sobre elementos secundários e irrelevantes para o tipo penal. Não impede a responsabilização do agente, pois este sabe que está cometendo um ilícito penal. A consequência sempre será a exclusão das circunstâncias. O agente responde pelo crime e exclui as circunstâncias.

8.2.1. Erro de tipo essencial

O erro de tipo essencial pode ser:

- **erro de tipo essencial vencível ou inescusável** – é aquele indesculpável, evitável. É aquele que emana da culpa do agente. Se o agente tivesse tomado maiores cautelas, o crime não ocorreria. Nesse caso, o erro de tipo exclui o dolo, mas o agente responde por crime culposo, se houver previsão legal. Ex.: um caçador mata um homem pensando tratar-se de um animal bravio. O erro recaiu sobre uma elementar, exclui o dolo. Se o erro poderia ter sido evitado com um mínimo de cuidado, ou seja, com emprego de prudência mediana, o agente responde por homicídio culposo.
- **erro de tipo essencial invencível ou escusável** – é o erro perdoável. É o erro inevitável. É aquele que o agente não poderia

ter evitado, mesmo empregando mediana prudência, ou seja, as diligências normais no caso concreto. Nesse caso, o erro de tipo exclui o dolo e a culpa. Ex.: "A" pega uma caneta, idêntica à sua, porém, era de outra pessoa. Há um equívoco sobre a realidade que impede "A" de ter consciência de que está praticando o crime de furto. Nesse caso exclui-se o dolo e a culpa.

8.2.1.1. Consequências do erro de tipo essencial

Quando o erro de tipo essencial recair sobre uma elementar:

a) se o **erro for escusável** – ficam excluídos da conduta do agente, o dolo e a culpa;

b) se o **erro for inescusável** – exclui-se da conduta do agente, o dolo, mas ele responderá por culpa imprópria caso haja previsão legal. Se o erro poderia ter sido evitado com um mínimo de cuidado, não se pode dizer que o agente não agiu com culpa.

Quando o erro de tipo essencial recair sobre uma circunstância desconhecida, esta será excluída. Ex.: o agente deseja furtar uma obra de arte raríssima e de grande valor, mas, por erro furta uma imitação de valor insignificante. O privilégio do § 2º do art. 155 não poderá ser aplicado, eis que o autor desconhecia o pequeno valor da obra subtraída.

8.2.2. Espécies de erro de tipo acidental

O erro de tipo acidental possui as seguintes espécies:

- **erro sobre o objeto** – quando o agente acredita que sua conduta recai sobre uma coisa, mas recai sobre outra coisa, ou seja, o agente imagina estar atingindo um objeto material, mas atinge outro. Ex.: quando o agente pretende roubar o açúcar e por engano rouba o sal. O erro é irrelevante e o agente responderá pelo crime normalmente, porque só pelo fato de ter errado o objeto do furto, ele não deixou de praticar o furto;

- **erro sobre a pessoa** – quando o agente confunde sua vítima com outra pessoa. O agente visa a atingir uma determinada pessoa, mas por equívoco atinge outra. Neste momento, ocorre uma confusão mental entre a vítima pretendida e a vítima real. Ex.: o marido que deseja matar a mulher na saída de um shopping e ao disparar sua arma, confunde a sua esposa com outra mulher e mata a desconhecida. O agente responde pelo crime como se tivesse acertado a vítima protegida, ou seja, leva-se em consideração, para fixação da pena, as qualidades da pessoa que o agente pretendia atingir e não as da efetivamente atingida (art. 20, § 3º, do Código Penal);

– **erro na execução** – *aberratio ictus* – também chamado de desvio de golpe. Ocorre quando o agente desejando atingir um bem jurídico protegido, por erro na execução, atinge outro bem jurídico protegido praticando o mesmo crime. Nesse caso, o art. 73 do Código Penal estabelece que o sujeito responderá pelo crime, levando-se em consideração as condições da vítima que o agente pretendia atingir. Observa-se aqui a teoria da equivalência, ou seja, a pessoa efetivamente atingida equivale à pessoa pretendida. Ex.: o marido que deseja matar a mulher na saída de um shopping e ao disparar sua arma, erra a pontaria e atinge a amiga que a acompanha e a mata. Responde normalmente pelo crime como se tivesse acertado a vítima protegida.

Ainda pode ocorrer na *aberratio ictus* que o agente efetivamente atinja quem pretendia e, por erro na execução, acaba atingindo também outra pessoa. Nesse caso, haverá crime doloso em relação à vítima desejada e crime culposo em relação à outra vítima, em concurso formal (art. 73, 2ª parte, do Código Penal).

PRINCIPAIS DIFERENÇAS	
ERRO SOBRE A PESSOA	**ERRO NA EXECUÇÃO**
Representa-se mal a pessoa visada.	Representa-se bem a pessoa visada.
Executa-se bem o crime.	Executa-se mal o crime.
Defeito de representação.	Defeito de execução.

– **erro sobre o nexo causal** – *aberratio causae* – também chamado de dolo geral ou erro sucessivo. Ocorre quando o agente, na suposição de já ter consumado o crime, pratica nova conduta que imagina ser mero exaurimento e nesse instante atinge a consumação. Nesse caso, o agente responde por crime doloso consumado e não por tentativa de crime doloso em concurso com o crime culposo. Ex.: "A" acreditando ter matado "B" com emprego de veneno, providencia um buraco e enterra-o. Posteriormente, se descobre que a *causa mortis* de "B" foi asfixia. "A" responderá por homicídio doloso consumado;

- **resultado diverso do pretendido** – *aberratio criminis* – ocorre quando o agente, desejando praticar um determinado crime, por um erro na execução acaba por atingir outro bem jurídico protegido. O agente quer ofender um bem jurídico, mas acaba atingindo bem jurídico de natureza diversa. Encontramos duas hipóteses:

a) quando é produzido somente o crime diverso do pretendido. O agente responde por ele a título de culpa, se previsto como crime culposo (art. 74 do Código Penal);

b) quando são atingidos o bem pretendido e o bem diverso, o agente responde por concurso formal (dolo no pretendido e culpa no diverso).

ATENÇÃO!

Se o resultado previsto como culposo for menos grave, ou se ele mesmo não tiver modalidade culposa, não se aplica a regra da *aberratio criminis* prevista no art. 74 do Código Penal.

PRINCIPAIS DIFERENÇAS	
ERRO NA EXECUÇÃO	**RESULTADO DIVERSO DO PRETENDIDO**
O resultado provocado é idêntico ao resultado pretendido. Ex.: quero atingir pessoa e atinjo outra pessoa.	O resultado provocado é diverso do pretendido. Ex.: quero atingir coisa e acabo atingindo pessoa.
A execução atinge o mesmo bem jurídico.	A execução atinge bem jurídico diverso.
Responde pelo resultado pretendido a título de dolo.	Responde pelo resultado diverso do pretendido, a título de culpa.

8.3. ERRO DE SUBSUNÇÃO

Erro de subsunção é o erro que recai sobre valorações jurídicas equivocadas, sobre interpretações jurídicas errôneas. O agente interpreta equivocadamente o sentido jurídico do seu comportamento. Ex.: o art. 327 do Código Penal. O agente interpreta equivocadamente o conceito de funcionário público e por isso ignora que o jurado é funcionário público.

O erro de subsunção não exclui o dolo e nem a culpa. Também não isenta o agente de pena.

	RESENHA DO ERRO DE TIPO
Erro de tipo essencial	**Escusável ou invencível** – exclui o dolo e a culpa.
	Inescusável ou vencível – exclui o dolo, mas responde por culpa, caso haja previsão legal.
Erro de tipo acidental	**Erro sobre o objeto** – o erro é irrelevante e o agente responderá normalmente pelo crime.
	Erro sobre a pessoa – o agente responde pelo crime como se tivesse acertado a vítima protegida. Leva-se em conta, para fixação da pena, as qualidades da pessoa que o agente pretendia atingir e não as da efetivamente atingida.
	Erro na execução – *aberratio ictus* – o agente, desejando atingir um bem jurídico, por erro na execução, atinge outro bem jurídico, praticando o mesmo crime. O agente responderá pelo crime, levando-se em conta, as condições da vítima que o agente pretendia atingir. No caso de o agente atingir quem pretendia e por erro na execução, acabar atingindo também outra pessoa, haverá crime doloso em relação à vítima desejada e crime culposo em relação à outra vítima, em concurso formal.
	Erro sobre o nexo causal – *aberratio causae* – o agente responde por crime doloso consumado e não por tentativa de crime doloso em concurso com o crime culposo.
	Resultado diverso do pretendido – *aberratio criminis* – Pode ser: **a)** quando é produzido somente o crime diverso do pretendido, o agente responde por este a título de culpa, se previsto como crime culposo; **b)** quando são atingidos o bem pretendido e o bem diverso, o agente responde por concurso formal (dolo no pretendido e culpa no diverso).

8.4. DESCRIMINANTES PUTATIVAS

Descriminante putativa é a causa excludente de ilicitude imaginada pelo agente. Ela não existe no mundo real, mas o agente imagina equivocadamente estar diante de uma causa justificadora. Na verdade, ocorre uma avaliação equivocada da realidade. Surge a chamada causa imaginária, que só existe na mente do agente.

Somente quando o agente tiver uma falsa percepção da realidade no que diz respeito à situação de fato que o envolvia, levando-o a crer que poderia agir amparado por uma causa de exclusão de ilicitude, é que estaremos diante de um erro de tipo.[2]

Ao falarmos de descriminantes putativas, estamos dizendo que o agente praticou a conduta supondo encontrar-se numa situação de legítima defesa, de estado de necessidade, de estrito cumprimento de dever legal ou de exercício regular de direito.

Ex. 1: uma pessoa, com hóspede em casa, sendo ele seu primo. O dono da casa na madrugada se levanta para beber água e escuta um barulho, para se proteger, pega uma arma e atira no seu primo achando que fosse um ladrão que estava na cozinha.

Ex. 2: vigia que escuta barulho durante o seu turno e em voz alta pede para que a pessoa que está fazendo o barulho se identifique, mas isso não acontece, o vigia atira e mata a pessoa e descobre-se que ela era surda e muda.

8.4.1. Consequências das descriminantes putativas

Os erros em decorrência de putatividade também podem ser considerados escusáveis ou inescusáveis.

O erro escusável isenta o agente de pena. Já no erro inescusável, embora tenha agido com dolo, será o agente responsabilizado como se tivesse praticado um crime culposo (art. 20, § 1º, do Código Penal)

8.5. ERRO DE TIPO E ERRO DE DIREITO

O erro de tipo não é um erro de direito.

O erro de tipo incide sobre a realidade, isto é, sobre situações do mundo concreto. As pessoas, ao agirem cometem equívocos sobre a realidade vivida e sentida no dia a dia. Quando essa realidade, ora de situação fática, ora de situação jurídica, estiver descrita no tipo, haverá o erro de tipo.

---
2 GRECO, Rogério. *Curso de direito penal – parte geral*, p. 303-304.

O erro de tipo incide sobre situação fática ou jurídica, e não sobre o texto legal.

8.6. ERRO DE TIPO E ERRO DE FATO

Erro de tipo não é erro de fato.

O erro de tipo não possui o mesmo significado que erro de fato. Erro de fato é o erro do agente que recai puramente sobre situação fática; já o erro de tipo recai não só sobre os requisitos ou elementos fático-descritivos do tipo, os quais para o seu reconhecimento não prescindem de juízo de valor, como também sobre requisitos jurídico-normativos do tipo, os quais, para seu conhecimento, dependem de juízo de valor.[3]

8.7. SÍNTESE

Erro de tipo	É aquele que incide sobre as elementares, circunstâncias ou qualquer dado que se agregue à figura típica.
	É aquele que incide sobre um dado da realidade, descrito em um tipo penal, como:
	a) elementar de tipo incriminador;
	b) circunstância de tipo incriminador;
	c) elementar de um tipo permissivo;
	d) dado irrelevante para o tipo penal.
Formas de erro de tipo	**erro de tipo essencial** – ocorre quando a falsa percepção impede o sujeito de compreender a natureza criminosa do fato. Recai sobre os elementos ou circunstâncias do delito, de maneira que o agente não tem consciência de que está cometendo um crime ou incidindo em alguma figura qualificada ou agravada.
	erro de tipo acidental – é aquele que recai sobre os dados acessórios da figura típica, isto é, sobre elementos secundários e irrelevantes para o tipo penal. Não impede a responsabilização do agente, pois este sabe que está cometendo um ilícito penal.

---

3 GOMES, Luiz Flávio. *Erro de tipo, erro de proibição e descriminantes putativas*, p. 97.

Erro de tipo essencial	**erro de tipo essencial vencível ou inescusável** – é aquele indesculpável, evitável. É aquele que emana da culpa do agente. Se o agente tivesse tomado maiores cautelas, o crime não ocorreria. Nesse caso, o erro de tipo **exclui o dolo**, mas o agente responde por crime culposo, se houver previsão legal. **erro de tipo essencial invencível ou escusável** – é o erro perdoável. É o erro inevitável. É aquele que o agente não poderia ter evitado, mesmo empregando mediana prudência, ou seja, as diligências normais no caso concreto. Nesse caso, o erro de tipo **exclui o dolo e a culpa**.
Consequências do erro de tipo essencial	a) Se o **erro for escusável** – ficam excluídas da conduta do agente, o dolo e a culpa. b) Se o **erro for inescusável** – exclui-se da conduta do agente, o dolo, mas ele responderá por culpa imprópria caso haja previsão legal. Se o erro poderia ter sido evitado com um mínimo de cuidado, não se pode dizer que o agente não agiu com culpa. Quando o erro de tipo essencial recair sobre uma circunstância desconhecida, esta será excluída.
Erro de subsunção	É o erro que recai sobre valorações jurídicas equivocadas, sobre interpretações jurídicas errôneas. O agente interpreta equivocadamente o sentido jurídico do seu comportamento.
Descriminante putativa	É a causa excludente de ilicitude imaginada pelo agente. Não existe no mundo real, mas o agente imagina equivocadamente estar diante de uma causa justificadora. Há uma avaliação equivocada da realidade.

8.8. QUESTÕES DE PROVA

1 – (XII – Exame de ordem unificado – OAB/2013) – Bráulio, rapaz de 18 anos, conhece Paula em um show de rock, em uma casa noturna. Os dois, após conversarem um pouco, resolvem dirigir-se a um motel e ali, de forma consentida, o jovem mantém relações sexuais com Paula. Após, Bráulio descobre que a moça, na verdade, tinha apenas 13 anos e que somente conseguira entrar no show mediante apresentação de carteira de identidade falsa.

A partir da situação narrada, assinale a afirmativa correta.

A) Bráulio deve responder por estupro de vulnerável doloso.

B) Bráulio deve responder por estupro de vulnerável culposo.

C) Bráulio não praticou crime, pois agiu em hipótese de erro de tipo essencial.

D) Bráulio não praticou crime, pois agiu em hipótese de erro de proibição direto.

Capítulo 8

Correta: C

Comentários: *A questão relata a hipótese de erro de tipo essencial, que ocorre quando a falsa percepção impede o sujeito de compreender a natureza criminosa do fato. Recai sobre os elementos ou circunstâncias do delito, de maneira que o agente não tem consciência de que está cometendo um crime ou incidindo em alguma figura qualificada ou agravada.*

2 – (Delegado de Polícia do Distrito Federal/2015) – A respeito do erro de execução, do denominado *dolus generalis*, das normas penais em branco e dos crimes previstos na parte especial do CP, assinale a alternativa correta.

A) A complementação da Lei de Drogas por portaria do Ministério da Saúde configura hipótese da chamada norma penal em branco homogênea heteróloga.

B) Suponha que "A" coloque sonífero na bebida de "B" a fim de subtrair-lhe os pertences (celular, bolsa, cartão de crédito). Neste caso, ausente a violência ou a grave ameaça, "A" responderá por furto ou estelionato, a depender das circunstâncias concretas e do dolo.

C) Quanto ao erro de execução, o ordenamento jurídico brasileiro adotou a teoria da equivalência, e não a teoria da concretização.

D) Suponha que "A" tenha atirado contra "B" com o propósito de matá-lo. "A" acredita ter consumado o crime por meio dos tiros. Em seguida, joga o corpo de "B" em um rio, com a intenção de ocultar o cadáver. Posteriormente, descobre-se que "B" estava vivo quando foi jogado no rio e que morreu por afogamento. Nesta hipótese, conforme a doutrina majoritária, "A" poderá responder, a depender do caso, por homicídio doloso tentado em concurso material com homicídio culposo ou por homicídio doloso tentado em concurso material com ocultação de cadáver. Não se admite que "A" responda por homicídio doloso consumado, porque "A" já não possuía *animus necandi* no momento em que arremessou o corpo de "B" no rio.

E) Desde que esteja fora do expediente, pratica omissão de socorro o policial que, podendo impedir roubo praticado diante de si, decide permanecer inerte.

Correta: C

Comentários: *O erro na execução ou* aberratio ictus *ocorre quando o agente, desejando atingir um bem jurídico protegido, por erro na execução, atinge outro bem jurídico protegido praticando o mesmo crime. Nesse caso, o art. 73 do Código Penal estabelece que o sujeito responderá pelo crime, levando-se em consideração as condições da vítima que o agente pretendia atingir. Observa-se aqui a teoria da equivalência, ou seja, a pessoa efetivamente atingida equivale à pessoa pretendida. Ex.: o marido que deseja matar a mulher na saída de um shopping e ao disparar sua arma, erra a pontaria e atinge amiga que a acompanha e a mata. Responde normalmente pelo crime como se tivesse acertado a vítima protegida.*

Capítulo 9
Crime Consumado e Tentativa

9.1. CONCEITO DE CRIME CONSUMADO

O art. 14, inc. I, do Código Penal define crime consumado quando nele se reúnem todos os elementos de sua definição legal.

Desse modo, o crime consumado ocorre quando todos os elementos do tipo penal foram realizados. É o crime completo, perfeito, ou seja, coincidem integralmente o fato concreto e o tipo legal.

Importante destacarmos que crime consumado não se confunde com crime exaurido. Crime exaurido é aquele em que o agente já consumou o crime, mas continua atingindo o bem jurídico. O exaurimento vai influenciar na primeira fase da fixação da pena.

> **ATENÇÃO!**
> O exaurimento não é fase do crime e só ocorre após a consumação do crime.

9.2. *ITER CRIMINIS*

O *iter criminis* são as fases que o agente percorre até a consumação do crime. É o itinerário do crime.

Iter criminis ou caminho do crime é o conjunto de etapas que se sucedem, cronologicamente, no desenvolvimento do delito.[1]

A doutrina apresenta quatro fases do crime, a saber:

---
1 ZAFFARONI, Eugenio Raúl; PIERANGELI, José Henrique. *Da tentativa*, p. 13.

1ª Fase – do conhecimento, cognição de ideias, cogitação – quando o crime é planejado. O agente está apenas pensando em cometer o crime. Trata-se de uma fase interna, isto é, pertence apenas ao indivíduo. Esta fase não é punível.

2ª Fase – da preparação – quando ocorrem os atos indispensáveis à execução do crime. São atos que antecedem a execução do crime. Trata-se dos atos preparatórios, ou seja, o agente procura criar condições e meios para a realização da conduta delituosa. Logo, o bem jurídico ainda não foi violado e por isso não é punível.

> **ATENÇÃO!**
> Excepcionalmente, os atos preparatórios serão considerados delito autônomo. Ex.: o crime de associação criminosa, quando três ou mais pessoas se reúnem com o fim específico de cometer crimes, está em plena fase de preparação, mas já executando a formação de um grupo criminoso, comportamento este suficiente para justificar tipificação autônoma e independente dos delitos visados pelo bando.

3ª Fase – da execução – o bem jurídico começa a ser violado. O agente começa a realizar a conduta no tipo penal. Nesta fase, o fato passa a ser punível. Iniciada a execução, pode ocorrer:

a) o agente, por circunstâncias alheias à sua vontade, pode não conseguir consumar a execução. Trata-se de tentativa;

b) o agente desiste voluntariamente de prosseguir a execução. Trata-se de desistência voluntária;

c) o agente chega a consumação.

4ª Fase – da consumação – quando ocorre a realização de todos os elementos do tipo penal.

> **ATENÇÃO!**
> O *iter criminis* é um instituto específico para os crimes dolosos. Não há que se falar em caminho do crime nas condutas culposas.

9.2.1. Teorias de diferenciação dos atos preparatórios para os atos executórios

A doutrina enfrenta a problemática do Direito Penal em diferenciar o ato preparatório do ato executório do crime.

Teorias foram propostas em busca de solução para esse problema, a saber:

a) **Teoria Subjetiva** – o que importa é a vontade do agente. Não há transição dos atos preparatórios para os atos executórios. Tanto uma fase como a outra importam na punição do autor. Esta teoria não é aceita no Brasil;

b) **Teoria Objetiva** – não se limita na vontade do agente para diferenciar um ato preparatório de um ato executório. É necessária a exteriorização dos atos idôneos e inequívocos para produção do resultado lesivo. Esta teoria se subdivide em:

   b.1) **Teoria da hostilidade ao bem jurídico** (proposta por Max Ernst Mayer e tem como partidários Nelson Hungria e José Frederico Marques) – o ato de execução é aquele que ataca o bem jurídico; enquanto ato preparatório é aquele em que o bem jurídico permanece no seu estado inalterado;

   b.2) **Teoria objetivo-formal ou lógico-formal** (proposta por Franz von Liszt) – ato de execução é aquele em que o agente inicia a realização do núcleo do tipo. Esta teoria é a dominante no Brasil;

   b.3) **Teoria objetivo-material** – atos de execução são aqueles em que se começa a prática do núcleo do tipo, e também, os atos imediatamente anteriores ao início da conduta típica, de acordo com a visão de terceira pessoa, alheia aos fatos.[2]

   b.4) **Teoria objetivo-individual** (proposta por Hans Welzel e tem como seus defensores Eugenio Raúl Zaffaroni e José Henrique Pierangeli) – ato de execução é aquele em que o agente inicia a realização do núcleo do tipo e também os que lhe são imediatamente anteriores, de acordo com o plano concreto do autor.

---
2 MASSON, Cleber. *Direito penal – parte geral*, p. 319.

9.3. CONSUMAÇÃO NOS CRIMES

A consumação varia de acordo com o crime praticado pelo agente.

Podemos observar essa variação nos seguintes crimes:

- **Crime material** – ocorre a consumação quando se verifica a produção do resultado naturalístico, ou seja, a alteração no mundo exterior;
- **Crime formal** – ocorre a consumação independentemente da obtenção do resultado naturalístico, ou seja, a lei descreve uma ação e um resultado, mas o dispensa para fim de consumação. Nesse caso, o resultado será mero exaurimento do crime;
- **Crime de mera conduta** – a prática da conduta descrita é suficiente para a consumação, ou seja, não se exige qualquer resultado naturalístico;
- **Crime permanente** – enquanto perdurar a permanência da conduta, a consumação se prolonga no tempo, ou seja, desde o instante em que se reúnem os elementos integrantes do tipo penal até a cessação do comportamento do agente;
- **Crime habitual** – para a consumação exige-se a reiteração da conduta típica;
- **Crime qualificado pelo resultado** – a consumação se dá com a ocorrência do resultado agravador;
- **Crime omissivo próprio** – a consumação se dá com a abstenção do comportamento imposto ao agente, pois essa forma de crime dispensa a ocorrência de qualquer resultado;
- **Crime omissivo impróprio** – a consumação se dá com a ocorrência do resultado, pois a simples omissão não é suficiente;
- **Crime culposo** – a consumação se dá com a produção do resultado naturalístico, isto é, com a modificação no mundo exterior;
- **Crime de perigo** – a consumação se dá com a exposição do bem jurídico a perigo de dano;
- **Crime complexo** – a consumação se dá quando estiverem presentes todos os requisitos legais.

9.4. CONCEITO E NATUREZA JURÍDICA DA TENTATIVA

Fala-se em tentativa de crime quando, após iniciada a execução, não ocorre a consumação do crime por circunstâncias alheias à vontade do agente (art. 14, inc. II, do Código Penal). É a violação incompleta da mesma norma, sendo que o crime consumado representa a violação plena. É o crime imperfeito.

A tentativa é uma norma de adequação típica de subordinação mediata, é uma norma de extinção.

Requisitos da tentativa:

a) que a conduta seja dolosa, ou seja, a presença de vontade livre e consciente de querer praticar uma infração penal;
b) que a execução do crime tenha-se iniciado;
c) que, por circunstâncias alheias à vontade do agente, não consiga a consumação do crime.

> **ATENÇÃO!**
> Na tentativa a vontade do agente é direcionada para a consumação.

A natureza jurídica da tentativa é de norma de extensão temporal, pois tem a finalidade de viabilizar a punição do autor da tentativa por meio da adequação típica mediata ou por subordinação indireta. Não há crime específico para a tentativa, razão pela qual deve se referir a um crime autônomo, sobre o qual incidirá a norma de extensão.

9.5. CONSEQUÊNCIA NA APLICAÇÃO DA PENA

A tentativa, salvo disposição em contrário, é punida com a mesma pena do crime consumado, reduzida de 1/3 a 2/3 (art. 14, parágrafo único, do Código Penal). O critério a ser utilizado pelo juiz quando da fixação do *quantum* da diminuição da pena é a maior ou menor proximidade da consumação, ou seja, quanto mais próxima a consumação do crime, menor será a redução da pena.

9.6. TEORIAS DA TENTATIVA

Teoria da tentativa subjetiva – é aquela que admite que o crime tentado receba a mesma punição que o crime consumado.

Teoria da tentativa objetiva – é aquela em que a tentativa tem que ser punida de forma mais branda que o crime consumado.

O Código Penal adotou a teoria objetiva, visto que a punição do autor de crime tentado é menor que a do autor de crime consumado, já que na tentativa ocorre menor ofensa ao bem jurídico tutelado.

9.7. ESPÉCIES DE TENTATIVA

Tentativa perfeita ou acabada ou crime falho ou crime frustrado – ocorre quando o agente pratica todos os atos executórios e mesmo assim não consuma o crime. Ex.: "A" querendo matar "B", descarrega sua arma de fogo contra "B", mas não o atinge de forma letal.

Tentativa imperfeita ou inacabada – ocorre quando o agente não realiza todos os atos da execução. Há interrupção do processo de execução antes de ser esgotada e o crime não se consuma por circunstâncias alheias à sua vontade. Ex.: "A" querendo matar "B" atira contra "B", mas é impedido, por populares, de efetuar novos disparos de arma de fogo.

Tentativa branca ou incruenta – ocorre quando a vítima não é atingida, ou seja, a conduta não atinge a vítima, a qual não sofre nenhum dano à sua integridade corporal.

Tentativa cruenta – ocorre quando a vítima é atingida, mas o resultado desejado não acontece por circunstância alheia à vontade do agente.

9.8. INFRAÇÕES PENAIS QUE NÃO ADMITEM TENTATIVA

Crimes culposos – o agente não quer diretamente o resultado e nem assume o risco de produzi-lo, mas ele ocorre em decorrência da inobservância do seu dever de cuidado. Não há vontade dirigida à prática de um crime, logo, não existirá a necessária circunstância alheia à vontade do agente que impede a sua consumação. Exceção: ocorre na culpa imprópria, que se dá no erro de tipo justificante, também conhecido por erro de tipo permissivo vencível (art. 20, § 1º, parte final, CP). Na verdade, trata-se de crime doloso punido com a pena do crime culposo.

Crimes preterdolosos – o agente atua com dolo na sua conduta e o resultado agravador é oriundo de culpa, ou seja, ele não quer dar causa ao resultado agravador, que acaba ocorrendo por culpa. É impossível a tentativa de um resultado não querido.

Crimes omissivos próprios – se o agente não realizar a conduta devida, o crime se consuma; caso a realize, não haverá crime.[3]

Crimes de atentado – são aqueles em que a lei pune a tentativa como se fosse consumado o delito. Ex.: evasão mediante violência contra a pessoa (art. 352 do Código Penal).

Crimes habituais – para a sua consumação é necessário que o agente pratique, de maneira reiterada e habitual, a conduta no tipo penal. Sendo assim, ou o agente pratica reiterada e habitualmente as condutas e consuma o delito ou então o fato será atípico, pois a prática de um ato isolado é irrelevante. Ex.: casa de prostituição (art. 229 do Código Penal).

Crimes unissubsistentes – são praticados por apenas um ato. Logo, não se admite na fase de execução o fracionamento. A consumação se dá com a prática de um único ato. Ex.: injúria verbal.

Crimes em que só há punição quando ocorre o resultado – a participação em suicídio (art. 122 do Código Penal). Há consumação com a morte ou lesão corporal grave do suicida. Caso contrário, o fato é atípico.

Contravenções penais – o art. 4º da Lei de Contravenções Penais proíbe a tentativa nas contravenções.

9.9. DESISTÊNCIA VOLUNTÁRIA

A desistência voluntária está prevista no art. 15, 1ª parte, do Código Penal – o agente que, voluntariamente, desiste de prosseguir na execução.

---

[3] SALIM, Alexandre; AZEVEDO, Marcelo André de. *Direito penal – parte geral*, p. 233.

O agente interrompe voluntariamente a execução do crime, impedindo, desse modo, a sua consumação. Ocorre antes de o agente esgotar os atos de execução. O agente responde apenas pelos atos já praticados.

A lei penal impõe que a desistência seja voluntária, mas não espontânea. Logo, não importa se a ideia de desistir no prosseguimento da execução delituosa partir do agente, ou se foi ele induzido a isso por circunstâncias externas.

A desistência voluntária só é possível na tentativa imperfeita ou inacabada, ou seja, o agente realiza parcialmente os atos de execução e, podendo praticar novos atos, se omite.

Ex.: o agente, desejando matar a vítima, efetua um disparo de arma de fogo contra ela. Percebe que a vítima não irá morrer e podendo efetuar outros disparos, desiste voluntariamente do seu intento, permitindo assim que a vítima sobreviva. Nesse caso, o agente responderá apenas pelas lesões já provocadas.

> **ATENÇÃO!**
> A desistência voluntária é incompatível com o crime unissubsistente, pois este se consuma com a prática de um único ato.

9.10. ARREPENDIMENTO EFICAZ

O arrependimento eficaz está previsto na 2ª parte do art. 15 do Código Penal – o agente que, voluntariamente, impede que o resultado se produza.

O arrependimento eficaz se verifica quando o agente executa o crime até o último ato, esgotando-os, e logo após se arrepende, impedindo o resultado. O agente responde apenas pelos atos já praticados.

O agente, já tendo realizado todos os atos de execução, mas antes de sua consumação, pratica uma nova conduta, que evita a produção do resultado.

Ex.: "A" querendo matar "B", ministra veneno na comida consumida por "B". Em seguida, "A" arrepende-se e entrega o antídoto a "B", salvando-o.

DESISTÊNCIA VOLUNTÁRIA	ARREPENDIMENTO EFICAZ
O agente se omite e não prossegue no *iter criminis*, ou seja, o processo de execução do crime ainda está em curso.	O agente, após ter encerrado o *iter criminis*, resolve realizar uma nova conduta para evitar a consumação do crime. A execução já foi encerrada.

> **ATENÇÃO!**
> O arrependimento eficaz é compatível apenas nos crimes materiais. É incompatível nos crimes formais e de mera conduta.

O arrependimento eficaz só pode ocorrer quando:

a) pressupõe o esgotamento dos atos executórios;

b) só tem cabimento nos crimes materiais, nos quais o tipo penal exige a ocorrência do resultado para a sua consumação.

9.11. ARREPENDIMENTO POSTERIOR

O art. 16 do Código Penal prevê que nos crimes cometidos sem violência ou grave ameaça à pessoa, reparado o dano ou restituída a coisa, até o recebimento da denúncia ou da queixa, por ato voluntário do agente, a pena será reduzida de um a dois terços. Trata-se de uma causa obrigatória de redução de pena.

9.11.1. Requisitos do arrependimento posterior

1 – Crime cometido sem violência ou grave ameaça à pessoa.

2 – Reparação do dano ou restituição do objeto material do crime. A reparação deve ser integral.

3 – O ato deve ser voluntário. Isto é, não é necessário que seja espontâneo, mas sim voluntário.

4 – O ressarcimento deve ser realizado até o recebimento da denúncia ou queixa. Se a reparação ocorrer após o recebimento da denúncia e antes da sentença, será aplicada apenas a atenuante genérica descrita no art. 65, inc. III, *b*, do Código Penal.

CAPÍTULO 9

> **ATENÇÃO!**
> O arrependimento posterior é cabível nos crimes dolosos cometidos sem violência ou grave ameaça à pessoa e nos crimes culposos ainda que praticados com violência.

9.11.2. Arrependimento posterior como causa de diminuição de pena

A doutrina defende que o critério a ser utilizado pelo juiz quando da fixação da diminuição da pena em razão do arrependimento posterior é o da celeridade da reparação. Logo, quanto mais rápido o agente reparar o dano, maior será a diminuição da pena.

9.11.3. Hipóteses específicas de reparação do dano em que não se aplica a causa de diminuição do art. 16 do Código Penal

1 – **Crime de peculato culposo** – a reparação do dano:

   a) antes do trânsito em julgado da sentença condenatória é causa de extinção de punibilidade;

   b) após o trânsito em julgado da sentença condenatória reduz em metade a pena imposta.

2 – **Súmula nº 544 do Supremo Tribunal Federal** – "Pagamento de cheque emitido sem provisão de fundos, após o recebimento da denúncia, não obsta ao prosseguimento da ação penal". Logo, o pagamento até o recebimento da denúncia ou queixa extingue a punibilidade.

3 – **Crimes de ação penal privada ou pública condicionada à representação (art. 74, parágrafo único, da Lei nº 9.099/95)** – havendo composição civil do dano entre o autor do fato e a vítima, em audiência preliminar, ocorrerá a extinção da punibilidade, por força da renúncia legal imposta à vítima ao seu direito de oferecer queixa ou representação. Importante destacar, que basta o crime ser de competência do Juizado Especial Criminal, ou seja, não importa se cometido com violência ou grave ameaça.

	DESISTÊNCIA VOLUNTÁRIA	**ARREPENDIMENTO EFICAZ**	**ARREPENDIMENTO POSTERIOR**
Diferenças	O agente se omite e não prossegue no *iter criminis*, ou seja, o processo de execução do crime ainda está em curso.	O agente impede a produção do resultado. Não há restrição para sua aplicação nos crimes cometidos com violência ou grave ameaça.	O resultado já foi produzido. Não pode ser aplicado aos crimes cometidos com violência ou grave ameaça.
Previsão legal	Art. 15, 1ª parte, CP	Art. 15, 1ª parte, CP	Art. 16, CP
Natureza jurídica	Causa de extinção de punibilidade (não é pacífico).	Causa de extinção de punibilidade (não é pacífico).	Causa geral de diminuição de pena.
Ocorrência	O agente abandona a sua intenção antes de esgotar os atos executórios	O agente, depois de esgotar os atos executórios, abandona sua intenção.	Ocorre depois da consumação.
Consumação	Não há consumação por circunstâncias alheias à vontade do agente.	Não há consumação por circunstâncias alheias à vontade do agente.	Há consumação do crime.
Consequências jurídicas	A responsabilidade do agente pelos atos praticados.	A responsabilidade do agente pelos atos praticados.	Redução da pena de 1/3 a 2/3.

9.12. CRIME IMPOSSÍVEL

O crime impossível é também chamado de quase crime, tentativa inidônea ou tentativa inadequada.

Considera-se crime impossível quando, por ineficácia absoluta do meio ou por absoluta impropriedade do objeto, é impossível a sua consumação.

O art. 17 do Código Penal dispõe: "Não se pune a tentativa quando, por ineficácia do meio ou por absoluta impropriedade do objeto, é impossível consumar-se o crime."

9.12.1. Ineficácia absoluta do meio

O meio empregado jamais poderia levar à consumação do crime. A ineficácia do meio deve ser absoluta. É o meio utilizado pelo agente para cometer a infração penal, mas que no caso concreto, não possui a mínima aptidão para produzir os efeitos pretendidos. Ex.: a utilização de uma arma de brinquedo para matar alguém.

9.12.2. Impropriedade absoluta do objeto

O objeto sobre o qual o agente faz recair sua conduta não é tutelado pelo Direito Penal ou nem existe. A pessoa ou a coisa sobre a qual recai a conduta jamais poderia ser alvo do crime, ou seja, por mais que o agente quisesse alcançar o resultado pretendido, jamais conseguiria. Ex.: atirar num morto.

Se o objeto for absolutamente impróprio não há que se falar em tentativa.

9.12.3. Delito putativo por erro de tipo

Delito putativo por erro de tipo, como também é chamado o crime impossível pela absoluta impropriedade do objeto. Trata-se de um crime imaginário. O agente quer cometer um crime, mas desconhece a real situação de fato e acaba cometendo um irrelevante penal. Ex.: uma mulher que ingere abortivos, pois acreditava que estava grávida.

DELITO PUTATIVO POR ERRO DE TIPO	ERRO DE TIPO
O agente quer cometer um delito, mas por desconhecer a situação de fato, comete um irrelevante penal.	O agente não sabe, devido a um erro de apreciação da realidade, e acaba cometendo um crime.

9.12.4. Teorias no crime impossível

Teoria objetiva temperada – afirma que só haverá crime impossível se a ineficácia do meio e a impropriedade do objeto forem absolutas. Se forem relativas haverá crime tentado.

Teoria objetiva pura – afirma que haverá crime impossível mesmo se a ineficácia do meio e a impropriedade do objeto forem relativas.

Teoria sintomática – afirma que o agente deve ser responsabilizado por sua periculosidade.

Teoria subjetiva – afirma que o agente deve ser punido por ter agido com vontade de cometer o crime.

O Código Penal adotou a teoria objetiva temperada.

9.12.5. Súmula nº 145 do Supremo Tribunal Federal e o crime impossível

A Súmula nº 145 do STF estabelece – "Não há crime quando a preparação do flagrante pela polícia torna impossível a sua consumação".

Esta súmula reconheceu outra espécie de crime impossível, ou seja, nos casos de flagrante provocado ou preparado. Essa é a hipótese de alguém ser induzido pelo policial a praticar um delito, mas são adotadas todas as providências pelo policial para que o autor seja preso em flagrante delito, inviabilizando assim a sua consumação.

> **ATENÇÃO!**
> Quando policiais tomam conhecimento que irá ocorrer um crime e simplesmente ficam aguardando a sua prática para prender em flagrante delito o autor, não crime impossível, mas sim flagrante esperado.

FLAGRANTE PREPARADO	FLAGRANTE ESPERADO
O agente é induzido a cometer o crime.	Não existe esse induzimento, mas o autor é impedido de praticar o crime pelo fato de a autoridade policial ter tomado conhecimento prévio da conduta delituosa.

9.13. SÍNTESE

Crime consumado	Ocorre quando todos os elementos do tipo penal foram realizados. É o crime completo, perfeito, ou seja, coincidem integralmente o fato concreto e o tipo legal.
Iter criminis	São as fases que o agente percorre até a consumação do crime. É o caminho do crime.
Fases do crime	**cogitação** – quando o crime é planejado. O agente apenas está pensando em cometer o crime. Não é punível. **preparação** – quando ocorrem os atos indispensáveis para execução do crime. O bem jurídico ainda não foi violado. Não é punível. **execução** – o bem jurídico começa a ser violado. O fato passa a ser punível. **consumação** – quando ocorre a realização de todos os elementos do tipo penal.

Teorias de diferenciação dos atos preparatórios para os atos executórios	**Teoria Subjetiva** – o que importa é a vontade do agente. Não há transição dos atos preparatórios para os atos executórios. Não é aceita no Brasil. **Teoria Objetiva** – não se limita á vontade do agente, para se diferenciar um ato preparatório de um ato executório. É necessária a exteriorização dos atos idôneos e inequívocos para produção do resultado lesivo. Subdivide-se em: **1) Teoria da hostilidade ao bem jurídico** – O ato de execução é aquele que ataca o bem jurídico; enquanto, ato preparatório é aquele em que o bem jurídico permanece no seu estado inalterado; **2) Teoria objetivo-formal ou lógico-formal** – ato de execução é aquele em que o agente inicia a realização do núcleo do tipo. É a teoria dominante no Brasil; **3) Teoria objetivo-material** – atos de execução são aqueles em que se começa a prática do núcleo do tipo, e também, os atos imediatamente anteriores ao início da conduta típica, de acordo com o plano de terceira pessoa, alheia aos fatos; **4) Teoria Objetivo-individual** – ato de execução é aquele em que o agente inicia a realização do núcleo do tipo e também os que lhe são imediatamente anteriores, de acordo com o plano concreto do autor.
Tentativa	Quando, após iniciada a execução, não ocorre a consumação do crime, por circunstâncias alheias à vontade do agente. Trata-se de uma norma de adequação típica de subordinação mediata. É uma norma de extinção.
Requisitos da tentativa	**a)** que a conduta seja dolosa, ou seja, a presença de vontade livre e consciente de querer praticar uma infração penal; **b)** que a execução do crime tenha-se iniciado; **c)** que por circunstâncias alheias à vontade do agente, não consiga a consumação do crime.
Teorias da tentativa	**Teoria da tentativa subjetiva** – é aquela que admite que o crime tentado receba a mesma punição que o crime consumado. **Teoria da tentativa objetiva** – é aquela em que a tentativa tem que ser punida de forma mais branda que o crime consumado. Foi adotada pelo CP.
Espécies de tentativa	**Tentativa perfeita ou acabada ou crime falho ou crime frustrado** – ocorre quando o agente pratica todos os atos executórios e mesmo assim não consuma o crime. **Tentativa imperfeita ou inacabada** – ocorre quando o agente não realiza todos os atos da execução. Há interrupção do processo de execução antes desta ser esgotada e o crime não se consuma por circunstâncias alheias à sua vontade. **Tentativa branca ou incruenta** – ocorre quando a vítima não é atingida, ou seja, a conduta não atinge a vítima, a qual não sofre nenhum dano à sua integridade corporal. **Tentativa cruenta** – Ocorre quando a vítima é atingida, mas o resultado desejado não acontece por circunstância alheia à vontade do agente.

Infrações penais que não admitem tentativa	Crimes culposos Crimes preterdolosos Crimes omissivos próprios Crimes de atentado Crimes habituais Crimes unissubsistentes Crimes em que só há punição quando ocorre o resultado – contravenções penais
Desistência voluntária	Ocorre quando o agente interrompe voluntariamente a execução do crime, impedindo, desse modo, a sua consumação. Ocorre antes de o agente esgotar os atos de execução. O agente responde apenas pelos atos já praticados.
Arrependimento eficaz	Ocorre quando agente executa o crime até o último ato, esgotando-os, e logo após se arrepende, impedindo o resultado. O agente responde apenas pelos atos já praticados.
Arrependimento posterior	Ocorre nos crimes cometidos sem violência ou grave ameaça à pessoa. Reparado o dano ou restituída a coisa, até o recebimento da denúncia ou da queixa, por ato voluntário do agente, a pena será reduzida de um a dois terços. Trata-se de uma causa obrigatória de redução de pena.
Requisitos do arrependimento posterior	1 – Crime cometido sem violência ou grave ameaça à pessoa. 2 – Reparação do dano ou a restituição do objeto material do crime. A reparação deve ser integral. 3 – O ato deve ser voluntário. Isto é, não é necessário que seja espontâneo, mas sim voluntário. 4 – O ressarcimento deve ser realizado até o recebimento da denúncia ou queixa. Se a reparação ocorrer após o recebimento da denúncia e antes da sentença, será aplicada apenas a atenuante genérica descrita no art. 65, inc. III, *b*, do Código Penal.
Hipóteses específicas de reparação do dano em que não se aplica a causa de diminuição do art. 16 do Código Penal	1 – Crime de peculato culposo. 2 – Súmula nº 544 do Supremo Tribunal Federal. 3 – Crimes de ação penal privada ou pública condicionada à representação (art. 74, parágrafo único, da Lei nº 9.099/95).
Crime impossível	Quando por ineficácia absoluta do meio ou por absoluta impropriedade do objeto é impossível a sua consumação. **ineficácia absoluta do meio** – é o meio utilizado pelo agente para cometer a infração penal, mas que no caso concreto, não possui a mínima aptidão para produzir os efeitos desejados. **por absoluta impropriedade do objeto** – o objeto sobre o qual o agente faz recair sua conduta não é tutelado pelo Direito Penal ou nem existe.

Teorias no crime impossível	Teoria objetiva temperada – afirma que só haverá crime impossível se a ineficácia do meio e a impropriedade do objeto forem absolutas. Se forem relativas haverá crime tentado. Foi adotada pelo CP.
	Teoria objetiva pura – afirma que haverá crime impossível mesmo se a ineficácia do meio e a impropriedade do objeto forem relativas.
	Teoria sintomática – afirma que o agente deve ser responsabilizado por sua periculosidade.
	Teoria subjetiva – afirma que o agente deve ser punido por ter agido com vontade de cometer o crime.

9.14. QUESTÕES DE PROVA

1 – (Delegado de Polícia do Estado de Santa Catarina/2014) – De acordo com o Código Penal, assinale a alternativa **correta**.

A) Pelo resultado que agrava especialmente a pena, só responde o agente que não o houver causado ao menos culposamente.

B) Nos crimes cometidos sem violência ou grave ameaça à pessoa, reparado o dano ou restituída a coisa até o recebimento da denúncia ou da queixa, por ato voluntário do agente, a pena será reduzida de um a dois terços.

C) O erro sobre elemento constitutivo do tipo legal de crime exclui o dolo e não permite a punição por crime culposo.

D) É passível de pena quem, por erro plenamente justificado pelas circunstâncias, supõe situação de fato que, se existisse, tornaria a ação legítima. Haverá isenção de pena quando o erro deriva de culpa e o fato é punível como crime culposo.

E) Não responde pelo crime o terceiro que determina o erro sobre elemento constitutivo do tipo legal.

Correta: B

Comentários: *O art. 16 do Código Penal prevê que nos crimes cometidos sem violência ou grave ameaça à pessoa, reparado o dano ou restituída a coisa, até o recebimento da denúncia ou da queixa, por ato voluntário do agente, a pena será reduzida de um a dois terços. Trata-se de uma causa obrigatória de redução de pena.*

2 – (Delegado de Polícia do Distrito Federal/2015) – Acerca da culpabilidade, da tentativa, da culpa imprópria, da irretroatividade da lei penal mais gravosa e da aplicação da lei penal no espaço, assinale a alternativa correta.

A) O crime de roubo é qualificado se a subtração for de veículo automotor que venha a ser transportado para outro estado ou para o exterior.

B) Suponha que um chinês, a bordo de um navio privado brasileiro, falsifique dólares norte-americanos enquanto a embarcação navega em águas do domínio público internacional. Nas mesmas circunstâncias de tempo e lugar, um marroquino atira contra um australiano. Consoante o Código Penal brasileiro e os cenários hipotéticos mencionados, aplicar-se-á a lei norte-americana ao crime de falsificação de papel-moeda (em razão do bem jurídico violado) e a lei australiana ao crime de homicídio (em virtude do princípio da nacionalidade passiva).

C) Consoante a teoria extremada da culpabilidade, configura-se erro de tipo permissivo quando o agente, por erro plenamente justificado pelas circunstâncias, supõe situação de fato que, se existisse, tornaria a ação legítima. Nesta hipótese, admite-se a punição a título de culpa se o fato punível a título culposo.

D) Admite-se a forma tentada no crime impropriamente culposo.

E) Segundo o STF, a lei penal mais grave aplica-se ao crime permanente, mas não ao crime continuado, se a vigência da lei é anterior à cessação da continuidade ou da permanência.

Correta: D

Comentários: *O crime culposo ocorre quando o agente não quer diretamente o resultado e nem assume o risco de produzi-lo, mas ele ocorre em decorrência da inobservância do seu dever de cuidado. Não há vontade dirigida à prática de um crime, logo, não existirá a necessária circunstância alheia à vontade do agente que impede a sua consumação. Exceção: ocorre na culpa imprópria, que se dá no erro de tipo justificante, também conhecido por erro de tipo permissivo vencível (art. 20, § 1º, parte final, CP). Na verdade, trata-se de crime doloso punido com a pena do crime culposo.*

3 – (Delegado de Polícia do Distrito Federal/2015) – Quanto às fases de realização da infração penal e à tentativa assinale a alternativa correta.

A) Os crimes tentados podem ter a mesma pena dos crimes consumados, a depender do grau alcançado no *iter criminis*.

B) Tentativa abandonada ou qualificada ocorre quando há interrupção do processo executório em razão de o agente não praticar todos os atos de execução do crime por circunstâncias alheias à sua vontade.

C) No que diz respeito às fases do *iter criminis*, o auxílio à prática de crime, salvo determinação expressa em contrário, não é punível se o crime não chegar a ser, ao menos, tentado.

D) Os crimes omissivos, sejam próprios ou impróprios, não admitem tentativa.

E) Tentativa incruenta é aquela em que o agente, arrependendo-se posteriormente, pratica atos para evitar que o crime venha a se consumar.

Correta: C

Comentários: *O auxílio à prática de crime (atos executórios) não é punível se o crime não chegar a ser ao menos tentado, salvo determinação legal expressa.*

4 – (XVII – Exame de Ordem Unificado – OAB/2015) – Cristiane, revoltada com a traição de seu marido, Pedro, decide matá-lo. Para tanto, resolve esperar que ele adormeça para, durante a madrugada, acabar com sua vida. Por volta das 22 h., Pedro deita para ver futebol na sala da residência do casal. Quando chega à sala, Cristiane percebe que Pedro estava deitado sem se mexer no sofá. Acreditando estar dormindo, desfere 10 facadas em seu peito. Nervosa e arrependida, liga para o hospital e, com a chegada dos médicos, é informada que o marido faleceu. O laudo de exame cadavérico, porém, constatou que Pedro havia falecido momentos antes das facadas em razão de um infarto fulminante. Cristiane, então, foi denunciada por tentativa de homicídio.

Você, advogado(a) de Cristiane, deverá alegar em seu favor a ocorrência de:

A) crime impossível por absoluta impropriedade do objeto;

B) desistência voluntária;

C) arrependimento eficaz;

D) crime impossível por ineficácia do meio.

Correta: A

Comentários: *Trata-se de crime impossível por absoluta impropriedade do objeto, ou seja, a pessoa sobre a qual recai a conduta jamais poderia ser alvo do crime, isto é, por mais que Cristiane quisesse jamais alcançaria o resultado pretendido. Se o objeto for absolutamente impróprio não há que se falar em tentativa.*

5 – (Magistratura do Estado de São Paulo/2011) – Antônio, durante a madrugada, subtrai, com o emprego de chave falsa, o automóvel de Pedro. Depois de oferecida a denúncia pela prática de crime de furto qualificado, mas antes do seu recebimento, por ato voluntário de Antônio, o automóvel furtado é devolvido à vítima. Nesse caso, pode-se afirmar a ocorrência de:

A) arrependimento posterior;

B) desistência voluntária;

C) arrependimento eficaz;

D) circunstância atenuante;

E) causa de extinção da punibilidade.

Correta: A

Comentários: *O art. 16 do Código Penal prevê que nos crimes cometidos sem violência ou grave ameaça à pessoa, reparado o dano ou restituída a coisa, até o recebimento da denúncia ou da queixa, por ato voluntário do agente, a pena será reduzida de um a dois terços. Trata-se de uma causa obrigatória de redução de pena.*

Capítulo 10
Ilicitude

10.1. CONCEITO

Ilicitude é a contrariedade da conduta ao ordenamento jurídico. Isso porque temos que a antijuridicidade em seu significado literal quer dizer: anti (contrário) juridicidade (qualidade ou caráter de jurídico, conformação ao direito; legalidade, licitude), ou seja, é o que é contrário à norma jurídica.

Ilicitude é a relação de antagonismo que se estabelece entre uma conduta humana voluntária e o ordenamento jurídico, de modo a causar lesão ou expor a perigo de lesão um bem jurídico tutelado.[1]

O fato típico, em tese, tem o caráter indiciário de ilicitude, ou seja, contraria o ordenamento jurídico e, portanto, será um fato ilícito.

A ilicitude é o segundo elemento do crime.

O fato típico não será ilícito se, no caso concreto, estiver presente uma das causas excludentes de ilicitude expressamente previstas no art. 23 do Código Penal: legítima defesa, estado de necessidade, estrito cumprimento do dever legal ou exercício regular de direito.

10.2. CLASSIFICAÇÃO DE ILICITUDE

A ilicitude pode ser:
- **Formal** – contradição do fato à norma de proibição. É o fato típico não acobertado pelas causas de exclusão da ilicitude;

---

[1] TOLEDO, Francisco de Assis. *Princípios básicos de direito penal*, p. 10.

- **Material** – a ilicitude se dá quando o fato contraria a norma e causa uma lesão ou um perigo concreto de lesão ao bem jurídico tutelado. A conduta está contrária à lei e ao sentimento de justiça da sociedade;
- **Subjetiva** – o fato só é considerado ilícito se o agente tiver capacidade de avaliar o seu caráter criminoso. O inimputável não comete fato ilícito;
- **Objetiva:** o fato é ilícito, independentemente da capacidade de avaliação do agente. O inimputável comete fato ilícito.

10.3. CAUSAS EXCLUDENTES DE ILICITUDE

As causas de exclusão da ilicitude também são chamadas de exclusão da antijuridicidade, causas justificantes ou descriminantes.

As causas excludentes de ilicitude são aquelas que excluem a antijuridicidade, porque autorizam o agente a praticar um fato típico sem ser crime, ou seja, o Estado permite que a pessoa aja em nome dele, porque não há possibilidade dele o representar no momento do fato.

As causas de exclusão de ilicitude legais são as quatro previstas no art. 23 do Código Penal – estado de necessidade, legítima defesa, estrito cumprimento do dever legal e o exercício regular de direito.

10.4. ESTADO DE NECESSIDADE

O art. 24 do Código Penal dispõe: "Considera-se em estado de necessidade quem pratica o fato para salvar de perigo atual, que não provocou por sua vontade, nem podia de outro modo evitar, direito próprio ou alheio, cujo sacrifício, nas circunstâncias, não era razoável exigir-se."

Estado de necessidade é uma causa de exclusão da ilicitude da conduta de quem, não tendo o dever legal de enfrentar uma situação de perigo atual, a qual não provocou por sua vontade, sacrifica um bem jurídico ameaçado por esse perigo atual ou (iminente) para salvar outro, próprio ou alheio, cuja perda não era razoável exigir.

No estado de necessidade existem dois ou mais bens jurídicos postos em perigo, de modo que a preservação de um depende da destruição dos demais.

O pressuposto do estado de necessidade é a presença conflitante de dois interesses lícitos numa situação em que um não poderá continuar a existir se o outro sobreviver.

10.4.1. Teorias no estado de necessidade

- **Teoria unitária** – o estado de necessidade será sempre uma causa de exclusão de antijuridicidade. Não importa se o bem protegido pelo agente é de valor superior ou igual àquele que está sofrendo a ofensa, uma vez que em ambas as situações o fato será tratado sob a ótica das causas excludentes da ilicitude. Para essa teoria, todo estado de necessidade é justificante, e não exculpante.

- **Teoria diferenciadora** – diferencia o estado de necessidade justificante (afasta a ilicitude) e o estado de necessidade exculpante (afasta a culpabilidade). Para essa teoria, o estado de necessidade poderá ser uma causa de exclusão de antijuridicidade ou uma causa de exclusão de culpabilidade, dependendo do grau de valoração do bem jurídico destruído.

O Código Penal adotou a teoria unitária.

10.4.2. Requisitos para que a situação de risco configure a excludente

a) **Perigo atual** – o perigo é presente, ameaça concreta ao bem jurídico tutelado, ou seja, o perigo está ocorrendo. O Código Penal não menciona expressamente a expressão *perigo iminente*, logo, adotou a teoria do perigo atual. Porém, prevalece na doutrina e na jurisprudência a possibilidade do perigo iminente no estado de necessidade. A situação de perigo pode ser em decorrência de conduta humana, fenômeno da natureza ou ataque de um animal irracional.

Capítulo 10

> **ATENÇÃO!**
> Não há estado de necessidade quando o perigo for remoto ou futuro.

b) **O perigo deve ameaçar direito próprio ou alheio** – não é necessário que exista uma relação jurídica entre os bens envolvidos e o agente que se utiliza da causa justificadora. O Direito abrange qualquer bem ou interesse protegido pelo ordenamento jurídico. Haverá, então: **estado de necessidade próprio:** quando a ameaça for a direito próprio; **estado de necessidade de terceiro:** quando a ameaça for a direito de terceiros. Não é necessário que haja o consentimento prévio do dono do bem jurídico para o agente agir.

c) **O perigo não pode ter sido causado voluntariamente pelo agente** – é necessário que a situação de perigo não tenha sido causada voluntariamente pelo agente. Quem dá causa a uma situação de perigo não pode invocar o estado de necessidade para afastá-la. Aquele que provocou o perigo com dolo não age em estado de necessidade, pois tem o dever jurídico de impedir o resultado. Mas, se o perigo foi provocado culposamente, o agente pode se valer do estado de necessidade. Entretanto, há doutrinadores que defendem que, mesmo se o perigo foi provocado culposamente, o agente não pode se valer do estado de necessidade.

d) **Inexistência do dever legal de enfrentar o perigo** – a lei impõe a determinadas pessoas a obrigação de enfrentar o perigo e por isso não poderão optar pela saída mais cômoda, deixando de enfrentar o risco, sob o argumento de proteger o seu próprio bem jurídico. O agente tem o dever de enfrentar o perigo, ou seja, deve enfrentá-lo, mesmo que sua própria vida esteja em perigo, pois esta é sua função. Ex.: bombeiro, não pode deixar de salvar as pessoas num edifício em chamas, sob a alegação de estar agindo em estado de necessidade.

10.4.3. Requisitos para reconhecimento do estado de necessidade no caso concreto

a) **Inevitabilidade da conduta** – só se admite o sacrifício do bem jurídico protegido quando não existir qualquer outro meio pelo qual possa se realizar o salvamento do outro bem jurídico protegido.

> **ATENÇÃO!**
> Não se fala em estado de necessidade quando a conduta lesiva for um delito permanente ou habitual, pois não há perigo atual e nem será inevitável a sua prática.

b) **Razoabilidade do sacrifício** – deve ser razoável sacrificar um bem para salvar outro. A lei não fala em bem maior, bem menor ou bem igual. Não há classificação de bem jurídico. A lei fala apenas em razoabilidade, analisada caso a caso, levando em consideração o homem médio. É necessário existir proporcionalidade entre a gravidade do perigo que ameaça o bem jurídico do agente ou alheio e a gravidade da lesão causada. Se o sacrifício for razoável, haverá estado de necessidade. Caso contrário, o fato será ilícito, afastando-se o estado de necessidade, e o réu terá direito à redução da pena prevista no art. 24, § 2º, do Código Penal.

c) **Conhecimento da situação de perigo** – é o elemento subjetivo do estado de necessidade. A excludente de ilicitude só é cabível se o agente tiver conhecimento de agir para salvar um bem jurídico próprio ou alheio.

REQUISITOS DO ESTADO DE NECESSIDADE	
SITUAÇÃO DE PERIGO	**FATO LESIVO**
perigo atual	inevitabilidade da prática do fato lesivo
ameaça a direito próprio ou alheio	razoabilidade
situação não causada voluntariamente pelo sujeito	conhecimento da situação de perigo.
inexistência de dever legal de enfrentar o perigo	

10.4.4. Espécies de estado de necessidade

- **Defensivo** – ocorre quando o agente sacrifica um bem jurídico protegido da pessoa que criou a situação de perigo. A conduta é contra a fonte do perigo. Neste caso não há reparação de danos.
- **Ofensivo** – também chamado de agressivo. Ocorre quando a conduta do agente atinge o bem jurídico protegido de um terceiro inocente. Neste caso há reparação de danos.
- **Próprio** – quando há o sacrifício de um bem jurídico para salvar outro que é do próprio agente.
- **Terceiro** – quando o sacrifício visa a salvar bem jurídico de terceiro.
- **Real** – quando estão presentes todos os requisitos da situação de perigo.
- **Putativo** – quando a situação de risco é imaginada por erro do agente.

10.5. LEGÍTIMA DEFESA

O art. 25 do Código Penal dispõe – "Entende-se em legítima defesa quem, usando moderadamente dos meios necessários, repele injusta agressão, atual ou iminente, a direito seu ou de outrem."

Trata-se de causa de exclusão da ilicitude que consiste em repelir injusta agressão, atual ou iminente, a direito próprio ou alheio, usando moderadamente dos meios necessários.

10.5.1. Requisitos da legítima defesa

a) **Agressão** – ataque humano. É o efetivo ataque contra os bens jurídicos de alguém.

> **ATENÇÃO!**
> No caso de ataque de animais não há legítima defesa. Matar animais para se proteger pode configurar estado de necessidade. Entretanto, quando o animal for açulado por uma pessoa, pode caracterizar legítima defesa, pois nesse caso o animal serviu como instrumento para ação humana.

b) **Agressão injusta** – é uma agressão ilícita, ou seja, contrária ao ordenamento jurídico. O caráter ilícito da agressão deve ser obtido de forma objetiva, independentemente de se questionar se o agressor tinha conhecimento do seu caráter ilícito.

c) **Agressão atual ou iminente** – atual é a agressão que está acontecendo. Iminente é a que está prestes a acontecer. Não cabe legítima defesa contra agressão passada ou futura nem quando há promessa de agressão.

d) **Defesa de direito próprio ou alheio** – o sujeito pode defender seu bem jurídico ou defender direito alheio, pois a lei consagra o elevado sentimento da solidariedade humana. A legítima defesa de terceiro inclui a dos bens particulares e também o interesse da coletividade. Deve haver proporcionalidade entre os bens jurídicos em conflito. A legítima defesa de terceiro pode voltar-se inclusive contra o próprio terceiro, a exemplo daquele que agride um suicida para evitar que ele coloque fim à sua própria vida.

e) **Repulsa com o meio necessário** – é o meio menos lesivo colocado à disposição do agente no momento da agressão. O meio necessário será analisado em cada caso concreto.

f) **Moderação no uso dos meios** – na reação, deve o agente utilizar moderadamente os meios necessários para repelir a agressão atual ou iminente e injusta. Deve o agente ser moderado, ou seja, não ultrapassar o necessário para proteger o bem jurídico agredido.

g) **Elemento subjetivo** – deve ficar demonstrado que o agente tinha conhecimento de que estava agindo acobertado pela excludente de ilicitude, isto é, estava ciente da presença dos seus requisitos.

10.5.2. Não se admite legítima defesa
a) legítima defesa real de legítima defesa real;
b) legítima defesa real de estado de necessidade;
c) legítima defesa real de exercício regular de direito;
d) legítima defesa real de estrito cumprimento de dever legal.

Para a caracterização de legítima defesa é necessária a presença de agressão injusta, o que não se observa nas hipóteses acima mencionadas.

10.5.3. Admite-se legítima defesa

a) legítima defesa putativa contra legítima defesa putativa;

b) legítima defesa de legítima defesa putativa;

c) legítima defesa putativa de legítima defesa;

d) legítima defesa contra agressão culposa. Se a agressão é culposa, sendo também injusta, contra ela é cabível essa excludente de ilicitude.

10.5.4. Espécies de legítima defesa

Legítima defesa putativa – é aquela imaginada por erro. Trata-se de uma legítima defesa imaginária. É a errônea suposição da existência da legítima defesa por erro de tipo ou erro de proibição. O agente acredita que há uma agressão injusta, quando na realidade ela não existe.

Legítima defesa sucessiva – consiste na reação do agressor contra a repulsa excessiva da vítima. O agressor originário passa a ser agredido em decorrência do excesso de legítima defesa, justificando nesse momento a sua reação, pois o excesso constitui uma agressão.

Legítima defesa subjetiva – consiste no excesso na repulsa de uma agressão decorrente de erro de apreciação da situação fática. Cessada a agressão que justificou a reação, o agente, por erro plenamente justificável, acredita perdurar a agressão inicial e por isso acaba excedendo-se em sua reação. Toda conduta praticada em excesso é ilícita, devendo o agente responder pelos resultados dela advindos.

10.5.5. Excesso na legítima defesa

Excesso é a intensificação desnecessária de uma ação inicialmente justificada, ou seja, ocorre quando se utiliza um meio que não é necessário ou quando se utiliza meio necessário sem moderação. Se o excesso for doloso não há legítima defesa e o agente responde pelo resultado dolosamente produzido. Se o excesso for culposo o agente responde pelo crime culposo.

> **ATENÇÃO!**
> O excesso, doloso ou culposo, é também aplicável no estado de necessidade, estrito cumprimento de dever legal e no exercício regular de direito.

DIFERENÇAS	
ESTADO DE NECESSIDADE	**LEGÍTIMA DEFESA**
Há um conflito entre bens jurídicos.	Ocorre uma repulsa contra uma agressão injusta.
O bem é exposto a perigo.	O bem sofre uma agressão.
O perigo pode ser oriundo de conduta humana, animal ou de força da natureza.	A agressão deve ser humana.
A conduta pode atingir bem jurídico de terceiro inocente.	A conduta pode ser dirigida apenas contra o agressor.

10.6. ESTRITO CUMPRIMENTO DE DEVER LEGAL

O estrito cumprimento de dever legal está previsto no art. 23, inc. III, 2ª parte, do Código Penal.

Trata-se de causa de exclusão da ilicitude que consiste na realização de um fato típico, por força do desempenho de uma obrigação imposta por lei.

O dever deve constar de lei, decreto, regulamento ou qualquer ato administrativo, desde que de caráter geral.

O agente atua em cumprimento de um dever imposto genericamente, de forma abstrata e impessoal. Para caracterizar essa excludente é necessário que o agente atue dentro dos ditames legais e tendo a consciência de que cumpre um dever legal. Ex.: oficial de justiça que apreende bens móveis para penhora.

Estrito cumprimento do dever legal putativo ocorre quando o sujeito pensa que está agindo no estrito cumprimento do dever legal, mas não está.

> **ATENÇÃO!**
> Quando a ordem for específica a um agente, não há o estrito cumprimento do dever legal, mas sim obediência hierárquica.

10.6.1. Requisitos do estrito cumprimento de dever legal

Para reconhecer a excludente de ilicitude do estrito cumprimento de dever legal é necessário:

a) a proporcionalidade;

b) a indispensabilidade;

c) o conhecimento do agente de que atua em conformidade ao direito previsto por lei.

10.7. EXERCÍCIO REGULAR DE DIREITO

Exercício regular de direito consiste na atuação do agente dentro dos limites conferidos pelo ordenamento legal. O exercício deve ser regular, isto é, deve obedecer às condições objetivas estabelecidas.

O sujeito não comete crime por estar exercitando uma prerrogativa a ele conferida pela lei e tendo consciência de que está exercendo um direito. Ex.: a recusa em depor em juízo por parte de quem tem o dever legal de guardar sigilo; nas lesões esportivas, desde que respeitadas as regras do esporte.

Não há exercício regular de direito quando o agente comete excesso doloso ou culposo no exercício do direito.

DIFERENÇAS	
ESTRITO CUMPRIMENTO DE DEVER LEGAL	EXERCÍCIO REGULAR DE DIREITO
Trata-se de um dever legal.	Trata-se de um direito, uma faculdade conferida pelo ordenamento jurídico ao indivíduo.

10.7.1. Casos específicos

10.7.1.1. Ofendículos

Ofendículos são mecanismos visíveis destinados à defesa da propriedade ou de qualquer outro bem jurídico. O que os caracteriza é a visibilidade, devendo ser perceptíveis por qualquer pessoa. Ex.: lança no portão da casa, caco de vidro no muro.

A doutrina não é unânime quanto à natureza da excludente de ilicitude dos ofendículos. Parte defende que se trata de exercício regular de direito e outra, que se trata de legítima defesa preordenada, pois o aparato só funcionará no momento em que ocorrer uma agressão. É preordenada por ter sido instalada anteriormente à agressão.

Defesa mecânica predisposta consiste em aparatos ocultos ou invisíveis. Podendo, em algumas situações, configurar algum crime culposo. Ex.: eletrificação de maçaneta.

> **ATENÇÃO!**
> Animais colocados para proteger patrimônio também são considerados ofendículos.

10.7.1.2. Violência desportiva

A violência desportiva constitui exercício regular de direito, desde que a violência seja praticada dentro das regras e nos limites aceitáveis do esporte. Mesmo a violência que acarreta alguma lesão, se previsível para a prática do esporte, será exercício regular do direito. Ex.: numa luta de UFC, poderá ocorrer lesões nos lutadores.

Para a teoria da imputação objetiva, o resultado danoso decorrente da prática regular de esporte não pode ser imputado ao agente, pois a conduta não cria um risco proibido, mas se situa no âmbito do risco permitido.

10.7.1.3. Intervenções médicas e cirúrgicas

As intervenções médicas e cirúrgicas, tais como: amputações de membros, extração de órgão etc. são consideradas exercício regular de direito, pois se trata de atividade autorizada e regulamentada pelo Estado.

> **ATENÇÃO!**
> Se a intervenção for realizada em caso de emergência por alguém que não é médico, será estado de necessidade.

10.7.1.4. Consentimento do ofendido

O consentimento do ofendido não integra a norma penal permissiva justificante. Trata-se de uma causa supralegal.

O consentimento do ofendido pode ser excludente de tipicidade ou excludente de ilicitude, a depender do dissenso ser ou não elementar do crime.

Será excludente de tipicidade quando o consentimento da vítima for elementar do crime, ou seja, se o ofendido consentir, não se pode falar em crime. Ex.: se a mulher consente com a conjunção carnal, não há estupro.

Será excludente de ilicitude quando o consentimento da vítima não for elementar.

O consentimento do ofendido poderá excluir a ilicitude quando presentes os requisitos:

a) disponibilidade do bem jurídico;

b) capacidade de consentir do ofendido.

LIMITES OBJETIVOS NAS EXCLUDENTES DE ILICITUDE	
LEGÍTIMA DEFESA	A reação deve ser com o meio necessário, que deve ser usado com moderação.
ESTADO DE NECESSIDADE	O bem sacrificado deve guardar certa e razoável proporção com o bem salvo.
EXERCÍCIO REGULAR DE DIREITO	O direito deve ser regular e obedecer aos limites estabelecidos pela norma autorizadora.
ESTRITO CUMPRIMENTO DE DEVER LEGAL	O dever legal deve ser cumprido estritamente, sem excessos.

10.8. EXCESSO NAS EXCLUDENTES DE ILICITUDE

Excesso nas excludentes de ilicitude consiste na desnecessária intensificação de uma conduta a princípio legítima, ou seja, no início a pessoa age acobertada por uma das excludentes – estado de necessidade, legítima defesa, exercício regular de direito e estrito cumprimento de dever legal, mas exagera e acaba cometendo crime, doloso ou culposo, conforme a natureza do excesso.

10.8.1. Excesso doloso

O excesso doloso se dá quando o agente, consciente dos limites da excludente, ultrapassa-os voluntariamente.

O agente que, consciente dos limites, intensifica desnecessariamente sua conduta de início legítima responderá pelo excesso a título de dolo, pois não persistirá a causa de justificação.

10.8.2. Excesso culposo

O agente, que em decorrência da inobservância do dever de cuidado objetivo, excede em sua conduta responderá pelo resultado a título de culpa, se houver previsão legal.

Ultrapassado o limite da justificativa por negligência e disso resultando uma ofensa a um bem jurídico, o sujeito que inicialmente agiu sob o manto de uma excludente, será punido pelo tipo penal culposo, se previsto em lei.

10.9. SÍNTESE

Ilicitude	É a contrariedade da conduta ao ordenamento jurídico.
	O fato típico, em tese, tem o caráter indiciário de ilicitude, ou seja, contraria o ordenamento jurídico e, portanto, será um fato ilícito.
Classificação de ilicitude	**Formal** – contradição do fato com a norma de proibição. É o fato típico não acobertado pelas causas de exclusão da ilicitude.
	Material – a ilicitude se dá quando o fato contraria a norma e causa uma lesão ou um perigo concreto de lesão ao bem jurídico tutelado.
	Subjetiva – o fato só é considerado ilícito se o agente tiver capacidade de avaliar o seu caráter criminoso.
	Objetiva – o fato é ilícito, independentemente da capacidade de avaliação do agente.
Causas excludentes de ilicitude	São aquelas que excluem a antijuridicidade, porque autorizam o agente a praticar um fato típico sem ser crime.
	São: estado de necessidade, legítima defesa, exercício regular de direito e estrito cumprimento do dever legal.
Estado de necessidade	Considera-se em estado de necessidade quem pratica o fato para salvar de perigo atual, que não provocou por sua vontade, nem podia de outro modo evitar, direito próprio ou alheio, cujo sacrifício, nas circunstâncias, não era razoável exigir-se (art. 24, CP).
	Existem dois ou mais bens jurídicos postos em perigo, de modo que a preservação de um depende da destruição dos demais.

Capítulo 10

	Pressuposto – é a presença conflitante de dois interesses lícitos numa situação em que um não poderá continuar a existir se o outro sobreviver.
Teorias no estado de necessidade	**Teoria unitária** – o estado de necessidade será sempre uma causa de exclusão de antijuridicidade. Não importa se o bem protegido pelo agente é de valor superior ou igual àquele que está sofrendo a ofensa, uma vez que em ambas as situações o fato será tratado sob a ótica das causas excludentes da ilicitude. Todo estado de necessidade é justificante, e não exculpante. Foi adotada pelo CP.
	Teoria diferenciadora – diferencia o estado de necessidade justificante (afasta a ilicitude) e o estado de necessidade exculpante (afasta a culpabilidade). O estado de necessidade poderá ser uma causa de exclusão de antijuridicidade ou uma causa de exclusão de culpabilidade, dependendo do grau de valoração do bem jurídico destruído.
Requisitos para que a situação de risco configure a excludente	**a) Perigo atual** – o perigo é presente, ameaça concreta ao bem jurídico tutelado, ou seja, o perigo está ocorrendo. A situação de perigo pode ser em decorrência de conduta humana, fenômeno da natureza ou ataque de um animal irracional.
	b) O perigo deve ameaçar direito próprio ou alheio – não é necessário que exista uma relação jurídica entre os bens envolvidos e o agente que se utiliza da causa justificadora. Pode ser: **estado de necessidade próprio** – quando a ameaça for a direito próprio; **estado de necessidade de terceiro** – quando a ameaça for a direito de terceiros.
	c) O perigo não pode ter sido causado voluntariamente pelo agente – é necessário que a situação de perigo não tenha sido causada voluntariamente pelo agente.
	d) Inexistência do dever legal de enfrentar o perigo – a lei impõe a determinadas pessoas a obrigação de enfrentar o perigo e por isso não poderão optar pela saída mais cômoda, deixando de enfrentar o risco, sob o argumento de proteger o seu próprio bem jurídico.
Requisitos do estado de necessidade	**a) Inevitabilidade da conduta** – só se admite o sacrifício do bem jurídico protegido quando não existir qualquer outro meio pelo qual possa se realizar o salvamento do outro bem jurídico protegido.
	b) Razoabilidade do sacrifício – deve ser razoável sacrificar um bem para salvar outro. É necessário existir proporcionalidade entre a gravidade do perigo que ameaça o bem jurídico do agente ou alheio e a gravidade da lesão causada.
	c) Conhecimento da situação de perigo – só é cabível se o agente tiver conhecimento que age para salvar um bem jurídico próprio ou alheio.

Espécies de estado de necessidade	**Defensivo** – ocorre quando o agente sacrifica um bem jurídico protegido da pessoa que criou a situação de perigo. A conduta é contra a fonte do perigo. Neste caso, não há reparação de danos. **Ofensivo** – ocorre quando a conduta do agente atinge o bem jurídico protegido de um terceiro inocente. **Próprio** – quando há o sacrifício de um bem jurídico para salvar outro que é do próprio agente. **Terceiro** – quando o sacrifício visa a salvar bem jurídico de terceiro. **Real** – quando estão presentes todos os requisitos da situação de perigo. **Putativo** – quando a situação de risco é imaginada por erro do agente.
Legítima defesa	Entende-se em legítima defesa quem, usando moderadamente dos meios necessários, repele injusta agressão, atual ou iminente, a direito seu ou de outrem (art. 25).
Requisitos da legítima defesa	**a) Agressão** – ataque humano. É o efetivo ataque contra os bens jurídicos de alguém. **b) Agressão injusta** – é uma agressão ilícita, ou seja, contrária ao ordenamento jurídico. **c) Agressão atual ou iminente** – atual é a agressão que está acontecendo. Iminente é a que está prestes a acontecer. **d) Defesa de direito próprio ou alheio** – o sujeito pode defender seu bem jurídico ou defender direito alheio. Deve haver ter proporcionalidade entre os bens jurídicos em conflito. **e) Repulsa com o meio necessário** – é o meio menos lesivo colocado à disposição do agente no momento da agressão. **f) Moderação no uso dos meios** – na reação, deve o agente utilizar moderadamente os meios necessários para repelir a agressão atual ou iminente e injusta. **g) Elemento subjetivo** – deve ficar demonstrado que o agente tinha conhecimento de que estava agindo acobertado pela excludente de ilicitude, isto é, estava ciente da presença dos seus requisitos.
Não se admite legítima defesa	**a)** legítima defesa real de legítima defesa real; **b)** legítima defesa real de estado de necessidade; **c)** legítima defesa real de exercício regular de direito; **d)** legítima defesa real de estrito cumprimento de dever legal.
Admite-se legítima defesa	**a)** legítima defesa putativa contra legítima defesa putativa. **b)** legítima defesa de legítima defesa putativa. **c)** legítima defesa putativa de legítima defesa. **d)** legítima defesa contra agressão culposa.

Capítulo 10

Espécies de legítima defesa	**Legítima defesa putativa** – é aquela imaginada por erro. É a errônea suposição da existência da legítima defesa por erro de tipo ou erro de proibição O agente acredita que há uma agressão injusta, quando na realidade ela não existe. **Legítima defesa sucessiva** – consiste na reação do agressor contra a repulsa excessiva da vítima. O agressor originário passa a ser agredido em decorrência do excesso de legítima defesa, justificando nesse momento a sua reação, pois o excesso constitui uma agressão. **Legítima defesa subjetiva** – consiste no excesso na repulsa de uma agressão decorrente de erro de apreciação da situação fática. Cessada a agressão que justificou a reação, o agente, por erro plenamente justificável, acredita perdurar a agressão inicial e por isso acaba excedendo-se em sua reação.
Excesso na legítima defesa	Se o excesso for doloso não há legítima defesa e o agente responde pelo resultado dolosamente produzido. Se o excesso for culposo o agente responde pelo crime culposo.
Estrito cumprimento de dever legal	Consiste na realização de um fato típico, por força do desempenho de uma obrigação imposta por lei. O agente deve atuar dentro dos ditames legais e tendo a consciência de que se cumpre um dever legal.
Exercício regular de direito	Consiste na atuação do agente dentro dos limites conferidos pelo ordenamento legal. O exercício deve ser regular, ou seja, deve obedecer às condições objetivas estabelecidas.
Ofendículos	São mecanismos visíveis destinados à defesa da propriedade ou de qualquer outro bem jurídico. O que os caracteriza é a visibilidade, devendo ser perceptíveis por qualquer pessoa. **Defesa mecânica predisposta** consiste em aparatos ocultos ou invisíveis.
Violência desportiva	Constitui exercício regular de direito, desde que a violência seja praticada dentro das regras e nos limites aceitáveis do esporte. Mesmo a violência que acarreta alguma lesão, se previsível para a prática do esporte, será exercício regular do direito.
Intervenções médicas e cirúrgicas	São consideradas exercício regular de direito, pois se trata de atividade autorizada e regulamentada pelo Estado, tais como: amputações de membros e extração de órgão.
Consentimento do ofendido	Trata-se de uma causa supralegal. Pode ser excludente de tipicidade ou excludente de ilicitude, a depender do dissenso ser ou não elementar do crime. **Excludente de tipicidade** – quando o consentimento da vítima for elementar do crime, ou seja, se o ofendido consentir, não se pode falar em crime. **Excludente de ilicitude** – quando o consentimento da vítima não for elementar. Requisitos: **a)** a disponibilidade do bem jurídico; **b)** a capacidade de consentir do ofendido.

Excesso nas excludentes de ilicitude	Consiste na desnecessária intensificação de uma conduta a princípio legítima, ou seja, no início a pessoa age acobertada por uma das excludentes – estado de necessidade, legítima defesa, exercício regular de direito e estrito cumprimento de dever legal –, mas exagera e acaba cometendo crime, doloso ou culposo, conforme a natureza do excesso.
	Excesso doloso – se dá quando o agente, consciente dos limites da excludente, ultrapassa-os voluntariamente. Responderá pelo excesso a título de dolo, pois não persistirá a causa de justificação.
	Excesso culposo – o agente, que em decorrência da inobservância do dever de cuidado objetivo, excede em sua conduta responderá pelo resultado a título de culpa, se houver previsão legal.

10.10. QUESTÕES DE PROVA

1 – (XIII-Exame de Ordem Unificado – OAB/2014) – Jaime, objetivando proteger sua residência, instala uma cerca elétrica no muro. Certo dia, Cláudio, com o intuito de furtar a casa de Jaime, resolve pular o referido muro, acreditando que conseguiria escapar da cerca elétrica ali instalada e bem visível para qualquer pessoa. Cláudio, entretanto, não obtém sucesso e acaba levando um choque, inerente à atuação do mecanismo de proteção. Ocorre que, por sofrer de doença cardiovascular, o referido ladrão falece quase instantaneamente. Após a análise pericial, ficou constatado que a descarga elétrica não era suficiente para matar uma pessoa em condições normais de saúde, mas suficiente para provocar o óbito de Cláudio, em virtude de sua cardiopatia.

Nessa hipótese é correto afirmar que:

A) Jaime deve responder por homicídio culposo, na modalidade culpa consciente;

B) Jaime deve responder por homicídio doloso, na modalidade dolo eventual;

C) Pode ser aplicado à hipótese o instituto do resultado diverso do pretendido;

D) Pode ser aplicado à hipótese o instituto de legítima defesa preordenada.

Correta: D

Capítulo 10

Comentários: *A questão apresenta a hipótese de ofendículos, isto é, mecanismos visíveis destinados à defesa da propriedade ou de qualquer outro bem jurídico. O que os caracteriza é a visibilidade, devendo ser perceptíveis por qualquer pessoa. A doutrina não é unânime quanto à natureza da excludente de ilicitude dos ofendículos. Parte defende que se trata de exercício regular de direito e a outra, que se trata de legítima defesa preordenada, pois o aparato só funcionará no momento em que ocorrer uma agressão. É preordenada por ter sido instalada anteriormente à agressão.*

2 – (XI-Exame de Ordem Unificado – OAB/2013) Débora estava em uma festa com seu namorado Eduardo e algumas amigas quando percebeu que Camila, colega de faculdade, insinuava-se para Eduardo. Cega de raiva, Débora esperou que Camila fosse ao banheiro e a seguiu. Chegando lá e percebendo que estavam sozinhas no recinto, Débora desferiu vários tapas no rosto de Camila, causando-lhe lesões corporais de natureza leve. Camila, por sua vez, atordoada com o acontecido, somente deu por si quando Débora já estava saindo do banheiro, vangloriando-se da surra dada. Neste momento, com ódio de sua algoz, Camila levanta-se do chão, agarra Débora pelos cabelos e a golpeia com uma tesourinha de unha que carregava na bolsa, causando-lhe lesões de natureza grave.

Com relação à conduta de Camila, assinale a afirmativa correta.

A) Agiu em legítima defesa.

B) Agiu em legítima defesa, mas deverá responder pelo excesso doloso.

C) Ficará isenta de pena por inexigibilidade de conduta diversa.

D) Praticou crime de lesão corporal de natureza grave, mas poderá ter a pena diminuída.

Correta: D

Comentários: *A hipótese apresentada nesta questão não pode ser tratada como legítima defesa, pois a agressão deve ser atual ou iminente. Não cabe legítima defesa contra agressão passada ou futura nem quando há promessa de agressão. O art. 129, § 4º, do Código Penal dispõe sobre* *a diminuição de pena: "Se o agente comete o crime impelido por motivo de relevante valor social ou moral ou sob o domínio de violenta emoção, logo em seguida a injusta provocação da vítima, o juiz pode reduzir a pena de um sexto a um terço".*

3 – (IX-Exame de Ordem Unificado – OAB/2012) – Acerca das causas excludentes de ilicitude e extintivas de punibilidade, assinale a afirmativa incorreta.

A) A coação moral irresistível exclui a culpabilidade, enquanto a coação física irresistível exclui a própria conduta, de modo que, nesta segunda hipótese, sequer chegamos a analisar a tipicidade, pois não há conduta penalmente relevante.

B) Em um bar, Caio, por notar que Tício olhava maliciosamente para sua namorada, desfere contra este um soco no rosto. Aturdido, Tício vai ao chão, levantando-se em seguida, e vai atrás de Caio e o interpela quando este já estava saindo do bar. Ao voltar-se para trás, atendendo ao chamado, Caio é surpreendido com um soco no ventre. Tício praticou conduta típica, mas amparada por uma causa excludente de ilicitude.

C) Mévio, atendendo a ordem dada por seu líder religioso e, com o intuito de converter Rufus, permanece na residência deste à sua revelia, ou seja, sem o seu consentimento. Neste caso, Mévio, mesmo cumprindo ordem de seu superior e mesmo sendo tal ordem não manifestamente ilegal, pratica crime de violação de domicílio (art. 150 do Código Penal), não estando amparado pela obediência hierárquica.

D) O consentimento do ofendido não foi previsto pelo nosso ordenamento jurídico-penal como uma causa de exclusão da ilicitude. Todavia, sua natureza justificante é pacificamente aceita, desde que, entre outros requisitos, o ofendido seja capaz de consentir e que tal consentimento recaia sobre bem disponível.

Correta: B

Comentários: *Um dos requisitos para reconhecer a excludente de ilicitude – legítima defesa – é que a agressão deva ser atual ou iminente.*

Capítulo 10

Não cabe legítima defesa contra agressão passada ou futura nem quando há promessa de agressão.

4 – (XVI – Exame de Ordem Unificado – OAB/2015) – Carlos e seu filho de dez anos caminhavam por uma rua com pouco movimento e bastante escura, já de madrugada, quando são surpreendidos com a vinda de um cão *pitbull* na direção deles. Quando o animal iniciou o ataque contra a criança, Carlos, que estava armado e tinha autorização para assim se encontrar, efetuou um disparo na direção do cão, que não foi atingido, ricocheteando a bala em uma pedra e acabando por atingir o dono do animal, Leandro, que chegava correndo em sua busca, pois notou que ele fugira clandestinamente da casa. A vítima atingida veio a falecer, ficando constatado que Carlos não teria outro modo de agir para evitar o ataque do cão contra o seu filho, não sendo sua condutada tachada de descuidada.

Diante desse quadro, assinale a opção que apresenta a situação jurídica de Carlos.

A) Carlos atuou em legítima defesa de seu filho, devendo responder, porém, pela morte de Leandro.

B) Carlos atuou em estado de necessidade defensivo, devendo responder, porém, pela morte de Leandro.

C) Carlos atuou em estado de necessidade e não deve responder pela morte de Leandro.

D) Carlos atuou em estado de necessidade putativo, razão pela qual não deve responder pela morte de Leandro.

Correta: C

Comentários: *Carlos agiu em estado de necessidade, isto é, praticou o fato para salvar de perigo atual, que não provocou por sua vontade, nem podia de outro modo evitar, direito próprio ou alheio, cujo sacrifício, nas circunstâncias, não era razoável exigir-se. Trata-se de uma causa de exclusão de ilicitude. A situação de perigo pode ser em decorrência de conduta humana, fenômeno da natureza ou ataque de um animal irracional.*

Capítulo 11

Culpabilidade

A culpabilidade é a possibilidade de se considerar alguém culpado pela prática de uma infração penal. Por essa razão, costuma se definir culpabilidade como juízo de censurabilidade e reprovação exercido sobre alguém que praticou um fato típico e ilícito.

Não se trata de elemento do crime, mas pressuposto para imposição de pena. A ausência da culpabilidade não exclui o crime, mas afasta a punibilidade do autor da infração penal.

11.1. TEORIAS DA CULPABILIDADE

11.1.1. Teoria psicológica

A teoria psicológica surgiu por volta de 1900 no sistema naturalista ou causal da ação, preconizado por Von Liszt.

Culpabilidade consiste num liame psicológico que se estabelece entre a conduta e o resultado, por meio do dolo ou da culpa. A imputabilidade é tratada como pressuposto da culpabilidade.

11.1.2. Teoria psicológico-normativa

A teoria psicológico-normativa foi apresentada por Reinhard Frank, em 1907, o qual defendeu que a culpabilidade teria ainda outro pressuposto – a exigibilidade de conduta diversa.

O dolo e a culpa na culpabilidade deixam de ser suas espécies para transformarem-se nos seus elementos, juntamente com a imputabilidade e a exigibilidade da conduta diversa.

11.1.3. Teoria normativa pura

A teoria normativa pura teve Hans Welzel como principal defensor. Foi defendida pela escola finalista.

Para essa teoria, o dolo não poderia estar na culpabilidade, deixando a ação humana sem seu elemento fundamental, que é a intencionalidade. Assim, essa teoria deslocou o dolo e a culpa para o fato típico e a culpabilidade passou a ser puramente normativa, isto é, juízo de valor, sem qualquer dado psicológico. O dolo que antes era composto de consciência, vontade e consciência da ilicitude, foi transferido para o fato típico, mas passou a ser composto somente de consciência e vontade. O dolo, dessa forma, deixou de ser normativo e passou a ser natural. A consciência da ilicitude se destacou do dolo e passou a constituir elemento autônomo integrante da culpabilidade. Não mais, porém, como consciência atual, mas como possibilidade de conhecimento do injusto.

Dessa forma, a culpabilidade é pressuposto da aplicação da pena e possui os seguintes elementos: imputabilidade, potencial consciência da ilicitude e exigibilidade de conduta diversa.

11.2. IMPUTABILIDADE

Imputabilidade é o primeiro elemento da culpabilidade. É a capacidade de compreender o caráter criminoso do fato e de se orientar de acordo com esse entendimento. É a capacidade do agente de responder pelo crime que cometeu.

A imputabilidade é o conjunto de condições pessoais que confere ao sujeito ativo a capacidade de discernimento e compreensão para entender seus atos e determinar-se conforme esse entendimento. Presume-se que quem comete um fato típico e ilícito deve ser considerado imputável.

> **ATENÇÃO!**
> Imputabilidade não é sinônimo de responsabilidade. Imputabilidade é pressuposto, enquanto responsabilidade é consequência.

O Código Penal não define a imputabilidade, mas enumera as hipóteses de inimputabilidade. Assim, para saber se o agente do fato típico e ilícito é imputável, precisamos verificar se não era inimputável, com base nas normas penais permissivas exculpantes previstas nos arts. 26, 27 e 28, § 1º, todos do Código Penal.

11.2.1. Critérios para definir a inimputabilidade

Os critérios utilizados para obter a inimputabilidade são:

- **Critério biológico** – exige apenas o requisito causal para que o agente seja declarado inimputável, ou seja, o estado psíquico anormal do agente, não sendo necessário que perca efetivamente a capacidade de entender e querer, em consequência dessa causa;
- **Critério psicológico** – verifica se no momento do crime a pessoa tinha ou não capacidade de entender o que estava fazendo, não se ocupando com a existência das causas de inimputabilidade;
- **Critério biopsicológico** – verifica se o agente, em razão de sua condição mental, era, ao tempo da conduta, totalmente incapaz de entender o caráter ilícito do fato e de determinar-se de acordo com esse entendimento.

Em regra, o Brasil adotou o critério biopsicológico.

11.2.2. Espécies de inimputabilidade

11.2.2.1. Inimputabilidade por doença mental, desenvolvimento mental incompleto ou desenvolvimento mental retardado

O art. 26 do Código Penal dispõe: "É isento de pena o agente que, por doença mental ou desenvolvimento mental incompleto ou retardado, era, ao tempo da ação ou da omissão, inteiramente incapaz de entender o caráter ilícito do fato ou de determinar-se de acordo com esse entendimento."

- **Doença mental** – é a enfermidade que atinge a capacidade psíquica da pessoa, ou seja, é a perturbação mental de qualquer ordem. Exemplos: psicose, esquizofrenia, paranoia, epilepsia etc.

- **Desenvolvimento mental incompleto** – é o desenvolvimento que ainda não se concluiu. É o caso do menor de 18 anos e do silvícola inadaptado à sociedade.

- **Desenvolvimento mental retardado** – quando a idade mental é inferior à idade cronológica. É o caso dos oligofrênicos, que se classificam em débeis mentais, imbecis e idiotas, dotados de reduzidíssima capacidade mental, e dos surdos-mudos que, em consequência da anomalia, não têm qualquer capacidade de entendimento e de autodeterminação.

11.2.2.2. Inimputabilidade por menoridade

O art. 27 do Código Penal dispõe: "Os menores de 18 (dezoito) anos são penalmente inimputáveis, ficando sujeitos às normas estabelecidas na legislação especial."

O menor de 18 anos é considerado pela lei brasileira inimputável, pois tem desenvolvimento mental incompleto. Trata-se de presunção absoluta, não se admitindo prova da capacidade de entendimento ou de determinação. Adotou-se o critério biológico.

A legislação especial que regulamenta as sanções aplicáveis aos menores inimputáveis é o Estatuto da Criança e Adolescente – ECA, onde prevê a aplicação de sanções socioeducativas aos adolescentes infratores, ou seja, maiores de 12 e menores de 18 anos de idade.

11.2.2.3. Embriaguez

Embriaguez é a alteração do estado psíquico normal do agente provocada pela ingestão de álcool, indo os efeitos de uma ligeira excitação até o coma.

A embriaguez pode ser:

1) **Não acidental** – decorre da própria conduta do agente. Subdivide-se em:

    a) **voluntária ou dolosa** – o agente quer se embriagar. Pode ser:

       completa – quando retira totalmente a capacidade de entendimento e autodeterminação do agente; ou

       incompleta – quando retira parcialmente essa capacidade;

b) culposa – o agente quer ingerir a substância, mas não quer entrar em situação de embriaguez, porém ingere doses excessivas e acaba embriagando-se. Pode ser completa ou incompleta.

A embriaguez não acidental voluntária ou culposa não exclui a imputabilidade do agente. O agente tinha plena liberdade para decidir se deveria ou não ingerir a substância, portanto, se em razão de sua conduta perdeu a capacidade de avaliação, responderá pelas consequências. Trata-se da teoria da *actio libera in causa,* ou seja, o agente, ao se embriagar, sabia da possibilidade de praticar o delito e era livre para decidir. Considera-se, assim, o momento da ingestão da substância e não o momento da prática delituosa, razão pela qual o agente será responsabilizado.

2) **Acidental** – é a que deriva de caso fortuito ou força maior. O art. 28, §§ 1º e 2º, do Código Penal cuidou da embriaguez acidental completa ou incompleta. Não se aplica a teoria *actio libera in causa,* pois o agente não tinha a intenção de ingerir a substância.

A embriaguez acidental completa exclui a imputabilidade, desde que, em razão dela, o agente tenha ficado inteiramente incapaz de entender o caráter ilícito do fato ou de determinar-se de acordo com esse entendimento.

A embriaguez acidental incompleta pode reduzir a pena de 1/3 a 2/3, se o agente, ao tempo da ação ou omissão, não possuía a plena capacidade de entender o caráter ilícito do fato ou de determinar-se de acordo com esse entendimento.

3) **Patológica** – é o alcoolismo ou doença congênere, capaz de levar à inimputabilidade do agente, o qual, para fins penais, é equiparado ao doente mental.

4) **Preordenada** – é aquela em que o agente se embriaga com a intenção de cometer um crime. Esse tipo de embriaguez não exclui a culpabilidade, pelo contrário, é considerada agravante genérica, prevista no art. 61, inc. II, alínea "l", do Código Penal.

Embriaguez não acidental (voluntária ou culposa)	Art. 28, inc. II, CP – não isenta e nem diminui a pena.
Embriaguez acidental completa	Art. 28, § 1º, CP – isenta de pena.
Embriaguez acidental incompleta	Art. 28, § 2º, CP – reduz a pena.

11.2.2.3.1. Fases da embriaguez

As fases da embriaguez são:

- **Excitação** – é o estado eufórico. A pessoa perde a autocensura;
- **Depressão** – é a confusão mental. O agente começa a ficar nervoso e agressivo;
- **Sono** – o agente entra em estado de dormência profunda, perdendo o controle de suas funções fisiológicas. A pessoa só praticará o crime neste estado, se for por omissão, se estiver na condição de garante.

11.3. EMOÇÃO E PAIXÃO

- **Emoção** – é a intensa perturbação afetiva, de breve duração e, em geral, de desencadeamento imprevisto, provocada como reação afetiva a determinados acontecimentos e que acaba por predominar sobre outras atividades psíquicas. É um estado passageiro de instabilidade. A emoção não exclui o crime, mas pode funcionar como atenuante genérica prevista no art. 65, inc. III, alínea "c", do Código Penal, ou como causa de diminuição de pena – art. 121, § 1º, do Código Penal, desde que presentes outros requisitos.

- **Paixão** – é uma perturbação duradoura e crônica, que se caracteriza por uma afetividade permanente. A paixão não exclui o crime, mas pode funcionar como atenuante genérica prevista no art. 65, inc. III, alínea "c", do Código Penal, ou como causa de diminuição de pena – art. 121, § 1º, do Código Penal, desde que presentes outros requisitos.

11.4. POTENCIAL CONSCIÊNCIA DA ILICITUDE

Potencial consciência da ilicitude é o segundo elemento da culpabilidade. Significa ter condições de saber que seu comportamento é contrário ao ordenamento jurídico. É saber que o fato é antinormativo, ter a consciência de que se faz algo contrário ao sentimento de justiça da sociedade.

O agente não precisa ter conhecimento legal sobre o enquadramento jurídico de sua conduta, basta apenas que tenha condições de avaliar que seu comportamento é reprovado por lei.

Ninguém pode invocar o desconhecimento da lei como forma de defesa. O desconhecimento da lei é inescusável (art. 21 do Código Penal).

11.4.1. Erro de proibição

Erro de proibição é o erro sobre a ilicitude do fato e não sobre a lei.

O agente tem conhecimento da lei, mas se equivoca, acreditando que determinada conduta não está inserida na lei. O agente tem perfeita compreensão do fato, mas entende que este é lícito.

Ocorre quando alguém, tendo em vista, as peculiaridades do ambiente onde foi criado e onde vive, bem como as sua condições individuais, notadamente a educação e o grupo social, acredita que sua conduta é amparada pelo Direito, quando na verdade ela é reprimida. Ex.: um sitiante, rústico, vai visitar seu vizinho no hospital e se depara com um paciente muito acidentado e que nos seus delírios implora para que alguém o mate a fim de cessar o sofrimento e o sitiante atende ao pedido acreditando estar fazendo um favor.

DIFERENÇAS	
ERRO DE PROIBIÇÃO	DESCONHECIMENTO DA LEI
O agente conhece a lei, mas ignora o caráter ilícito do fato, ou seja, o conteúdo da lei. Conhece a lei, só não sabe que sua conduta se enquadra no tipo penal.	Há presunção absoluta de que uma vez publicada a lei, todos devem conhecê-la.

11.4.1.1. Espécies de erro de proibição

O erro de proibição pode ser:

- **Erro de proibição escusável** – é o erro inevitável. É aquele que até o homem médio erraria. Trata-se de uma excludente de culpabilidade, pois exclui a potencial consciência da ilicitude;
- **Erro de proibição inescusável** – é aquele que ocorreu por um descuido do agente. Se o agente tivesse tomado uma

maior cautela o erro não teria ocorrido. Não exclui a potencial consciência da ilicitude, entretanto funcionará como causa de diminuição de pena, reduzindo-a de 1/6 a 1/3.

ERRO DE PROIBIÇÃO ESCUSÁVEL	ERRO DE PROIBIÇÃO INESCUSÁVEL
Excludente de culpabilidade	Causa de diminuição de pena

ATENÇÃO!
O erro de proibição jamais exclui o dolo, pois este se trata de elemento psicológico e não normativo que se encontra no tipo.

DIFERENÇAS	
ERRO DE PROIBIÇÃO	ERRO DE TIPO
O equívoco recai sobre a ilicitude do fato.	O equívoco recai sobre as circunstâncias do fato, sobre elementos do tipo penal.
O sujeito sabe o que faz, mas entende lícito quando, na verdade, é ilícito.	O sujeito não sabe o que faz.

11.5. EXIGIBILIDADE DE CONDUTA DIVERSA

Exigibilidade de conduta diversa é o terceiro elemento da culpabilidade. É a expectativa social de que o agente tenha outro comportamento e não aquele que se efetivou.

A exigibilidade de conduta diversa pode ser excluída por duas causas: a coação moral irresistível e a obediência hierárquica, previstas no art. 22 do Código Penal.

11.5.1. Coação moral irresistível

A coação moral irresistível é a grave ameaça contra a qual o homem médio não consegue resistir. O coagido se vê diante da seguinte situação: ou pratica a conduta típica e ilícita a que está sendo coagido ou sofrerá um grave mal.

A coação moral irresistível não exclui o crime, pois permanece um resquício de vontade, mas exclui a culpabilidade. O coator é quem responde pelo crime praticado pelo coagido.

O Supremo Tribunal Federal entende que para caracterizar a excludente da coação moral irresistível é necessária sempre a presença de três pessoas: o agente, a vítima e o coator.

Na coação moral resistível há crime e o agente é culpável, havendo o reconhecimento da atenuante genérica prevista no art. 65, inc. III, alínea "c", do Código Penal. Já o coator responde pelo crime com a agravante do art. 62, inc. II, do Código Penal, bem como por constrangimento ilegal ou tortura, dependendo do caso.

11.5.2. Obediência hierárquica

Obediência hierárquica é a denominação jurídica para o vínculo de subordinação ao qual estão submetidos o superior hierárquico e o subordinado em uma organização pública. Deste vínculo decorre o poder hierárquico, por parte do superior.

O art. 22, 2ª parte, do Código Penal estabelece que se o fato é cometido em estrita obediência à ordem, não manifestamente ilegal, de superior hierárquico, só é punível o autor da ordem.

> **ATENÇÃO!**
> A obediência hierárquica não se aplica às relações de direito privado.

A ordem pode ser:

- **ordem legal** – o subordinado encontra-se no cumprimento de dever legal. Não há crime. Trata-se de excludente de ilicitude.
- **ordem ilegal** – quando o agente cumpre uma ordem ilegal dada por um superior. Pode ser:
a) **ordem manifestamente ilegal** – é aquela que a ilegalidade é visível. Quando o superior dá uma ordem que claramente é ilegal. Subordinado e superior responderão pelo crime. Não exclui a culpabilidade;
b) **ordem não manifestamente ilegal** – é aquela em que não é possível identificar se a ordem é legal ou ilegal. Neste caso, o agente deve cumpri-la em face da obediência hierárquica. Exclui a culpabilidade do subordinado e responde pelo crime apenas o superior hierárquico.

Capítulo 11

	ORDEM
LEGAL	Não há crime. Excludente de ilicitude – estrito cumprimento de dever legal.
ILEGAL	**Manifestamente ilegal** – o fato é típico, ilícito e culpável. O subordinado não fica isento de pena. **Não manifestamente ilegal** – o fato é típico e ilícito, mas o subordinado fica isento de pena.

11.6. SÍNTESE

Culpabilidade	É a possibilidade de se considerar alguém culpado pela prática de uma infração penal. Trata-se de um juízo de censurabilidade e reprovação exercido sobre alguém que praticou um fato típico e ilícito.
Teorias da culpabilidade	**1 – Teoria psicológica** – preconizada por Von Liszt. No sistema naturalista ou causal. Culpabilidade consiste num liame psicológico que se estabelece entre a conduta e o resultado, por meio do dolo ou da culpa. A imputabilidade é tratada como pressuposto da culpabilidade. **2 – Teoria psicológico-normativa** – defendida por Reinhard Frank. A culpabilidade teria ainda outro pressuposto – a exigibilidade de conduta diversa. O dolo e a culpa na culpabilidade deixam de ser suas espécies para transformarem-se nos seus elementos, juntamente com a imputabilidade e a exigibilidade da conduta diversa. **3 – Teoria normativa pura** – principal defensor Hans Welzel. Foi defendida pela escola finalista. O dolo não poderia estar na culpabilidade, deixando a ação humana sem seu elemento fundamental, que é a intencionalidade. Deslocou o dolo e a culpa para o fato típico e a culpabilidade passou a ser puramente normativa, isto é, juízo de valor, sem qualquer dado psicológico. O dolo deixou de ser normativo e passou a ser natural. A consciência da ilicitude se destacou do dolo e passou a constituir elemento autônomo integrante da culpabilidade. A culpabilidade é pressuposto da aplicação da pena e possui os seguintes elementos: imputabilidade, potencial consciência da ilicitude e exigibilidade de conduta diversa.
Imputabilidade	É a capacidade de compreender o caráter criminoso do fato e de se orientar de acordo com esse entendimento. É a capacidade do agente de responder pelo crime que cometeu.
Critérios para definir a inimputabilidade	**Critério biológico** – exige apenas o requisito causal para que o agente seja declarado inimputável, ou seja, o estado psíquico anormal do agente. **Critério psicológico** – verifica se no momento do crime a pessoa tinha ou não capacidade de entender o que estava fazendo. **Critério biopsicológico** – verifica se o agente, em razão de sua condição mental, era, ao tempo da conduta, totalmente incapaz de entender o caráter ilícito do fato e de determinar-se de acordo com esse entendimento. Foi adotado pelo Brasil.

Espécies de inimputabilidade	**1 – Inimputabilidade por doença mental, desenvolvimento mental incompleto ou desenvolvimento mental retardado** (art. 26, CP) – é isento de pena o agente que, por doença mental ou desenvolvimento mental incompleto ou retardado, era, ao tempo da ação ou da omissão, inteiramente incapaz de entender o caráter ilícito do fato ou de determinar-se de acordo com esse entendimento. *Doença mental* – é a enfermidade que atinge a capacidade psíquica da pessoa, ou seja, é a perturbação mental de qualquer ordem. *Desenvolvimento mental incompleto* – é o desenvolvimento que ainda não se concluiu. É o caso do menor de 18 anos e do silvícola inadaptado à sociedade. *Desenvolvimento mental retardado* – a idade mental é inferior à idade cronológica. Em consequência de anomalia não tem qualquer capacidade de entendimento e de autodeterminação. **2 – Inimputabilidade por menoridade** (art. 27, CP) – os menores de 18 (dezoito) anos são penalmente inimputáveis, ficando sujeitos às normas estabelecidas na legislação especial (ECA). Trata-se de presunção absoluta. Adotou-se o critério biológico. **3 – Embriaguez** – é a alteração do estado psíquico normal do agente provocada pela ingestão de álcool. A embriaguez pode ser: **a) Não acidental** – decorre da própria conduta do agente. Subdivide-se em: **1) voluntária ou dolosa** – o agente quer se embriagar. Pode ser: **completa** quando retira totalmente a capacidade de entendimento e autodeterminação do agente ou **incompleta** quando retira parcialmente essa capacidade; **2) culposa** – o agente quer ingerir a substância, mas não quer entrar em situação de embriaguez, porém ingere doses excessivas e acaba embriagando-se. Pode ser completa ou incompleta. A *embriaguez não acidental voluntária ou culposa* não exclui a imputabilidade do agente. Trata-se da teoria da *actio libera in causa*, ou seja, o agente, ao se embriagar, sabia da possibilidade de praticar o delito e era livre para decidir. Considera-se, assim, o momento da ingestão da substância e não o momento da prática delituosa, razão pela qual o agente será responsabilizado. **b) Acidental** – é a que deriva de caso fortuito ou força maior. O art. 28, §§ 1º e 2º, do Código Penal cuidou da embriaguez acidental completa ou incompleta. Não se aplica a teoria *actio libera in causa*, pois o agente não tinha a intenção de ingerir a substância. A *embriaguez acidental completa* exclui a imputabilidade, desde que, em razão dela, o agente tenha ficado inteiramente incapaz de entender o caráter ilícito do fato ou de determinar-se de acordo com esse entendimento. A *embriaguez acidental incompleta* pode reduzir a pena de 1/3 a 2/3, se o agente, ao tempo da ação ou omissão, não possuía a plena capacidade de entender o caráter ilícito do fato ou de determinar-se de acordo com esse entendimento. **c) Patológica** – é o alcoolismo ou doença congênere, capaz de levar a inimputabilidade do agente. **4) Preordenada** – é aquela em que o agente se embriaga com a intenção de cometer um crime. É considerada agravante genérica (art. 61, II, "l", CP).

Capítulo 11

Emoção	É a intensa perturbação afetiva, de breve duração e, em geral, de desencadeamento imprevisto, provocada como reação afetiva a determinados acontecimentos e que acaba por predominar sobre outras atividades psíquicas. É um estado passageiro de instabilidade. Não exclui o crime, mas pode funcionar como atenuante genérica (art. 65, III, "c", CP), ou como causa de diminuição de pena (art. 121, § 1º, CP), desde que presentes outros requisitos.
Paixão	É uma perturbação duradoura e crônica, que se caracteriza por uma afetividade permanente. Não exclui o crime, mas pode funcionar como atenuante genérica (art. 65, III, "c", CP), ou como causa de diminuição de pena (art. 121, § 1º, CP), desde que presentes outros requisitos.
Potencial consciência da ilicitude	Significa ter condições de saber que seu comportamento é contrário ao ordenamento jurídico. Ter a consciência de que se faz algo contrário ao sentimento de justiça da sociedade. Ninguém pode invocar o desconhecimento da lei como forma de defesa.
Erro de proibição	É o erro sobre a ilicitude do fato e não sobre a lei. O agente tem conhecimento da lei, mas se equivoca, acreditando que determinada conduta não está inserida na lei. O agente tem perfeita compreensão do fato, mas entende que este é lícito.
Espécies de erro de proibição	**Erro de proibição escusável** – é o erro inevitável. É aquele que em até o homem médio erraria. Trata-se de uma excludente de culpabilidade, pois exclui a potencial consciência da ilicitude. **Erro de proibição inescusável** – é aquele que ocorreu por um descuido do agente. Se o agente tivesse tomado uma maior cautela o erro não teria ocorrido. Não exclui a potencial consciência da ilicitude, entretanto funcionará como causa de diminuição de pena, reduzindo-a de 1/6 a 1/3.
Exigibilidade de conduta diversa	É a expectativa social de que o agente tenha outro comportamento e não aquele que se efetivou. Pode ser excluída por: a) **coação moral irresistível** – é a grave ameaça contra a qual o homem médio não consegue resistir. Ou o coagido pratica a conduta típica e ilícita que está sendo coagido ou sofrerá um grave mal. Não exclui o crime, mas exclui a culpabilidade. Na **coação moral resistível** há crime e o agente é culpável, havendo o reconhecimento da atenuante (art. 65, III, "c", CP). b) **obediência hierárquica** – é o vínculo de subordinação ao qual estão submetidos o superior **hierárquico** e o subordinado em uma organização pública. Deste vínculo decorre o poder hierárquico, por parte do superior. A ordem pode ser: 1) **ordem legal** – o subordinado encontra-se no cumprimento de dever legal. Não há crime. Trata-se de excludente de ilicitude; 2) **ordem ilegal** – quando o agente cumpre uma ordem ilegal dada por um superior; Pode ser: a) **ordem manifestamente ilegal** – é aquela que a ilegalidade é visível. Subordinado e superior responderão pelo crime. Não exclui a culpabilidade; b) **ordem não manifestamente ilegal** – é aquela em que não é possível identificar se a ordem é legal ou ilegal. Neste caso, o agente deve cumpri-la em face da obediência hierárquica. Exclui a culpabilidade do subordinado e responde pelo crime apenas o superior hierárquico.

11.7. QUESTÕES DE PROVA

1 – (XIV-Exame de Ordem Unificado – OAB/2014) – Eslow, holandês e usuário de maconha, que nunca antes havia feito uma viagem internacional, veio ao Brasil para a Copa do Mundo. Assistindo ao jogo Holanda X Brasil decidiu, diante da tensão, fumar um cigarro de maconha nas arquibancadas do estádio. Imediatamente, os policiais militares de plantão o prenderam e o conduziram à Delegacia de Polícia. Diante do Delegado de Polícia, Eslow, completamente assustado, afirma que não sabia que no Brasil a utilização de pequena quantidade de maconha era proibida, pois, no seu país, é um hábito assistir a jogos de futebol fumando maconha.

Sobre a hipótese apresentada, assinale a opção que apresenta a principal tese defensiva.

A) Eslow está em erro de tipo essencial, razão pela qual deve ser absolvido.

B) Eslow está em erro de proibição direto inevitável, razão pela qual deve ser isento de pena.

C) Eslow está em erro de tipo permissivo escusável, razão pela qual deve ser punido pelo crime culposo.

D) Eslow está em erro de proibição, que importa em crime impossível, razão pela qual deve ser absolvido.

Correta: B

Comentários: *Erro de proibição é o erro sobre a ilicitude do fato, e não sobre a lei. O agente tem conhecimento da lei, mas se equivoca, acreditando que determinada conduta não está inserida na lei. O agente tem perfeita compreensão do fato, mas entende que este é lícito. O erro de proibição inevitável é aquele em que até o homem médio erraria. Exclui a potencial consciência da ilicitude e consequentemente a culpabilidade.*

2 – (IX – Exame de Ordem Unificado – OAB/2012) – Jaime, brasileiro, passou a morar em um país estrangeiro no ano de 1999. Assim como seu falecido pai, Jaime tinha por hábito sempre levar consigo acessórios de arma de fogo, o que não era proibido, levando-se em conta a legislação vigente à época, a saber, a Lei nº 9.437/97.

Capítulo 11

Tal hábito foi mantido no país estrangeiro que, em sua legislação, não vedava a conduta. Todavia, em 2012, Jaime resolve vir de férias ao Brasil. Além de matar a saudade dos familiares, Jaime também queria apresentar o país aos seus dois filhos, ambos nascidos no estrangeiro. Ocorre que, dois dias após sua chegada, Jaime foi preso em flagrante por portar ilegalmente acessório de arma de fogo, conduta descrita no art. 14 da Lei nº 10.826/2003, *verbis:* "Portar, deter, adquirir, fornecer, receber, ter em depósito, transportar, ceder, ainda que gratuitamente, emprestar, remeter, empregar, manter sob guarda ou ocultar arma de fogo, acessório ou munição, de uso permitido, sem autorização e em desacordo com determinação legal ou regulamentar".

Nesse sentido, podemos afirmar que Jaime agiu em hipótese de:

A) erro de proibição direto;

B) erro de tipo essencial;

C) erro de tipo acidental;

D) erro sobre as descriminantes putativas.

Correta: A

Comentários: *A questão traz a hipótese de erro de proibição que é o erro sobre a ilicitude do fato, e não sobre a lei. O agente tem conhecimento da lei, mas se equivoca, acreditando que determinada conduta não está inserida na lei. O agente tem perfeita compreensão do fato, mas entende que este é lícito. Ocorre quando alguém, tendo em vista as peculiaridades do ambiente onde foi criado e onde vive, bem como as suas condições individuais, notadamente a educação e o grupo social, acredita que sua conduta é amparada pelo Direito, quando na verdade ela é reprimida.*

3 – (XI – Exame de Ordem Unificado – OAB/2013) – Para aferição da inimputabilidade por doença mental ou desenvolvimento mental incompleto ou retardado, assinale a alternativa que indica o critério adotado pelo Código Penal vigente.

A) Biológico.

B) Psicológico.

C) Psiquiátrico.

D) Biopsicológico.

Correta: D

Comentários: *O Código Penal não define a imputabilidade, mas enumera as hipóteses de inimputabilidade. Assim, para saber se o agente do fato típico e ilícito é imputável, precisamos verificar se não era inimputável, com base nas normas penais permissivas exculpantes previstas nos arts. 26, 27 e 28, § 1º, todos do Código Penal. Os critérios utilizados para obter a inimputabilidade são: **a)** critério biológico – exige apenas o requisito causal para que o agente seja declarado inimputável, ou seja, o estado psíquico anormal do agente, não sendo necessário que perca efetivamente a capacidade de entender e querer, em consequência dessa causa; **b)** critério psicológico – verifica se no momento do crime a pessoa tinha ou não capacidade de entender o que estava fazendo, não se ocupando com a existência das causas de inimputabilidade; **c)** critério biopsicológico – verifica se o agente, em razão de sua condição mental, era, ao tempo da conduta, totalmente incapaz de entender o caráter ilícito do fato e de determinar-se de acordo com esse entendimento. Em regra, o Brasil adotou o critério biopsicológico.*

4 – (Delegado de Polícia do Estado de São Paulo – 2014) – A tese supralegal de inexigibilidade de conduta diversa, se acolhida judicialmente, importa em exclusão:

A) da imputabilidade;

B) da pena;

C) de punibilidade;

D) do crime;

E) de culpabilidade.

Correta: E

Comentários: *A culpabilidade é pressuposto da aplicação da pena e possui os seguintes elementos: **a)** imputabilidade; **b)** potencial consciência da ilicitude; **c)** exigibilidade de conduta diversa. A ausência de um desses elementos é causa de exclusão de culpabilidade.*

5 – (Ministério Público do Estado do Mato Grosso/2014) – Em tema de culpabilidade, assinale a assertiva INCORRETA.

A) O sistema clássico conceitua a culpabilidade como o vínculo psicológico que une o autor ao fato.

B) Para o sistema funcionalista, a noção de culpabilidade deve ser expandida para uma ideia de responsabilidade.

C) A controvertida teoria da coculpabilidade é reconhecida no ordenamento posto como atenuante genérica em favor do réu.

D) São causas de inexigibilidade de conduta diversa: a coação moral irresistível e a obediência hierárquica.

E) Quanto à imputabilidade penal, o Código Penal brasileiro adotou o sistema do duplo binário para o agente imputável.

Correta: E

Comentários: *O Código Penal não define imputabilidade, mas apresenta as hipóteses de inimputabilidade. Para tanto, se vale dos critérios: biológico (exige apenas o requisito causal para que o agente seja declarado inimputável, ou seja, o estado psíquico anormal do agente, não sendo necessário que perca efetivamente a capacidade de entender e querer); psicológico (verifica se no momento do crime a pessoa tinha ou não capacidade de entender o que estava fazendo, não se ocupando com a existência das causas de inimputabilidade) e biopsicológico (verifica se o agente, em razão de sua condição mental, era, ao tempo da conduta, totalmente incapaz de entender o caráter ilícito do fato e de determinar-se de acordo com esse entendimento). Este foi o critério adotado pelo Brasil.*

6 – (XVII – Exame de Ordem Unificado – OAB/2015) – Durante um assalto a uma instituição bancária, Antônio e Francisco, gerentes do estabelecimento, são feitos reféns. Tendo ciência da condição deles de gerentes e da necessidade que suas digitais fossem inseridas em determinado sistema para abertura do cofre, os criminosos colocam, à força, o dedo de Antônio no local necessário, abrindo, com isso, o cofre e subtraindo determinada quantia em dinheiro. Além disso, sob a ameaça de morte da esposa de Francisco, exigem que este saia do

banco, levando a sacola de dinheiro juntamente com eles, enquanto apontam uma arma de fogo para os policiais que tentavam efetuar a prisão dos agentes.

Analisando as condutas de Antônio e Francisco, com base no conceito tripartido de crime, é correto afirmar que:

A) Antônio não responderá pelo crime por ausência de tipicidade, enquanto Francisco não responderá por ausência de ilicitude em sua conduta;

B) Antônio não responderá pelo crime por ausência de ilicitude, enquanto Francisco não responderá por ausência de culpabilidade em sua conduta;

C) Antônio não responderá pelo crime por ausência de tipicidade, enquanto Francisco não responderá por ausência de culpabilidade em sua conduta;

D) Ambos não responderão pelo crime por ausência de culpabilidade em suas condutas.

Correta: C

Comentários: *Antônio agiu sob uma coação física, a qual eliminou sua vontade e não possuía liberdade de agir. O ato foi realizado pela vontade exclusiva do coator. Logo, Antônio não responderá pelo crime por ausência de tipicidade. Francisco agiu sob a força de uma coação moral irresistível, isto é, a grave ameaça contra a qual o homem médio não consegue resistir. Francisco ficou diante da seguinte situação: ou pratica a conduta típica e ilícita a que está sendo coagido ou sofrerá um grave mal. A coação moral irresistível não exclui o crime, pois permanece um resquício de vontade, mas exclui a culpabilidade.*

7 – (XVI – Exame de Ordem Unificado – OAB/2015) – Patrício e Luiz estavam em um bar, quando o primeiro mediante ameaça de arma de fogo, obriga o último a beber dois copos de tequila. Luiz ficou inteiramente embriagado. A dupla, então, deixou o local, sendo que Patrício conduzia Luiz, que caminhava com muitas dificuldades. Ao encontrarem Juliana, que caminhava sozinha pela calçada, Patrício e Luiz, se utilizando da arma que era portada pelo primeiro,

Capítulo 11

constrangeram-na a com eles praticar sexo oral, sendo flagrados por populares que passavam ocasionalmente pelo local, ocorrendo a prisão em flagrante. Denunciados pelo crime de estupro, no curso da instrução, mediante perícia, restou constatado que Patrício era possuidor de doença mental grave e que, quando da prática do fato, era inteiramente incapaz de entender o caráter ilícito do seu comportamento, situação, aliás, que permanece até o momento do julgamento. Também ficou demonstrado que, no momento do crime, Luiz estava completamente embriagado. O Ministério Público requereu a condenação dos acusados.

Não havendo dúvida com relação ao injusto, tecnicamente, a defesa técnica dos acusados deverá requerer, nas alegações finais:

A) a absolvição dos acusados por força da inimputabilidade, aplicando, porém, medida de segurança para ambos;

B) a absolvição de Luiz por ausência de culpabilidade em razão da embriaguez culposa e a absolvição imprópria de Patrício, com aplicação, para este, de medida de segurança;

C) a absolvição de Luiz por ausência de culpabilidade em razão a embriaguez completa decorrente de força maior e a absolvição imprópria de Patrício, com aplicação, para este, de medida de segurança;

D) a absolvição imprópria de Patrício, com a aplicação de medida de segurança, e a condenação de Luiz na pena mínima, porque a embriaguez nunca exclui a culpabilidade.

Correta: C

Comentários: *Luiz deve ser absolvido em decorrência de ausência de culpabilidade, pois a embriaguez acidental completa (por força maior) exclui a imputabilidade, desde que, em razão dela, o agente tenha ficado inteiramente incapaz de entender o caráter ilícito do fato ou de determinar-se de acordo com esse entendimento. Deve ser pleiteada a absolvição imprópria, com aplicação de medida de segurança a Patrício, possuidor de doença mental grave, o que o tornou inteiramente incapaz de entender o caráter ilícito do seu comportamento.*

8 – (Magistratura do Estado de São Paulo/2011) – Analise as proposições seguintes.

I – O erro sobre elemento constitutivo do tipo legal de crime exclui o dolo, mas não permite a punição por crime culposo, ainda que previsto em lei.

II – Responde pelo crime o terceiro que determina o erro.

III – O desconhecimento da lei é inescusável, mas o erro sobre a ilicitude do fato, se inevitável, poderá diminuir a pena de um sexto a um terço.

IV – O desconhecimento da lei é considerado circunstância atenuante.

V – Se o fato é cometido sob coação irresistível, só é punível o autor da coação.

Assinale as proposições corretas.

A) I, II e V, apenas.
B) II, III e IV, apenas.
C) II, IV e V, apenas.
D) I, II e III, apenas.
E) II, III e V, apenas.

Correta: C

Comentários: *O terceiro que determina o erro responderá pelo crime. O art. 65, inc. II, do Código Penal prevê o desconhecimento da lei como uma circunstância atenuante. A coação moral irresistível é a grave ameaça contra a qual o homem médio não consegue resistir. O coagido se vê diante da seguinte situação: ou pratica a conduta típica e ilícita a que está sendo coagido ou sofrerá um grave mal. A coação moral irresistível não exclui o crime, pois permanece um resquício de vontade, mas exclui a culpabilidade. O coator é quem responde pelo crime praticado pelo coagido.*

Capítulo 11

9 – (Defensoria Pública do Estado de São Paulo/2013) – O conceito de periculosidade:

A) representa uma manifestação do chamado direito penal do fato;

B) teve seu desenvolvimento e legitimação no sistema penal a partir da teoria do *labelling approach* ou paradigma da reação social;

C) é exigência legal e necessária para a análise da progressão de regime de cumprimento de pena, uma vez que a pessoa perigosa pode representar grave risco à ordem social;

D) é incompatível com o conceito normativo de culpabilidade adotado pelo Código Penal brasileiro;

E) deve ser observado nas três fases de aplicação da pena, uma vez que o agente que represente maior risco de reincidência deve ter a pena majorada.

Correta: D

Comentários: *Periculosidade está diretamente ligada à medida de segurança e não à culpabilidade. A teoria normativa pura teve Hans Welzel como principal defensor e foi defendida pela escola finalista. Para essa teoria, o dolo não poderia estar na culpabilidade, deixando a ação humana sem seu elemento fundamental, que é a intencionalidade. Assim, essa teoria deslocou o dolo e a culpa para o fato típico e a culpabilidade passou a ser puramente normativa, isto é, juízo de valor, sem qualquer dado psicológico. O dolo que antes era composto de consciência, vontade e consciência da ilicitude, foi transferido para o fato típico, mas passou a ser composto somente de consciência e vontade. O dolo, dessa forma, deixou de ser normativo e passou a ser natural. A consciência da ilicitude se destacou do dolo e passou a constituir elemento autônomo integrante da culpabilidade. Não mais, porém, como consciência atual, mas como possibilidade de conhecimento do injusto. Dessa forma, a culpabilidade é pressuposto da aplicação da pena e possui os seguintes elementos: imputabilidade, potencial consciência da ilicitude e exigibilidade de conduta diversa.*

Capítulo 12

Concurso de Agentes

O art. 29 do Código Penal dispõe: "Quem, de qualquer modo, concorre para o crime incide nas penas a este cominadas, na medida de sua culpabilidade".

Concurso de agentes consiste na reunião de vários agentes concorrendo, de forma relevante, para a realização do mesmo evento, agindo todos com identidade de propósitos.[1]

O crime pode ser praticado por uma ou mais pessoas. Quando o crime é realizado por duas ou mais pessoas estaremos diante de concurso de agentes ou concurso de pessoas ou concurso de delinquentes. Tais crimes poderão ser:

a) **monossubjetivos ou concurso eventual** – são aqueles que podem ser cometidos por uma ou várias pessoas;

b) **plurissubjetivos ou concurso necessário** – são aqueles que só podem ser cometidos por uma pluralidade de agentes.

12.1. ESPÉCIES DE CONCURSO DE AGENTES

Concurso de agentes pode ser:

- **Necessário** – refere-se aos crimes que exigem o concurso de pelo menos duas pessoas. Tais crimes são conhecidos como plurissubjetivos.

- **Eventual** – refere-se aos crimes que podem ser praticados por uma ou várias pessoas. Tais crimes são conhecidos como monossubjetivos.

---

[1] CUNHA, Rogério Sanches. *Manual de direito penal – parte geral*, p. 343.

12.2. FORMAS DE CONCURSO DE AGENTES

Concurso de agentes pode se dar através de:

- **Coautoria** – quando duas ou mais pessoas, conjuntamente, realizam a conduta típica;
- **Participação** – quando o agente não realiza qualquer das condutas típicas, mas de alguma outra maneira concorre para o crime. O partícipe realiza sempre condutas secundárias, ou seja, não pode realizar diretamente ato do procedimento típico e nem ter o domínio final da conduta.

O art. 31 do Código Penal dispõe: "O ajuste, a determinação ou instigação e o auxílio, salvo disposição expressa em contrário, não são puníveis, se o crime não chega, pelo menos, a ser tentado". Trata-se de **participação impunível**. Quando uma pessoa estimula outra a praticar um delito, mas esta nem sequer chega a iniciar sua execução. O fato será atípico para ambas.

> **ATENÇÃO!**
> Cúmplice é o partícipe que concorre para o crime por meio de auxílio.

12.3. TEORIAS QUANTO À NATUREZA DO CONCURSO DE AGENTES

Na doutrina encontramos três teorias:

- **Teoria unitária ou monista** – todos que concorreram para a prática do crime cometem o mesmo crime, ou seja, os coautores ou os partícipes respondem por um único crime. Entretanto, há uma exceção prevista no art. 29, § 2º, do Código Penal: "Se algum dos concorrentes quis participar de crime menos grave, ser-lhe-á aplicada a pena deste". Essa pena será aumentada até metade, na hipótese de ter sido previsível o resultado mais grave;
- **Teoria dualista** – autor ou coautor praticam um crime e o partícipe outro crime, ou seja, coautores respondem por um crime e os partícipes por outro;

- **Teoria pluralista** – cada participante pratica um crime. Cada partícipe será punido por um crime diferente.

A teoria adotada pelo Código Penal é a unitária ou monista.

12.3.1. Exceções à teoria monista

O Código Penal apresenta algumas exceções à teoria monista, a saber:

a) **Cooperação dolosamente distinta prevista no art. 29, § 1º** – quando algum dos concorrentes quis participar de crime menos grave, ser-lhe-á aplicada a pena deste. Ex.: quando duas pessoas combinam a prática de um delito e durante a sua execução, um deles resolve realizar outro mais grave, sem anuência ou contribuição da outra pessoa, ou seja, acordaram em agredir um indivíduo e na execução, um deles resolve matar a vítima, sem a participação ou anuência do outro. Responderá pelo crime de lesões corporais aquele que desejava o resultado menos grave. A pena será aumentada de 1/2, se o resultado mais grave era previsível;

b) **No caso de aborto** – a gestante que consente com a prática de aborto responderá pelo delito previsto no art. 124 do Código Penal, enquanto aquele que praticar as manobras abortivas será responsabilizado pelo delito previsto no art. 126 do Código Penal;

c) **No caso de corrupção** – o particular que oferece vantagem indevida ao funcionário público para que retarde ato de ofício, pratica corrupção ativa – art. 333 do Código Penal, enquanto, o funcionário público que aceita a promessa da vantagem indevida comete corrupção passiva – art. 317 do Código Penal.

12.4. REQUISITOS DO CONCURSO DE AGENTES

Os requisitos para a existência do concurso de agentes são:

a) **Pluralidade de agentes e de condutas** – só pode se falar em concurso de agentes se presente este requisito. A existência de duas ou mais pessoas que praticam condutas relevantes.

Os agentes contribuem de alguma forma para a cadeia causal e com isso todos devem ser responsabilizados pelo crime;

b) **Relevância causal das condutas** – todas as condutas devem ter concorrido para a produção do resultado. Cada conduta praticada deve ter relevância causal;

> **ATENÇÃO!**
> A contribuição para o crime deve ocorrer antes da sua consumação. Após, poderá configurar crime autônomo.

c) **Liame subjetivo entre os agentes** – vontade de contribuir para o crime, ou seja, deve haver unidade de desígnios. Não se exige prévio acordo de vontades, mas apenas que uma vontade adira à outra;

d) **Identidade de crime para todos os envolvidos** – presente o requisito de liame subjetivo, todos os envolvidos devem responder pelo mesmo crime, salvo as exceções expressas em lei.

12.5. AUTORIA

Autor, em princípio, é o sujeito que executa a conduta expressa pelo verbo típico da figura delitiva.

Na doutrina encontramos três teorias:

- **Teoria restritiva** – defende que autor é somente aquele que realiza o núcleo da figura típica, ou seja, é aquele que pratica o verbo do tipo. Haverá coautoria quando dois ou mais agentes, em conjunto, realizarem o verbo do tipo. Partícipe é aquele que, sem realizar o núcleo da ação típica, concorre de qualquer forma para a execução do delito.
- **Teoria extensiva** – defende que não existe distinção entre coautor e partícipe. Logo, todos são chamados de coautores, realizem o verbo ou concorram para a execução do delito.
- **Teoria do domínio do fato** – defende que autores de um crime são todos os agentes que, mesmo sem praticar o verbo, concorrem para a produção final do resultado, tendo o domínio

completo de todas as ações até o momento consumativo. O que importa não é se o agente pratica ou não o verbo, mas se detém o controle dos fatos, podendo decidir sobre sua prática, interrupção e circunstâncias, do início da execução até a produção do resultado.

Hans Welzel afirma "não é autor de uma ação dolosa quem somente causa um resultado, mas quem tenha o domínio consciente do fato dirigido para o fim".[2]

O mandante, para a teoria do domínio do fato, pode ser considerado autor, enquanto na teoria restritiva será partícipe, pois não realiza ato de execução.

Algumas ideias da teoria do domínio do fato foram inseridas no art. 2º, § 3º, da Lei nº 12.850/2013 – Lei da Organização Criminosa, que dispõe: "A pena é agravada para quem exerce o comando, individual ou coletivo, da organização criminosa, ainda que não pratique pessoalmente atos de execução."

O Código Penal adotou a teoria restritiva.

12.5.1. Espécies de autoria

- **Autoria colateral** – É quando dois ou mais agentes procuram causar o mesmo resultado ilícito, sem que haja cooperação entre eles, agindo cada um por conta própria. Isto é, quando duas ou mais pessoas realizam simultaneamente uma conduta sem que exista entre elas liame subjetivo. Ex.: "A" e "B", ambos de tocaia, sem saber um do outro, atiram em "C" para matá-lo, acertam o alvo, vindo "C" a falecer. A solução quanto à responsabilidade do evento dependerá da conclusão da perícia, a saber:

    a) se a morte ocorreu pela soma dos ferimentos causados pelos tiros de "A" e "B", responderão por homicídio consumado;

    b) se a morte ocorreu tão somente pelo tiro de "A", este responderá por homicídio consumado e "B" por homicídio tentado;

---
2 WELZEL, Hans. *Derecho penal. Parte general*, p. 125.

c) se ficar demonstrado que "C" já estava morto pelo tiro de "A", quando o tiro de "B" o atingiu, responderá somente "A" por homicídio consumado, limitando a ocorrência de crime impossível em relação a "B".

- **Autoria incerta** – ocorre quando, na autoria colateral, não se consegue apurar qual dos envolvidos provocou o resultado. Ex.: "A" e "B" querem matar "C". Um não sabe da intenção do outro. Ambos disparam contra "C", que morre em decorrência de um único disparo, porém não foi possível identificar de quem partiu o tiro letal. Não há resposta totalmente correta em razão de não haver previsão legal a respeito, mas a única solução possível e aceita pela doutrina é a de que ambos devem responder por homicídio tentado.

- **Autoria mediata** – o agente que, sem realizar diretamente a conduta descrita no tipo penal, comete o fato típico por ato de outra pessoa, utilizada como seu instrumento.[3] O agente serve-se de pessoa sem discernimento para executar para ele o delito. O executor é usado como mero instrumento por atuar sem vontade ou sem consciência do que está fazendo e, por isso, só responde pelo crime o autor mediato. Não há concurso de pessoas entre o executor e o autor mediato. Ex.: o traficante que pede a uma criança para que ela venda a droga. A autoria mediata pode resultar de:

    a) inimputabilidade penal (art. 62, inc. III, do Código Penal);

    b) erro de tipo escusável provocado por terceiro (art. 20, § 2º, do Código Penal);

    c) coação moral irresistível (art. 22 do Código Penal);

    d) obediência hierárquica (art. 22 do Código Penal);

    e) erro de proibição escusável provocado por terceiro (art. 21, *caput*, do Código Penal).

> **ATENÇÃO!**
> Não é possível autoria mediata em crimes culposos, pois nestes o resultado é involuntário.

---
3 CUNHA, Rogério Sanches. *Manual de direito penal*, p. 350.

- **Autoria imediata** – ocorre quando o próprio agente executa o fato, ou seja, realiza pessoalmente os elementos do tipo penal, sem a necessidade de se servir de outra pessoa para a execução.[4]
- **Autoria de escritório** – quando alguém cumpre ordens de grupo criminoso organizado, ou seja, organização criminosa. É uma espécie de autoria mediata especial. O autor, que exerce função de comando dentro da organização, dá a ordem para outro indivíduo subalterno praticar a ação delituosa.
- **Autoria desconhecida ou ignorada** – ocorre quando não se sabe quem foi o realizador da conduta.
- **Autoria de reserva** – o agente, durante a execução do delito, permanece em observação e aguarda a necessidade de sua atuação. Ex.: durante o roubo, o agente aguarda próximo ao local dos fatos para uma possível atuação, caso a vítima venha a resistir à ação delituosa.

12.6. PARTICIPAÇÃO

Participação é a realização de atos que de alguma maneira contribuem para o delito, mas sem ingressar na ação nuclear do tipo penal. Tem relação com aquele que não pratica ação nuclear típica, mas de alguma forma, concorre para o crime, de maneira intencional.

A participação pode ser:
- **moral** – quando realizada por induzimento ou instigação. *No induzimento* o agente faz nascer a ideia do crime na mente do sujeito. Ocorre na fase de cogitação. *Na instigação*, o agente reforça a ideia do crime já existente no sujeito, estimulando-o à prática delituosa. Já a instigação pode ocorrer na fase de cogitação, nos atos preparatórios e até durante a execução.
- **material** – o agente auxilia na prática do delito, de forma secundária. O auxílio pode ocorrer durante os atos preparatórios ou executórios.

---
4 SALIM, Alexandre; AZEVEDO, Marcelo André de. *Direito penal – parte geral*, p. 330.

> **ATENÇÃO!**
> A participação é conduta acessória, que depende, para ter relevância, da conduta principal.

A natureza jurídica da participação é de adequação típica de subordinação mediata ou indireta. Trata-se de hipótese de tipicidade mediata ou indireta, pois a conduta, inicialmente, do partícipe é atípica, por não se subsumir a qualquer tipo penal, mas aplicando-se a norma de ampliação espacial e pessoal do tipo penal, o fato passa a abranger a sua conduta, tornando-a típica.

12.6.1. Teorias da participação

- **Teoria da acessoriedade mínima** – o partícipe será punido se o autor praticar um fato típico, independentemente da antijuridicidade do fato e da culpabilidade e punibilidade do agente. Basta que o autor pratique um fato típico, para que a participação seja punível.

- **Teoria da acessoriedade limitada** – o partícipe será punido se o autor praticar um fato típico e ilícito, independentemente da culpabilidade e punibilidade do autor.

- **Teoria da acessoriedade máxima** – o partícipe será punido se o autor praticar um fato típico, ilícito e culpável, independentemente da efetiva punibilidade do autor.

- **Teoria da hiperacessoriedade** – o partícipe será punido se o autor praticar fato típico, ilícito e culpável. O partícipe responderá ainda pelas agravantes e atenuantes de caráter pessoal relativas ao autor principal.

O Código Penal adotou a teoria da acessoriedade limitada.

Trata-se de comportamento acessório e não há correspondência entre a conduta do partícipe e as elementares do tipo, sendo necessária uma norma de extensão que leve a participação até o tipo incriminador. Nesse caso teremos que aplicar a regra prevista no art. 29 do Código Penal.

12.6.2. Tipos de participação

- **Participação em cadeia** – é aquela que ocorre quando uma pessoa induz ou instiga outra a induzir, instigar ou auxiliar terceiro a praticar um delito. Ex.: "A" induz "B" a que este auxilie "C" na prática de um homicídio.

- **Participação sucessiva** – é aquela que ocorre quando o mesmo agente é instigado, induzido ou auxiliado por outras pessoas, sem que estas tomem conhecimento umas das outras, a praticar um delito. Não há vínculo subjetivo entre elas.

- **Participação negativa** – também é conhecida por conivência. É aquela em que o agente não tem qualquer vínculo com a conduta criminosa, nem tampouco tinha obrigação de impedir o resultado.

- **Participação por omissão** – é aquela que ocorre quando o sujeito que tem o dever jurídico de impedir o resultado se omite (art. 13, § 2º, do Código Penal). A omissão torna-se uma forma de praticar o crime. A vontade do sujeito, que tem o dever jurídico de impedir o resultado, adere à vontade dos agentes do crime.

- **Participação impunível** – é aquela que ocorre quando o crime não chega a ingressar na fase executória, e a participação resta impune. Tem previsão no art. 31 do Código Penal.

- **Participação de menor importância** – é aquela em que a conduta contribui para o resultado, mas de maneira menos enfática, motivo pelo qual deve ser punida com menor rigor. Está prevista no art. 29, § 1º, do Código Penal – se a participação for de menor importância, a pena pode ser diminuída de um sexto a um terço.

PRINCIPAIS DIFERENÇAS	
AUTOR MEDIATO	**PARTÍCIPE**
Pratica o núcleo do tipo penal.	Não pratica o núcleo do tipo penal.
Sua conduta é principal.	Sua conduta é acessória.
Possui o domínio do fato, ou seja, o controle da situação.	Não possui o domínio do fato.

12.7. COMUNICABILIDADE E INCOMUNICABILIDADE DE ELEMENTARES E CIRCUNSTÂNCIAS

O art. 30 do Código Penal dispõe: "Não se comunicam as circunstâncias e as condições de caráter pessoal, salvo quando elementares do crime".

Logo, as circunstâncias pessoais somente se comunicam ao coautor ou partícipe quando não forem circunstâncias, mas elementares.

A incomunicabilidade recai sobre as circunstâncias, isto é, todos os dados acessórios que, agregados à figura típica, têm o condão de influir na fixação da pena. Ex.: agravantes e atenuantes genéricas, causas de aumento e diminuição da pena.

As circunstâncias podem ser:

a) **objetivas** – são aquelas ligadas a aspectos objetivos do delito. Ex.: meio e modo de execução, lugar e momento do crime;

b) **subjetivas** – são aquelas que se referem ao agente e não ao fato, como a reincidência, os motivos que levaram o sujeito a cometer o crime, parentesco com a vítima.

Já a comunicabilidade ocorre nas elementares, isto é, os componentes essenciais da figura típica, sem as quais o delito não existe. Ex.: no crime de homicídio a elementar é matar alguém.

12.7.1. Hipóteses de comunicabilidade

Podemos considerar três hipóteses, a saber:

a) as elementares, sejam elas subjetivas ou objetivas, comunicam-se aos partícipes. Ex.: se um funcionário público comete um crime de peculato em concurso com quem não é funcionário, ambos respondem pelo peculato, uma vez que ser funcionário público é elementar do crime;

b) as circunstâncias objetivas, ou seja, de caráter material comunicam-se aos partícipes ou coautores desde que estes conheçam tais circunstâncias ou condições. Ex.: se duas pessoas praticam um crime com emprego de arma de fogo, será reconhecida para ambas a agravante genérica do art. 61, inc. II, alínea "d", do Código Penal;

c) as circunstâncias subjetivas, ou seja, de caráter pessoal não se comunicam aos partícipes. Ex.: se duas pessoas matam a vítima e apenas uma delas agiu sob o domínio de violenta emoção, somente para esta será aplicado o privilégio descrito no art. 121, § 1º, do Código Penal – homicídio privilegiado.

12.8. QUESTÕES ESPECÍFICAS DE CONCURSO DE PESSOAS

12.8.1. Concurso de pessoas em crime omissivo impróprio

A coautoria no crime omissivo impróprio, para a doutrina majoritária, não é cabível, pois se os agentes tiverem o dever jurídico de agir cometerão isoladamente o crime, ou seja, cada um será autor de seu crime.

É admitida a participação moral no crime omissivo impróprio.

12.8.2. Concurso de pessoas em crime culposo

A coautoria, no crime culposo, para a doutrina majoritária, é cabível, pois a culpa é observada na conduta, ou seja, falta do dever de cuidado. Aqueles que não observam o cuidado objetivo necessário serão coautores.

A participação, no crime culposo, para a doutrina majoritária, não é admitida, pois aqueles que não observam o devido cuidado necessário serão coautores e não partícipes.

> **ATENÇÃO!**
> Aquele que instiga alguém a dirigir em excesso de velocidade não é partícipe, mas sim coautor, por ser autor de uma imprudência.

12.8.3. Concurso de pessoas em crime próprio e de mão própria

A coautoria e a participação são admitidas no crime próprio, desde que aquele que não é detentor da qualidade especial tenha conhecimento dessa qualidade do autor.

No crime de mão própria, para a doutrina majoritária, não é cabível coautoria, mas somente a participação, pois nesse tipo penal além da qualidade específica do autor e necessário que ele realize pessoalmente a conduta, não sendo assim possível a divisão de tarefas.

12.9. SÍNTESE

Concurso de agentes	É a reunião de vários agentes concorrendo, de forma relevante, para a realização do mesmo evento, agindo todos com identidade de propósitos.
Crimes monossubjetivos ou concurso eventual	São aqueles que podem ser cometidos por uma ou várias pessoas.
Crimes plurissubjetivos ou concurso necessário	São aqueles que só podem ser cometidos por uma pluralidade de agentes.
Espécies de concurso de agentes	**Necessário** – refere-se aos crimes que exigem o concurso de pelo menos duas pessoas. Tais crimes são conhecidos como plurissubjetivos. **Eventual** – refere-se aos crimes que podem ser praticados por uma ou várias pessoas. Tais crimes são conhecidos como monossubjetivos.
Formas de concurso	**Coautoria** – quando duas ou mais pessoas, conjuntamente, realizam a conduta típica. **Participação** – quando o agente não realiza qualquer das condutas típicas, mas de alguma outra maneira concorre para o crime.
Teorias quanto à natureza do concurso de agentes	**Teoria unitária ou monista** – todos que concorreram para a prática do crime cometem o mesmo crime, ou seja, os coautores ou os partícipes respondem por um único crime. Exceção: art. 29, § 2º, do Código Penal. Foi adotada pelo Código Penal. **Teoria dualista** – autor ou coautor praticam um crime e o partícipe outro crime, ou seja, coautores respondem por um crime e os partícipes por outro. **Teoria pluralista** – cada participante pratica um crime. Cada partícipe será punido por um crime diferente.
Exceções à teoria monista	**a) Cooperação dolosamente distinta prevista no art. 29, § 1º** – Ocorre quando algum dos concorrentes quis participar de crime menos grave, sendo-lhe aplicada a pena deste. **b) No caso de aborto** – a gestante que consente com a prática de aborto responderá pelo delito previsto no art. 124 do Código Penal, enquanto aquele que praticar as manobras abortivas será responsabilizado pelo delito previsto no art. 126 do Código Penal. **c) No caso de corrupção** – o particular que oferece vantagem indevida ao funcionário público para que retarde ato de ofício, pratica corrupção ativa – art. 333 do Código Penal. Enquanto o funcionário público que aceita a promessa da vantagem indevida comete corrupção passiva – art. 317 do Código Penal.

Requisitos do concurso de agentes	**a) Pluralidade de agentes e de condutas** – a existência de duas ou mais pessoas que praticam condutas relevantes. Os agentes contribuem de alguma forma para a cadeia causal e com isso todos devem ser responsabilizados pelo crime. **b) Relevância causal das condutas** – todas as condutas devem ter concorrido para a produção do resultado. Cada conduta praticada deve ter relevância causal. **c) Liame subjetivo entre os agentes** – vontade de contribuir para o crime, ou seja, deve haver unidade de desígnios. Não se exige prévio acordo de vontades, mas apenas que uma vontade adira à outra. **d) Identidade de crime para todos os envolvidos** – presente o requisito de liame subjetivo, todos os envolvidos devem responder pelo mesmo crime, salvo as exceções expressas em lei.
Autoria	Autor é o sujeito que executa a conduta expressa pelo tipo da figura delitiva.
Teorias da autoria	**Teoria restritiva** – autor é somente aquele que realiza o núcleo da figura típica, ou seja, é aquele que pratica o verbo do tipo. Haverá coautoria quando dois ou mais agentes, em conjunto, realizarem o verbo do tipo. Partícipe é aquele que, sem realizar o núcleo da ação típica, concorre de qualquer forma para a execução do delito. Foi adotada pelo Código Penal. **Teoria extensiva** – não existe distinção entre coautor e partícipe. Todos são chamados de coautores, realizem o verbo ou concorram para a execução do delito. **Teoria do domínio do fato** – autores de um crime são todos os agentes que, mesmo sem praticar o verbo, concorrem para a produção final do resultado, tendo o domínio completo de todas as ações até o momento consumativo. O que importa não é se o agente pratica ou não o verbo, mas se detém o controle dos fatos, podendo decidir sobre sua prática, interrupção e circunstâncias, do início da execução até a produção do resultado.
Espécies de autoria	**Autoria colateral** – quando dois ou mais agentes procuram causar o mesmo resultado ilícito, sem que haja cooperação entre eles, agindo cada um por conta própria. Isto é, quando duas ou mais pessoas realizam simultaneamente uma conduta sem que exista entre elas liame subjetivo. **Autoria incerta** – ocorre quando, na autoria colateral, não se consegue apurar qual dos envolvidos provocou o resultado. **Autoria mediata** – o agente que, sem realizar diretamente a conduta descrita no tipo penal, comete o fato típico servindo-se de outra pessoa para executar para ele o delito. O executor é usado como mero instrumento por atuar sem vontade ou sem consciência do que está fazendo e, por isso, só responde pelo crime o autor mediato. Não há concurso de pessoas entre o executor e o autor mediato. A autoria mediata pode resultar de:

Capítulo 12

	a) inimputabilidade penal; b) erro de tipo escusável provocado por terceiro; c) coação moral irresistível; d) obediência hierárquica; e) erro de proibição escusável provocado por terceiro. **Autoria imediata** – ocorre quando o próprio agente executa o fato. Realiza pessoalmente os elementos do tipo penal. **Autoria de escritório** – é quando alguém cumpre ordens de grupo criminoso organizado, ou seja, organização criminosa. É uma espécie de autoria mediata especial. O autor, que exerça função de comando dentro da organização, dá a ordem para outro indivíduo subalterno praticar a ação delituosa. **Autoria desconhecida ou ignorada** – ocorre quando não se sabe quem foi o realizador da conduta. **Autoria de reserva** – o agente, durante a execução do delito, permanece em observação e aguarda a necessidade de sua atuação.
Participação	É a realização de atos que de alguma maneira contribuem para o delito, mas sem ingressar na ação nuclear do tipo penal.
Espécies de participação	**Participação moral** – quando realizada por induzimento ou instigação. **Induzimento** – o agente faz nascer a ideia do crime na mente do sujeito. **Instigação** – o agente reforça a ideia do crime já existente no sujeito. **Participação material** – o agente auxilia na prática do delito de forma secundária.
Teorias da participação	**Teoria da acessoriedade mínima** – o partícipe será punido se o autor praticar um fato típico, independentemente da antijuridicidade do fato e da culpabilidade e punibilidade do agente. Basta que o autor pratique um fato típico, para que a participação seja punível. **Teoria da acessoriedade limitada** – o partícipe será punido se o autor praticar um fato típico e ilícito, independentemente da culpabilidade e punibilidade do autor. Foi adotada pelo Código Penal. **Teoria da acessoriedade máxima** – o partícipe será punido se o autor praticar um fato típico, ilícito e culpável, independentemente da efetiva punibilidade do autor. **Teoria da hiperacessoriedade** – o partícipe será punido se o autor praticar fato típico, ilícito e culpável. O partícipe responderá ainda pelas agravantes e atenuantes de caráter pessoal relativas ao autor principal.

Tipos de participação	**Participação em cadeia** – é aquela que ocorre quando uma pessoa induz ou instiga outra a induzir, instigar ou auxiliar terceiro a praticar um delito. **Participação sucessiva** – é aquela que ocorre quando o mesmo agente é instigado, induzido ou auxiliado por outras pessoas, sem que estas tomem conhecimento umas das outras, a praticar um delito. Não há vínculo subjetivo entre elas. **Participação negativa** – também é conhecida por conivência. É aquela em que o agente não tem qualquer vínculo com a conduta criminosa, nem tampouco tinha obrigação de impedir o resultado. **Participação por omissão** – é aquela que ocorre quando o sujeito que tem o dever jurídico de impedir o resultado se omite (art. 13, § 2º, do Código Penal). A omissão torna-se uma forma de praticar o crime. A vontade do sujeito, que tem o dever jurídico de impedir o resultado, adere à vontade dos agentes do crime. **Participação impunível** – é aquela que ocorre quando o crime não chega a ingressar na fase executória, e a participação restará impune. **Participação de menor importância** – é aquela em que a conduta contribui para o resultado, mas de maneira menos enfática, motivo pelo qual deve ser punida com menor rigor.
Comunicabilidade e incomunicabilidade de elementares e circunstâncias (art. 30 do Código Penal)	Não se comunicam as circunstâncias e as condições de caráter pessoal, salvo quando elementares do crime. As circunstâncias podem ser: a) **objetivas** – são aquelas ligadas a aspectos objetivos do delito; b) **subjetivas** – são aquelas que se referem ao agente e não ao fato.
Hipóteses de comunicabilidade	a) As elementares, sejam elas subjetivas ou objetivas, comunicam-se aos partícipes. b) As circunstâncias objetivas, ou seja, de caráter material comunicam-se aos partícipes ou coautores desde que estes conheçam tais circunstâncias ou condições. c) As circunstâncias subjetivas, ou seja, de caráter pessoal não se comunicam aos partícipes.

12.10. QUESTÕES DE PROVA

1 – (XI-Exame de Ordem Unificado – OAB/2013) – Sofia decide matar sua mãe. Para tanto, pede ajuda a Lara, amiga de longa data, com quem debate a melhor maneira de executar o crime, o melhor horário, local etc. Após longas discussões de como poderia executar seu intento da forma mais eficiente possível, a fim de não deixar nenhuma pista,

Capítulo 12

Sofia pede emprestado a Lara um facão. A amiga prontamente atende ao pedido. Sofia despede-se agradecendo a ajuda e diz que, se tudo correr conforme o planejado, executará o homicídio naquele mesmo dia e assim o faz. No entanto, apesar dos cuidados, tudo é descoberto pela polícia.

A respeito do caso narrado e de acordo com a teoria restritiva da autoria, assinale a afirmativa correta.

A) Sofia é a autora do delito e deve responder por homicídio com a agravante de o crime ter sido praticado contra ascendente. Lara, por sua vez, é apenas partícipe do crime e deve responder por homicídio, sem a presença da circunstância agravante.

B) Sofia e Lara devem ser consideradas coautoras do crime de homicídio, incidindo, para ambas, a circunstância agravante de ter sido, o crime, praticado contra ascendente.

C) Sofia e Lara devem ser consideradas coautoras do crime de homicídio. Todavia, a agravante de ter sido, o crime, praticado contra ascendente somente incide em relação à Sofia.

D) Sofia é a autora do delito e deve responder por homicídio com a agravante de ter sido, o crime, praticado contra ascendente. Lara, por sua vez, é apenas partícipe do crime, mas a agravante também lhe será aplicada.

Correta: A

Comentários: *A questão apresenta a hipótese de uma circunstância subjetiva, ou seja, de caráter pessoal, razão pela qual não se comunica ao partícipe.*

2 – (Delegado de Polícia do Estado de São Paulo/2014) – Segundo o conceito restritivo, é autor aquele que:

A) tem o domínio do fato;

B) realiza a conduta típica descrita na lei;

C) contribui com alguma causa para o resultado;

D) age dolosamente na prática do crime;

E) pratica o fato por interposta pessoa que atua sem culpabilidade.

Correta: B

Comentários: A teoria restritiva defende que autor é somente aquele que realiza o núcleo da figura típica, ou seja, é aquele que pratica o verbo do tipo. Esta é a teoria adotada pelo Código Penal.

3 – (Delegado de Polícia do Distrito Federal/2015) – No que se refere à teoria do domínio do fato, é correto afirmar que:

A) a teoria do domínio do fato objetiva oferecer critérios para a diferenciação entre autor e partícipe, sem a pretensão de fixar parâmetros sobre a existência, ou não, de responsabilidade penal;

B) um agente criminoso que dirija o automóvel essencial e imprescindível para a fuga de um grupo de criminosos que rouba um banco, de acordo com a teoria do domínio do fato, pratica roubo, em coautoria, por domínio da vontade;

C) a teoria do domínio do fato equivale à teoria objetivo-formal de autoria;

D) o domínio do fato se manifesta em três diferentes formas: domínio da ação, na modalidade autoria mediata; domínio da vontade, na forma de autoria imediata; e domínio funcional de fato, como autoria;

E) a teoria do domínio do fato contribui para a diferenciação entre autor e partícipe no caso de crimes omissivos próprios e de crimes culposos.

Correta: A

Comentários: Teoria do domínio do fato: defende que autores de um crime são todos os agentes que, mesmo sem praticar o verbo, concorrem para a produção final do resultado, tendo o domínio completo de todas as ações até o momento consumativo. O que importa não é se o agente pratica ou não o verbo, mas se detém o controle dos fatos, podendo decidir sobre sua prática, interrupção e circunstâncias, do início da execução até a produção do resultado. O mandante, para teoria do domínio do fato, pode ser considerado autor, enquanto na teoria restritiva será partícipe, pois não realiza ato de execução.

Capítulo 12

4 – (Delegado de Polícia do Distrito Federal/2015) – Assinale a alternativa correta acerca do concurso de pessoas.

A) De acordo com a teoria pluralística, há um crime para os autores, que realizam a conduta típica emoldurada no ordenamento positivo, e outro crime para os partícipes, que desenvolvem uma atividade secundária.

B) O ajuste, a determinação ou instigação e o auxílio são puníveis ainda que o crime não tenha sido tentado.

C) O CP adotou, como regra, a teoria dualística.

D) Segundo a teoria monista ou unitária, a cada participante corresponde uma conduta própria, um elemento psicológico próprio e um resultado igualmente particular.

E) São requisitos do concurso de pessoas a pluralidade de participantes e de condutas, a relevância causal de cada conduta, o vínculo subjetivo entre os participantes e a identidade de infração penal.

Correta: E

Comentários: *Para falarmos em concurso de pessoas é necessário o preenchimento dos seguintes requisitos: a) pluralidade de agentes e de condutas – a existência de duas ou mais pessoas que praticam condutas relevantes. Os agentes contribuem de alguma forma para a cadeia causal e com isso todos devem ser responsabilizados pelo crime; b) relevância causal das condutas – todas as condutas devem ter concorrido para a produção do resultado. Cada conduta praticada deve ter relevância causal; c) liame subjetivo entre os agentes – vontade de contribuir para o crime, ou seja, deve haver unidade de desígnios. Não se exige prévio acordo de vontades, mas apenas que uma vontade adira à outra; d) identidade de crime para todos os envolvidos – presente o requisito de liame subjetivo, todos os envolvidos devem responder pelo mesmo crime, salvo as exceções expressas em lei.*

5 – (XVI-Exame de Ordem Unificado – OAB/2015) – Maria Joaquina, empregada doméstica de uma residência profundamente apaixonada pelo vizinho Fernando, sem que este soubesse, escuta sua conversa com uma terceira pessoa acordando o furto da casa em que ela trabalha durante os dias de semana à tarde. Para facilitar o sucesso da operação de seu amado, ela deixa a porta aberta ao sair do trabalho. Durante a empreitada criminosa, sem saber que a porta da frente se encontrava destrancada, Fernando e seu comparsa arrombam a porta dos fundos, ingressam na residência e subtraem diversos objetos.

Diante desse quadro fático, assinale a opção que apresenta a correta responsabilidade penal de Maria Joaquina.

A) Deverá responder pelo mesmo crime de Fernando, na qualidade de partícipe, eis que contribuiu de alguma forma para o sucesso da empreitada criminosa ao não denunciar o plano.

B) Deverá responder pelo crime de furto qualificado pelo concurso de agentes, afastada a qualificadora do rompimento de obstáculo, por esta não se encontrar na linha de seu conhecimento.

C) Não deverá responder por qualquer infração penal, sendo a sua participação irrelevante para o sucesso da empreitada criminosa.

D) Deverá responder pelo crime de omissão de socorro.

Correta: C

Comentários: *Maria Joaquina não será responsabilizada criminalmente, visto que sua participação foi irrelevante para o êxito do crime, ou seja, a sua ação não contribuiu para o delito.*

Capítulo 13

Penas

13.1. CONCEITO

Pena é a sanção penal de caráter aflitivo, imposta pelo Estado na execução de uma sentença penal, ao culpado pela prática de um crime ou contravenção penal. É uma resposta estatal, consistente na privação ou restrição de um bem jurídico imposta ao autor de um fato punível, isto é, não atingido por causa extintiva da punibilidade.

Consiste na restrição de um direito cuja finalidade é aplicar ao sentenciado uma retribuição promovendo a sua readaptação ao meio social, visando com isso a coibir novos delitos.

A Constituição Federal, no art. 5º, inc. XLVII, dispõe: "Não haverá penas: **a)** de morte, salvo em caso de guerra declarada, nos termos do art. 84, inciso XIX; **b)** de caráter perpétuo; **c)** de trabalhos forçados; **d)** de banimento; **e)** cruéis."

13.2. CARACTERÍSTICAS DA PENA

- **Legalidade** – a pena deve estar prevista em lei e estar em vigência na época do crime.
- **Pessoalidade** – a pena é personalíssima, ela não pode ser passada para outra pessoa cumprir. Nenhuma pena passará da pessoa do condenado.
- **Inderrogabilidade** – a pena não pode deixar de ser aplicada.
- **Proporcionalidade** – a pena tem que ser proporcional ao crime praticado. A resposta penal do Estado deve ser proporcional à agressão.

- **Humanidade** – a pena não pode violar a integridade física e moral do condenado, porque está relacionada ao princípio da dignidade humana. Proíbe penas cruéis, desumanas e degradantes.
- **Irretroatividade** – a pena não pode alcançar fatos anteriores a ela.
- **Individualidade** – a pena deve ser individualizada segundo as características de cada autor.

13.3. TEORIAS DA FINALIDADE DA PENA

- **Teoria absoluta ou retribucionista** – pune-se alguém pelo simples fato de haver delinquido. A pena é uma maneira de retribuição justa pela prática de um crime. Tem a finalidade de castigar o criminoso pelo crime cometido.
- **Teoria relativa, preventiva ou utilitarista** – a pena passa a ser algo instrumental. Meio de combate à ocorrência e reincidência de crimes, ou seja, a pena existe para evitar futuros delitos. A pena tem finalidade de prevenção.
- **Teoria mista, unitária ou eclética** – fundem-se em uma só teoria as duas anteriores. A pena tem dupla finalidade: serve para reprimir e também para prevenir infrações penais.

A pena no Brasil tem tríplice finalidade, porém estas três não se operam ao mesmo tempo: retributiva, preventiva e ressocializadora.

13.4. FINALIDADES NA APLICAÇÃO E NA EXECUÇÃO DA PENA

A aplicação da pena tem dupla finalidade:

a) **Prevenção geral** – que se alcançaria por meio de um efeito contramotivador, psicológico, sobre a sociedade e sobre o delinquente potencial ou latente: ora pela cominação penal abstrata, ora pela execução da pena frente ao criminoso concreto[1]. Isto é, retribuir com o mal o mal causado.

---

1 GOMES, Luiz Flávio; BIANCHINI, Alice. *Curso de direito penal – parte geral*, p. 483.

b) **Prevenção especial** – incide sobre o autor concreto. Consiste no tratamento ressocializante e na punição ao infrator, visando assim a impedir a reincidência. Fator determinante é, sem sombra de dúvidas, a prevenção do criminoso concreto em cada caso.

A execução da pena também apresenta dupla finalidade:

a) concretizar a sentença condenatória;

b) ressocialização, isto é, a reintegração do condenado ao convívio social. Essa finalidade tem previsão no art. 1º da Lei de Execução Penal – "A execução penal tem por objetivo efetivar as disposições de sentença ou decisão criminal e proporcionar condições para a harmônica integração social do condenado e do internado."

Atualmente, contudo, ganha força a denominada Justiça restaurativa, buscando mudar o enfoque da Justiça retribucionista.

JUSTIÇA RETRIBUTIVA	JUSTIÇA RESTAURATIVA
Crime é ato contra a sociedade (representada pelo Estado).	Crime é ato contra a comunidade, contra a vítima e contra o próprio autor.
Interesse na punição é público.	Interesse em punir ou reparar é das pessoas envolvidas no caso.
A responsabilidade do agente é individual.	Há responsabilidade social pelo ocorrido.
Predomina a indisponibilidade da ação penal.	Predomina a disponibilidade da ação penal.
Predomina a pena privativa de liberdade.	Predomina a pena alternativa. A reparação do dano é sempre buscada.
Consagra pouca assistência à vítima.	O foco da assistência é voltado à vítima.

13.5. PRINCÍPIOS FUNDAMENTAIS RELACIONADOS À PENA

Os princípios que se aplicam às penas serão analisados agora.

13.5.1. Princípio da legalidade ou reserva legal

O art. 5º, inc. XXXIX, da Constituição Federal dispõe: "Não há crime sem lei anterior que o defina, nem pena sem prévia cominação legal". Também previsto no art. 1º do Código Penal. Somente a lei pode cominar a pena, ou seja, *nullum crimen, nulla pena sine lege praevia*.

13.5.2. Princípio da personalidade, intransmissibilidade, intranscendência ou responsabilidade pessoal

O art. 5º, inc. XLV, da Constituição Federal dispõe: "nenhuma pena passará da pessoa do condenado podendo a obrigação de reparar o dano e a decretação do perdimento de bens ser, nos termos da lei, estendidas aos sucessores e contra eles executadas, até o limite do valor do patrimônio transferido".

Este princípio demonstra a impossibilidade de se transferir a pena para os familiares do infrator, ou seja, somente será responsabilizado penalmente aquele que cometeu ou concorreu de qualquer modo para o crime.

A ressalva feita pelo constituinte com relação à reparação dos danos e à decretação do perdimento de bens, o que pode ser exigido dos sucessores do condenado, na forma da lei e observando-se os limites patrimoniais transmitidos, diz respeito aos efeitos da condenação e não exceções à personalidade da pena.

13.5.3. Princípio da individualização da pena

O art. 5º, inc. XLVI, da Constituição Federal dispõe: "A lei regulará a individualização da pena e adotará, entre outras, as seguintes: a) privação ou restrição da liberdade; b) perda de bens; c) multa; d) prestação social alternativa; e) suspensão ou interdição de direitos".

Três são os momentos da individualização da pena:

a) **na definição, pelo legislador, do crime e de sua pena** – isto quer dizer que o magistrado terá os instrumentos necessários para que, no exame do caso concreto, possa aplicar a pena individualizadamente;

b) **na aplicação, pelo juiz, da pena** – terá inúmeros instrumentos para analisar o caso concreto e impor ao réu uma pena justa e dentro dos limites previstos para aquele fato delituoso;

c) **na execução da pena** – quando os condenados serão classificados de acordo com os seus antecedentes e personalidade, para orientar a individualização da execução penal.

13.5.4. Princípio da proporcionalidade

O princípio da proporcionalidade estabelece que a resposta penal deve ser justa e suficiente no cumprimento do papel de reprovação do ilícito penal. Isto é, tanto na cominação como na aplicação da pena deve existir correspondência entre o delito praticado e a sanção penal imposta.

Este princípio não pode ser analisado exclusivamente com o fim de evitar excesso na aplicação da pena, pois não podemos afastar a ideia de uma efetiva resposta estatal punitiva. O Estado Democrático de Direito vivenciado pela atual sociedade exige uma proteção estatal suficiente.

O princípio da proporcionalidade deve ser observado sob dois momentos:

a) **Plano abstrato** – o legislador se deve ater, quando da imposição de tipicidade a determinado fato, à conduta e suas consequências para assim definir uma reprimenda em patamar adequado à reparação pelo dano ao bem jurídico tutelado e às finalidades da pena.

b) **Plano concreto** – o julgador, para estabelecer a reprimenda deverá observar, dentro dos limites previstos pela lei, as circunstâncias e as características da prática da infração penal, para, somente após, aplicá-la em concreto.

13.5.5. Princípio da inderrogabilidade ou inevitabilidade da pena

A pena, desde que presentes os seus pressupostos, deve ser aplicada e fielmente cumprida.[2]

Entretanto, este princípio é mitigado por alguns institutos penais, dos quais são exemplos a prescrição, o perdão judicial, o *sursis*, o livramento condicional etc.

13.5.6. Princípio da dignidade da pessoa humana

Nenhuma pena pode atentar contra a dignidade da pessoa humana, isto é, não se admite aplicação de penas indignas, vexatórias, cruéis, desumanas ou infamantes.

A Constituição Federal proíbe expressamente penas cruéis (art. 5º, XLVII).

---
2 BARROS, Flávio Monteiro de. *Direito penal – parte geral*, p. 436

13.6. ESPÉCIES DE PENA

O art. 32 do Código Penal apresenta as espécies de pena: **a)** privativas de liberdade; **b)** restritivas de direitos; **c)** de multa.

13.7. PENAS PRIVATIVAS DE LIBERDADE

A pena privativa de liberdade é aquela que irá restringir o direito de ir e vir do condenado. É dividida em três espécies:

- **reclusão** – cumprida em regime fechado, semiaberto ou aberto;
- **detenção** – pode ser cumprida em regime semiaberto ou aberto, salvo a necessidade de transferência ao regime fechado;
- **prisão simples** – prevista na Lei de Contravenções Penais. Pode ser cumprida no regime semiaberto ou aberto.

> **ATENÇÃO!**
> A lei veda a fixação do regime fechado para iniciar o cumprimento da pena de detenção.

RECLUSÃO	DETENÇÃO
Regime inicial de cumprimento: fechado, semiaberto ou aberto.	Regime inicial de cumprimento: semiaberto ou aberto.
Medida de segurança: internação.	Medida de segurança: internação ou tratamento ambulatorial.
É permitida a interceptação telefônica.	Não é possível interceptação telefônica.

13.7.1. Regimes nas penas privativas de liberdade

O art. 33, § 1º, do Código Penal estabelece as seguintes hipóteses:

- **regime fechado** – a execução da pena se dá em estabelecimento prisional de segurança máxima ou média;
- **regime semiaberto** – a execução da pena se dá em colônia agrícola, industrial ou estabelecimento similar;
- **regime aberto** – a execução da pena se dá em casa do albergado ou estabelecimento adequado.

SÚMULAS REFERENTES ÀS PENAS PRIVATIVAS DE LIBERDADE
Súmula Vinculante nº 26/STF – "Para efeito de progressão de regime no cumprimento de pena por crime hediondo, ou equiparado, o juízo da execução observará a inconstitucionalidade do art. 2º da Lei nº 8072, de 25 de julho de 1990, sem prejuízo de avaliar se o condenado preenche, ou não, os requisitos objetivos e subjetivos do benefício, podendo determinar, para tal fim, de modo fundamentado, a realização de exame criminológico."
Súmula nº 718/STF – "A opinião do julgador sobre a gravidade em abstrato do crime não constitui motivação idônea para a imposição de regime mais severo do que o permitido segundo a pena aplicada."
Súmula nº 719/STF – "A imposição do regime de cumprimento mais severo do que a pena aplicada permitir exige motivação idônea."
Súmula nº 269/STJ – "É admissível a adoção do regime prisional semiaberto aos reincidentes condenados a pena igual ou inferior a quatro anos se favoráveis as circunstâncias judiciais."
Súmula nº 440/STJ – "Fixada a pena-base no mínimo legal, é vedado o estabelecimento de regime prisional mais gravoso do que o cabível em razão da sanção imposta, com base apenas na gravidade abstrata do delito."
Súmula nº 526/STJ – "O reconhecimento de falta grave decorrente do cometimento de fato definido como crime doloso no cumprimento da pena prescinde do trânsito em julgado de sentença penal condenatória no processo penal instaurado para apuração do fato."
Súmula nº 533/STJ – "Para o reconhecimento da prática de falta disciplinar no âmbito da execução penal, é imprescindível a instauração de procedimento administrativo pelo diretor do estabelecimento prisional, assegurado o direito de defesa, a ser realizado por advogado constituído ou defensor público nomeado."
Súmula nº 534/STJ – "A prática de falta grave interrompe a contagem do prazo para a progressão de regime de cumprimento de pena, o qual se reinicia a partir do cometimento dessa infração."
Súmula nº 535/STJ – "A prática de falta grave não interrompe o prazo para fim de comutação de pena ou indulto."

PRINCIPAIS DIFERENÇAS		
REGIME DOMICILIAR	**PRISÃO DOMICILIAR**	**RECOLHIMENTO DOMICILIAR**
Também conhecido por regime aberto domiciliar. Ocorre quando o preso condenado cumpre pena em regime aberto em residência particular. As hipóteses estão previstas no art. 117 da LEP: a) condenado maior de 70 anos; b) condenado acometido de doença grave; c) condenada com filho menor ou deficiente físico ou mental;	Trata-se de medida cautelar. Prevista no art. 317 do Código de Processo Penal, consiste no recolhimento do indiciado ou acusado em sua residência, só podendo dela ausentar-se com autorização judicial.	Trata-se de medida cautelar. Prevista no art. 319, inc. V, do Código de Processo Penal, recolhimento domiciliar no período noturno e nos dias de folga quando o investigado ou acusado tenha residência e trabalho fixos.

d) condenada gestante. A jurisprudência tem admitido também, quando não existe na comarca albergue no qual o condenado possa recolher-se.

13.7.1.1. Regras do regime fechado

O art. 34 do Código Penal dispõe sobre as regras do regime fechado.

O condenado será submetido a exame criminológico de classificação e individualização no início do cumprimento da pena.

O condenado fica sujeito a trabalho no período diurno e a isolamento durante o repouso noturno (§ 1º).

O trabalho será em comum dentro do estabelecimento, na conformidade com as ocupações anteriores do condenado, desde que compatíveis com a execução da pena (§ 2º).

O trabalho externo é admitido em serviços ou obras públicas (3º).

O condenado será sempre remunerado pelo seu trabalho.

SÚMULA REFERENTE ÀS REGRAS DO REGIME FECHADO
Súmula nº 439/STJ – "Admite-se o exame criminológico pelas peculiaridades do caso, desde que em decisão motivada."

13.7.1.2. Regras do regime semiaberto

As regras do regime semiaberto estão dispostas no art. 35 do Código Penal.

O condenado poderá ser submetido a exame criminológico.

O condenado fica sujeito a trabalho comum durante o período diurno, em colônia agrícola, industrial ou estabelecimento similar (§ 1º). O trabalho será sempre remunerado.

O trabalho externo é admissível, bem como a frequência a cursos supletivos profissionalizantes, de instrução de segundo grau ou superior (§ 2º).

13.7.1.3. Regras do regime aberto

As regras do regime aberto estão dispostas no art. 36 do Código Penal.

Este regime baseia-se na autodisciplina e senso de responsabilidade do condenado.

O condenado deverá, fora do estabelecimento e sem vigilância, trabalhar, frequentar curso ou exercer outra atividade autorizada, permanecendo recolhido durante o período noturno e nos dias de folga (§ 1º).

O condenado será transferido do regime aberto se praticar fato definido como crime doloso, se frustrar os fins da execução ou se, podendo, não pagar a multa cumulativamente aplicada (§ 2º). Trata-se de regressão.

No regime aberto não existe possibilidade de remição da pena.

13.7.2. Regime inicial

O juiz, ao proferir a sentença e fixar o *quantum* da pena, deve ainda estabelecer o regime inicial para o seu cumprimento, nos termos do art. 33, § 2º, do Código Penal.

13.7.2.1. Reclusão

Crimes apenados com reclusão:

- **regime fechado** – se condenado a pena superior a 08 anos;

> **ATENÇÃO!**
> Réu condenado a pena superior a 08 anos de reclusão sempre iniciará o cumprimento da pena em regime fechado, independentemente de ser primário e ter bons antecedentes.

- **regime semiaberto** – se condenado a pena superior a 04 anos e não excedente a 08 anos, desde que não reincidente. Se for reincidente o regime inicial é fechado;
- **regime aberto** – se condenado a pena igual ou inferior a 04 anos, desde que não reincidente. Em caso de reincidência, o regime inicial será o fechado, ou semiaberto se forem favoráveis as circunstâncias judiciais.

> **ATENÇÃO!**
> Os condenados por crimes hediondos, tráfico ilícito de entorpecentes, terrorismo e tortura devem necessariamente iniciar o cumprimento da pena em regime fechado, independentemente do montante de pena fixada na sentença condenatória (arts. 2º, § 1º, da Lei nº 8.072/90 e 1º, § 7º, da Lei nº 9.455/97).

13.7.2.2. Detenção

Crimes apenados com detenção:

- **regime semiaberto** – se condenado a pena superior 04 anos ou se for reincidente;
- **regime aberto** – se condenado a pena igual ou inferior a 04 anos, desde que não reincidente.

> **ATENÇÃO!**
> Os condenados com pena de detenção jamais terão como regime inicial de cumprimento o fechado.

13.7.2.3. Prisão simples

Prisão simples é a espécie de pena cominada às contravenções penais. Será cumprida em regime semiaberto ou aberto (art. 6º da Lei de Contravenções Penais).

13.7.3. Progressão de regime

O art. 33, § 2º, do Código Penal dispõe: "As penas privativas de liberdade deverão ser executadas em forma progressiva, segundo o mérito do condenado, observados os seguintes critérios e ressalvadas as hipóteses de transferência a regime mais rigoroso."

Progressão de regime é o direito que o condenado tem de passar do regime inicial para um regime mais brando, após o cumprimento de um percentual da pena, desde que o seu mérito autorize a progressão.

Iniciado o cumprimento da pena no regime estabelecido na sentença, possibilita-se ao sentenciado, de acordo com o sistema progressivo, a transferência para regime menos rigoroso, ou seja, sai do regime mais grave e vai para o menos grave.

13.7.3.1. Critérios para progressão de regime

Critérios a serem observados quando da progressão de regime:

- **no caso de crime comum** – bom comportamento carcerário e o cumprimento de no mínimo 1/6 da pena imposta na sentença ou do total de penas, quando for o caso de várias execuções;
- **no caso de crime hediondo** –

    a) **se o réu for primário** – bom comportamento carcerário e o cumprimento no mínimo de 2/5 da pena imposta na sentença;

    b) **se o réu for reincidente** – bom comportamento carcerário e o cumprimento no mínimo de 3/5 da pena imposta na sentença.

O condenado por crime contra a Administração Pública terá direito à progressão do regime de cumprimento de pena, desde que repare o dano causado ou devolva o produto obtido do ilícito praticado, com os acréscimos legais.

A oitiva do representante do Ministério Público e do defensor é imprescindível para concessão de progressão. A decisão do juiz deve ser sempre motivada (art. 112, § 1º, da Lei de Execução Penal).

SÚMULAS SOBRE PROGRESSÃO DE REGIME
Súmula nº 716/STF – "Admite-se a progressão de regime de cumprimento de pena ou a aplicação imediata de regime menos severo nela determinada, antes do trânsito em julgado da sentença condenatória."
Súmula nº 717/STF – "Não impede a progressão de regime de execução da pena, fixada em sentença não transitada em julgado, o fato de o réu se encontrar em prisão especial."
Súmula nº 491/STJ – "É inadmissível a chamada progressão *per saltum* de regime prisional."

13.7.3.2. Progressão de regime e cometimento de falta grave

A falta grave praticada pelo condenado obriga o reinício da contagem do prazo para efeitos de progressão no regime de cumprimento da pena. Esse é o entendimento predominante no Supremo Tribunal Federal e no Superior Tribunal de Justiça.

13.7.4. Regressão de regime

Regressão é a transferência de um regime mais brando para outro mais rigoroso, ou seja, é a volta do condenado para o regime mais rigoroso.

É possível a regressão por salto, ou seja, a passagem direta do regime aberto para o fechado.

Na pena de detenção, existe a regressão para o regime fechado, havendo, então, a possibilidade de o condenado cumprir a pena em regime fechado.

> **ATENÇÃO!**
> A pena de detenção não pode nunca iniciar em regime fechado, mas é possível durante a execução da pena, a regressão para esse regime.

13.7.4.1. Hipóteses de regressão de regime

O art. 118 da Lei de Execução Penal apresenta as hipóteses de regressão de regime, a saber:

a) quando o condenado praticar fato definido como crime doloso: para aplicação da regressão basta a prática do delito, ou seja, não é necessário o trânsito em julgado da condenação;

b) quando o condenado praticar falta grave: o rol de faltas graves está previsto no art. 50 da Lei de Execução Penal;

c) quando o condenado sofrer nova condenação, cuja soma com a pena anterior torna incabível o regime atual.

Para aplicação da regressão, em razão da prática de crime doloso ou falta grave, é necessária a instauração de procedimento administrativo disciplinar, com observância aos princípios constitucionais do devido processo legal, do contraditório e da ampla defesa.

Importante destacar que em qualquer hipótese de regressão de regime, o juiz deverá fundamentar sua decisão, ou seja, indicar os motivos pelos quais entende que o condenado deverá passar a cumprir sua pena em outro regime.

13.7.5. Direitos do preso

O art. 38 do Código Penal dispõe: "O preso conserva todos os direitos não atingidos pela perda da liberdade, impondo-se a todas as autoridades o respeito à sua integridade física e moral."

O art. 15, inc. III, da Constituição Federal ressalva que haverá suspensão dos direitos políticos dos presos com condenação criminal transitada em julgado, enquanto perdurarem seus efeitos. Logo, os presos provisórios continuam com direito de voto.

13.7.6. Trabalho do preso

O art. 39 do Código Penal dispõe: "O trabalho do preso será sempre remunerado, sendo-lhe garantidos os benefícios da Previdência Social." A remuneração não poderá ser inferior a três quartos do salário mínimo.

O trabalho do preso tem dupla finalidade: educativa e produtiva. Os arts. 28 a 37 da LEP dispõem sobre as condições do trabalho do preso.

13.7.7. Remição

O art. 126 da Lei de Execução Penal dispõe: "O condenado que cumpre a pena em regime fechado ou semiaberto poderá remir, por trabalho ou por estudo, parte do tempo de execução da pena."

A remição tem a finalidade de abreviar, pelo trabalho ou estudo, parte do tempo da condenação.

> **ATENÇÃO!**
> A remição é o benefício de competência do juízo da execução.

13.7.7.1. Contagem do tempo

A contagem do tempo será feita, nos termos do art. 126, § 1º, da Lei de Execução Penal:

> I – 1(um) dia de pena a cada 12 (doze) horas de frequência escolar – atividade de ensino fundamental, médio, inclusive profissionalizante, ou superior, ou ainda se requalificação profissional – divididas, no mínimo, em 3 (três) dias;

O tempo a remir em função das horas de estudo será acrescido de 1/3 (um terço) no caso de conclusão do ensino fundamental, médio ou superior durante o cumprimento da pena, desde que certificada pelo órgão competente do sistema de educação.

> II – 1 (um) dia de pena a cada 3 (três) dias de trabalho.

O art. 126, § 3º, da Lei de Execução Penal permite a cumulação das horas diárias de trabalho com as de estudo.

O art. 126, § 4º, da Lei de Execução penal estabelece que o condenado impossibilitado de prosseguir no trabalho ou nos estudos em decorrência de acidente continuará a se beneficiar com a remição.

O condenado poderá ser autorizado a estudar fora do estabelecimento penal, mas nesse caso deverá comprovar mensalmente, por meio de declaração emitida pela unidade de ensino, quanto à sua frequência e seu aproveitamento escolar.

> **ATENÇÃO!**
> Se o condenado, posteriormente, for punido com falta grave, perderá o direito ao tempo remido, ou seja, até 1/3 (um terço) dos dias remidos.

REMIÇÃO	
TRABALHO	ESTUDO
Regime fechado	Regime fechado
Regime semiaberto	Regime semiaberto
	Regime aberto
	Liberdade condicional

A remição é cabível também aos presos provisórios, ou seja, em decorrência de imposição de prisão cautelar.

13.7.8. Superveniência de doença mental

O condenado, durante o cumprimento da pena, que é acometido por doença mental, deverá ser recolhido a hospital de custódia e tratamento psiquiátrico ou, à falta, a outro estabelecimento adequado.

13.7.9. Detração penal

O art. 42 do Código Penal dispõe: "Computam-se, na pena privativa de liberdade e na medida de segurança, o tempo de prisão provisória, no Brasil ou no estrangeiro, o de prisão administrativa e o de internação em qualquer dos estabelecimentos referidos no artigo anterior."

Detração é a contagem do tempo de prisão processual, na pena privativa de liberdade. Quem já cumpriu um determinado período da prisão processual, terá abatimento na pena.

Detração penal é o desconto, na pena privativa de liberdade ou na medida de segurança, do tempo de prisão provisória ou de internação já cumprido pelo condenado.[3]

A detração penal não é admitida na pena de multa, pois há vedação legal da conversão desta pena em pena privativa de liberdade.

> **ATENÇÃO!**
> A competência para aplicação da detração penal é do juízo da execução penal.

13.7.9.1. Detração penal e a fixação do regime inicial de cumprimento da pena

A Lei nº 12.736/2012 dispõe que a detração deverá ser considerada pelo juiz que proferir a sentença condenatória, alterando assim a redação do § 2º do art. 387 do Código de Processo Penal: "O tempo de prisão provisória, prisão administrativa ou de internação, no Brasil ou no estrangeiro, será computado para fins de determinação do regime inicial de pena privativa de liberdade." Dessa forma, a análise da detração foi antecipada para o momento da sentença, mais especificamente para fins de fixação do regime inicial de cumprimento da pena.

Diante dessa nova sistemática, o magistrado deve proceder à aplicação da sanção normalmente e em observância ao art. 68 do Código Penal. Obtida a pena apropriada, na determinação do regime

---
3 MASSON, Cleber. *Direito penal esquematizado – parte geral*, p. 618.

inicial, deve ser observado o tempo de prisão provisória. Isto é, admite a detração na aplicação da pena para estabelecer um regime inicial justo diante da restrição da liberdade anterior ao trânsito em julgado.

Oportuno, ainda, destacar que na detração, nessa fase, só é possível permitir regime prisional menos rigoroso se o tempo de prisão provisória, administrativa ou internação, coincidir com o requisito tempo da progressão e com os requisitos objetivos inerentes ao incidente.

13.7.9.2. Detração penal e prisão provisória em outro processo

A questão que se levanta sobre esse tema é a seguinte: É possível descontar o tempo de prisão provisória de um processo cuja sentença foi absolutória, em outro processo de decisão condenatória?

A doutrina não é pacífica sobre esse assunto. Entretanto, a jurisprudência estabeleceu-se no sentido de que não se exige conexão ou continência entre a infração penal, a prisão provisória e a pena imposta. Porém, é necessário que tenha sido praticada a infração penal pela qual o agente foi condenado anteriormente à infração penal em que houve a prisão provisória e posterior absolvição.

13.8. PENAS RESTRITIVAS DE DIREITOS

As penas restritivas de direitos, também conhecidas por penas alternativas, dentro de uma perspectiva de ressocialização do condenado, surgem como alternativa de punição às rupturas das normas de conduta social, ou seja, são sanções autônomas que substituem a pena privativa de liberdade em alguns casos, com certas restrições.

As penas restritivas de direitos têm o propósito de evitar a desnecessária imposição da pena privativa de liberdade nas situações expressamente indicadas em lei, relativas a indivíduos dotados de condições pessoais favoráveis e envolvidos na prática de infrações penais de reduzida gravidade.[4]

---

4 MASSON, Cleber. *Direito penal – parte geral*, p. 675.

A pena restritiva de direitos é uma sanção imposta em substituição à pena privativa de liberdade, consistente na supressão ou diminuição de um ou mais direitos do condenado.

A pena restritiva de direitos é aplicada em substituição à pena privativa de liberdade, isto é, o juiz primeiro aplica a pena privativa de liberdade na sentença condenatória, em seguida, se estiverem presentes os requisitos legais, substituirá essa pena por uma das penas restritivas de direito.

> **ATENÇÃO!**
> As penas restritivas de direitos, por terem um caráter substitutivo, não podem ser aplicadas cumulativamente com a pena privativa de liberdade.

Pena alternativa	Alternativa à pena
Existe condenação e a pena substitui a privativa de liberdade.	Impede a condenação. É medida despenalizadora. Ex.: transação penal e suspensão condicional do processo.

13.8.1. Características das penas restritivas de direitos

- **autonomia** – significa que não podem ser cumuladas com a pena privativa de liberdade. Exceções: art. 78 do Código de Defesa do Consumidor, em que a pena restritiva de direitos pode ser cumulada com a pena privativa de liberdade; a Lei nº 9.503/97 – Código de Trânsito Brasileiro, que prevê a possibilidade em diversos delitos de aplicação conjunta de penas privativas de liberdade e restritivas de direitos, ex.: arts. 302, 303, 306 e 308.

- **substitutividade** – primeiro o juiz fixa a pena privativa e, depois, na mesma sentença, a substitui por penas restritivas de direitos, desde que presentes os requisitos legais. Exceção à regra é o art. 28 da Lei nº 11.343/2006 – Lei de drogas, em que as penas restritivas de direitos são impostas de forma imediata, ou seja, não há previsão de pena privativa de liberdade.

13.8.2. Requisitos para aplicação das penas restritivas de direitos

Os requisitos para aplicar as penas restritivas de direitos são:

- **Requisitos objetivos:**

    a) que a pena aplicada seja igual ou inferior a 4 (quatro) anos. Não existe o limite de pena no caso de culposo;

    b) crime doloso cometido sem violência ou grave ameaça. Não se aplica ao crime culposo, ou seja, admite-se a substituição no crime culposo praticado com violência.

- **Requisitos subjetivos:**

    a) não reincidência em crime doloso. Excepcionalmente, admite-se a substituição ao réu reincidente, desde que o juiz verifique, em face de condenação anterior, que a medida seja socialmente recomendável e a reincidência não tenha operado em virtude da prática do mesmo crime – reincidência específica (art. 44, § 3º, do Código Penal);

    b) se a culpabilidade, os antecedentes, a conduta social, a personalidade e os motivos do crime aconselham a substituição.

A pena restritiva de direito é um direito subjetivo do réu. Presentes os requisitos o juiz deve substituir a pena privativa de liberdade por pena restritiva de direitos.

> **ATENÇÃO!**
> Se a pena for igual ou inferior a um ano, o juiz poderá substituir por somente uma pena restritiva de direito ou pela pena de multa.

REQUISITOS PARA SUBSTITUIÇÃO DA PENA PRIVATIVA DE LIBERDADE POR RESTRITIVA DE DIREITOS	
REQUISITOS OBJETIVOS	**REQUISITOS SUBJETIVOS**
Crime doloso, cometido sem violência ou grave ameaça à pessoa; OU **Crime culposo**.	Não ser o agente reincidente específico em crime doloso.

No **crime doloso**, pena privativa de liberdade aplicada não superior a 4 anos. No **crime culposo** a substituição é possível independentemente da quantidade da pena imposta.	A culpabilidade, os antecedentes, a conduta social, a personalidade e os motivos do crime aconselham a substituição.

13.8.3. Questões específicas

O condenado por crime de tráfico de drogas, que não envolve necessariamente emprego de violência ou grave ameaça, não poderá ter sua pena substituída por pena restritiva de direitos, por força da vedação expressa contida no art. 44, *caput*, da Lei nº 11.343/2006. Entretanto, o Supremo Tribunal Federal já decidiu pela inconstitucionalidade das regras impeditivas da substituição da pena privativa de liberdade, por ofensa ao princípio da individualização da pena e assim admitindo aplicação das penas restritivas de direitos, desde que presentes os requisitos legais.

O condenado por crime de lesão corporal de natureza leve ou de constrangimento ilegal ou de ameaça terá direito ao benefício de substituição da pena privativa de liberdade por pena restritiva de direitos, pois estes crimes, ainda que cometidos com emprego de violência ou grave ameaça, são considerados infrações de menor potencial ofensivo.

No caso de concurso de crimes, a substituição deverá observar o total da pena privativa de liberdade imposta pelos crimes dolosos.

13.8.4. Espécies de penas restritivas de direitos

O art. 43 do Código Penal apresenta o rol das penas restritivas de direitos: prestação pecuniária, perda de bens e valores, prestação de serviço à comunidade ou a entidades públicas, interdição temporária de direitos e limitação de fim de semana.

As penas restritivas de direitos de prestação de serviço à comunidade ou a entidades públicas, a interdição temporária de direitos e a limitação de fim de semana terão a mesma duração da pena privativa de liberdade substituída.

13.8.4.1. Prestação pecuniária

A prestação pecuniária está prevista no art. 45, § 1º, do Código Penal que dispõe: "A prestação pecuniária consiste no pagamento em dinheiro à vitima, a seus dependentes ou a entidade pública ou privada com destinação social, de importância fixada pelo juiz, não inferior a 1 (um) salário-mínimo nem superior a 360 (trezentos e sessenta) salários-mínimos. O valor pago será deduzido do montante de eventual condenação em ação de reparação civil, se coincidentes os beneficiários.

Esta pena tem a finalidade de reparação do dano causado, podendo inclusive ser parcelada conforme condição econômica do sentenciado.

A prestação pecuniária pode consistir em prestação de outra natureza, mas para isso é necessário a aceitação do beneficiário (art. 45, § 2º, do Código Penal).

A prestação pecuniária não se confunde com a multa, pois naquela o valor reverte para a vítima, seus dependentes ou entidades públicas ou particulares com destinação social, enquanto nesta o valor é revertido para o Estado.

> **ATENÇÃO!**
> Nos crimes praticados mediante violência doméstica ou familiar contra mulher é vedada a substituição da pena por prestação pecuniária ou pela entrega de cestas básicas (art. 17 da Lei nº 11.340/2006).

13.8.4.2. Perda de bens e valores

Consiste na perda de bens e valores pertencentes ao condenado que serão revertidos em favor do Fundo Penitenciário Nacional.

O seu valor tem como teto o que for maior, o montante do prejuízo causado ou o produto obtido pelo agente ou por terceiro em decorrência da prática do delito.

Os bens podem ser móveis e imóveis, e valores são títulos de créditos, ações, entre outros, que tenham valor econômico, porém, que estejam incorporados ao patrimônio lícito do condenado.

13.8.4.3. Prestação de serviço à comunidade ou a entidades públicas

A prestação de serviços à comunidade ou a entidades públicas consiste em atribuição de tarefas gratuitas ao condenado. Dar-se-á em entidades assistenciais, hospitais, escolas, orfanatos e outros estabelecimentos congêneres, em programas comunitários ou estatais.

As tarefas devem ser atribuídas conforme as aptidões do condenado. A atribuição não deve prejudicar a jornada normal de trabalho do condenado, isto é, o condenado deverá cumprir uma jornada de trabalho de 8 horas semanais, preferencialmente aos fins de semana e feriados.

A prestação de serviço deve ser cumprida à razão de 1 hora de trabalho por dia de condenação à pena privativa de liberdade. Só poderá ocorrer se a pena privativa de liberdade for superior a seis meses.

Se o sujeito for condenado à pena superior a um ano, o juiz poderá determinar que a prestação de serviços seja diminuída até a metade da pena aplicada.

> **ATENÇÃO!**
> A prestação de serviço não é remunerada, ou seja, as tarefas são gratuitas.

13.8.4.4. Interdição temporária de direitos

A interdição temporária de direitos é utilizada somente em certas hipóteses. Deverá haver uma relação de causalidade entre o crime e réu. São elas:

a) proibição do exercício do cargo, função ou atividade pública, bem como mandato eletivo. Somente pode ser aplicada nos crimes cometidos no exercício de função pública ou no mandato eletivo, no casos de violação de deveres inerentes à função;

b) proibição do exercício de profissão ou de atividade que dependam de habilitação especial de licença ou autorização do Poder Público, somente em crimes cometidos no exercício das funções. Ex.: médico, que durante uma cirurgia, causa a morte de alguém por imprudência;

c) suspensão da habilitação de dirigir, aplicada somente nos crimes culposos de trânsito (art. 57 do Código Penal);

d) proibição de frequentar determinados lugares, quando estes tiverem alguma relação com o crime. Ex.: aplicação de pena em integrante de torcida organizada que tumultuar um jogo de futebol.

13.8.4.5. Limitação de fim de semana

A limitação de fim de semana consiste na obrigação de permanecer, aos sábados e domingos, por 5 (cinco) horas diárias, em casa de albergado ou outro estabelecimento adequado, podendo ser nestes horários ministrados cursos ou palestras ou atribuídas atividades educativas.

A limitação de fim de semana terá a mesma duração da pena privativa de liberdade substituída.

13.8.5. Conversão da pena restritiva de direitos em privativa de liberdade

O art. 44, § 4º, do Código Penal dispõe: "A pena restritiva de direitos converte-se em privativa de liberdade quando ocorrer o descumprimento injustificado da restrição imposta. No cálculo da pena privativa de liberdade a executar será deduzido o tempo cumprido na pena restritiva de direitos, respeitado o saldo mínimo de trinta dias de detenção ou reclusão."

No caso de nova condenação à pena privativa de liberdade, por outro crime, o juiz da execução penal decidirá sobre a conversão, podendo deixar de aplicá-la se for possível ao condenado cumprir a pena substitutiva anterior (art. 44, § 5º, do Código Penal).

13.9. PENA DE MULTA

A multa, espécie de sanção penal, de cunho pecuniário, que consiste no pagamento ao fundo penitenciário da quantia fixada na sentença é calculada em dias-multa.

A pena de multa não pode ser convertida em pena privativa de liberdade. No caso do seu não pagamento pelo condenado solvente será considerada dívida de valor, com aplicação das normas da legislação relativa à dívida ativa da Fazenda Pública.

SÚMULAS SOBRE A PENA DE MULTA
Súmula nº 693/STF – "Não cabe *habeas corpus* contra decisão condenatória a pena de multa, ou relativo a processo em curso por infração penal a que a pena pecuniária seja a única cominada."
Súmula nº 171/STJ – "Cominadas cumulativamente, em Lei especial, penas privativas de liberdade e pecuniária, é defeso a substituição da prisão por multa."

Existem duas espécies de multa:

a) **multa abstrata** – é aquela que está expressamente prevista no preceito secundário do tipo penal. Ex.: no crime de calúnia, a pena prevista é de detenção, de seis meses a dois anos, e multa (art. 138, *caput*, do Código Penal);

b) **multa substitutiva ou vicariante** – é aquela aplicada em substituição a uma pena privativa de liberdade não superior a 1 ano (art. 44, § 2º, do Código Penal).

> **ATENÇÃO!**
> A pena de multa, apesar de dívida ativa, não perde o caráter penal.

13.9.1. Fixação da pena de multa

1ª Etapa – o juiz deve calcular quantos dias-multa. Variando de 10 a 360 dias-multa, nos termos do art. 49 do Código Penal. Nessa fixação, o juiz deve considerar as circunstâncias judiciais, agravantes e atenuantes genéricas, e causas de aumento ou diminuição de pena, observando assim o critério trifásico previsto no art. 68 do Código Penal.

> **ATENÇÃO!**
> Todas as fases que devem ser percorridas para a fixação da pena privativa de liberdade são utilizadas para o cálculo do número de dias-multa.

2ª **Etapa** – é calcular o valor do dia-multa. Não poderá ser inferior a um trigésimo do maior salário-mínimo mensal vigente ao tempo do fato e nem superior a cinco vezes esse salário, levando-se em conta a capacidade econômica do condenado.

Se o valor de cada dia-multa, em função da capacidade econômica, tornar-se reduzido, pode ser multiplicado em até três vezes. Já nos crimes contra o Sistema Financeiro Nacional, o valor da pena de multa pode ser ampliado até 10 vezes (art. 33 da Lei nº 7.492/86). Esta situação também ocorre nos crimes contra a propriedade industrial (art. 197, parágrafo único, da Lei nº 9.279/96) e nos crimes previstos nos arts. 33 a 39 da Lei nº 11.343/2006 – Lei de drogas.

Nas infrações de menor potencial ofensivo, o art. 76, § 1º, da Lei nº 9.099/95 autoriza o juiz, nas hipóteses em que a pena de multa seja a única aplicável, a reduzi-la até metade, quando a situação econômica do autor do fato recomendar.

Para a fixação do valor de cada dia-multa, deve-se considerar o valor do salário-mínimo vigente na data em que o fato é praticado, por força do princípio da anterioridade da pena. Sobre esse valor incide atualização monetária. A correção monetária, de acordo com o entendimento do Superior Tribunal de Justiça, incide a partir da data do fato.

> **ATENÇÃO!**
> Em caso de superveniente doença mental, suspende-se a execução da multa.

13.9.2. Pagamento da multa

O art. 50 do Código Penal dispõe: "A multa deve ser paga dentro de dez dias depois de transitada em julgado a sentença. A requerimento do condenado e conforme as circunstâncias, o juiz pode permitir que o pagamento se realize em parcelas mensais."

A cobrança da multa pode ser efetuada mediante desconto no vencimento ou salário do condenado, desde que não incida sobre os recursos indispensáveis ao seu sustento e de sua família.

Efetuado o pagamento da multa, o juiz decretará a extinção da pena.

O entendimento do Superior Tribunal de Justiça no caso de o condenado não realizar o pagamento da multa, por ser esta considerada dívida ativa, é no sentido de que caberá à Fazenda Pública ajuizar a ação de execução e não ao Ministério Público.

13.10. SÍNTESE

Pena	É a sanção penal de caráter aflitivo, imposta pelo Estado na execução de uma sentença penal, ao culpado pela prática de um crime ou contravenção penal.
Características da pena	**Legalidade** – a pena deve estar prevista em lei e estar em vigência na época do crime. **Pessoalidade** – a pena é personalíssima, ela não pode ser passada para outra pessoa cumprir. Nenhuma pena passará da pessoa do condenado. **Inderrogabilidade** – a pena não pode deixar de ser aplicada. **Proporcionalidade** – a pena tem que ser proporcional ao crime praticado. **Humanidade** – a pena não pode violar a integridade física e moral do condenado, porque está relacionada ao princípio da dignidade humana. **Irretroatividade** – a pena não pode alcançar fatos anteriores a ela. **Individualidade** – a pena deve ser individualizada segundo as características de cada autor.
Teorias da finalidade da pena	**Teoria absoluta ou retribucionista** – pune-se alguém pelo simples fato de haver delinquido. Tem a finalidade de castigar o criminoso pelo crime cometido. **Teoria relativa, preventiva ou utilitarista** – a pena passa a ser algo instrumental. Meio de combate à ocorrência e reincidência de crimes, ou seja, a pena existe para evitar futuros delitos. Tem a finalidade de prevenção. **Teoria mista, unitária ou eclética** – a pena tem dupla finalidade: serve para reprimir e também para prevenir infrações penais.
Finalidades na aplicação e na execução da pena	a) **Prevenção geral** – que se alcançaria por meio de um efeito psicológico sobre a sociedade e sobre o delinquente potencial ou latente. É retribuir com o mal o mal causado. b) **Prevenção especial** – incide sobre o autor concreto. Consiste no tratamento ressocializante e na punição ao infrator, visando assim a impedir a reincidência.
Princípios fundamentais relacionados à pena	**1 – Princípio da legalidade ou reserva legal** – (arts. 5º, inc. XXXIX, da CF e 1º do CP): *"Não há crime sem lei anterior que o defina, nem pena sem prévia cominação legal"; "Não há crime sem lei anterior que o defina. Não há pena sem prévia cominação legal".*

Capítulo 13

2 – Princípio da personalidade, intransmissibilidade, intranscendência ou responsabilidade pessoal – (art. 5º, inc. XLV, da CF) – "*Nenhuma pena passará da pessoa do condenado podendo a obrigação de reparar o dano e a decretação do perdimento de bens ser, nos termos da lei, estendidas aos sucessores e contra eles executadas, até o limite do valor do patrimônio transferido*". Somente será responsabilizado penalmente aquele que cometeu ou concorreu de qualquer modo para o crime. **Ressalva**: com relação à reparação dos danos e a decretação do perdimento de bens, o que se pode ser exigido dos sucessores do condenado, na forma da lei e observando-se os limites patrimoniais transmitidos, diz respeito aos efeitos da condenação e não a exceções à personalidade da pena.

3 – Princípio da individualização da pena – (art. 5º, inc. XLVI, da CF) – "*A lei regulará a individualização da pena e adotará, entre outras, as seguintes: a) privação ou restrição da liberdade; b) perda de bens; c) multa; d) prestação social alternativa; e) suspensão ou interdição de direitos*".

Momentos da individualização da pena:

a) na definição, pelo legislador, do crime e de sua pena – o magistrado terá os instrumentos necessários para que, no exame do caso concreto, possa aplicar a pena individualizadamente;

b) na aplicação, pelo juiz, da pena – terá inúmeros instrumentos para analisar o caso concreto e impor ao réu uma pena justa e dentro dos limites previstos para aquele fato delituoso;

c) na execução da pena – quando os condenados serão classificados de acordo com os seus antecedentes e personalidade, para orientar a individualização da execução penal.

4 – Princípio da proporcionalidade – estabelece que a resposta penal deve ser justa e suficiente no cumprimento do papel de reprovação do ilícito penal. Tanto na cominação como na aplicação da pena deve existir correspondência entre o delito praticado e a sanção penal imposta.

Momentos de análise:

a) plano abstrato – o legislador deve-se ater, quando da imposição de tipicidade a determinado fato, à conduta e suas consequências para assim definir uma reprimenda em patamar adequado à reparação pelo dano ao bem jurídico tutelado e às finalidades da pena;

b) plano concreto – o julgador, para estabelecer a reprimenda deverá observar, dentro dos limites previstos pela lei, as circunstâncias e as características da prática da infração penal, para, somente após, aplicá-la em concreto.

5 – Princípio da inderrogabilidade ou inevitabilidade da pena – a pena, presentes os seus pressupostos deve ser aplicada e cumprida integralmente. Pode ser mitigado, ex.: prescrição, perdão judicial, *sursis*, livramento condicional etc.

6 – Princípio da dignidade da pessoa humana – nenhuma pena pode atentar contra a dignidade da pessoa humana. Não se admite aplicação de penas – indignas, vexatórias, cruéis, desumanas ou infamantes (art. 5º, XLVII, da CF).

Espécies de pena	privativas de liberdade
	restritivas de direitos
	multa
Penas privativas de liberdade	São aquelas que irão restringir o direito de ir e vir do condenado.
Espécies de penas privativas de liberdade	**Reclusão** – cumprida em regime fechado, semiaberto ou aberto.
	Detenção – cumprida em regime semiaberto ou aberto, salvo necessidade de transferência para o regime fechado.
	Prisão simples – prevista na Lei de Contravenções Penais. Pode ser cumprida no regime semiaberto ou aberto.
Regimes nas penas privativas de liberdade	**Regime fechado** – a execução da pena se dá em estabelecimento prisional de segurança máxima ou média.
	Regime semiaberto – a execução da pena se dá em colônia agrícola, industrial ou estabelecimento similar.
	Regime aberto – a execução da pena se dá em casa do albergado ou estabelecimento adequado.
Regras do regime fechado (art. 34, CP)	O condenado será submetido a exame criminológico de classificação e individualização no início do cumprimento da pena.
	O condenado fica sujeito a trabalho no período diurno e a isolamento durante o repouso noturno.
	O trabalho será em comum dentro do estabelecimento, na conformidade com as ocupações anteriores do condenado, desde que compatíveis com a execução da pena.
	O trabalho externo é admitido em serviços ou obras públicas.
	O condenado será sempre remunerado pelo seu trabalho.
Regras do regime semiaberto (art. 35, CP)	O condenado poderá ser submetido a exame criminológico.
	O condenado fica sujeito a trabalho comum durante o período diurno, em colônia agrícola, industrial ou estabelecimento similar. O trabalho será sempre remunerado.
	O trabalho externo é admissível, bem como a frequência a cursos supletivos profissionalizantes, de instrução de segundo grau ou superior.
Regras do regime aberto (art. 36 do CP)	Baseia-se na autodisciplina e senso de responsabilidade do condenado.
	O condenado deverá, fora do estabelecimento e sem vigilância, trabalhar, frequentar curso ou exercer outra atividade autorizada, permanecendo recolhido durante o período noturno e nos dias de folga.
	Não existe possibilidade de remição da pena.

Capítulo 13

Reclusão	**Regime fechado** – se condenado a pena superior a 08 anos. **Regime semiaberto** – se condenado a pena superior a 04 anos e não excedente a 08 anos, desde que não reincidente. Se for reincidente o regime inicial é fechado. **Regime aberto** – se condenado a pena igual ou inferior a 04 anos, desde que não reincidente. Em caso de reincidência, o regime inicial será o fechado, ou semiaberto se forem favoráveis as circunstâncias judiciais.
Detenção	**Regime semiaberto** – se condenado a pena superior 04 anos ou se for reincidente. **Regime aberto** – se condenado a pena igual ou inferior a 04 anos, desde que não reincidente.
Prisão Simples	É a espécie de pena cominada às contravenções penais. Será cumprida em regime semiaberto ou aberto.
Progressão de regime (art. 33, § 2º, CP)	É o direito que o condenado tem de passar do regime inicial para um regime mais brando, após o cumprimento de um percentual da pena, desde que o seu mérito autorize a progressão. **Critérios para progressão de regime:** **No caso de crime comum** – bom comportamento carcerário e o cumprimento no mínimo 1/6 da pena imposta na sentença ou do total de penas, quando for o caso de várias execuções. **No caso de crime hediondo** – **a) se o réu for primário** – bom comportamento carcerário e o cumprimento no mínimo de 2/5 da pena imposta na sentença; **b) se o réu for reincidente** – bom comportamento carcerário e o cumprimento no mínimo de 3/5 da pena imposta na sentença. **Crime contra a Administração Pública** – o condenado terá direito a progressão do regime de cumprimento de pena, desde que repare o dano causado ou devolva o produto obtido do ilícito praticado, com os acréscimos legais. **Atenção** – a oitiva do representante do Ministério Público e do defensor é imprescindível para concessão de progressão. A decisão do juiz deve ser sempre motivada (art. 112, § 1º, da LEP). **Falta grave** – praticada pelo condenado durante o cumprimento da pena obriga o reinício da contagem do prazo para efeitos da progressão de regime.
Regressão de regime	É a transferência de um regime mais brando para outro mais rigoroso, ou seja, é a volta do condenado para o regime mais rigoroso. É possível a regressão por salto, ou seja, a passagem direta do regime aberto para o fechado. **Hipóteses de regressão de regime (art. 118, LEP):** **a)** Quando o condenado praticar fato definido como crime doloso: para aplicação da regressão basta a prática do delito, ou seja, não é necessário o trânsito em julgado da condenação. **b)** Quando o condenado praticar falta grave: o rol de faltas graves (art. 50 da LEP).

	c) Quando o condenado sofrer nova condenação, cuja soma com a pena anterior torne incabível o regime atual.
Para aplicação da regressão, em razão da prática de crime doloso ou falta grave, é necessária a instauração de procedimento administrativo disciplinar, com observância aos princípios constitucionais do devido processo legal, do contraditório e da ampla defesa.
O juiz deverá fundamentar sua decisão, ou seja, indicar os motivos pelos quais entende que o condenado deverá passar a cumprir sua pena em outro regime.
Direitos do preso (art. 38 do CP)	O preso conserva todos os direitos não atingidos pela perda da liberdade, impondo-se a todas as autoridades o respeito à sua integridade física e moral.
Ressalva – haverá suspensão dos direitos políticos dos presos com condenação criminal transitada em julgado, enquanto perdurarem seus efeitos. Os presos provisórios continuam com direito de voto (art. 15, III, CF).
Trabalho do preso (art. 39, CP)	O trabalho do preso será sempre remunerado, sendo-lhe garantidos os benefícios da Previdência Social. A remuneração não poderá ser inferior a três quartos do salário-mínimo.
O trabalho do preso tem dupla finalidade: educativa e produtiva.
Remição (art. 126, LEP)	O condenado que cumpre a pena em regime fechado ou semiaberto poderá remir, por trabalho ou por estudo, parte do tempo de execução da pena.
Finalidade: abreviar, pelo trabalho ou estudo, parte do tempo da condenação.
Contagem do tempo (art. 126, § 1º, LEP)	**I** – 1(um) dia de pena a cada 12 (doze) horas de frequência escolar – atividade de ensino fundamental, médio, inclusive profissionalizante, ou superior, ou ainda se requalificação profissional – divididas, no mínimo, em 3 (três) dias;
No tempo a remir em função das horas de estudo será acrescido de 1/3 (um terço) no caso de conclusão do ensino fundamental, médio ou superior durante o cumprimento da pena, desde que certificada pelo órgão competente do sistema de educação.
II – 1 (um) dia de pena a cada 3 (três) dias de trabalho.
Permite a cumulação das horas diárias de trabalho com as de estudo (§ 3º).
O condenado impossibilitado de prosseguir no trabalho ou nos estudos em decorrência de acidente continuará a se beneficiar com a remição (§ 4º).
O condenado poderá ser autorizado a estudar fora do estabelecimento penal, mas nesse caso deverá comprovar mensalmente, por meio de declaração emitida pela unidade de ensino, quanto à sua frequência e seu aproveitamento escolar.
Superveniência de doença mental	O condenado, durante o cumprimento da pena, que é acometido por doença mental, deverá ser recolhido a hospital de custódia e tratamento psiquiátrico ou, à falta, a outro estabelecimento adequado.

Detração penal (art. 42, CP)	Computam-se, na pena privativa de liberdade e na medida de segurança, o tempo de prisão provisória, no Brasil ou no estrangeiro, o de prisão administrativa e o de internação em qualquer dos estabelecimentos referidos no artigo anterior. Detração é a contagem do tempo de prisão processual, na pena privativa de liberdade. Quem já cumpriu um determinado período na processual, terá abatimento na pena. Detração penal não é admitida na pena de multa, pois há vedação legal da conversão desta pena em pena privativa de liberdade.
Penas restritivas de direitos (penas alternativas)	Numa perspectiva de ressocialização do condenado, surgem como alternativa de punição às rupturas das normas de conduta social, ou seja, são sanções autônomas que substituem a pena privativa de liberdade em alguns casos, com certas restrições. É uma sanção imposta em substituição à pena privativa de liberdade, consistente na supressão ou diminuição de um ou mais direitos do condenado. É aplicada em substituição à pena privativa de liberdade, isto é, o juiz primeiro aplica a pena privativa de liberdade na sentença condenatória, em seguida, se estiverem presentes os requisitos legais, substituirá essa pena por uma das penas restritivas de direito.
Características das penas restritivas de direitos	**Autonomia** – significa que não podem ser cumuladas com a pena privativa de liberdade. **Exceções**: art. 78 do Código de Defesa do Consumidor; Código de Trânsito Brasileiro, que prevê a possibilidade em diversos delitos de aplicação conjunta de penas privativas de liberdade e restritiva de direitos, ex.: arts. 302, 303, 306 e 308. **Substitutividade** – primeiro o juiz fixa a pena privativa e, depois, na mesma sentença, a substitui por penas restritivas de direitos, desde que presentes os requisitos legais. **Exceção** – o art. 28 da Lei nº 11.343/2006 – Lei de Drogas, onde as penas restritivas de direitos são impostas de forma imediata.
Requisitos para aplicação das penas restritivas de direitos	**Requisitos objetivos:** a) que a pena aplicada seja igual ou inferior a 4 (quatro) anos. Não existe o limite de pena no caso de crime culposo; b) crime doloso cometido sem violência ou grave ameaça. Não se aplica ao crime culposo, ou seja, admite-se a substituição no crime culposo praticado com violência. **Requisitos subjetivos:** a) não reincidência em crime doloso. Excepcionalmente, admite-se a substituição ao réu reincidente, desde que o juiz verifique, em face de condenação anterior, a medida seja socialmente recomendável e a reincidência não tenha operado em virtude da prática do mesmo crime – reincidência específica (art. 44, § 3º, do CP); b) se a culpabilidade, os antecedentes, a conduta social, a personalidade e os motivos do crime aconselham a substituição.

Espécies de penas restritivas de direitos	**1 – Prestação pecuniária (art. 45, § 1º, CP)** – consiste no pagamento em dinheiro à vítima, a seus dependentes ou a entidade pública ou privada com destinação social, de importância fixada pelo juiz, não inferior a 1 (um) salário-mínimo nem superior a 360 (trezentos e sessenta) salários-mínimos. O valor pago será deduzido do montante de eventual condenação em ação de reparação civil, se coincidentes os beneficiários.
	Finalidade – de reparação do dano causado, podendo inclusive ser parcelada conforme condição econômica do sentenciado.
	A prestação pecuniária não se confunde com a multa, pois naquela o valor reverte para a vítima, seus dependentes ou entidades públicas ou particulares com destinação social, enquanto nesta o valor é revertido para o Estado.
	2 – Perda de bens e valores – consiste na perda de bens e valores pertencentes ao condenado que serão revertidos em favor do Fundo Penitenciário Nacional.
	O seu valor tem como teto, o que for maior, o montante do prejuízo causado ou produto obtido pelo agente ou por terceiro em decorrência da prática do delito.
	Os bens podem ser móveis e imóveis, e valores são títulos de créditos, ações, entre outros, que tenham valor econômico, porém, que estejam incorporados ao patrimônio lícito do condenado.
	3 – Prestação de serviço à comunidade ou a entidades públicas – consiste em atribuição de tarefas gratuitas ao condenado. Dar-se-á em entidades assistenciais, hospitais, escolas, orfanatos e outros estabelecimentos congêneres, em programas comunitários ou estatais.
	As tarefas devem ser atribuídas conforme as aptidões do condenado. Atribuição não deve prejudicar a jornada normal de trabalho do condenado, isto é, o condenado deverá cumprir uma jornada de trabalho de 8 horas semanais, preferencialmente aos fins de semana e feriados.
	A prestação de serviço deve ser cumprida à razão de 1 hora de trabalho por dia de condenação à pena privativa de liberdade. Só poderá ocorrer se a pena privativa de liberdade for superior a seis meses.
	4 – Interdição temporária de direitos – é utilizada somente em certas hipóteses. Deverá haver uma relação de causalidade entre o crime e réu. São elas:
	a) proibição do exercício do cargo, função ou atividade pública, bem como mandato eletivo. Somente pode ser aplicada nos crimes cometidos no exercício de função pública ou no mandato eletivo, no casos de violação de deveres inerentes à função;
	b) proibição do exercício de profissão ou de atividade que dependam de habilitação especial de licença ou autorização do Poder Público, somente em crimes cometidos no uso das funções;

	c) suspensão da habilitação de dirigir, aplicada somente nos crimes culposos de trânsito (art. 57 do Código Penal); d) proibição de frequentar determinados lugares, quando estes tiverem alguma relação com o crime. **5 – Limitação de fim de semana** – consiste na obrigação de permanecer, aos sábados e domingos, por 5 (cinco) horas diárias em casa de albergado ou outro estabelecimento adequado, podendo ser nestes horários ministrados cursos ou palestras ou atribuídas atividades educativas. Terá a mesma duração da pena privativa de liberdade substituída.
Pena de multa	É espécie de sanção penal, de cunho pecuniário, que consiste no pagamento ao fundo penitenciário da quantia fixada na sentença e calculada em dias-multa. A pena de multa não pode ser convertida em pena privativa de liberdade. No caso do seu não pagamento pelo condenado solvente será considerada dívida de valor, com aplicação das normas da legislação relativa à dívida ativa da Fazenda Pública.
Espécies de multa	**a) multa abstrata** – é aquela que está expressamente prevista no preceito secundário do tipo penal. **b) multa substitutiva ou vicariante** – é aquela aplicada em substituição a uma pena privativa de liberdade não superior a 1 ano (art. 44, § 2º, do CP).
Fixação da pena de multa	**1ª Etapa** – o juiz deve calcular quantos dias-multa. Variando de 10 a 360 dias-multa, nos termos do art. 49 do CP. Nessa fixação, o juiz deve considerar as circunstâncias judiciais, agravantes e atenuantes genéricas, e causas de aumento ou diminuição de pena, observando assim o critério trifásico previsto no art. 68 do CP. **2ª Etapa** – é calcular o valor do dia-multa. Não poderá ser inferior a um trigésimo do maior salário-mínimo mensal vigente ao tempo do fato e nem superior a cinco vezes esse salário, levando-se em conta a capacidade econômica do condenado. Se o valor de cada dia-multa, em função da capacidade econômica, tornar-se reduzido, pode ser multiplicado em até três vezes. Crimes contra o Sistema Financeiro Nacional, o valor da pena de multa pode ser ampliado até 10 vezes (art. 33 da Lei nº 7.492/86). Crimes contra a propriedade industrial (art. 197, parágrafo único, da Lei nº 9.279/96). Crimes previstos nos arts. 33 a 39 da Lei nº 11.343/2006. Nas infrações de menor potencial ofensivo, o art. 76, § 1º, da Lei nº 9.099/95, autoriza o juiz, nas hipóteses em que a pena de multa seja a única aplicável, a reduzi-la até metade, quando a situação econômica do autor do fato recomendar.

Pagamento da multa (art. 50 do CP)	A multa deve ser paga dentro de dez dias depois de transitada em julgado a sentença. A requerimento do condenado e conforme as circunstâncias, o juiz pode permitir que o pagamento se realize em parcelas mensais.
	Sua cobrança pode ser efetuada mediante desconto no vencimento ou salário do condenado, desde que não incida sobre os recursos indispensáveis ao seu sustento e de sua família.
	Efetuado o pagamento da multa, o juiz decretará a extinção da pena.

13.11. QUESTÕES DE PROVA

1 – (XIV-Exame de Ordem Unificado – OAB/2014) Washington foi condenado à pena de 5 anos e 4 meses de reclusão e ao pagamento de 10 dias-multa pela prática do delito de roubo (art. 157, do CP), em regime semiaberto, tendo iniciado o cumprimento da pena logo após a publicação da sentença condenatória. Decorrido certo lapso temporal, a defesa de Washington pleiteia a progressão de regime prisional ao argumento de que, com a remição de pena a que faz jus, já cumpriu a fração necessária para ser agraciado com o avanço prisional, estando, assim, presente o requisito objetivo. Washington ostentaria, ainda, bom comportamento carcerário, atestado pelo diretor do estabelecimento prisional. Na decisão, o juiz *a quo* concedeu a progressão para o regime aberto, mediante a condição especial de prestação de serviços à comunidade (art. 43, IV, do CP).

De acordo com entendimento sumulado pelo Superior Tribunal de Justiça, assinale a opção correta.

A) O magistrado não agiu corretamente, eis que é inadmissível a fixação de prestação de serviços à comunidade (art. 43, IV, do CP) como condição especial para o regime aberto.

B) O magistrado agiu corretamente, uma vez que é admissível a fixação de prestação de serviços à comunidade (art. 43, IV, do CP) como condição especial para o regime aberto.

C) O magistrado não agiu corretamente, tendo em vista que deveria ter fixado mais de uma pena substitutiva prevista no art. 44 do CP, como condição especial para a concessão do regime aberto.

D) O magistrado agiu corretamente, pois poderia estabelecer qualquer condição como requisito para a concessão do regime aberto.

Correta: A

Comentários: *Para a concessão da progressão é necessário que o condenado tenha mérito, isto é, bom comportamento carcerário e atenda aos critérios: **a)** no caso de crime comum, o cumprimento no mínimo de 1/6 da pena imposta na sentença ou do total de penas, quando for o caso de várias execuções; **b)** no caso de crime hediondo, se o réu for primário, o cumprimento no mínimo de 2/5 da pena imposta na sentença; e no caso de réu reincidente, o cumprimento no mínimo de 3/5 da pena imposta na sentença. Logo, não há qualquer exigência de condição especial para a concessão do regime aberto.*

2 – (IX – Exame de Ordem Unificado – OAB/2012) – O sistema punitivo brasileiro é progressivo. Por meio dele o condenado passa do regime inicial de cumprimento de pena mais severo para regime mais brando, até alcançar o livramento condicional ou a liberdade definitiva.

A respeito da progressão de regime, assinale a afirmativa correta.

A) O sistema progressivo brasileiro é compatível com a progressão "por saltos", consistente na possibilidade da passagem direta do regime fechado para o aberto.

B) O cumprimento da pena privativa de liberdade nos crimes hediondos é uma exceção ao sistema progressivo. O condenado nesta modalidade criminosa deve iniciar e encerrar o cumprimento da pena no regime fechado, sem possibilidade de passagem para regime mais brando.

C) A progressão está condicionada, nos crimes contra a Administração Pública, à reparação do dano causado ou à devolução do produto do ilícito praticado com os acréscimos legais, além do cumprimento de 1/6 da pena no regime anterior e do mérito do condenado.

D) O pedido de progressão deve ser endereçado ao juízo sentenciante, que decidirá independente de manifestação do Ministério Público.

Correta: C

Comentários: *Progressão de regime é o direito que o condenado tem de passar do regime inicial para um regime mais brando, após o cumprimento de um percentual da pena, desde que o seu mérito autorize a progressão. O condenado por crime contra a Administração Pública terá direito à progressão do regime de cumprimento de pena, desde que repare o dano causado ou devolva o produto obtido do ilícito praticado, com os acréscimos legais.*

3 – (Delegado de Polícia do Estado de Santa Catarina/2014) – De acordo com o Código Penal e com relação ao cumprimento da pena em regime fechado, analise as afirmações a seguir e assinale a alternativa **correta**.

- **I –** O condenado fica sujeito a trabalho no período diurno e a isolamento durante o repouso noturno.
- **II –** O trabalho será em comum dentro do estabelecimento, na conformidade das aptidões ou ocupações anteriores do condenado, desde que compatíveis com a execução da pena.
- **III –** O trabalho externo é inadmissível.
- **IV –** O trabalho externo é admissível, desde que o condenado frequente cursos supletivos profissionalizantes, de instrução de segundo grau ou superior.

A) Apenas I, II e III estão corretas.

B) Apenas I e II estão corretas.

C) Apenas II, III e IV estão corretas.

D) Todas as afirmações estão corretas.

E) Todas as afirmações estão incorretas.

Correta: B

Comentários: *O art. 34, §§ 1º e 2º, do Código Penal dispõe: "O condenado fica sujeito a trabalho no período diurno e a isolamento durante o repouso*

Capítulo 13

noturno." "O trabalho será em comum dentro do estabelecimento, na conformidade das aptidões ou ocupações anteriores do condenado, desde que compatíveis com a execução da pena."

4 – (Delegado de Polícia do Estado de Santa Catarina/2014) – Analise as afirmações a seguir e assinale a alternativa **correta**.

De acordo com o Código Penal, as penas restritivas de direitos são, dentre outras:

I – Perda de bens e valores e prestação pecuniária.

II – Prestação de serviço à comunidade ou a entidades públicas.

III – Interdição temporária de direitos.

IV – Limitação de fim de semana e interdição permanente de direitos.

A) Todas as afirmações estão corretas.

B) Apenas, I, II e IV estão corretas.

C) Apenas, II e IV estão corretas.

D) Apenas, III e IV estão corretas.

E) Apenas, I, II e III estão corretas.

Correta: E

Comentários: *O art. 43 do Código Penal apresenta o rol de penas restritivas de direitos, isto é, prestação pecuniária, perda de bens e valores, prestação de serviço à comunidade ou a entidades públicas, interdição temporária de direitos e limitação de fim de semana.*

5 – (XV-Exame de Ordem Unificado – OAB/2014) – Daniel foi condenado à pena privativa de liberdade de 06 anos de reclusão, em regime inicial fechado, pela prática do delito de estupro (art. 213 do Código Penal). Tendo decorrido lapso temporal para progressão de regime prisional e ostentando o reeducando bom comportamento carcerário, sua defesa pleiteou a concessão do benefício. Em 26/07/2013, o Juízo das Execuções, tendo em vista a necessidade de melhor aferição do requisito subjetivo, determinou a realização de exame criminológico, em decisão devidamente fundamentada.

Sobre o caso apresentado, segundo entendimento sumulado nos Tribunais Superiores, assinale a opção correta.

A) Agiu corretamente o magistrado, eis que é possível a realização de exame criminológico pelas peculiaridades do caso, desde que em decisão motivada.

B) Agiu corretamente o magistrado, pois a realização de exame criminológico é sempre necessária.

C) Não agiu corretamente o magistrado, uma vez que não é possível a realização de exame criminológico.

D) Não agiu corretamente o magistrado, na medida em que o exame criminológico só poderá ser realizado no caso de crimes graves e hediondos.

Correta: A

Comentários: *O exame criminológico é matéria da Súmula Vinculante nº 26/STF – "Para efeito de progressão de regime no cumprimento de pena por crime hediondo, ou equiparado, o juízo da execução observará a inconstitucionalidade do art. 2º da Lei nº 8.072, de 25 de julho de 1990, sem prejuízo de avaliar se o condenado preenche, ou não, os requisitos objetivos e subjetivos do benefício, podendo determinar, para tal fim, de modo fundamentado, a realização de exame criminológico" e da Súmula nº 439/STJ – "Admite-se o exame criminológico pelas peculiaridades do caso, desde que em decisão motivada".*

6 – (Ministério Público/SP – 2010) – A exposição de motivos da Parte Geral do Código Penal brasileiro, ao referir-se à finalidade da individualização da pena, à vista de sua necessidade e eficácia para reprovação e prevenção do crime, afirma que "nesse conceito se define a Política Criminal preconizada no Projeto, da qual se deverão extrair todas as suas lógicas consequências". A partir de tal afirmativa, assinale a alternativa correta.

A) O Código Penal brasileiro adotou a concepção da pena como imperativo categórico, a qual se amolda à teoria da prevenção geral negativa.

B) O procedimento de aplicação de pena adotado pelo Código Penal (art. 59) tem como fundamento único o princípio da retribuição.

C) A concepção da pena como medida de prevenção de delitos, acolhida pelo Código Penal (art. 59), amolda-se às chamadas teorias absolutas.

D) O procedimento de aplicação da pena adotado pelo Código Penal (art. 59) tem como fundamento único o princípio da prevenção especial.

E) O Código Penal adotou como um dos fundamentos da aplicação da pena o princípio da prevenção geral (art. 59), preconizado pelas teorias relativas.

Correta: E

Comentários: *A aplicação da pena tem como um dos fundamentos o princípio da prevenção geral, como se verifica no art. 59 do Código Penal. O exame das circunstâncias judiciais previstas no artigo em comento impõe a observância do princípio constitucional da individualização da pena.*

7 – (Ministério Público/SP – 2010) – Assinale a alternativa correta.

A) a pena de detenção não pode ser cumprida em regime inicialmente fechado.

B) o condenado, não reincidente, a pena superior a oito anos de reclusão pode começar a cumpri-la em regime semiaberto.

C) na hipótese de concurso formal imperfeito, aplica-se ao agente a pena mais grave das cabíveis ou, se iguais, só uma delas, aumentada de 1/6 até 1/2.

D) a prescrição intercorrente tem como baliza a pena aplicada na sentença condenatória, podendo abranger o período entre a sentença e o recebimento da denúncia.

E) é facultado ao juiz substituir a pena privativa de liberdade não superior a quatro anos, imposta ao réu reincidente pela prática do mesmo crime ou de diversa espécie, se constituir medida socialmente recomendável.

Correta: A

Comentários: *A detenção deve ser cumprida em regime semiaberto ou aberto. A lei veda a fixação do regime fechado para iniciar o cumprimento da pena de detenção.*

8 – (Delegado de Polícia do Distrito Federal/2015) – Acerca das penas pecuniárias, assinale a alternativa correta.

A) A pena de multa, após o trânsito em julgado da sentença, condenatória, será considerada dívida de valor, aplicando-se-lhe as normas da legislação relativa à dívida ativa da Fazenda Pública, inclusive no que concerne às causas interruptivas e suspensivas da prescrição.

B) Caso sobrevenha doença mental ao condenado, há reflexos em relação à pena privativa de liberdade que lhe tenha sido cominada, mas não à pena de multa aplicada pelo juiz.

C) É imprescritível a pena de multa, conforme expressa disposição do CP que, por sua vez, é reflexo do princípio constitucional da intranscendência.

D) Para fins de fixação da pena de multa, a quantidade de dias-multa será fixada pelo juiz conforme as condições financeiras do condenado.

E) O juiz poderá deixar de aplicar a pena de multa, ainda que prevista como preceito secundário, se observar que o condenado não tem condições de pagá-la.

Correta: A

Comentários: *A multa, espécie de sanção penal, de cunho pecuniário, consiste no pagamento ao fundo penitenciário da quantia fixada na sentença e calculada em dias-multa. A pena de multa não pode ser convertida em pena privativa de liberdade. No caso do seu não pagamento pelo condenado solvente será considerada dívida de valor, com aplicação das normas da legislação relativa à dívida ativa da Fazenda Pública.*

9 – (Magistratura do Estado de São Paulo/2011) – Antônio foi condenado definitivamente pela prática de crime de estelionato e, depois de decorridos mais de cinco anos desde o cumprimento da pena

Capítulo 13

então imposta, comete novo crime, desta feita furto qualificado pelo rompimento de obstáculo, pelo qual vem a ser condenado à pena de dois anos e quatro meses de reclusão. Assinale a alternativa correta, em face do art. 44 do Código Penal, que dispõe sobre a substituição da pena privativa de liberdade por restritivas de direito.

A) A substituição não pode ser aplicada a Antônio, por ser a pena imposta de reclusão.

B) A substituição não pode ser aplicada a Antônio, por ser ele reincidente em crime doloso.

C) A substituição não pode ser aplicada a Antônio, por serem ambas as condenações por crimes contra o patrimônio.

D) A substituição pode ser aplicada a Antônio, pois a reincidência não é pela prática do mesmo crime.

E) A substituição pode ser aplicada a Antônio, pois ele não é reincidente.

Correta: E

Comentários: *Os requisitos para substituição da pena privativa de liberdade por restritivas de direitos são: **a)** que a pena aplicada seja igual ou inferior a 4 (quatro) anos. Não existe o limite de pena no caso de crime culposo; **b)** crime doloso cometido sem violência ou grave ameaça. Não se aplica ao crime culposo, ou seja, admite-se a substituição no crime culposo praticado com violência; **c)** não reincidência em crime doloso.* Para efeitos de reincidência não prevalece a condenação anterior, se entre a data do cumprimento ou extinção da pena e a infração posterior tiver decorrido período de tempo superior a cinco anos. *Excepcionalmente, admite--se a substituição ao réu reincidente, desde que o juiz verifique, em face de condenação anterior, que a medida seja socialmente recomendável e a reincidência não tenha operado em virtude da prática do mesmo crime – reincidência específica (art. 44, § 3º, do Código Penal); **d)** se a culpabilidade, os antecedentes, a conduta social, a personalidade e os motivos do crime aconselham a substituição. A pena restritiva de direitos é um direito subjetivo do réu. Presentes os requisitos o juiz deve substituir a pena privativa de liberdade em pena restritiva de direitos.*

10 – (Defensoria Pública do Estado de São Paulo/2013) – Sobre a relação entre o sistema penal brasileiro contemporâneo e a Constituição Federal, é correto afirmar.

A) O princípio constitucional da humanidade das penas encontra ampla efetividade no Brasil, diante da adequação concreta das condições de aprisionamento aos tratados internacionais de direitos humanos.

B) O princípio constitucional da legalidade restringe-se à tipificação de condutas como crimes, não abarcando as faltas disciplinares em execução penal.

C) O estereótipo do criminoso não contribui para o processo de criminalização, pois violaria o princípio constitucional da não discriminação.

D) A seletividade do sistema penal brasileiro, por ser um problema conjuntural, poderia ser resolvida com aplicação do princípio da igualdade nas ações policiais.

E) O princípio constitucional da intranscendência da pena não é capaz de impedir a estigmatização e práticas violadoras de direitos humanos de familiares de pessoas presas.

Correta: E

Comentários: *O princípio da intranscendência da pena está previsto no art. 5º, inc. XLV, da Constituição Federal, que dispõe: "Nenhuma pena passará da pessoa do condenado podendo a obrigação de reparar o dano e a decretação do perdimento de bens ser, nos termos da lei, estendidas aos sucessores e contra eles executadas, até o limite do valor do patrimônio transferido". Este princípio demonstra a impossibilidade de se transferir a pena para os familiares do infrator, ou seja, somente será responsabilizado penalmente aquele que cometeu ou concorreu de qualquer modo para o crime. A ressalva feita pelo constituinte com relação à reparação dos danos e à decretação do perdimento de bens, o que pode ser exigido dos sucessores do condenado, na forma da lei e observando-se os limites patrimoniais transmitidos, diz respeito aos efeitos da condenação e não exceções à personalidade da pena.*

Capítulo 14

Aplicação da Pena Privativa de Liberdade

14.1. ETAPAS DE APLICAÇÃO DA PENA PRIVATIVA DE LIBERDADE

O Brasil adotou para aplicação da pena o sistema trifásico, também denominado Nelson Hungria. Calcula-se a pena seguindo as três etapas:

- **1ª – fixação da pena** – sobre a pena simples ou sobre a pena qualificada, fixa-se a pena-base considerando as condições previstas no art. 59 do Código Penal – a culpabilidade, os antecedentes, a conduta social, a personalidade do agente, os motivos, as circunstâncias e consequências do crime, bem como o comportamento da vítima;

- **2ª – sobre a pena-base** – fixa a pena intermediária levando-se em consideração as circunstâncias agravantes e atenuantes previstas nos arts. 61, 62, 65 e 66, todos do Código Penal;

- **3ª – pena definitiva:** considerando as causas de aumento e de diminuição.

O critério trifásico busca viabilizar o exercício do direito de defesa, colocando o réu inteiramente a par de todas as etapas de individualização da pena, bem como passa a conhecer que valor atribuiu o juiz às circunstâncias judiciais que reconheceu presentes.

Superada esta fase, o juiz deverá fixar o regime inicial do cumprimento da pena: fechado, semiaberto ou aberto.

Por fim, o juiz, ainda, deverá decidir quanto à: **a)** substituição por penas alternativas; **b)** suspensão da execução da pena.

14.2. FASES DA APLICAÇÃO DA PENA

14.2.1. Cálculo da pena

Esta fase tem a finalidade de fixar a pena-base considerando as circunstâncias judiciais previstas no art. 59 do Código Penal, a saber:

- **culpabilidade do agente** – é o juízo de censurabilidade que recai sobre o tipo penal praticado pelo agente. Não se confunde com substrato do crime. Para alguns autores é o maior ou menor grau de reprovabilidade do agente pelo delito praticado;
- **antecedentes do agente** – bons ou maus antecedentes. São os crimes anteriormente praticados pelo condenado. Fatos posteriores ao crime não são considerados nesta circunstância judicial;

> **ATENÇÃO!**
> Por força do princípio da presunção de inocência, o inquérito policial arquivado ou em andamento não gera maus antecedentes. Também, pela mesma razão, a ação penal com absolvição ou em andamento não gera maus antecedentes.

A posição do Superior Tribunal de Justiça é de que os atos infracionais não podem ser considerados maus antecedentes ou reincidência.

- **conduta social do agente** – comportamento do réu no seu ambiente familiar, trabalho e convívio social;
- **personalidade do agente** – é o retrato psíquico do agente. Trata-se das características psicológicas do condenado, ou seja, o seu temperamento e caráter;
- **motivos do crime** – a razão, os fatores que levaram o agente à prática do delito. Isto é, são as causas que motivaram o agente a praticar o fato delituoso;

> **ATENÇÃO!**
> Quando o motivo do crime constar no próprio tipo penal como elementar não poderá ser considerado, na primeira fase, para fins de aumento da pena.

- **consequências do crime** – são os danos causados pelo fato delituoso para a vítima e familiares;
- **circunstâncias do crime** – maior ou menor gravidade relacionada ao tempo e lugar do crime, bem como ao modo de sua execução;

> **ATENÇÃO!**
> A gravidade abstrata do delito não pode ser considerada como circunstância judicial, pois já levada em consideração pelo legislador, quando da fixação das penas mínima e máxima.

- **comportamento da vítima** – trata-se da postura da vítima, ou seja, se concorreu para a prática do delito. O comportamento anterior da vítima de alguma maneira contribuiu para a realização do crime.

A pena base, nos termos do art. 59, inc. II, do Código Penal, tem que ficar nos limites previstos por lei. Não pode a pena base ficar além ou aquém.

A quantidade de aumento ou diminuição na primeira fase fica a critério do juiz, conquanto não deixe de obedecer aos limites previstos por lei, sendo indispensável a fundamentação sobre o aumento ou a diminuição.

SÚMULAS SOBRE APLICAÇÃO DA PENA
Súmula Vinculante nº 26/STF – "Para efeito de progressão de regime no cumprimento de pena por crime hediondo, ou equiparado, o juízo da execução observará a inconstitucionalidade do art. 2º da Lei nº 8.072, de 25 de julho de 1990, sem prejuízo de avaliar se o condenado preenche, ou não, os requisitos objetivos e subjetivos do benefício, podendo determinar, para tal fim, de modo fundamentado, a realização de exame criminológico."
Súmula nº 269/STJ – "É admissível a adoção do regime prisional semiaberto aos reincidentes condenados a pena igual ou inferior a quatro anos se favoráveis as circunstâncias judiciais."
Súmula nº 440/STJ – "Fixada a pena-base no mínimo legal, é vedado o estabelecimento de regime prisional mais gravoso do que o cabível em razão da sanção imposta, com base apenas na gravidade abstrata do delito."
Súmula nº 444/STJ – "É vedada a utilização de inquéritos policiais e ações penais em curso para agravar a pena-base."
Súmula nº 501/STJ – "É cabível a aplicação retroativa da Lei nº 11.343/2006, desde que o resultado da incidência das suas disposições, na íntegra, seja mais favorável ao réu do que o advindo da aplicação da Lei nº 6.368/76, sendo vedada a combinação de leis."

14.2.2. Fixação da pena intermediária

Nesta fase são analisadas as circunstâncias agravantes (arts. 61 e 62 do Código Penal) e atenuantes (arts. 65 e 66 do Código Penal).

As circunstâncias agravantes sempre agravam a pena, desde que não constituam ou qualifiquem o crime. **Exceções:**

1) quando constituem ou qualificam o crime. Isso para evitar *bis in idem*, ou seja, para evitar prejuízo ao réu. Ex.: praticar crime contra mulher grávida é agravante. No aborto, mulher grávida é elementar do crime, logo desconsidera-se o estado de gravidez, pois senão estaria incorrendo em *bis in idem*;
2) quando a pena-base foi fixada no máximo, pois o juiz, nesta fase, também está atrelado aos limites previstos em lei;
3) quando a circunstância atenuante for preponderante. (art. 67 do Código Penal).

As circunstâncias atenuantes, em regra, sempre atenuam a pena. **Exceções:**

1) salvo quando constituem ou privilegiam o crime. Aqui não se fala em *bis in idem*, pois está agindo em benefício do réu;
2) quando a pena-base foi fixada no mínimo. Também, nesta fase o juiz está atrelado aos limites previstos em lei;
3) quando a agravante for preponderante (art. 67 do Código Penal).

SÚMULA REFERENTE À FIXAÇÃO DE PENA
Súmula nº 231/STJ – "A incidência da circunstância atenuante não pode conduzir à redução da pena abaixo do mínimo legal."

O quanto do aumento ou da diminuição fica a critério do juiz, que deve sempre fundamentar.

APLICAÇÃO DE AGRAVANTES E ATENUANTES	
AGRAVANTES	**ATENUANTES**
Só ao crime doloso.	Crime doloso, culposo e preterdoloso.
Exceção: reincidência – aplica-se ao crime culposo e preterdoloso.	

14.2.2.1. Circunstâncias agravantes

Circunstâncias agravantes são aquelas que sempre agravam a pena, isto quando não constituem ou qualificam o crime. Estão previstas nos arts. 61 e 62 do Código Penal, que passaremos ao estudo.

14.2.2.2. Reincidência

O art. 61, inc. I, do Código Penal prevê a reincidência.

O conceito de reincidência está contido no art. 63 do Código Penal: "Verifica-se a reincidência quando o agente comete novo crime, depois de transitar em julgado a sentença que, no País ou no estrangeiro, o tenha condenado por crime anterior."

O art. 7º da Lei das Contravenções Penais complementou o conceito ao estabelecer que a reincidência verifica-se quando o agente pratica uma contravenção depois de passar em julgado a sentença que o tenha condenado no Brasil ou no estrangeiro, por qualquer crime, ou, no Brasil, por motivo de contravenção.

A reincidência só pode ser comprovada com certidão judicial da sentença condenatória transitada em julgado.

SÚMULA SOBRE A REINCIDÊNCIA
Súmula nº 241/STJ – "A reincidência penal não pode ser considerada como circunstância agravante e, simultaneamente, como circunstância judicial."

14.2.2.2.1. Requisitos para reincidência

Os requisitos da reincidência são:

a) trânsito em julgado de sentença penal condenatória, por crime anterior;

b) cometimento de novo crime.

Encontramos as seguintes situações:

Trânsito em julgado de sentença condenatória	Cometimento de nova infração penal	Consequências
Crime anterior no Brasil e no estrangeiro.	CRIME.	REINCIDENTE.
Crime anterior no Brasil e estrangeiro.	Contravenção penal.	REINCIDENTE.

Capítulo 14

Contravenção penal no Brasil.	Contravenção penal.	REINCIDENTE.
Contravenção penal no Brasil.	Crime.	NÃO REINCIDENTE (somente maus antecedentes).
Contravenção penal praticada no estrangeiro.	Contravenção penal.	NÃO REINCIDENTE.

> **ATENÇÃO!**
> A contravenção penal no estrangeiro não gera reincidência no Brasil.

A sentença que concede o perdão judicial não será considerada para efeitos de reincidência (art. 120 do Código Penal).

14.2.2.2.2. Hipóteses que não se consideram para efeito de reincidência

Para efeito de reincidência, o art. 64 do Código Penal dispõe:

I – não prevalece a condenação anterior, se entre a data do cumprimento ou extinção da pena e a infração posterior tiver decorrido período de tempo superior a cinco anos, computado o período de prova da suspensão ou do livramento condicional, se não ocorrer a revogação.

REINCIDÊNCIA		
Trânsito em julgado de sentença condenatória	Cometimento de nova infração penal	Consequências
Condenação.	Prática de novo crime antes do cumprimento da pena.	REINCIDENTE.
Condenação.	Prática de novo crime antes da extinção da pena.	REINCIDENTE.
Condenação.	Prática de novo crime depois de 05 anos do cumprimento da pena.	NÃO É REINCIDENTE. **Obs:** É apenas portador de maus antecedentes.

II – não se consideram os crimes militares próprios e políticos.

Crime militar próprio é aquele que só pode ser cometido por militar e só tem previsão no Código Penal Militar. Ex.: deserção; insubordinação.

Crime político é aquele que tem motivação política e fere os bens jurídicos previstos no art. 1º da Lei nº 7.170/83 – Lei de Segurança Nacional: a integridade territorial e a soberania nacional; o regime representativo e democrático, a Federação e o Estado de Direito; a pessoa dos Chefes dos Poderes da União.

REINCIDÊNCIA		
Trânsito em julgado de sentença condenatória	Cometimento de nova infração penal	Consequências
Condenação anterior de crime militar próprio.	Prática de novo crime.	NÃO É REINCIDENTE.
Condenação anterior de crime político.	Prática de novo crime.	NÃO É REINCIDENTE.

ATENÇÃO!
A transação penal não gera reincidência.

14.2.2.2.3. Espécies de reincidência

As espécies de reincidência são:

- **reincidência real** – quando o agente comete novo delito depois de já ter efetivamente cumprido pena por crime anterior;
- **reincidência ficta** – quando o autor comete novo crime, depois de ter sido condenado definitivamente, mas ainda sem cumprir a pena;
- **reincidência genérica** – crimes que não são da mesma natureza;
- **reincidência específica** – crimes da mesma espécie (prevalece que reincidência específica não necessariamente do mesmo tipo penal).

14.2.2.2.4. Efeitos da reincidência

O reconhecimento da reincidência, além de agravar a pena, produz os seguintes efeitos:

a) não permite a substituição da pena privativa de liberdade por pena restritiva de direitos ou por multa;

b) não permite, no caso de reincidência por crime doloso, a concessão de *sursis*;

c) para fins de obtenção do livramento condicional, aumenta o prazo de cumprimento da pena;

d) não permite a concessão do livramento condicional quando se tratar de reincidência específica em crimes hediondos, terrorismo, tortura e tráfico de drogas;

e) trata-se de causa obrigatória de revogação do *sursis*, no caso de condenação por crime doloso e causa facultativa em caso de crime culposo ou contravenção a pena privativa de liberdade ou restritiva de direitos, por outra infração penal praticada durante o período de prova;

f) trata-se de causa obrigatória de revogação de livramento condicional, no caso de condenação à pena privativa de liberdade por crime praticado durante o período de prova;

g) causa de interrupção da prescrição da pretensão executória;

h) revoga a reabilitação quando o agente for condenado a pena que não seja de multa;

i) não permite o reconhecimento do privilégio nos crimes contra o patrimônio, sem violência, isto é, no furto, apropriação indébita, estelionato e receptação;

j) obriga o condenado a iniciar o cumprimento da pena em regime mais gravoso;

l) não permite a transação penal nas infrações penais de menor potencial ofensivo;

m) impede a suspensão condicional do processo.

14.2.2.3. Outras circunstâncias agravantes

O art. 61, inc. II, do Código Penal elenca ainda, ter o agente cometido o crime:

a) **por motivo fútil ou torpe – fútil** é o motivo insignificante, de pouca importância, desproporcional. Há uma desproporção entre o crime e a causa que o originou. Ex.: ofender a integridade corporal da aeromoça porque ela não serviu a bebida solicitada durante o voo. Importante destacar que predomina na doutrina que a ausência de motivo não é considerada motivo fútil. **Torpe** é o motivo repugnante, vil. É aquele que ofende o sentimento moral da sociedade. Ex.: matar um parente para ficar com sua herança;

> **ATENÇÃO!**
> Por absoluta incompatibilidade um motivo não pode ser ao mesmo tempo fútil e torpe, ou seja, uma motivação exclui a outra.

b) **para facilitar ou assegurar a execução, a ocultação, a impunidade ou vantagem de outro crime** – aqui existe conexão entre dois ou mais crimes. Temos:

conexão teleológica – quando se pratica um crime para garantir a execução de outro delito, ou seja, crime anterior é cometido para facilitar ou assegurar a execução de outro crime posterior;

conexão consequencial – pratica-se um segundo crime para que o primeiro fique desconhecido, ou seja, o delito posterior é praticado para garantir a ocultação, a impunidade ou a vantagem de outro crime anterior;

c) **à traição, de emboscada, ou mediante dissimulação, ou outro recurso que dificultou ou tornou impossível a defesa do ofendido** – diz respeito a circunstâncias agravantes referentes ao modo de execução.

Traição – é a deslealdade; é a quebra da confiança que a vítima depositava no autor do crime.

Emboscada – é a tocaia, a espreita. O agente fica escondido esperando a passagem da vítima, para atacá-la.

Dissimulação – o agente utiliza-se de artifícios para se aproximar da vítima, isto é, finge uma amizade ou se vale de um disfarce.

Qualquer outro recurso que dificultou ou tornou impossível a defesa do ofendido – trata-se de uma fórmula genérica que se assemelha às hipóteses de traição, emboscada e dissimulação. O ofendido não tem razão para desconfiar da intenção do agente;

SEMELHANÇA E DISTINÇÃO	
TRAIÇÃO	**SURPRESA**
Agressão súbita e inesperada.	Agressão súbita e inesperada.
Presença de relação de confiança entre o agente e o ofendido.	Não há relação de confiança entre o agente e o ofendido.

d) **com emprego de veneno, fogo, explosivo, tortura ou outro meio insidioso ou cruel, ou de que podia resultar perigo comum** – diz respeito a circunstâncias agravantes referentes ao meio empregado ou que aumentam desnecessariamente o sofrimento da vítima ou ainda que possam gerar perigo comum, isto é, capaz de atingir um número indeterminado de pessoas.

Emprego de veneno – é qualquer substância que cause perturbações funcionais no organismo da pessoa, quando ingerida. Para configurar esta agravante é necessário que a vítima desconheça a sua ingestão.

Emprego de fogo ou explosivo – o uso de fogo ou explosivo para alcançar o resultado delituoso demonstra a perversidade do agente, visto que pode expor a risco um número indeterminado de pessoas.

Emprego de tortura – que impõe um intenso sofrimento físico ou moral à vitima.

Meio insidioso – é o uso de fraude ou armadilha para que o crime seja cometido de tal maneira que a vítima não perceba a sua execução;

e) **contra ascendente, descendente, irmão ou cônjuge** – esta agravante não se aplica nos crimes em que o parentesco em questão já é elementar, qualificadora ou causa de aumento de pena. A razão desta circunstância agravante é a insensibilidade moral do agente que pratica o delito contra seus parentes. Por força da inadmissibilidade da analogia *in malam partem* no Direito Penal, não se aplica esta agravante no caso de união estável e parentesco por afinidade. Para sua incidência é indispensável prova documental da relação de parentesco ou do vínculo matrimonial, nos termos do art. 155, parágrafo único, do Código de Processo Penal;

> **ATENÇÃO!**
> O parentesco pode ser civil ou natural, pois o art. 227, § 6º, da Constituição Federal proíbe qualquer distinção entre os filhos havidos ou não do casamento.

f) **com abuso de autoridade ou prevalecendo-se de relações domésticas, de coabitação ou de hospitalidade, ou com violência contra a mulher na forma da lei específica** – esta agravante se justifica pela quebra da confiança que a vítima depositava no autor.

Abuso de autoridade – diz respeito ao excesso nas relações privadas.

Relações domésticas – diz respeito àquelas criadas no âmbito do espaço físico caseiro, onde pessoas com ou sem vínculo familiar permaneçam.

Coabitação – diz respeito à vítima e ao autor conviverem sob o mesmo teto.

Hospitalidade – diz respeito a uma convivência passageira, ou seja, a vítima recebe em sua casa alguém como visita ou para permanência por um curto período.

Violência contra a mulher – é regulamentada pela Lei nº 11.340/2006 – Lei Maria da Penha. Deve ser interpretada de acordo com o art. 5º da lei em comento;

g) **com abuso de poder ou violação de dever inerente a cargo, ofício, ministério ou profissão**

abuso de poder ou violação de dever inerente a cargo – diz respeito a comportamentos praticados por funcionários públicos em geral. Se a conduta já estiver descrita na Lei nº 4.898/65 ou nos arts. 312 a 326, afasta-se a aplicação desta agravante.

Abuso de poder ou violação de dever inerente a ofício, ministério ou profissão – diz respeito às transgressões ocorridas nas atividades de natureza privada.

h) **contra criança, maior de 60 anos, enfermo ou mulher grávida** – esta agravante tem razão de ser na fragilidade da vítima em virtude de suas condições físicas, ou seja, tem menor chance de defesa e reação.

Criança – é a pessoa de até 12 anos de idade incompletos – art. 2º, *caput,* da Lei nº 8.069/90 – Estatuto da Criança e do Adolescente.

Idoso – a Lei nº 10.741/2003 – Estatuto do Idoso, definiu como idosa a pessoa maior de 60 anos de idade.

Enfermo – para se reconhecer esta agravante é necessário que a pessoa, em razão de alguma doença, permanente ou provisória, tenha reduzida a sua capacidade de defesa. Também é indispensável o nexo entre o crime praticado e a enfermidade da vítima. Ex.: um cego, vítima de um crime contra o patrimônio.

Mulher grávida – a gestação avançada que a torne mais vulnerável aos ataques criminosos;

> **ATENÇÃO!**
> O autor tem que ter conhecimento da gravidez e da enfermidade para o reconhecimento desta agravante.

i) **quando o ofendido estava sob a imediata proteção da autoridade** – a razão desta agravante é o desrespeito à autoridade e o nível elevado da audácia do autor. Destaca-se a necessidade de estar sob a imediata proteção. Proteção imediata significa guarda, dependência, sujeição. Destarte, enquadra-se nessa agravante o resgate de preso para ser morto por facção rival, mas não o crime contra a vítima que se encontrava ao lado de um policial;[1]

j) **em ocasião de incêndio, naufrágio, inundação ou qualquer calamidade pública, ou de desgraça particular do ofendido** – a razão desta agravante está na falta de solidariedade e insensibilidade do autor. Trata-se de tragédias que podem atingir tanto a sociedade (calamidade pública) como o indivíduo (desgraça particular do ofendido).

---
1 MASSON, Cleber. *Direito penal – parte geral*, p. 658.

l) **em estado de embriaguez preordenada** – a embriaguez preordenada ocorre quando o indivíduo, propositadamente, se embriaga, para ter coragem de praticar o crime. Aplica-se a *teoria da actio libera in causa*. A culpabilidade do autor é verificada no momento em que se embriagou, e não no momento da prática do crime.

> **ATENÇÃO!**
> As agravantes genéricas previstas no art. 61, inc. II, do CP somente se aplicam aos delitos dolosos.

14.2.2.4. Agravantes no caso de concurso de pessoas

O art. 62 do Código Penal ainda prevê agravantes aplicáveis às hipóteses de concurso de pessoas. A pena será agravada em relação ao agente que:

I – **promove, ou organiza a cooperação no crime ou dirige a atividade dos demais agentes** – diz respeito ao indivíduo que promove a união dos agentes ou então que atua como líder do grupo. Trata-se do autor intelectual do delito;

> **ATENÇÃO!**
> Não há *bis in idem* quando o juiz reconhece a participação e aplica essa agravante, pois os motivos e finalidades são distintos.

II – **coage ou induz outrem à execução material do crime** – diz respeito ao autor mediato;

III – **instiga ou determina a cometer o crime alguém sujeito à sua autoridade ou não punível em virtude de condição ou qualidade pessoal** – trata-se de autor mediato. É necessário o vínculo de subordinação ou qualquer espécie de relação, ou seja, que o executor do crime esteja sob a autoridade de quem instiga ou determina;

IV – **executa o crime, ou nele participa, mediante paga ou promessa de recompensa** – trata-se do coautor mercenário.

14.2.2.5. Circunstâncias atenuantes

As circunstâncias atenuantes estão previstas nos arts. 65 e 66 do Código Penal.

O reconhecimento de uma circunstância atenuante obriga o juiz à redução da pena, mas não pode fazer de modo que esta fique abaixo do mínimo legal.

As circunstâncias atenuantes incidem nos crimes dolosos, culposos e preterdolosos.

O art. 65 do Código Penal traz o rol das circunstâncias atenuantes genéricas, a saber:

I – **Ser o agente menor de 21 (vinte e um), na data do fato, ou maior de 70 (setenta) anos na data da sentença** – a pena deve ser atenuada quando o agente, à época do fato, era menor de 21 anos de idade. A menoridade é circunstância preponderante. Já com relação ao maior de 70 anos deve se observar a data da sentença de 1º grau;

> **ATENÇÃO!**
> O Estatuto do Idoso considera idoso todo aquele que tem mais de 60 anos de idade, mas este diploma não alterou esta atenuante.

II – **Desconhecimento da lei** – não é caso de isenção de pena, mas sim de redução. O desconhecimento da norma é inescusável e não afasta o caráter delituoso do fato. Mas, a pena é suavizada. Não se confunde desconhecimento da lei com erro de proibição.

DESCONHECIMENTO DA LEI	ERRO DE PROIBIÇÃO
Ocorre quando o agente não tinha conhecimento da existência da lei.	Ocorre quando o agente ignora a proibição (norma proibitiva ou mandamental), ou seja, não sabe que sua conduta é proibida.

III – Ter o agente

    a) cometido o crime por motivo de relevante valor social ou moral –

    Valor social – é aquele que diz respeito ao grupo social ou à coletividade.

Valor moral – é aquele que diz respeito aos próprios sentimentos do agente, avaliados em conformidade ao conceito de "homem médio". Tem um aspecto ético. Ex.: sentimentos de piedade, misericórdia e compaixão. Ressaltando, que em ambos, hão de ser relevantes, isto é de suma importância para o reconhecimento desta atenuante.

> **ATENÇÃO!**
> O valor social ou moral, quando reconhecido como privilégio do homicídio ou das lesões corporais, não pode ser aplicado como atenuante, para não incorrer em *bis in idem*.

b) **procurado, por sua espontânea vontade e com eficiência, logo após o crime, evitar-lhe ou minorar-lhe as consequências, ou ter, antes do julgamento, reparado o dano** – ocorre quando o agente, após a consumação do delito, consegue evitar ou minorar suas consequências. O arrependimento deve ser espontâneo e eficiente. Também é possível a redução da pena, quando o agente repara o dano antes da sentença de primeira instância. A reparação do dano deve ser integral e realizada pelo réu de forma livre, ou seja, sem coação;

> **ATENÇÃO!**
> Não confundir com o arrependimento eficaz, pois este somente ocorre quando o agente consegue evitar a consumação do delito.

c) **cometido o crime sob coação a que podia resistir, ou em cumprimento de ordem de autoridade superior, ou sob a influência de violenta emoção, provocada por ato injusto da vítima** – a coação moral deve ser resistível para que o agente tenha sua pena reduzida. No caso de coação física ou moral irresistível, o agente terá sua culpabilidade afastada, ou seja, será punido apenas o coator (art. 22 do Código Penal). O mesmo raciocínio se aplica no caso de obediência a ordem superior, isto é, quando for manifestamente ilegal implicará em redução de pena e quando **não** for manifestamente ilegal, a culpabilidade do agente ficará afastada. Também no caso do crime cometido sob a influência de violenta emoção, provocada por ato injusto da vítima há o reconhecimento desta atenuante;

> **ATENÇÃO!**
> Não se confunde com o homicídio privilegiado, pois este exige "o domínio de violenta emoção" e que a morte tenha sido praticada logo após a injusta provocação. Já na atenuante, basta a simples influência.

d) **confessado espontaneamente, perante a autoridade, a autoria do crime** – a confissão deve ser realizada de forma espontânea e na presença da autoridade pública. A decisão de confessar deve partir do próprio agente, ou seja, ato voluntário e sem interferência externa;

e) **cometido o crime sob a influência de multidão em tumulto, se não o provocou** – trata-se de crime multitudinário. O requisito essencial para seu reconhecimento é que o agente do delito não tenha provocado o tumulto que está envolvido, bem como não se aplica àqueles que, aproveitadores da situação de desordem, conduzem a massa.[2] A quantidade de pessoas para a configuração da multidão fica a critério do juiz.

14.2.2.6. Circunstâncias atenuantes inominadas

O art. 66 do Código Penal dispõe: "A pena poderá ser ainda atenuada em razão de circunstância relevante, anterior ou posterior ao crime, embora não prevista expressamente em lei".

Desta forma, permite-se que o juiz reduza a pena sempre que entender presente alguma circunstância relevante, anterior ou posterior ao crime, não elencada no rol do art. 65 do Código Penal.

As circunstâncias atenuantes inominadas também são conhecidas por atenuantes de clemência, pois o juiz, em regra, as concede como ato de bondade.

---
2 NUCCI, Guilherme de Souza. *Manual de direito penal – parte geral e parte especial*, p. 465.

SÚMULAS SOBRE CIRCUNSTÂNCIAS ATENUANTES
Súmula nº 74/STJ – "Para efeitos penais, o reconhecimento da menoridade do réu requer prova por documento hábil."
Súmula nº 554/STF – "O pagamento de cheque emitido sem provisão de fundos, após o recebimento da denúncia, não obsta ao prosseguimento da ação penal."

14.2.2.7. Concurso de circunstâncias agravantes com atenuantes

O art. 67 do Código Penal dispõe: "No concurso de agravantes e atenuantes, a pena deve aproximar-se do limite indicado pelas circunstâncias preponderantes, entendendo-se como tais as que resultam dos motivos determinantes do crime, da personalidade do agente e da reincidência".

De acordo com o Código Penal, a circunstância subjetiva deve preponderar com relação às demais. Entretanto, o juiz está livre para valorar esta questão no caso concreto, sempre em observância ao princípio da razoabilidade.

Circunstâncias preponderantes não se confundem com circunstâncias incompatíveis. Nestas, uma das circunstâncias tem que desaparecer, ou seja, o relevante valor moral é incompatível com o motivo fútil. Já naquelas subsistem todas as agravantes e atenuantes genéricas, pesando mais a que prepondera, quer para agravar ou atenuar a pena.[3]

14.2.3. Aplicação das causas de aumento e de diminuição de pena

As causas de aumento e de diminuição de pena podem ser encontradas na Parte Geral ou na Parte Especial do Código Penal e devem ser aplicadas na terceira fase da fixação da pena.

Causas de aumento de pena são aquelas que demonstram maior reprovabilidade e elevam a pena. A lei se utiliza de índice de soma ou de multiplicação para ser aplicado sobre a pena. Ex.: no concurso formal a pena é aumentada de 1/6 a 1/2.

Causas de diminuição de pena são aquelas que demonstram menor reprovabilidade e diminuem a pena. A lei utiliza índice de redução para ser aplicado sobre a pena fixada na fase anterior. Ex.: na tentativa a pena é reduzida de 1/3 a 2/3.

---

3 VERGARA, Pedro. *Das circunstâncias atenuantes no direito penal vigente*, p. 50.

Capítulo 14

> **ATENÇÃO!**
> No reconhecimento de causa de aumento ou de diminuição de pena, o juiz pode fixar pena superior à máxima ou inferior à mínima, previstas em abstrato.

Causa de aumento de pena	Circunstância agravante	Crime qualificado
Permite a pena além do máximo.	Não é possível fixar a pena além do máximo.	É levado em consideração na primeira fase de fixação de pena.

> **ATENÇÃO!**
> Causa de diminuição de pena não se confunde com circunstância atenuante. Esta não permite a pena aquém do mínimo, enquanto naquela é possível.

SÚMULAS SOBRE CAUSAS DE AUMENTO E DE DIMINUIÇÃO DE PENA
Súmula nº 442/STJ – "É inadmissível aplicar, no furto qualificado, pelo concurso de agentes, a majorante do roubo."
Súmula nº 443/STJ – "O aumento na terceira fase de aplicação da pena no crime de roubo circunstanciado exige fundamentação concreta, não sendo suficiente para a sua exasperação a mera indicação do número de majorantes."

14.2.3.1. Concurso de causas de aumento e de diminuição de pena

O art. 68, parágrafo único, do Código Penal dispõe: "No concurso de causas de aumento ou de diminuição previstas na parte especial, pode o juiz limitar-se a um só aumento ou a uma só diminuição, prevalecendo, todavia, a causa que mais aumente ou diminua". Diante deste enunciado teremos as seguintes hipóteses.

Presentes duas causas de aumento, uma da Parte Geral e outra da Parte Especial, ambas serão aplicadas. O segundo índice deve incidir sobre a pena resultante do primeiro aumento. Será o mesmo procedimento a ser adotado no caso de duas causas de diminuição – uma da Parte Geral e outra da Parte Especial.

Presentes uma causa de aumento e uma causa de diminuição, tanto da Parte Geral como da Parte Especial, deverão ser aplicados ambos os índices.

Presentes duas ou mais causas de aumento descritas na Parte Especial, o juiz somente poderá fixar um aumento aplicando, todavia, a causa que mais exaspere a pena, ou seja, só poderá aplicar o maior aumento. Será o mesmo procedimento a ser adotado no caso de duas causas de diminuição previstas na Parte Especial do Código Penal.

Pode ocorrer, ainda, que o juiz reconheça duas ou mais qualificadoras num mesmo crime. A solução apresentada pela doutrina e pela jurisprudência para esta questão é que o juiz deve utilizar-se de uma delas para qualificar o crime e as demais servirão como agravantes genéricas, se previstas nos arts. 61 e 62 do Código Penal ou como circunstâncias judiciais.

Agravantes Atenuantes	Causas de aumento Causas de diminuição da pena
Circunstâncias legais.	Majorantes ou minorantes.
Aplicadas na 2ª fase da fixação da pena.	Aplicadas na 3ª fase da fixação da pena.
Presentes somente na Parte Geral do Código Penal.	Presentes tanto na Parte Geral como na Parte Especial do Código Penal.
Para o *quantum* de aumento ou de diminuição há previsão legal.	O *quantum* de aumento ou de diminuição tem previsão legal, podendo ser: fixo ou variável.
O juiz deve obedecer aos limites fixados por lei para a pena cominada. A pena-base não pode ficar além do máximo e nem aquém do mínimo	Não há limites legais a serem obedecidos pelo juiz.

14.3. FIXAÇÃO FINAL DA PENA

Superadas as três fases de fixação e estabelecido o *quantum* da pena, o juiz deverá fixar o regime inicial do cumprimento da pena seguindo as regras previstas no art. 33 do Código Penal.

Deverá, ainda, o juiz analisar a possibilidade de concessão do *sursis* ou da substituição da pena privativa de liberdade por pena restritiva de direitos ou multa.

14.4. SÍNTESE

Etapas de aplicação da pena privativa de liberdade	**1ª Fixação da pena** – pena simples ou pena qualificada. Fixa-se a pena base considerando as condições previstas no art. 59 do CP. **2ª Sobre a pena-base** – fixa-se a pena intermediária, levando-se em consideração as circunstâncias agravantes e atenuantes. **3ª Pena definitiva** – considera as causas de aumento e de diminuição. Critério adotado no Brasil para aplicação da pena é o trifásico (Nelson Hungria).
Fases da aplicação da pena	**1** – Cálculo da pena **2** – Fixação da pena intermediária **3** – Fixação da pena definitiva
Cálculo da pena	Tem a finalidade de fixar a pena-base considerando as circunstâncias judiciais previstas no art. 59 do Código Penal: **a – Culpabilidade do agente** – é o juízo de censurabilidade que recai sobre o tipo penal praticado pelo agente; **b – Antecedentes do agente** – bons ou maus antecedentes. São os crimes **anteriormente** praticados pelo condenado; **c – Conduta social do agente** – comportamento do réu no seu ambiente familiar, trabalho e convívio social; **d – Personalidade do agente** – é o retrato psíquico do agente. Trata-se das características psicológicas do condenado, ou seja, o seu temperamento e caráter; **e – Motivos do crime** – a razão, os fatores que levaram o agente a prática do delito; **f – Consequências do crime** – são os danos causados pelo fato delituoso para a vítima e familiares; **g – Circunstâncias do crime** – maior ou menor gravidade relacionada ao tempo e lugar do crime, bem como ao modo de sua execução; **h – Comportamento da vítima** – trata-se da postura da vítima, ou seja, se concorreu para a prática do delito. O comportamento anterior da vítima de alguma maneira contribuiu para a realização do crime. A pena-base tem que ficar nos limites previstos por lei. A quantidade de aumento ou diminuição na primeira fase fica a critério do juiz, conquanto não deixe de obedecer aos limites previstos por lei, sendo indispensável a fundamentação sobre o aumento ou a diminuição.
Fixação da pena intermediária	Nesta fase será analisada a presença de circunstâncias agravantes e atenuantes.
Circunstâncias agravantes	São aquelas que sempre agravam a pena, isto quando não constituem ou qualificam o crime. Estão previstas nos arts. 61 e 62 do Código Penal.

Reincidência (art. 61, I, CP)	Verifica-se a reincidência quando o agente comete novo crime, depois de transitar em julgado a sentença que, no País ou no estrangeiro, o tenha condenado por crime anterior (art. 63, CP). A reincidência verifica-se quando o agente pratica uma contravenção depois de passar em julgado a sentença que o tenha condenado no Brasil ou no estrangeiro, por qualquer crime, ou, no Brasil, por motivo de contravenção. Trata-se de um complemento do conceito (art. 7º da LCP). A reincidência só pode ser comprovada com certidão judicial da sentença condenatória transitada em julgado.
Requisitos da reincidência	**a)** trânsito em julgado de sentença penal condenatória, por crime anterior; **b)** cometimento de novo crime.
Hipóteses que não se consideram para efeito de reincidência (art. 64, CP)	**I** – não prevalece a condenação anterior, se entre a data do cumprimento ou extinção da pena e a infração posterior tiver decorrido período de tempo superior a cinco anos, computado o período de prova da suspensão ou do livramento condicional, se não ocorrer a revogação; **II** – não se consideram os crimes militares próprios e políticos.
Espécies de reincidência	**Reincidência real** – quando o agente comete novo delito depois de já ter efetivamente cumprido pena por crime anterior. **Reincidência ficta** – quando o autor comete novo crime, depois de ter sido condenado definitivamente, mas ainda sem cumprir a pena. **Reincidência genérica** – crimes que não são da mesma natureza. **Reincidência específica** – crimes da mesma espécie (prevalece que não necessariamente do mesmo tipo penal).
Efeitos da reincidência	**a)** Não permite a substituição da pena privativa de liberdade por pena restritiva de direitos ou por multa. **b)** Não permite, no caso de reincidência por crime doloso, a concessão de *sursis*. **c)** Para fins de obtenção do livramento condicional, aumenta o prazo de cumprimento da pena. **d)** Não permite a concessão do livramento condicional quando se tratar de reincidência específica em crimes hediondos, terrorismo, tortura e tráfico de drogas. **e)** Trata-se de causa obrigatória de revogação do *sursis*, no caso de condenação por crime doloso e causa facultativa em caso de crime culposo ou contravenção a pena privativa de liberdade ou restritiva de direitos, por outra infração penal praticada durante o período de prova. **f)** Trata-se de causa obrigatória de revogação de livramento condicional, no caso de condenação a pena privativa de liberdade por crime praticado durante o período de prova.

	g) Causa de interrupção da prescrição da pretensão executória. **h)** Revoga a reabilitação quando o agente for condenado a pena que não seja de multa. **i)** Não permite o reconhecimento do privilégio nos crimes contra o patrimônio, sem violência, isto é, no furto, apropriação indébita, estelionato e receptação. **j)** Obriga o condenado a iniciar o cumprimento da pena em regime mais gravoso. **l)** Não permite a transação penal nas infrações penais de menor potencial ofensivo. **m)** Impede a suspensão condicional do processo.
Outras circunstâncias agravantes	**a) Por motivo fútil ou torpe** – **fútil** é o motivo insignificante, de pouca importância, desproporcional. Há uma desproporção entre o crime e a causa que o originou. **Torpe** é o motivo repugnante, vil. É aquele que ofende o sentimento moral da sociedade. **b) Para facilitar ou assegurar a execução, a ocultação, a impunidade ou vantagem de outro crime** – existe conexão entre dois ou mais crimes. Temos: **conexão teleológica** – quando se pratica um crime para garantir a execução de outro delito, ou seja, crime anterior é cometido para facilitar ou assegurar a execução de outro crime posterior; **conexão consequencial** – pratica-se um segundo crime para que o primeiro fique desconhecido, ou seja, o delito posterior é praticado para garantir a ocultação, a impunidade ou a vantagem de outro crime anterior. **c) À traição, de emboscada, ou mediante dissimulação, ou outro recurso que dificultou ou tornou impossível a defesa do ofendido** – **Traição** – é a deslealdade; é a quebra da confiança que a vítima depositava no autor do crime. **Emboscada** – é a tocaia, a espreita. **Dissimulação** – o agente utiliza-se de artifícios para se aproximar da vítima, isto é, finge uma amizade ou se vale de um disfarce. **Qualquer outro recurso que dificultou ou tornou impossível a defesa do ofendido** – trata-se de uma fórmula genérica que se assemelha as hipóteses de traição, emboscada e dissimulação. O ofendido não tem razão para desconfiar da intenção do agente. **d) Com emprego de veneno, fogo, explosivo, tortura ou outro meio insidioso ou cruel, ou de que podia resultar perigo comum** – diz respeito ao meio empregado ou que aumenta desnecessariamente o sofrimento da vítima ou ainda que possa gerar perigo comum, isto é, capaz de atingir um número indeterminado de pessoas. **Emprego de veneno** – é qualquer substância que cause perturbações funcionais no organismo da pessoa, quando ingerida.

Emprego de fogo ou explosivo – o uso de fogo ou explosivo para alcançar o resultado delituoso demonstra a perversidade do agente, visto que possa expor em risco um número indeterminado de pessoas.

Emprego de tortura – que impõe um intenso sofrimento físico ou moral à vitima.

Meio insidioso – é o uso de fraude ou armadilha para que o crime seja cometido de tal maneira que a vítima não perceba a sua execução.

e) Contra ascendente, descendente, irmão ou cônjuge – não se aplica nos crimes em que o parentesco em questão já é elementar, qualificadora ou causa de aumento de pena. Diz respeito à insensibilidade moral do agente que pratica o delito contra seus parentes.

f) Com abuso de autoridade ou prevalecendo-se de relações domésticas, de coabitação ou de hospitalidade, ou com violência contra a mulher na forma da lei específica – se justifica pela quebra da confiança que a vítima depositava no autor.

Abuso de autoridade – diz respeito ao excesso nas relações privadas.

Relações domésticas – diz respeito àquelas criadas no âmbito do espaço físico caseiro, onde pessoas com ou sem vínculo familiar permaneçam.

Coabitação – diz respeito à vítima e o autor conviverem sob o mesmo teto.

Hospitalidade – diz respeito a uma convivência passageira, ou seja, a vítima recebe em sua casa alguém como visita ou para permanência por um curto período.

Violência contra a mulher – é regulamentada pela Lei nº 11.340/2006 – Lei Maria da Penha. Deve ser interpretada de acordo com o art. 5º da lei em comento.

g) Com abuso de poder ou violação de dever inerente a cargo, ofício, ministério ou profissão –

Abuso de poder ou violação de dever inerente a cargo – diz respeito a comportamentos praticados por funcionários públicos em geral.

Abuso de poder ou violação de dever inerente a ofício, ministério ou profissão – diz respeito às transgressões ocorridas nas atividades de natureza privada.

h) Contra criança, maior de 60 anos, enfermo ou mulher grávida – se justifica pela fragilidade da vítima em virtude de suas condições físicas, ou seja, têm menor chance de defesa e reação.

Criança – é a pessoa de até 12 anos de idade incompletos – art. 2º, *caput*, da Lei nº 8.069/90.

Idoso – a Lei nº 10741/2003 definiu como idosa a pessoa maior de 60 anos de idade.

Enfermo – é necessário que a pessoa em razão de alguma doença, permanente ou provisória, tenha reduzida a sua capacidade de defesa. É indispensável o nexo entre o crime praticado e a enfermidade a da vítima.

	Mulher grávida – a gestação avançada que a torne mais vulnerável aos ataques criminosos. **i) Quando o ofendido estava sob a imediata proteção da autoridade** – destaca-se a necessidade de estar sob a imediata proteção. **Proteção imediata** significa guarda, dependência, sujeição. **j) Em ocasião de incêndio, naufrágio, inundação ou qualquer calamidade pública, ou de desgraça particular do ofendido** – diz respeito à falta de solidariedade e insensibilidade do autor. Trata-se de tragédias que podem atingir tanto a sociedade (calamidade pública) como o indivíduo (desgraça particular do ofendido). **l) Em estado de embriaguez preordenada** – a embriaguez preordenada ocorre quando o indivíduo, propositadamente, se embriaga, para ter coragem de praticar o crime. Aplica-se a *teoria da actio libera in causa*. A culpabilidade do autor é verificada no momento em que se embriagou, e não no momento da prática do crime.
Agravantes no caso de concurso de pessoas (art. 62, CP)	**I – promove, ou organiza a cooperação no crime ou dirige a atividade dos demais agentes** – diz respeito ao indivíduo que promove a união dos agentes ou então que atua como líder do grupo. **II – coage ou induz outrem à execução material do crime** – diz respeito ao autor mediato. **III – instiga ou determina a cometer o crime alguém sujeito à sua autoridade ou não punível em virtude de condição ou qualidade pessoal** – trata-se de autor mediato. É necessário o vínculo de subordinação ou qualquer espécie de relação, ou seja, que o executor do crime esteja sob a autoridade de quem instiga ou determina. **IV – executa o crime, ou nele participa, mediante paga ou promessa de recompensa** – trata-se do coautor mercenário.
Circunstâncias atenuantes (arts. 65 e 66 do CP)	**I – Ser o agente menor de 21 (vinte e um), na data do fato, ou maior de 70 (setenta) anos na data da sentença** – a pena deve ser atenuada quando o agente, à época do fato era menor de 21 anos de idade. A menoridade é circunstância preponderante. Já com relação ao maior de 70 anos deve se observar a data da sentença de 1º grau. **II – Desconhecimento da lei** – não é caso de isenção de pena, mas sim de redução. **III – Ter o agente –** **a) cometido o crime por motivo de relevante valor social ou moral –** *Valor social* – é aquele que diz respeito ao grupo social ou à coletividade. *Valor moral* – é aquele que diz respeito aos próprios sentimentos do agente, avaliados em conformidade ao conceito de "homem médio". Tem um aspecto ético.

	b) **procurado, por sua espontânea vontade e com eficiência, logo após o crime, evitar-lhe ou minorar-lhe as consequências, ou ter, antes do julgamento, reparado o dano** – ocorre quando o agente, após a consumação do delito, consegue evitar ou minorar suas consequências. O arrependimento deve ser espontâneo e eficiente. Também, é possível a redução da pena, quando o agente repara o dano antes da sentença de primeira instância. A reparação do dano deve ser integral e realizada pelo réu de forma livre, ou seja, sem coação. c) **cometido o crime sob coação a que podia resistir, ou em cumprimento de ordem de autoridade superior, ou sob a influência de violenta emoção, provocada por ato injusto da vítima** – a coação moral deve ser resistível para que o agente tenha sua pena reduzida. O mesmo raciocínio se aplica no caso de obediência a ordem superior, isto é, quando for manifestamente ilegal implicará em redução de pena e quando **não** for manifestamente ilegal, a culpabilidade do agente ficará afastada. Também, no caso do crime cometido sob a influência de violenta emoção, provocada por ato injusto da vítima há o reconhecimento desta atenuante. d) **confessado espontaneamente, perante a autoridade, a autoria do crime** – a confissão deve ser realizada de forma espontânea e na presença da autoridade pública. A decisão de confessar deve partir do próprio agente, ou seja, ato voluntário e sem interferência externa. e) **cometido o crime sob a influência de multidão em tumulto, se não o provocou** – trata-se de crime multitudinário. O requisito essencial para seu reconhecimento é que o agente do delito não tenha provocado o tumulto em que está envolvido e nem se aproveitado da situação de desordem. A quantidade de pessoas para a configuração da multidão fica a critério do juiz.
Circunstâncias atenuantes inominadas (art. 66 do CP)	Permite-se que o juiz reduza a pena sempre que entender presente alguma circunstância relevante, anterior ou posterior ao crime, não elencada no rol do art. 65 do Código Penal.
Concurso de circunstâncias agravantes com atenuantes (art. 67, CP)	De acordo com o Código Penal, a circunstância subjetiva deve preponderar com relação às demais. Entretanto, o juiz está livre para valorar esta questão no caso concreto, sempre em observância ao princípio da razoabilidade.
Aplicação das causas de aumento e de diminuição de pena	As causas de aumento e de diminuição de pena podem ser encontradas na Parte Geral ou na Parte Especial do Código Penal e devem ser aplicadas na terceira fase da fixação da pena. *Causas de aumento de pena* – são aquelas que demonstram maior reprovabilidade e elevam a pena. A lei se utiliza de índice de soma ou de multiplicação para ser aplicado sobre a pena. *Causas de diminuição de pena* – são aquelas que demonstram menor reprovabilidade e diminuem a pena. A lei utiliza índice de redução para ser aplicado sobre a pena fixada na fase anterior.

Concurso de causas de aumento e de diminuição de pena (art. 68, parágrafo único, CP)	a – Presentes duas causas de aumento, uma da Parte Geral e outra da Parte Especial, ambas serão aplicadas. O segundo índice deve incidir sobre a pena resultante do primeiro aumento. Será o mesmo procedimento a ser adotado no caso de duas causas de diminuição – uma da Parte Geral e outra da Parte Especial.
	b – Presentes uma causa de aumento e uma causa de diminuição, tanto da Parte Geral como da Parte Especial, deverão ser aplicados ambos os índices.
	c – Presentes duas ou mais causas de aumento descritas na Parte Especial, o juiz somente poderá fixar um aumento aplicando, todavia, a causa que mais exaspere a pena, ou seja, só poderá aplicar o maior aumento. Será o mesmo procedimento a ser adotado no caso de duas causas de diminuição previstas na Parte Especial do Código Penal.

14.5. QUESTÕES DE PROVA

1 – (IX – Exame de Ordem Unificado – OAB/2012) – Guilherme praticou, em 18/02/2009, contravenção penal de vias de fato (art. 21 do Decreto-Lei nº 3.688/41), tendo sido condenado à pena de multa. A sentença transitou definitivamente em julgado no dia 15/03/2010, mas Guilherme não pagou a multa. No dia 10/07/2010, Guilherme praticou crime de ato obsceno (art. 233 do CP).

Com base na situação descrita e na legislação, assinale a afirmativa correta.

A) Guilherme não pode ser considerado reincidente por conta de uma omissão legislativa.

B) Guilherme deve ter a pena de multa não paga da primeira condenação convertida em pena privativa de liberdade.

C) Guilherme é reincidente, pois praticou novo crime após condenação transitada em julgado.

D) A pena de multa não gera reincidência.

Correta: A

Comentários: *A reincidência é tratada no art. 63 do Código Penal. Os seus requisitos são: **a)** trânsito em julgado de sentença penal condenatória, por crime anterior; **b)** cometimento de novo crime. Logo, condenação transitada em julgado de contravenção penal e em seguida a prática de novo crime não gera reincidência, somente maus antecedentes.*

2 – (Delegado de Polícia do Estado de Santa Catarina/2014) – De acordo com o Código Penal, assinale a alternativa **correta**.

A) Quando o agente, mediante mais de uma ação ou omissão, pratica dois ou mais crimes da mesma espécie e, pelas condições de tempo, lugar, maneira de execução e outras semelhantes, devem os subsequentes ser havidos como continuação do primeiro, aplica-se-lhe a pena de um só dos crimes, se idênticas, ou a mais grave, se diversas, aumentada, em qualquer caso, de um terço até a metade.

B) Quando o agente, mediante mais de uma ação ou omissão, pratica dois ou mais crimes, idênticos ou não, aplicam-se cumulativamente as penas privativas de liberdade em que haja incorrido. No caso de aplicação cumulativa de penas de reclusão e de detenção, executa-se primeiro esta.

C) Quando o agente, mediante uma só ação ou omissão, pratica duas ou mais delinquências, idênticas ou não, aplica-se-lhe a mais grave das penas cabíveis ou, se iguais, somente uma delas, mas aumentada de um terço até metade.

D) Para efeito de reincidência, não prevalece a condenação anterior, se entre a data do cumprimento ou extinção da pena e a infração posterior tiver decorrido período de tempo superior a 5 (cinco) anos, computado o período de prova da suspensão ou do livramento condicional, se não ocorrer revogação.

E) A execução da pena privativa de liberdade não superior a seis anos poderá ser suspensa por dois a quatro anos, desde que o condenado seja maior de setenta anos de idade, ou razões de saúde justifiquem a suspensão.

Correta: D

Comentários: *O art. 64, inc. I, do Código Penal dispõe: "Não prevalece a condenação anterior, se entre a data do cumprimento ou extinção da pena e a infração posterior tiver decorrido período de tempo superior a cinco anos, computado o período de prova da suspensão ou do livramento condicional, se não ocorrer a revogação".*

3 – (XV – Exame de Ordem Unificado – OAB/2014) – José cometeu, em 10/11/2008, delito de roubo. Foi denunciado, processado e condenado, com sentença condenatória publicada em 18/10/2009. A referida sentença transitou definitivamente em julgado no dia 29/08/2010. No dia 15/05/2010, José cometeu novo delito, de furto, tendo sido condenado, por tal conduta, no dia 07/04/2012.

Nesse sentido, levando em conta a situação narrada e a disciplina acerca da reincidência, assinale a afirmativa correta.

A) Na sentença relativa ao delito de roubo, José deveria ser considerado reincidente.

B) Na sentença relativa ao delito de furto, José deveria ser considerado reincidente.

C) Na sentença relativa ao delito de furto, José deveria ser considerado primário.

D) Considera-se reincidente aquele que pratica crime após publicação de sentença que, no Brasil ou no estrangeiro, o tenha condenado por crime anterior.

Correta: C

Comentários: *O art. 63 do Código Penal entende por reincidência o agente cometer novo crime, depois de transitar em julgado a sentença que, no País ou no estrangeiro, o tenha condenado por crime anterior. Como se percebe na assertiva, José cometeu o furto antes do trânsito em julgado da sentença condenatória do delito de roubo.*

4 – (Ministério Público do Estado de São Paulo – 2010) – Assinale a alternativa correta, no que se refere ao procedimento de aplicação da pena:

A) os motivos determinantes do crime, como circunstância judicial, preponderam sobre as causas de aumento ou diminuição de pena;

B) as causas de aumento de pena incidem em fase posterior à consideração das agravantes e atenuantes;

C) na fixação da pena-base, o juiz levará em conta a eventual reincidência do réu;

D) segundo entendimento sumular do Superior Tribunal de Justiça, a quantidade das circunstâncias atenuantes pode fazer a pena-base recuar para aquém do mínimo legal;

E) a menoridade relativa constitui causa obrigatória de diminuição de pena, a incidir na terceira etapa da aplicação da pena.

Correta: B

Comentários: *O Brasil adotou para aplicação da pena o sistema trifásico. Calcula-se a pena seguindo-se as três etapas: 1ª – Fixação da pena: sobre a pena simples ou sobre a pena qualificada. Fixa-se a pena-base considerando as condições previstas no art. 59 do Código Penal – a culpabilidade, os antecedentes, a conduta social, a personalidade do agente, os motivos, as circunstâncias e consequências do crime, bem como o comportamento da vítima. 2ª Sobre a pena-base: fixa a pena intermediária, levando-se em consideração as circunstâncias agravantes e atenuantes previstas nos arts. 61, 62, 65 e 66, todos do Código Penal. 3ª pena definitiva: considerando as causas de aumento e de diminuição.*

5 – (XV-Exame de Ordem Unificado – OAB/2014) – João Paulo, primário e de bons antecedentes, foi denunciado pela prática de homicídio qualificado por motivo fútil (art. 121, § 2º, II, do Código Penal). Logo após o recebimento da denúncia, o magistrado, acatando o pedido realizado pelo Ministério Público, decretou a prisão preventiva do acusado, já que havia documentação comprobatória de que o réu estava fugindo do país, afim de se furtar de uma possível sentença condenatória ao final do processo. O processo transcorreu normalmente, tendo ao réu sido assegurados todos os seus direitos legais. Após cinco anos de prisão provisória, foi marcada a audiência no Plenário do júri. Os jurados, por unanimidade, consideraram o réu culpado pela prática do homicídio supramencionado. O Juiz Presidente então passou à aplicação da pena e, ao término do cálculo no rito trifásico, obteve a pena de 12 anos de prisão em regime inicialmente fechado.

Sobre a hipótese narrada, assinale a afirmativa correta.

A) Somente o juiz da Vara de Execuções Penais poderá realizar o cômputo do tempo de prisão provisória pra fins de determinação do regime inicial de cumprimento de pena.

B) O magistrado sentenciante deverá computar o tempo de prisão provisória para fins de determinação do regime inicial de pena privativa de liberdade.

C) O condenado deverá iniciar seu cumprimento de pena no regime inicial fechado e, passado o prazo de 1/6, poderá requerer ao juízo de execução a progressão para o regime mais benéfico, desde que preencha os demais requisitos legais.

D) O condenado deverá iniciar seu cumprimento de pena no regime inicial fechado e, passado o prazo de 1/6, poderá requerer ao juízo sentenciante a progressão para o regime mais benéfico, desde que preencha os demais requisitos legais.

Correta: B

Comentários: *A Lei nº 12.736/12, alterando a redação do art. 387 do CPP, anuncia no seu § 2º: "O tempo de prisão provisória, prisão administrativa ou de internação, no Brasil ou no estrangeiro, será computado pra fins de determinação do regime inicial de pena privativa de liberdade." Dessa forma, a análise da detração foi antecipada para o momento da sentença, mais especificamente para fins de fixação do regime inicial de cumprimento da pena.*

6 – (Magistratura do Estado de São Paulo/2011) – Antônio, depois de provocado por ato injusto de Pedro, retira-se e vai para sua casa, mas decorridos cerca de trinta minutos, ainda influenciado por violenta emoção, resolve armar-se e voltar ao local do fato, onde reencontra Pedro, no qual desfere um tiro, provocando-lhe a morte. Nesta hipótese, Antônio pode invocar em seu favor a:

A) excludente de legítima defesa real;

B) excludente da legítima defesa putativa;

C) existência de causa de diminuição de pena (art. 121, § 1º, do Código Penal);

D) existência de circunstância atenuante (art. 65, III, "c", do Código Penal);

E) excludente da inexigibilidade de conduta diversa.

Correta: D

Comentários: *O art. 65, inc. III, alínea "c", do Código Penal traz a hipótese de circunstância atenuante, quando o crime foi praticado sob a influência de violenta emoção, provocada por ato injusto da vítima.*
Atenção: *não confundir com a causa de diminuição prevista para o homicídio (art. 121, § 1º, do Código Penal), ou seja, se o agente comete o crime sob o domínio de violenta emoção, logo em seguida a injusta provocação da vítima.*

Capítulo 15
Concurso de Crimes

15.1. CONCEITO

Denominamos concurso de crimes quando um agente, mediante uma ou mais de uma ação ou omissão, realiza dois ou mais delitos.

O Código Penal cuida do concurso de crimes nos arts. 69, 70 e 71, respectivamente, concurso material, concurso formal e crime continuado.

15.2. SISTEMAS DE APLICAÇÃO DA PENA

A problemática da pena no concurso de crimes é solucionada pela doutrina através dos sistemas.

15.2.1. Sistema do cúmulo material

Este sistema estabelece que cada crime praticado pelo agente tem uma pena correspondente, a qual deverá ser somada com as demais.

O sistema do cúmulo material é adotado no concurso material (art. 69 do Código Penal), no concurso formal impróprio (art. 70, *caput*, 2ª parte, do Código Penal) e no concurso das penas de multa (art. 72 do Código Penal).

15.2.2. Sistema da exasperação

Este sistema estabelece que a pena mais grave prevista nos crimes praticados pelo agente deve ser aplicada, majorada pelo *quantum* determinado por lei.

O sistema da exasperação é adotado no concurso formal próprio (art. 70, *caput*, 1ª parte, do Código Penal) e no crime continuado (art. 71 do Código Penal).

15.2.3. Sistema da absorção

Este sistema estabelece que a pena prevista ao delito mais grave praticado pelo agente deve ser aplicada exclusivamente, sem qualquer aumento.

O sistema da absorção foi adotado pela jurisprudência nos crimes falimentares realizados pelo falido sob a égide do Decreto-Lei nº 7.661/45. E ao que nos parece esta situação não foi alterada pela Lei nº 11.101/2005.

SISTEMA DO CÚMULO MATERIAL	Estabelece que cada crime praticado pelo agente tem uma pena correspondente, a qual deverá ser somada com as demais.	Adotado: concurso material (art. 69, CP); concurso formal impróprio (art. 70, *caput*, 2ª parte, CP); concurso das penas de multa (art. 72, CP).
SISTEMA DA EXASPERAÇÃO	Estabelece que a pena mais grave prevista nos crimes praticados pelo agente deve ser aplicada, majorada pelo *quantum* determinado por lei.	Adotado: concurso formal próprio (art. 70, *caput*, 1ª parte, do CP); crime continuado (art. 71 do CP).
SISTEMA DA ABSORÇÃO	Estabelece que a pena prevista ao delito mais grave praticado pelo agente deve ser aplicada exclusivamente, sem qualquer aumento.	Adotado pela jurisprudência nos crimes falimentares.

15.3. CONCURSO MATERIAL

Concurso material, também chamado de real, está previsto no art. 69 do Código Penal. Ocorre quando o agente, mediante mais de uma ação ou omissão, pratica dois ou mais crimes, idênticos ou não, aplicando-se cumulativamente as penas privativas de liberdade em que haja incorrido. Ex.: Um agente pratica um homicídio e para fugir do local subtrai um veículo de outro indivíduo. São duas condutas e dois delitos – homicídio e furto, em concurso material.

> **ATENÇÃO!**
> CONCURSO MATERIAL = pluralidade de condutas + pluralidade de crimes.

15.3.1. Classificação de concurso material

Concurso material pode ser:

- **Concurso material homogêneo** – ocorre quando os crimes praticados forem idênticos. Ex.: dois furtos.
- **Concurso material heterogêneo** – ocorre quando os crimes não forem idênticos. Ex.: um homicídio e um furto.

15.3.2. Aplicação de penas no concurso material

A parte final do *caput* do art. 69 do Código Penal estabelece que no caso de aplicação cumulativa de penas de reclusão e de detenção, executa-se primeiro a reclusão.

As penas cominadas nos crimes praticados pelo agente deverão ser somadas. Normalmente, são apurados no mesmo processo, mas quando isso não ocorre, a soma das penas será realizada pela Vara das Execuções Criminais, nos termos do art. 66, inc. III, alínea "a", da Lei de Execução Penal.

O § 1º do art. 69 do Código Penal estabelece que em sendo aplicada pena privativa de liberdade, não suspensa, por um dos crimes, em relação aos demais não será cabível a substituição da pena privativa de liberdade por restritiva de direitos.

O § 2º do art. 69 do Código Penal estabelece que aplicadas duas penas restritivas de direitos, o condenado as cumprirá simultaneamente, se forem compatíveis, ou sucessivamente, se não for possível o cumprimento simultâneo. Ex.: cumprimento simultâneo de prestação de serviços à comunidade e prestação pecuniária.

> **ATENÇÃO!**
> O juiz que profere a sentença condenatória é o competente para reconhecer e aplicar as regras do concurso material, no caso de conexão de infrações penais.

15.4. CONCURSO FORMAL

Concurso formal, também chamado de concurso ideal, está previsto no art. 70 do Código Penal. Ocorre quando o agente, mediante uma só ação ou omissão, pratica dois ou mais crimes, idênticos ou não, aplicando-se a mais grave das penas cabíveis ou, se iguais, somente uma delas, mas aumentada, em qualquer caso, de um sexto até metade. Ex.: um agente, com negligência, dá causa a um acidente, que causa a morte de dois passageiros. O juiz aplica a pena prevista no homicídio culposo na direção do veículo automotor – art. 302 da Lei nº 9.503/97 e, na sequência aumenta-se 1/6 a 1/2.

Importante destacar que a unidade de conduta só será caracterizada quando os atos são realizados no mesmo contexto temporal e espacial. Entretanto, nada impede que a mesma conduta seja fracionada em diversos atos, trata-se de **ação única desdobrada.**

> **ATENÇÃO!**
> CONCURSO FORMAL = unidade de conduta + pluralidade de crimes.

15.4.1. Classificação de concurso formal

O concurso formal pode ser:

- **concurso formal homogêneo** – ocorre quando os crimes praticados forem idênticos. Ex.: o agente na direção de veículo automotor pratica lesão corporal em dois passageiros;

- **concurso formal heterogêneo** – ocorre quando os crimes praticados não forem idênticos. Ex.: o agente durante uma discussão profere ofensas à honra da vítima que caracterizam calúnia e injúria. Nesse caso, o juiz aplica a pena prevista para a calúnia (crime mais grave) e aumenta de 1/6 a 1/2, deixando de aplicar a pena correspondente ao crime de injúria.

- **concurso formal impróprio ou imperfeito** – ocorre quando o agente, com uma só ação ou omissão dolosa, praticar dois ou mais crimes, a cujos resultados ele intencionalmente visava, ou seja, com autonomia de desígnios em relação aos resultados.

Nesse caso, as penas serão somadas, conforme previsto no art. 70, *caput,* 2ª parte, do Código Penal.

O parágrafo único do art. 70 do Código Penal prevê que a pena resultante da aplicação do concurso formal não pode ser superior àquela cabível no caso de soma das penas – concurso material. Assim, sempre que a pena, decorrente da aplicação do aumento de 1/6 a 1/2 – referente ao concurso formal, resultar em *quantum* superior à soma das penas, deverá ser desconsiderado aquele índice e aplicada a pena resultante da soma. Essa hipótese é denominada pela doutrina **concurso material benéfico.**

15.4.2. Aplicação de penas no concurso formal de crimes

- **Concurso formal próprio ou perfeito** – nesse caso, o agente realiza a conduta típica, que produz dois ou mais resultados, mas não tem autonomia de desígnios em relação a estes. Aplica-se uma só pena aumentada de 1/6 a 1/2. O Código Penal adotou o sistema da exasperação para aplicação da pena, que foi criado para favorecer o réu, afastando assim o rigor do concurso material nos casos em que a pluralidade de resultados não deriva de desígnios autônomos.

- **Concurso formal impróprio ou imperfeito** – nesse caso, o agente atua de forma dolosa e querendo provocar os dois ou mais resultados. Aplica-se a soma das penas. O Código Penal adotou o sistema do cúmulo material.

> **ATENÇÃO!**
> Concurso formal impróprio só tem cabimento nos delitos dolosos.

Concurso formal de crimes	Conflito aparente de normas
Há concurso de crimes, isto é, com uma só conduta o agente comete duas ou mais infrações penais e responde por elas.	A conduta do agente amolda-se a dois ou mais tipos penais, mas ele responde por um só crime, devendo considerar-se uma infração penal absorvida pela outra.

SÚMULAS SOBRE CONCURSO DE CRIMES
Súmula nº 711/STF – "A lei penal mais grave aplica-se ao crime continuado ou ao crime permanente, se a sua vigência é anterior à cessação da continuidade ou permanência."
Súmula nº 17/STJ – "Quando o falso se exaure no estelionato, sem mais potencialidade lesiva, é por este absorvido."
Súmula nº 243/STJ – "O benefício da suspensão do processo não é aplicável em relação às infrações penais cometidas em concurso material, concurso formal ou continuidade delitiva, quando a pena mínima cominada, seja pelo somatório seja pela incidência da majorante, ultrapassar o limite de 1 (um) ano."

15.5. CRIME CONTINUADO

O crime continuado está previsto no art. 71 do Código Penal. Ocorre quando o agente, mediante mais de uma ação ou omissão, pratica dois ou mais crimes da mesma espécie e, pelas condições de tempo, lugar, maneira de execução e outras semelhantes, devem os subsequentes ser havidos como continuação do primeiro.

No crime continuado se os crimes tiverem a mesma pena, será aplicada uma só, aumentada de 1/6 a 2/3. Entretanto, se os crimes tiverem penas diversas, será aplicada tão somente a pena do crime mais grave aumentada de 1/6 a 2/3.

15.5.1. Requisitos do crime continuado

a) **Que os crimes cometidos sejam da mesma espécie** – devem estar previstos no mesmo tipo penal, podendo variar em simples ou qualificados, tentados ou consumados. Esta é a posição predominante na doutrina e jurisprudência. Ex.: crime continuado entre dano e dano qualificado.

> **ATENÇÃO!**
> Não há crime continuado entre roubo e furto, pois esses crimes não estão no mesmo tipo penal.

b) **Que os crimes tenham sido cometidos pelo mesmo modo de execução** – a maneira de execução dos crimes deve ser igual, isto é, o agente deve seguir o mesmo padrão em diversas condutas. Ex.: não será considerado crime continuado um furto praticado com rompimento de obstáculo e outro realizado por meio de chave falsa.

c) **Que os crimes tenham sido cometidos nas mesmas condições de tempo** – a lei exige condições de tempo semelhantes, ou seja, não é aceito um intervalo temporal excessivo entre as práticas delituosas. A jurisprudência vem admitindo o reconhecimento do crime continuado quando, entre as infrações penais, há intervalo não superior a 30 (trinta) dias.

d) **Que os crimes tenham sido cometidos nas mesmas condições de local** – o entendimento predominante na jurisprudência é de que os diversos crimes devem ser praticados na mesma cidade, ou, no máximo, em cidades contíguas, próximas entre si.

DIFERENÇAS	
CRIME HABITUAL	CRIME CONTINUADO
A sua tipificação depende da reiteração de atos.	Cada conduta isoladamente já seria suficiente para tipificar o ilícito penal, mas, em virtude de estarem presentes os requisitos legais, previstos no art. 71 do Código Penal, aplica-se uma só pena, aumentada de 1/6 a 2/3.

15.5.2. Crime continuado e unidade de desígnios

A teoria objetiva-subjetiva vem sendo adotada pelos Tribunais Superiores. Nesse sentido decidiu o Superior Tribunal de Justiça: *"A jurispudência desta Corte consolidou-se no sentido da aplicação da teoria objetiva-subjetiva, pela qual o reconhecimento da continuidade delitiva dependente tanto do preenchimento dos requisitos objetivos (tempo, modus operandi, lugar etc.), como do elemento subjetivo, qual seja, a unidade de desígnios."*[1]

15.5.3. Teorias no crime continuado

O fundamento do crime continuado é apresentado por duas teorias: a da ficção jurídica e a da realidade.

A **Teoria da ficção jurídica** defende que a continuidade delitiva é uma ficção criada pelo Direito. Trata-se de vários crimes que para fins

---
1 STJ – HC 221.211/MG, Rel. Min. Gilson Dipp – Dje 20/06/2012. O STF possui o mesmo entendimento: "Para a caracterização do crime continuado faz-se necessária a presença tanto dos elementos objetivos quanto subjetivos" (STF – Segunda Turma – HC 101.049 – Rel.ª Min.ª Ellen Gracie – Dje 21/05/2010).

de aplicação de pena serão considerados crime único.² Esta teoria foi desenvolvida por Francesco Carrara e foi adotada pelo Código Penal.

A **Teoria da realidade** defende o crime continuado como único crime. A conduta pode ser composta por um ou vários atos, os quais não necessariamente guardam absoluta correspondência com a unidade ou pluralidade de delitos.³ Esta teoria foi desenvolvida por Bernardino Alimena.

SÚMULAS SOBRE CRIME CONTINUADO
Súmula nº 497/STF – "Quando se tratar de crime continuado, a prescrição regula-se pela pena imposta na sentença, não se computando o acréscimo decorrente da continuação."
Súmula nº 711/STF – "A lei penal mais grave aplica-se ao crime continuado ou ao crime permanente, se a sua vigência é anterior à cessação da continuidade ou permanência."
Súmula nº 723/STF – "Não se admite a suspensão condicional do processo por crime continuado, se a soma da pena mínima da infração mais grave com o aumento mínimo de um sexto for superior a um ano."

15.6. CONCURSO DE CRIMES E PENA DE MULTA

O art. 72 do Código Penal dispõe que no concurso de crimes, as penas de multa são aplicadas distinta e integralmente.

A pena de multa não obedece às regras aplicadas ao concurso de crimes. Para fixação da multa, só se aplica uma regra: aplicação distinta e integral (sistema do cúmulo material). Entretanto, a jurisprudência predominante é no sentido de sua não aplicação ao crime continuado, isto é, adota-se o sistema da exasperação à pena de multa.

15.7. CONCURSO DE CRIMES E JUIZADOS ESPECIAIS CRIMINAIS

No concurso de crimes, a pena a ser considerada para fins de fixação de competência do Juizado Especial Criminal será o resultado da soma das penas máximas cominadas aos crimes, no caso de concurso material ou a exasperação, na hipótese de concurso formal ou crime continuado. Se o resultado for uma pena superior a 02 (dois) anos, fica afastada a competência do Juizado Especial. Nesse

---

2 CARRARA, Francesco. *Programa de derecho criminal. Parte general*, p. 343.
3 ALIMENA, Bernadino. *Princípios de derecho penal*, p. 492.

sentido encontramos decisão no Superior Tribunal de Justiça – *"É pacífica a jurisprudência desta Corte de que, no caso de concurso de crimes, a pena considerada para fins de fixação da competência do Juizado Especial Criminal será o resultado da soma, no caso de concurso material, ou a exasperação, na hipótese de concurso formal ou crime continuado, das penas máximas cominadas aos delitos; destarte, se desse somatório resultar um apenamento superior a 02 (dois) anos, fica afastada a competência do Juizado Especial"* (HC 143.500/PE, 5ª T., j. 31/05/2011).

15.8. CONCURSO DE CRIMES E PRESCRIÇÃO

O art. 119 do Código Penal dispõe: "No caso de concurso de crimes, a extinção da punibilidade incidirá sobre a pena de cada um, isoladamente".

15.9. SÍNTESE

Concurso de crimes	Ocorre quando um agente, mediante uma ou mais de uma ação ou omissão, realiza dois ou mais delitos.
Sistemas de aplicação da pena	**1 – Sistema do cúmulo material** – estabelece que cada crime praticado pelo agente tem uma pena correspondente, a qual deverá ser somada com as demais. É adotado no concurso material (art. 69 do CP), no concurso formal impróprio (art. 70, *caput*, 2ª parte, do CP) e no concurso das penas de multa (art. 72 do CP). **2 – Sistema da exasperação** – estabelece que a pena mais grave prevista nos crimes praticados pelo agente deve ser aplicada, majorada pelo *quantum* determinado por lei. É adotado no concurso formal próprio (art. 70, *caput*, 1ª parte, do CP) e no crime continuado (art. 71 do CP). **3 – Sistema da absorção** – estabelece que a pena prevista ao delito mais grave praticado pelo agente deve ser aplicada exclusivamente, sem qualquer aumento.
Concurso material	Ocorre quando o agente, mediante mais de uma ação ou omissão, pratica dois ou mais crimes, idênticos ou não, aplicando-se cumulativamente as penas privativas de liberdade em que haja incorrido.
Classificação de concurso material	**Concurso material homogêneo** – ocorre quando os crimes praticados forem idênticos. Ex.: dois furtos. **Concurso material heterogêneo** – ocorre quando os crimes não forem idênticos. Ex.: um homicídio e um furto.

Aplicação de penas no concurso material	A parte final do *caput* do art. 69 do CP estabelece que no caso de aplicação cumulativa de penas de reclusão e de detenção, executa-se primeiro a reclusão. As penas cominadas nos crimes praticados pelo agente deverão ser somadas. Art. 69, § 1º, do CP – estabelece que em sendo aplicada pena privativa de liberdade, não suspensa, por um dos crimes, em relação aos demais não será cabível a substituição da pena privativa de liberdade por restritiva de direitos. Art. 69, § 2º, do CP – estabelece que aplicadas duas penas restritivas de direitos, o condenado as cumprirá simultaneamente, se forem compatíveis, ou sucessivamente, se não for possível o cumprimento simultâneo.
Concurso formal (art. 70 do CP)	Ocorre quando o agente, mediante uma só ação ou omissão, pratica dois ou mais crimes, idênticos ou não, aplicando-se a mais grave das penas cabíveis ou, se iguais, somente uma delas, mas aumentada, em qualquer caso, de um sexto até metade. A unidade de conduta só será caracterizada quando os atos são realizados no mesmo contexto temporal e espacial. Entretanto, nada impede que a mesma conduta seja fracionada em diversos atos, trata-se de **ação única desdobrada**.
Classificação de concurso formal	**Concurso formal homogêneo** – ocorre quando os crimes praticados forem idênticos. Ex.: o agente na direção de veículo automotor pratica lesão corporal em dois passageiros. **Concurso formal heterogêneo** – ocorre quando os crimes praticados não forem idênticos. Ex.: o agente durante uma discussão profere ofensas à honra da vítima que caracterizam calúnia e injúria. Nesse caso, o juiz aplica a pena prevista para a calúnia (crime mais grave) e aumenta de 1/6 a 1/2, deixando de aplicar a pena correspondente ao crime de injúria. **Concurso formal impróprio ou imperfeito** – ocorre quando o agente, com uma só ação ou omissão dolosa, praticar dois ou mais crimes, a cujos resultados ele intencionalmente visava, ou seja, com autonomia de desígnios em relação aos resultados (art. 70, c*aput,* 2ª parte, CP). **Concurso material benéfico** (art. 70, parágrafo único, do CP) – ocorre quando a pena resultante da aplicação do concurso formal for superior àquela cabível no caso de soma das penas – concurso material. Assim, sempre que a pena, decorrente da aplicação do aumento de 1/6 a 1/2 – referente ao concurso formal, resultar em *quantum* superior à soma das penas, deverá ser desconsiderado aquele índice e aplicada a pena resultante da soma.
Aplicação de penas no concurso formal de crimes	**Concurso formal próprio ou perfeito** – o agente realiza a conduta típica, que produz dois ou mais resultados, mas não tem autonomia de desígnios em relação a estes. Aplica-se uma só pena aumentada de 1/6 a 1/2. **Concurso formal impróprio ou imperfeito** – o agente atua de forma dolosa e querendo provocar os dois ou mais resultados. Aplica-se a soma das penas.

Crime Continuado (art. 71, CP)	Ocorre quando o agente, mediante mais de uma ação ou omissão, pratica dois ou mais crimes da mesma espécie e, pelas condições de tempo, lugar, maneira de execução e outras semelhantes, devem os subsequentes ser havidos como continuação do primeiro. No crime continuado se os crimes tiverem a mesma pena, será aplicada uma só, aumentada de 1/6 a 2/3. Entretanto, se os crimes tiverem penas diversas, será aplicada tão somente a pena do crime mais grave aumentada de 1/6 a 2/3.
Requisitos do crime continuado	**a) Que os crimes cometidos sejam da mesma espécie** – devem estar previstos no mesmo tipo penal, podendo variar em simples ou qualificados, tentados ou consumados. **b) Que os crimes tenham sido cometidos pelo mesmo modo de execução** – a maneira de execução dos crimes deve ser igual, isto é, o agente deve seguir o mesmo padrão em diversas condutas. **c) Que os crimes tenham sido cometidos nas mesmas condições de tempo** – a lei exige condições de tempo semelhantes, ou seja, não é aceito um intervalo temporal excessivo entre as práticas delituosas. **d) Que os crimes tenham sido cometidos nas mesmas condições de local** – o entendimento predominante na jurisprudência é de que os diversos crimes devem ser praticados na mesma cidade, ou, no máximo, em cidades contíguas, próximas entre si.
Teorias no Crime Continuado	**Teoria da ficção jurídica** – defende que a continuidade delitiva é uma ficção criada pelo Direito. Há vários crimes que para fins de aplicação de pena serão considerados crime único. Foi adotada pelo Código Penal. **Teoria da realidade** – defende o crime continuado como único crime. A conduta pode ser composta por um ou vários atos, os quais não necessariamente guardam absoluta correspondência com a unidade ou pluralidade de delitos.

15.10. QUESTÕES DE PROVA

1 – (XV – Exame de Ordem Unificado – OAB/2014) – Roberto estava dirigindo seu automóvel quando perdeu o controle da direção e subiu a calçada, atropelando dois pedestres que estavam parados num ponto de ônibus.

Nesse contexto, levando-se em consideração o concurso de crimes, assinale a opção correta, que contempla a espécie em análise:

A) concurso material;

B) concurso formal próprio ou perfeito;

C) concurso formal impróprio ou imperfeito;

D) crime continuado.

Capítulo 15

Correta: B

Comentários: *Concurso formal próprio ou perfeito ocorre quando o agente realiza a conduta típica, que produz dois ou mais resultados, mas não tem autonomia de desígnios em relação a estes. Aplica-se uma só pena aumentada de 1/6 a 1/2. O Código Penal adotou o sistema da exasperação para aplicação da pena.*

2 – (Ministério Público/MT – 2014) – Em relação ao concurso de crimes, assinale a afirmativa correta.

A) Há concurso formal quando o agente, com mais de uma ação, pratica dois ou mais crimes; já o concurso material ocorre quando há unidade de ação e pluralidade de infrações penais.

B) Na hipótese de *aberratio ictus* com unidade complexa, aplica-se a regra do concurso material, pois é este sempre mais benéfico.

C) O Código Penal adota para o crime continuado a teoria da unidade real, pela qual os vários delitos constituem um único crime.

D) Não poderá a pena fixada em concurso formal exceder a que seria cabível em caso de concurso material.

E) No crime continuado, são irrelevantes as condições de tempo, lugar, maneira de execução e outras semelhantes.

Correta: D

Comentários: *O parágrafo único do art. 70 do Código Penal prevê que a pena resultante da aplicação do concurso formal não pode ser superior àquela cabível no caso de soma das penas – concurso material. Assim, sempre que a pena, decorrente da aplicação do aumento de 1/6 a 1/2 – referente ao concurso formal, resultar em* quantum *superior à soma das penas, deverá ser desconsiderado aquele índice e aplicada a pena resultante da soma.*

3 – (Delegado de Polícia do Distrito Federal/2015) – Com relação aos elementos de conceito analítico de infração penal, ao concurso de crimes, à causalidade no Direito Penal e à Lei nº 9.605/1998, que dispõe sobre os crimes contra o meio ambiente, assinale a alternativa correta.

A) O erro de tipo permissivo afasta a punição pela denominada culpa imprópria.

B) Nos termos da Lei nº 9.605/1998, que dispõe sobre os crimes contra o meio ambiente, constitui causa especial de aumento de pena o fato de o agente ter praticado crime ambiental em unidade de conservação ambiental.

C) Na teoria da imputação objetiva, o resultado será objetivamente imputável ao autor se, uma vez hipoteticamente eliminada a sua conduta, o resultado não se concretizar.

D) Conforme a doutrina majoritária, o consentimento do ofendido configura causa supralegal de exclusão da culpabilidade.

E) No concurso formal impróprio, por haver desígnios autônomos, as penas dos crimes em concurso serão cumuladas, ainda que os diferentes resultados tenham sido praticados mediante uma só ação.

Correta: E

Comentários: *Concurso formal impróprio ou imperfeito: ocorre quando o agente, com uma só ação ou omissão dolosa, pratica dois ou mais crimes, a cujos resultados ele intencionalmente visava, ou seja, com autonomia de desígnios em relação aos resultados. Nesse caso, as penas serão somadas, conforme previsto no art. 70, caput, 2ª parte, do Código Penal. Nesse caso, o agente atua de forma dolosa e querendo provocar os dois ou mais resultados. Aplica-se a soma das penas. O Código Penal adotou o sistema do cúmulo material.*

4 – (Delegado de Polícia do Distrito Federal/2015) – Giordano, ao dirigir seu automóvel de maneira negligente, perdeu o controle do carro, matando cinco pessoas e lesionando gravemente outras cinco.

Considerando a situação hipotética apresentada, assinale a alternativa correta.

A) Giordano agiu em continuidade delitiva, devendo ser-lhe aplicada a pena mais grave, aumentada de um sexto até a metade.

Capítulo 15

B) Atualmente, considera-se que tais situações devem ser entendidas como crime único, aplicando-se apenas uma das penas, ou seja, a mais leve.

C) Giordano praticou crimes em concurso material e responderá pela pena de cada um deles.

D) Giordano praticou crimes em concurso formal, devendo a pena dos crimes ser somada, visto que, nesse caso, o cumula material é mais favorável que a exasperação.

E) Giordano praticou crimes em concurso formal devendo ser-lhe aplicada a pena mais grave aumentada de um sexto até a metade.

Correta: E

Comentários: *Concurso formal ocorre quando o agente, mediante uma só ação ou omissão, pratica dois ou mais crimes, idênticos ou não, aplicando-se a mais grave das penas cabíveis ou, se iguais, somente uma delas, mas aumentada, em qualquer caso, de um sexto até metade.*

5 – (Magistratura do Estado de São Paulo/2011) – Antônio e Pedro, agindo em concurso e mediante o emprego de arma de fogo, no mesmo contexto fático, subtraem bens de José e, depois, constrangem-no a fornecer o cartão bancário e a respectiva senha, com o qual realizam saque de dinheiro. Assinale, dentre as opções adiante mencionadas, qual delas é a correta, consoante a jurisprudência pacificada dos Tribunais Superiores (STJ e STF).

A) Os agentes cometeram crime único, no caso, roubo.

B) Os agentes cometeram dois crimes, no caso, roubo e extorsão, em concurso formal.

C) Os agentes cometeram dois crimes, no caso, roubo e extorsão, em continuidade.

D) Os agentes cometeram crime único, no caso, extorsão.

E) Os agentes cometeram dois crimes, no caso, roubo e extorsão, em concurso material.

Correta: E

Comentários: *Concurso material ocorre quando o agente, mediante mais de uma ação ou omissão, pratica dois ou mais crimes, idênticos ou não, aplicando-se cumulativamente as penas privativas de liberdade em que haja incorrido.*

Capítulo 16

Suspensão Condicional da Pena

16.1. CONCEITO DE SUSPENSÃO CONDICIONAL DA PENA – *SURSIS*

A expressão *sursis* originou-se do francês *surseoir*, que significa suspender.

A suspensão condicional da pena, também conhecida por *sursis*, consiste na possibilidade de o juiz liberar o condenado do cumprimento da pena privativa de liberdade, desde que atendidos certos requisitos e algumas condições, por um determinado período e ao seu término, não havendo causa de revogação, será declarada extinta a pena.

Período de prova é o tempo em que o condenado deverá observar as condições estabelecidas. Inicia-se com a audiência admonitória ou de advertência, realizada após o trânsito em julgado.[1] Na audiência admonitória o condenado será cientificado das condições impostas e advertido das consequências de seu descumprimento.

Trata-se de um instituto de política criminal que se destina a evitar o recolhimento à prisão do condenado.

Oportuno, destacar que a suspensão condicional da pena não se aplica às penas restritivas de direitos e nem à multa.

---

1 SALIM, Alexandre; AZEVEDO, Marcelo André de. *Direito penal – parte geral*, p. 461.

> **ATENÇÃO!**
> A suspensão condicional da pena é uma medida penal de natureza restritiva de liberdade, mas com a vantagem de evitar o recolhimento do condenado ao cárcere.

16.2. REQUISITOS DO *SURSIS*

Os requisitos do *sursis* estão dispostos no art. 77 do Código Penal, a saber:

a) que a pena privativa de liberdade fixada na sentença não seja superior a dois anos. **Exceção:** pena não superior a 4 anos, no caso de ser o condenado maior de 70 anos de idade ou por razões de saúde que justifiquem a suspensão;

> **ATENÇÃO!**
> No caso de concurso de crimes considera-se a soma das penas.

b) que o condenado não seja reincidente em crime doloso, salvo se na condenação anterior foi aplicada somente a pena de multa;

> **ATENÇÃO!**
> A reincidência em crime culposo não impede a aplicação da suspensão da pena, desde que presentes os demais requisitos legais.

c) que a culpabilidade, os antecedentes, a conduta social e a personalidade do agente, bem como os motivos e as circunstâncias do crime autorizem a concessão do benefício;

d) que não seja indicada ou cabível a substituição da pena privativa de liberdade por pena restritiva de direitos. Entretanto, este requisito perdeu a razão de ser com o advento da Lei nº 9.714/98, que passou a permitir a substituição por pena restritiva de direitos nas penas privativas de liberdade não superiores a 4 anos.

16.3. SISTEMAS

a) **Sistema franco-belga** – o réu é processado. O réu é considerado culpado. O réu é condenado, suspendendo-se a execução da pena.

b) **Sistema anglo-americano** – Também chamado *probation system*, o réu é processado. O réu é considerado culpado e sujeito ao período de prova, mas sem imposição de pena. No não atendimento das condições, o julgamento é retomado, determinando-se a pena privativa de liberdade a ser cumprida.

c) **Sistema *probatio of first offenders act*** – é a prova para aquele que pela primeira vez delinquiu. O réu é processado. Suspende-se o processo, sem reconhecimento de culpa. Este sistema foi adotado pela Lei nº 9.099/95, no seu art. 89, ao tratar da suspensão condicional do processo.

O sistema adotado no Brasil é o franco-belga.

16.4. ESPÉCIES DE *SURSIS*

O Código Penal, nos arts. 77 e 78 apresentam quatro espécies de *sursis*, a saber:

a) ***Sursis* simples** – tem previsão no art. 77 c.c. o art. 78, § 1º, do Código Penal. Para a sua concessão é necessário que a pena privativa de liberdade a ser suspensa não seja superior a 2 anos, levando-se em consideração o concurso de crimes. Neste caso, o período de prova será de 2 a 4 anos. No primeiro ano do período de prova, o condenado deverá prestar serviços à comunidade ou submeter-se à limitação de fim de semana.

b) ***Sursis* especial** – tem previsão no art. 77 c.c. o art. 78, § 2º, do Código Penal. Para a sua concessão é necessário que a pena privativa de liberdade a ser suspensa não seja superior a 2 anos, levando-se em consideração o concurso de crimes. Aqui, o período de prova será de 2 a 4 anos. Se o condenado reparou o dano ou comprovou a impossibilidade de fazê-lo, e se as circunstâncias do art. 59 do Código Penal lhe forem favoráveis, o juiz poderá substituir a exigência do art. 78, § 1º, pelas condições a serem aplicadas cumulativamente:

1. proibição de frequentar determinados lugares;

2. proibição de ausentar-se da comarca onde reside, sem autorização do juiz;

3. comparecimento pessoal e obrigatório a juízo, mensalmente, para informar e justificar suas atividades.

c) *Sursis* **etário** – tem previsão no art. 77, § 2º, 1ª parte, do Código Penal. Só pode ser concedido ao condenado maior de 70 anos de idade, independente de sua condição física. Para a sua concessão é indispensável que a pena a ser suspensa não seja superior a 4 anos, levando-se, ainda, em consideração o concurso de crimes. Aqui o período de prova será de 4 a 6 anos. Se a condenação não for superior a 2 anos, o prazo do período de prova será o comum, ou seja, de 2 a 4 anos. As condições a serem cumpridas no primeiro ano de prova vão depender de se o beneficiário reparou ou não o dano causado pelo delito.

d) *Sursis* **humanitário** – tem previsão no art. 77, § 2º, 2ª parte, do Código Penal. Pode ser concedido ao condenado que esteja acometido de doença que tenha seu tratamento impossibilitado no regime prisional. Para a sua concessão é indispensável que a pena a ser suspensa não seja superior a 4 anos, levando-se, ainda, em consideração o concurso de crimes. Aqui o período de prova será de 4 a 6 anos.

Importante destacar que a Lei nº 9.605/98 – Dos Crimes Ambientais, em seu art. 16, ampliou a concessão do *sursis* para condenações à pena privativa de liberdade não superior a 3 anos. As condições a serem cumpridas no primeiro ano de prova vão depender de se o beneficiário reparou ou não o dano causado pelo delito.

O art. 79 do Código Penal prevê a possibilidade de fixação de outras condições para concessão do *sursis*, desde que adequadas ao fato e à situação pessoal do condenado.

> **ATENÇÃO!**
>
> O Estatuto do Estrangeiro, no seu art. 1º, proíbe expressamente a concessão de *sursis* ao estrangeiro em situação ilegal no país. Entretanto, as leis posteriores que disciplinam o assunto não repetiram a proibição, motivo pelo qual, atualmente, é plenamente possível o benefício.

Espécies de Sursis	Previsão legal	Pressupostos	Requisitos	Período de prova
SURSIS SIMPLES	Art. 77 c.c. art. 78, § 1º, CP	Pena imposta não superior a 2 anos (inclusive, no caso de concurso de crimes); Período de prova de 2 a 4 anos.	Condenado não reincidente em crime doloso; Circunstâncias judiciais favoráveis; Não indicada ou cabível pena restritiva de direitos.	No primeiro ano o beneficiário fica sujeito às condições do art. 78, § 1º, CP.
SURSIS ESPECIAL	Art. 77 c.c. art. 78, § 2º, CP	Pena imposta não superior a 2 anos (inclusive, no caso de concurso de crimes); Período de prova de 2 a 4 anos; + Reparação do dano ou comprovada impossibilidade de fazê-lo; Condições favoráveis (art. 59 do CP).	Condenado não reincidente em crime doloso; Circunstâncias judiciais favoráveis; Não indicada ou cabível pena restritiva de direitos.	No primeiro ano o beneficiário fica sujeito às condições do art. 78, § 2º, CP.
SURSIS ETÁRIO	Art. 77, § 2º, 1ª parte, CP	Pena imposta não superior a 4 anos (mesmo no caso de concurso de crimes); Período de prova de 4 a 6 anos; + Condenado maior de 70 anos.	Condenado não reincidente em crime doloso; Circunstâncias judiciais favoráveis; Não indicada ou cabível pena restritiva de direitos.	No primeiro ano o beneficiário fica sujeito às condições do art. 78, § 1º ou § 2º, do CP, dependendo de se reparou o dano ou se comprovou a impossibilidade de fazê-lo.
SURSIS HUMANITÁRIO	Art. 77, § 2º, 2ª parte, CP	Pena imposta não superior a 4 anos (mesmo no caso de concurso de crimes); Período de prova de 4 a 6 anos; + Condenado doente.	Condenado não reincidente em crime doloso; Circunstâncias judiciais favoráveis; Não indicada ou cabível pena restritiva de direitos.	No primeiro ano o beneficiário fica sujeito as condições do art. 78, § 1º ou § 2º, do CP, dependendo de se reparou o dano ou se comprovou a impossibilidade de fazê-lo.

> **ATENÇÃO!**
>
> Não existe *sursis* incondicionado, ou seja, sem condições a serem observadas pelo beneficiário, pois em todas as espécies de *sursis* no primeiro ano do período de prova haverá condições a serem cumpridas.

16.5. SUSPENSÃO CONDICIONAL DA PENA E OS CRIMES HEDIONDOS

A concessão de suspensão condicional da pena para os crimes hediondos, cuja pena fixada não seja superior a 2 anos, é motivo de discussão na doutrina e na jurisprudência.

Os favoráveis à sua concessão argumentam que não há vedação expressa na lei, logo, não se pode negar benefícios que não estejam expressamente vedados.

Por outro lado, os contrários sustentam que o *sursis* é incompatível com o sistema mais severo da Lei dos Crimes Hediondos – Lei nº 8.072/90, pois o art. 2º, § 1º, afirma que a pena será cumprida inicialmente em regime fechado. Assim, por se tratar de lei especial, afastaria a concessão do *sursis* para os crimes hediondos.

Entretanto, com a promulgação da Lei nº 11.464/2007, que aboliu o regime integral fechado, é possível a concessão do *sursis*, em face da inexistência de proibição. Esta é a posição atual do Supremo Tribunal Federal e do Superior Tribunal de Justiça.

16.6. REVOGAÇÃO DO *SURSIS*

A suspensão condicional da pena poderá ser revogada. A revogação pressupõe que o condenado já esteja em período de prova. A seguir, apresentaremos as hipóteses de revogação.

16.6.1. Revogação obrigatória

A revogação obrigatória está prevista no art. 81, incs. I *usque* III, do Código Penal:

a) superveniência de condenação irrecorrível por crime doloso. A condenação definitiva por crime doloso, por si só, gera obrigatoriamente a revogação do beneficio. Não importa se a infração penal foi praticada antes ou depois do início do período de prova;

b) frustração da execução da pena de multa, no caso de condenado solvente. Este dispositivo está tacitamente revogado pela Lei nº 9.268/96;

c) não reparação do dano, sem motivo justificado;

d) descumprimento das condições do art. 78, § 1º, do Código Penal. Trata-se da prestação de serviços à comunidade ou de limitação de fim de semana. Nessa hipótese, é indispensável a oitiva do beneficiário.

16.6.2. Revogação facultativa

A revogação facultativa está prevista no art. 81, § 1º, do Código Penal:

a) se o condenado descumpre qualquer das condições judiciais a que se refere o art. 79 do Código Penal, ou seja, outras condições especificadas na sentença;

b) se o condenado descumpre as condições do *sursis* especial indicadas no art. 78, § 2º, do Código Penal;

c) superveniência de condenação por contravenção penal ou por crime culposo, exceto se imposta pena de multa.

Em todas as hipóteses acima mencionadas, o juiz, antes de decidir quanto à revogação, deverá ouvir o condenado, para que este possa apresentar suas justificativas e o Ministério Público deverá opinar a respeito da revogação.

Presente qualquer causa de revogação facultativa, o juiz poderá decidir:

1) pela revogação;
2) por nova advertência;
3) prorrogar o período de prova até o máximo, se este não foi o fixado;
4) exacerbar as condições impostas.

16.7. PRORROGAÇÃO DO PERÍODO DE PROVA

O Código Penal prevê duas hipóteses em que o período de prova pode/deve ser prorrogado:

a) quando o beneficiário estiver sendo processado por outro crime ou contravenção, considera-se prorrogado o prazo da suspensão até o julgamento definitivo (art. 81, § 2º). Esta prorrogação não está sujeita à decisão judicial, pois é automática;

Assim, se o beneficiário vier a ser condenado, poderá dar-se a revogação do *sursis*, hipótese em que o agente terá de cumprir a pena privativa de liberdade imposta na sentença. Entretanto, no caso de absolvição, o juiz decretará a extinção da pena referente ao processo no qual foi concedida a suspensão condicional desta.

b) quando, facultativa a revogação, o juiz optar por prorrogar o período de prova até o máximo, se este não foi o fixado (art. 81, § 3º), evitando assim o cancelamento imediato do benefício concedido.

> **ATENÇÃO!**
> Durante o período de prorrogação, o condenado está desobrigado de cumprir as condições do *sursis*.

16.8. CASSAÇÃO DA SUSPENSÃO CONDICIONAL DA PENA

O *sursis* será considerado cassado quando estiver presente alguma hipótese que impede o início do período de prova, a saber:

a) o condenado não comparece sem justificativa à audiência admonitória (art. 161 da Lei de Execuções Penais);

b) o condenado não aceita as condições do *sursis*;

c) condenação à pena privativa de liberdade antes do período de prova;

d) a pena é aumentada pelo Tribunal em grau de recurso.

REVOGAÇÃO DE *SURSIS*	CASSAÇÃO DE *SURSIS*
A causa é superveniente ao início do período de prova.	A causa é anterior ao início do período de prova.

16.9. EXTINÇÃO

O juiz decretará a extinção da pena privativa de liberdade quando expirado integralmente o período de prova sem que tenha ocorrido revogação (art. 82 do Código Penal).

A extinção da pena privativa de liberdade se dá com o término do período de prova, e não na data da sentença que declara a extinção da punibilidade.

A sentença é meramente declaratória. Exige-se a manifestação do Ministério Público, sob pena de nulidade (art. 67 da Lei de Execução Penal).

16.10. DIFERENÇA ENTRE SUSPENSÃO CONDICIONAL DA PENA E A SUSPENSÃO CONDICIONAL DO PROCESSO

Na **suspensão condicional da pena** – *sursis* – o réu é condenado à pena privativa de liberdade e, por estarem presentes os requisitos legais, o juiz suspende essa pena, submetendo o sentenciado a um período de prova, no qual o mesmo deve observar certas condições.

Na **suspensão condicional do processo** – *sursis* **processual** – criada pelo art. 89 da Lei nº 9.099/95. O agente é acusado da prática de infração penal cuja pena mínima não exceda a um ano e desde que não esteja sendo processado, que não tenha condenação anterior por outro crime e que estejam presentes os demais requisitos que autorizam o *sursis* (art. 77 do Código Penal), deverá o MP fazer uma proposta de suspensão do processo, por prazo de 2 a 4 anos, no qual o réu deve submeter-se a algumas condições: reparação do dano, salvo impossibilidade de fazê-lo; proibição de frequentar determinados locais; proibição de ausentar-se da comarca onde reside sem autorização do juiz e comparecimento mensal e obrigatório a juízo, para informar e justificar suas atividades. Após a elaboração da proposta pelo Ministério Público, o juiz deve intimar o réu para que se manifeste acerca dela (juntamente com seu defensor), e, se ambos a aceitarem, será ela submetida à homologação judicial. Feita a homologação, o réu iniciará o período de prova e, ao final, caso não tenha havido revogação, o juiz decretará a extinção da punibilidade do agente.

Capítulo 16

> **SÚMULA REFERENTE À SUSPENSÃO CONDICIONAL DA PENA**
> **Súmula nº 499/STF** – "Não obsta à concessão do *sursis* condenação anterior à pena de multa."

16.11. *SURSIS* SUCESSIVOS E SIMULTÂNEOS

Sursis sucessivo é obtido pelo réu após a extinção do *sursis* anterior, o que ocorre quando o sujeito, depois de cumprir o benefício, pratica delito culposo ou contravenção penal.

Sursis simultâneos são os cumpridos ao mesmo tempo. Sua existência é possível quando o réu, durante o período de prova, é condenado irrecorrivelmente por crime culposo ou contravenção penal à pena privativa de liberdade não superior a dois anos.[2] Também conhecido como *sursis* coetâneos.

16.12. SÍNTESE

Suspensão condicional da pena – *Sursis*	Consiste na possibilidade de o juiz liberar o condenado do cumprimento da pena privativa de liberdade, desde que atendidos certos requisitos e algumas condições, por um determinado período, e ao seu término, não havendo causa de revogação, será declarada extinta a pena.
Requisitos do *sursis* (art. 77, CP)	a) que a pena privativa de liberdade fixada na sentença não seja superior a dois anos. **Exceção:** pena não superior a 4 anos, no caso de ser o condenado maior de 70 anos de idade ou por razões de saúde que justifiquem a suspensão; b) que o condenado não seja reincidente em crime doloso, salvo se na condenação anterior foi aplicada somente a pena de multa; c) que a culpabilidade, os antecedentes, a conduta social e a personalidade do agente, bem como os motivos e as circunstâncias do crime autorizem a concessão do benefício; d) que não seja indicada ou cabível a substituição da pena privativa de liberdade por pena restritiva de direitos.
Sistemas	a) **Sistema franco-belga** – o réu é processado, considerado culpado e condenado, suspendendo-se a execução da pena. Foi adotado no Brasil. b) **Sistema anglo-americano (*probation system*)** – o réu é processado, considerado culpado e sujeito ao período de prova, mas sem imposição de pena. No não atendimento das condições, o julgamento é retomado, determinando-se a pena privativa de liberdade a ser cumprida.

---

2 BARROS, Flávio Monteiro de. *Direito penal – parte geral*, p. 542.

	c) Sistema *probatio of first offenders act* – é a prova para aquele que primeira vez delinquiu. O réu é processado. Suspende-se o processo, sem reconhecimento de culpa. Este sistema foi adotado pela Lei nº 9.099/95, no seu art. 89 ao tratar da suspensão condicional do processo.
Espécies de *sursis* (arts. 77 e 78, CP)	a) *Sursis* simples – que a pena privativa de liberdade a ser suspensa não seja superior a 2 anos, levando-se em consideração o concurso de crimes. Neste caso, o período de prova será de 2 a 4 anos. No primeiro ano do período de prova, o condenado deverá prestar serviços à comunidade ou submeter-se à limitação de fim de semana. b) *Sursis* especial – que a pena privativa de liberdade a ser suspensa não seja superior a 2 anos, levando-se em consideração o concurso de crimes. Aqui, o período de prova será de 2 a 4 anos. O condenado reparou o dano ou comprovou a impossibilidade de fazê-lo, se as circunstâncias do art. 59 do CP lhe forem favoráveis, o juiz poderá substituir a exigência do art. 78, § 1º, pelas condições a serem aplicadas cumulativamente: 1. proibição de frequentar determinados lugares; 2. proibição de ausentar-se da comarca onde reside, sem autorização do juiz; 3. comparecimento pessoal e obrigatório a juízo, mensalmente, para informar e justificar suas atividades. c) *Sursis* etário – só pode ser concedido ao condenado maior de 70 anos de idade, independente de sua condição física. Para a sua concessão é indispensável que a pena a ser suspensa não seja superior a 4 anos, levando-se, ainda, em consideração o concurso de crimes. Aqui o período de prova será de 4 a 6 anos. Se a condenação não for superior a 2 anos, o prazo do período de prova será o comum, ou seja, de 2 a 4 anos. As condições a serem cumpridas no primeiro ano de prova vão depender de se o beneficiário reparou ou não o dano causado pelo delito. d) *Sursis* humanitário – que o condenado esteja acometido de doença que tenha seu tratamento impossibilitado no regime prisional. Para a sua concessão é indispensável que a pena a ser suspensa não seja superior a 4 anos, levando--se, ainda, em consideração o concurso de crimes. Aqui o período de prova será de 4 a 6 anos. A Lei nº 9.605/98 – Dos Crimes Ambientais, em seu art. 16, ampliou a concessão do *sursis* para condenações à pena privativa de liberdade não superior a 3 anos. As condições a serem cumpridas no primeiro ano de prova vão depender de se o beneficiário reparou ou não o dano causado pelo delito. O art. 79 do CP prevê a possibilidade de fixação de outras condições para a concessão do *sursis*, desde que adequadas ao fato e à situação pessoal do condenado.

Revogação do *sursis*	**Revogação obrigatória** (art. 81, incs. I a III, CP): **a)** superveniência de condenação irrecorrível por crime doloso. A condenação definitiva por crime doloso, por si só, gera obrigatoriamente a revogação do benefício. Não importa se a infração penal foi praticada antes ou depois do início do período de prova; **b)** frustração da execução da pena de multa, no caso de condenado solvente; **c)** não reparação do dano, sem motivo justificado; **d)** Descumprimento das condições do art. 78, § 1º, do CP. Trata-se da prestação de serviços à comunidade ou da limitação de fim de semana. **Revogação facultativa** (art. 81, § 1º, CP): **a)** se o condenado descumpre qualquer das condições judiciais a que se refere o art. 79 do CP, ou seja, outras condições especificadas na sentença; **b)** se o condenado descumpre as condições do *sursis* especial indicadas no art. 78, § 2º, do CP; **c)** superveniência de condenação por contravenção penal ou por crime culposo, exceto se imposta pena de multa; Presente qualquer causa de revogação facultativa, o juiz poderá decidir: **1)** pela revogação; **2)** por nova advertência; **3)** prorrogar o período de prova até o máximo, se este não foi o fixado; **4)** exacerbar as condições impostas.
Prorrogação do período de prova	**a)** Quando o beneficiário estiver sendo processado por outro crime ou contravenção, considera-se prorrogado o prazo da suspensão até o julgamento definitivo (art. 81, § 2º). É automática. **b)** Quando, facultativa a revogação, o juiz optar em prorrogar o período de prova até o máximo, se este não foi o fixado (art. 81, § 3º), evitando assim o cancelamento imediato do benefício concedido.
Cassação da suspensão condicional da pena	**a)** O condenado não comparece sem justificativa à audiência admonitória (art. 161 da LEP). **b)** O condenado não aceita as condições do *sursis*. **c)** Condenação à pena privativa de liberdade antes do período de prova. **d)** A pena é aumentada pelo Tribunal em grau de recurso.
Extinção (art. 82, CP)	O juiz decretará a extinção da pena privativa de liberdade, quando expirado integralmente o período de prova, sem que tenha ocorrido revogação.

16.13. QUESTÕES DE PROVA

1 – (XIII – Exame de Ordem Unificado – OAB/2014) – A respeito do benefício da suspensão condicional da execução da pena, assinale a afirmativa **incorreta.**

A) Não exige que o crime praticado tenha sido cometido sem violência ou grave ameaça à pessoa.

B) Não pode ser concedido ao reincidente em crime doloso, exceto se a condenação anterior foi a pena de multa.

C) Somente pode ser concedido se não for indicada ou se for incabível a substituição da pena privativa de liberdade por pena restritiva de diretos.

D) Sobrevindo, durante o período de prova, condenação irrecorrível por crime doloso, o benefício será revogado, mas tal período será computado para efeitos de detração.

Correta: D

Comentários: *É causa de revogação obrigatória, a superveniência de condenação irrecorrível por crime doloso. A condenação definitiva por crime doloso, por si só, gera obrigatoriamente a revogação do benefício. Não importa se a infração penal foi praticada antes ou depois do início do período de prova. Havendo a revogação do sursis, o condenado iniciará o cumprimento da pena.*

2 – (XVI – Exame de Ordem Unificado – OAB/2015) – Moura, maior de 70 anos, primário e de bons antecedentes, mediante grave ameaça, subtraiu o relógio da vítima Lúcia, avaliado em R$ 550,00 (quinhentos e cinquenta reais). Cerca de 45 minutos após a subtração, Moura foi procurado e localizado pelos policiais que foram avisados do ocorrido, sendo a coisa subtraída recuperada, não sofrendo a vítima qualquer prejuízo patrimonial. O fato foi confessado e Moura foi condenado pela prática do crime de roubo simples, ficando a pena acomodada em 04 anos de reclusão em regime aberto e multa de 10 dias.

Capítulo 16

Procurado pela família do acusado, você, como advogado poderá apelar, buscando:

A) o reconhecimento da forma tentada do roubo;

B) a aplicação do *sursis* da pena;

C) o reconhecimento da atipicidade comportamental por força da insignificância;

D) a redução da pena abaixo do mínimo legal, em razão das atenuantes da confissão espontânea e da senilidade.

Correta: B

Comentários: *Trata-se de sursis etário (art. 77, § 2º, 1ª parte, do Código Penal). Só pode ser concedido ao condenado maior de 70 anos de idade, independente de sua condição física. Para a sua concessão é indispensável que a pena a ser suspensa não seja superior a 4 anos. Aqui o período de prova será de 4 a 6 anos. Se a condenação não for superior a 2 anos, o prazo do período de prova será o comum, ou seja, de 2 a 4 anos. As condições a serem cumpridas no primeiro ano de prova vão depender de se o beneficiário reparou ou não o dano causado pelo delito.*

Capítulo 17
Livramento Condicional

17.1. CONCEITO

Livramento condicional é um incidente na execução da pena, consistente em uma antecipação provisória da liberdade do acusado concedida pelo juiz da Vara das Execuções Criminais quando presentes os requisitos legais previstos no art. 83 do Código Penal, ficando o condenado sujeito ao cumprimento de certas obrigações.[1] É a antecipação provisória da liberdade após o cumprimento de parte da pena, mediante certas condições.

O livramento condicional é um benefício concedido ao condenado em virtude do sistema progressivo de cumprimento de pena adotado no Brasil.

No livramento condicional a liberdade é:

a) **antecipada** – pois o condenado retorna ao convívio social antes do cumprimento integral da pena privativa de liberdade;

b) **condicional** – pois o condenado se submete a condições fixadas pelo juiz, durante o período de prova do restante da pena;

c) **precária** – pois pode ser revogada se sobrevier em uma ou mais condições previstas nos arts. 86 e 87 do Código Penal.[2]

> **ATENÇÃO!**
> O livramento condicional é um importante instrumento de ressocialização do condenado.

---
[1] GONÇALVES, Victor Eduardo Rios. *Direito penal – parte geral*, p. 184.
[2] MASSON, Cleber. *Direito penal esquematizado – parte geral*, p. 765-766.

17.2. REQUISITOS DO LIVRAMENTO CONDICIONAL

Os requisitos para a concessão do livramento condicional estão previstos no art. 83 do Código Penal e podemos dividi-los em objetivos e subjetivos.

17.2.1. Requisitos objetivos

Os requisitos objetivos para o livramento condicional estão relacionados à pena imposta e à reparação do dano. Senão, vejamos:

I – Aplicação na sentença de pena privativa de liberdade igual ou superior a 2 anos.

O livramento condicional só pode ser concedido à pena privativa de liberdade, isto é, não atinge as penas restritivas de direitos ou a pecuniária.

A pena concreta a ser cumprida deve ser igual ou superior a dois anos. Sendo assim, o juiz deverá somar as penas aplicadas em processos diversos para a verificação desse requisito. Neste caso, compete ao juiz da execução da pena, que o condenado estiver cumprindo, a concessão do livramento.

II – Cumprimento de mais de 1/3 da pena se o condenado não for reincidente em crime doloso e tiver bons antecedentes.

III – Cumprimento de mais de 1/2 se o condenado for reincidente em crime doloso ou portador de maus antecedentes. É o livramento condicional qualificado.

A doutrina majoritária defende que só a reincidência dolosa é que aumenta a fração de cumprimento da pena como condição de benefício, ou seja, a culposa não altera o tratamento.

IV – Cumprimento de mais de 2/3 da pena, nos casos de condenação por crime hediondo, prática da tortura, tráfico ilícito de entorpecentes e drogas afins, e terrorismo, se o apenado não for reincidente específico em crimes dessa natureza. Trata-se do livramento condicional específico.

O tempo mínimo de pena cumprida deve ser calculado levando em consideração a prisão provisória, administrativa e internação em hospitais de custódia e tratamento psiquiátrico, bem como a pena remida pelo trabalho e/ou estudo.

> **ATENÇÃO!**
> O cometimento de falta grave não interrompe o prazo para fins de concessão de livramento condicional, por constituir requisito objetivo não contemplado no art. 83 do Código Penal.

V – Tenha reparado, salvo efetiva impossibilidade de fazê-lo, o dano causado pela infração.

O Supremo Tribunal Federal afirma que a simples ausência de ação de indenização por parte da vítima não exime esta responsabilidade do condenado.

VI – Existência de parecer do Conselho Penitenciário e do Ministério Público (art. 131 da LEP).

17.2.2. Requisitos subjetivos

Os requisitos subjetivos para o livramento condicional estão relacionados às características pessoais do condenado. Senão, vejamos:

I – comprovado comportamento satisfatório durante a execução da pena (comprovado mediante atestado de bom comportamento elaborado pelo diretor do presídio);

Esse comportamento satisfatório engloba tanto o cumprimento das obrigações internas, como o relacionamento com os demais detentos, com os funcionários e sua capacidade de readaptação no meio social.

II – bom desempenho no trabalho que lhe foi atribuído (também comprovado por intermédio de atestado do diretor do presídio);

Esse requisito está relacionado à capacidade de o condenado bem desempenhar as atividades realizadas no interior do cárcere, a título de trabalho, bem como aquelas desenvolvidas fora da prisão, quer no serviço público, quer na iniciativa privada.

O exercício de atividade laboral é requisito obrigatório à concessão do livramento condicional. O condenado não é obrigado a trabalhar.

Entretanto, só terá direito a este benefício, se realizar alguma atividade laboral.

Este requisito será flexibilizado quando se demonstra, que por questões alheias ao condenado não lhe foi atribuído nenhum trabalho.

III – aptidão para prover a própria subsistência mediante trabalho honesto (como por exemplo uma proposta de emprego);

IV – para o condenado por crime doloso, cometido com violência ou grave ameaça à pessoa, a constatação de que o acusado apresenta condições pessoais que façam presumir que, uma vez liberado, não voltará a delinquir (exame feito por psicólogos), ou seja, a verificação da cessação da periculosidade do agente;

O exame criminológico é o instrumento apto para demonstrar que o condenado preenche este requisito. Com a Lei nº 10.792/2003 este exame deixou de ser obrigatório. Entretanto, os Tribunais Superiores entendem que o juiz, fundamentando a sua necessidade, poderá determinar a sua realização. Trata-se de uma análise de mérito do condenado, que não está adstrito ao bom comportamento carcerário.

V – nos crimes previstos na Lei nº 8.072/90, não ser reincidente específico.

17.3. CONDIÇÕES

O juiz especificará na sentença as condições a que fica subordinado o livramento, as quais estão divididas em obrigatórias e facultativas.

17.3.1. Condições obrigatórias

As condições obrigatórias estão previstas no art. 132, § 1º, da Lei de Execução Penal, a saber:

I – comparecimento periódico em juízo, para informar suas atividades. A periodicidade do comparecimento fica a critério do juiz da execução penal;

II – não mudar do território da comarca do Juízo da Execução, sem prévia autorização judicial;

III – obrigação de obter ocupação lícita, dentro de um prazo razoável determinado pelo juiz.

> **ATENÇÃO!**
> O condenado portador de deficiência física impeditiva de atividade laborativa, será dispensado desta condição.

17.3.2. Condições facultativas

São aquelas que o juiz pode impor, além das obrigatórias.

I – Não mudar de endereço sem avisar ao juiz e à autoridade incumbida da observação cautelar e de proteção.

II – Recolher-se em sua residência até o horário determinado pelo juiz.

III – Proibição de frequentar determinados lugares. Deve estar expressamente contido na sentença concessiva do benefício o rol dos locais proibitivos.

17.4. RITO PROCEDIMENTAL DO LIVRAMENTO CONDICIONAL

Para concessão do livramento condicional é necessário atender os seguintes requisitos:

a) requerimento do sentenciado, de seu cônjuge ou parente em linha reta, ou por proposta do diretor do estabelecimento onde ele se encontra cumprindo a pena, ou do Conselho Penitenciário (art. 712 do Código de Processo Penal);

b) parecer do diretor do estabelecimento acerca do comportamento do sentenciado, isto é, um relatório circunstanciado do caráter do condenado durante a execução da pena, notadamente, no tocante a suas relações com seus familiares e estranhos, grau de instrução e aptidão profissional, situação financeira e seus propósitos quanto ao seu futuro meio de vida (art. 714 do Código de Processo Penal);

c) manifestação do Ministério Público e do defensor (art. 112, §§ 1º e 2º, da LEP);

d) por fim, o juiz proferirá a decisão, devendo observar a presença de todos os requisitos do art. 83 do Código Penal. Contra a decisão cabe recurso de agravo em execução (art. 197 da LEP).

17.5. REVOGAÇÃO

A revogação do livramento pode ser obrigatória ou facultativa.

17.5.1. Revogação obrigatória

As causas de revogação obrigatória estão dispostas no art. 86 do Código Penal, a saber:

a) se o liberado vem a ser condenado a pena privativa de liberdade, em sentença irrecorrível, por crime cometido durante a vigência do benefício;

Nesse caso, o tempo em que o condenado permaneceu em liberdade não será descontado na pena, ou seja, deverá cumprir integralmente a pena que restava por ocasião do início do benefício. Somente poderá obter novo livramento com relação à nova condenação (art. 88 do Código Penal).

b) se o liberado vem a ser condenado, por sentença irrecorrível, à pena privativa de liberdade, por crime cometido antes do benefício.

Nesse caso, o art. 88 do Código Penal permite que seja descontado o período em que o condenado esteve em liberdade, podendo, ainda, ser somado o tempo restante à pena referente à segunda condenação, com intuito de obter novo benefício e para tanto se calcula o livramento sobre esse total (art. 84 do Código Penal e art. 141 da LEP).

17.5.2. Revogação facultativa

As causas de revogação facultativa estão descritas no art. 87 do Código Penal, a saber:

a) se o liberado deixar de cumprir qualquer das obrigações constantes da sentença. Nesse caso, não se desconta da pena o período do livramento e o condenado não mais poderá obter o benefício em relação a essa pena;

b) se o liberado for irrecorrivelmente condenado, por crime ou contravenção, à pena que não seja privativa de liberdade. Nesse caso, segue o raciocínio da revogação obrigatória, ou seja, se a condenação for por delito anterior, será descontado o tempo do livramento na pena e se for referente ao delito praticado durante a vigência do benefício, não haverá o desconto.

> **ATENÇÃO!**
> Tanto na revogação obrigatória como na facultativa, o juiz deve ouvir o condenado antes da sua decisão.

17.6. PRORROGAÇÃO

A prorrogação do livramento condicional ocorre quando no término do período de prova, o liberado está sendo processado por crime cometido durante a sua vigência. Durante a prorrogação não perduraram as condições impostas (art. 89 do Código Penal).

O juiz da Vara das Execuções não poderá declarar extinta a pena privativa de liberdade enquanto não transitar em julgado a sentença do crime praticado na vigência do livramento condicional.

> **ATENÇÃO!**
> É inadmissível a prorrogação do período de prova no caso de contravenção penal praticada durante a vigência do livramento condicional, pois a lei se refere apenas a crime.

17.7. SUSPENSÃO

O art. 145 da LEP prevê: "Praticada pelo liberado outra infração penal, o juiz poderá ordenar a sua prisão, ouvidos o Conselho Penitenciário e o Ministério Público, suspendendo o curso do livramento condicional, cuja revogação, entretanto, ficará dependendo da decisão final".

17.8. EXTINÇÃO DA PENA

Se o livramento condicional não for revogado ou prorrogado até o término do período de prova, o juiz deverá declarar a extinção da pena imposta, ouvindo antes o Ministério Público (art. 90 do Código Penal).

A sentença que declara extinta a pena tem natureza declaratória, a partir da data do término do período de prova.

17.9. LIVRAMENTO CONDICIONAL HUMANITÁRIO

Livramento condicional humanitário é o concedido ao condenado que ainda não cumpriu o período de prova, mas está acometido de moléstia grave e incurável. Tem como fundamento as razões de piedade, de forma análoga ao *sursis* humanitário. Por não ter embasamento legal, só poderá ser concedido quando estiverem presentes todos os requisitos objetivos e subjetivos previstos em lei.

DIFERENÇAS	
SURSIS	**LIVRAMENTO CONDICIONAL**
Suspende a execução da pena. A pena nem começa a ser executada.	Pressupõe a execução de um percentual da pena.
Período de prova, via de regra, de 2 a 4 anos.	Período de prova é o restante da pena.
É concedido na sentença ou no acórdão.	É concedido durante a execução da pena

SÚMULAS REFERENTES AO LIVRAMENTO CONDICIONAL
Súmula nº 715/STF – "A pena unificada para atender ao limite de trinta anos de cumprimento, determinado pelo art. 75 do Código Penal, não é considerada para a concessão de outros benefícios como o livramento condicional ou regime mais favorável de execução."
Súmula nº 439/STJ – "Admite-se o exame criminológico pelas peculiaridades do caso, desde que em decisão motivada."
Súmula nº 441/STJ – "A falta grave não interrompe o prazo para obtenção de livramento condicional."

17.10. SÍNTESE

Livramento condicional	É a antecipação provisória da liberdade após o cumprimento de parte da pena, mediante certas condições. É um benefício concedido ao condenado em virtude do sistema progressivo de cumprimento de pena, adotado no Brasil.

Requisitos do livramento condicional (art. 83 do CP)	Requisitos objetivos – estão relacionados à pena imposta e à reparação do dano.
	I – Aplicação na sentença de pena privativa de liberdade igual ou superior a 2 anos.
	A pena concreta a ser cumprida deve ser igual ou superior a dois anos. Sendo assim, o juiz deverá somar as penas aplicadas em processos diversos para a verificação desse requisito.
	II – Cumprimento de mais de 1/3 da pena se o condenado não for reincidente em crime doloso e tiver bons antecedentes.
	III – Cumprimento de mais de 1/2 se o condenado for reincidente em crime doloso ou portador de maus antecedentes *(livramento condicional qualificado)*.
	IV – Cumprimento de mais de 2/3 da pena, nos casos de condenação por crime hediondo, prática da tortura, tráfico ilícito de entorpecentes e drogas afins, e terrorismo, se o apenado não for reincidente específico em crimes dessa natureza *(livramento condicional específico)*.
	O tempo mínimo de pena cumprida deve ser calculado levando em consideração a prisão provisória, administrativa e internação em hospitais de custódia e tratamento psiquiátrico, bem como a pena remida pelo trabalho e/ou estudo.
	V – Tenha reparado, salvo efetiva impossibilidade de fazê-lo, o dano causado pela infração.
	VI – Existência de parecer do Conselho Penitenciário e do Ministério Público (art. 131 da LEP).
	Requisitos subjetivos – estão relacionados às características pessoais do condenado.
	I – Comprovado comportamento satisfatório durante a execução da pena (comprovado mediante atestado de bom comportamento elaborado pelo diretor do presídio).
	II – Bom desempenho no trabalho que lhe foi atribuído (comprovado por atestado do diretor do presídio).
	O exercício de atividade laboral é requisito obrigatório à concessão do livramento condicional. O condenado não é obrigado a trabalhar. Só terá direito a este benefício, se realizar alguma atividade laboral.
	III – Aptidão para prover a própria subsistência mediante trabalho honesto.
	IV – Para o condenado por crime doloso, cometido com violência ou grave ameaça à pessoa, à constatação de que o acusado apresenta condições pessoais que façam presumir que, uma vez liberado, não voltará a delinquir (exame feito por psicólogos), ou seja, a verificação da cessação da periculosidade do agente.
	# O exame criminológico é o instrumento apto para demonstrar que o condenado preenche este requisito. Com a Lei nº 10.792/2003 este exame deixou de ser obrigatório.
	V – Nos crimes previstos na Lei nº 8.072/90, não ser reincidente específico.

Condições	**Condições obrigatórias** (art. 132, § 1º, LEP) I – Comparecimento periódico em juízo, para informar suas atividades. II – Não mudar do território da comarca do Juízo da Execução, sem prévia autorização judicial. III – Obrigação de obter ocupação lícita, dentro de um prazo razoável determinado pelo juiz. **Condições facultativas** I – Não mudar de endereço sem avisar ao juiz e à autoridade incumbida da observação cautelar e de proteção. II – Recolher-se em sua residência até o horário determinado pelo juiz. III – Proibição de frequentar determinados lugares. Deve estar expressamente contido na sentença concessiva do benefício o rol dos locais proibitivos.
Rito procedimental do livramento condicional	**a)** Requerimento do sentenciado, de seu cônjuge ou parente em linha reta, ou por proposta do diretor do estabelecimento onde ele se encontra cumprindo a pena, ou do Conselho Penitenciário (art. 712 do CPP). **b)** Parecer do diretor do estabelecimento acerca do comportamento do sentenciado, isto é, um relatório circunstanciado do caráter do condenado durante a execução da pena, notadamente, no tocante a suas relações com seus familiares e estranhos, grau de instrução e aptidão profissional, situação financeira e seus propósitos quanto ao seu futuro meio de vida (art. 714 do CPP). **c)** Manifestação do Ministério Público e do defensor (art. 112, §§ 1º e 2º, da LEP). **d)** O juiz proferirá a decisão, devendo observar a presença de todos os requisitos do art. 83 do CP. Contra a decisão cabe recurso de agravo em execução (art. 197 da LEP).
Revogação	**Revogação obrigatória** (art. 86, CP) **a)** Se o liberado vem a ser condenado à pena privativa de liberdade, em sentença irrecorrível, por crime cometido durante a vigência do benefício. **b)** Se o liberado vem a ser condenado, por sentença irrecorrível, à pena privativa de liberdade, por crime cometido antes do benefício. **Revogação facultativa** (art. 87, CP) **a)** Se o liberado deixar de cumprir qualquer das obrigações constantes da sentença. **b)** Se o liberado for irrecorrivelmente condenado, por crime ou contravenção, à pena que não seja privativa de liberdade.
Prorrogação do livramento condicional	Ocorre quando no término do período de prova, o liberado está sendo processado por crime cometido durante a sua vigência. Durante a prorrogação não perduraram as condições impostas (art. 89 do CP).

Suspensão (art. 145, LEP)	*"Praticada pelo liberado outra infração penal, o juiz poderá ordenar a sua prisão, ouvidos o Conselho Penitenciário e o Ministério Público, suspendendo o curso do livramento condicional, cuja revogação, entretanto, ficará dependendo da decisão final".*
Extinção da pena	Se o livramento condicional não for revogado ou prorrogado até o término do período de prova, o juiz deverá declarar a extinção da pena imposta, ouvindo antes o Ministério Público (art. 90 do CP). Trata-se de sentença declaratória.
Livramento condicional humanitário	Será concedido ao condenado que ainda não cumpriu o período de prova, mas está acometido de moléstia grave e incurável.

17.11. QUESTÕES DE PROVA

1 – (Delegado de Polícia do Estado de São Paulo/2014) – "X", primário e de bons antecedentes, cumpre, com bom comportamento, pena de vinte anos de reclusão em regime fechado, pela prática do crime de latrocínio. Até o momento, "X" cumpriu quatorze anos do total da pena. Nesse caso, a resposta correta para a pergunta – "X" tem direito à concessão de algum benefício? – é:

A) "X" tem direito ao livramento condicional;

B) "X" tem direito à concessão da liberdade provisória;

C) "X" tem direito à concessão do *sursis;*

D) "X" tem direito à concessão da suspensão condicional da pena;

E) "X" não faz jus a nenhum benefício por ter praticado crime hediondo.

Correta: A

Comentários: *O condenado por crime hediondo terá direito ao livramento condicional quando cumprir mais de 2/3 da pena. A questão apresenta a condenação por vinte anos de reclusão em regime fechado, sendo que o condenado já cumpriu quatorze anos do total da pena. Isto é, mais de 2/3 da pena.*

2 – (XVII-Exame da Ordem dos Advogados/2015) – Marcus foi definitivamente condenado pela prática de um crime de roubo simples à pena privativa de liberdade de quatro anos de reclusão e multa de dez dias. Apesar de reincidente, em razão de condenação definitiva pretérita pelo delito de furto, Marcus confessou a prática do delito, razão pela qual sua pena foi fixada no mínimo legal. Após cumprimento de determinado período de sanção penal, pretende o apenado obter o benefício do livramento condicional. Considerando o crime praticado e a hipótese narrada, é correto afirmar que:

A) Marcus não faz jus ao livramento condicional, pois condenado por crime doloso praticado com violência ou grave ameaça à pessoa;

B) o livramento condicional pode ser concedido pelo juiz da condenação logo quando proferida sentença condenatória;

C) não é cabível livramento condicional para Marcus, tendo em vista que é condenado reincidente em crime doloso;

D) ainda que praticada falta grave, Marcus não terá o seu prazo de contagem pra concessão do livramento condicional interrompido.

Correta: D

Comentários: *O cometimento de falta grave não interrompe o prazo para fins de concessão de livramento condicional, por constituir requisito objetivo não contemplado no art. 83 do Código Penal. Também nesse sentido temos a Súmula nº 441 do STJ.*

3 – (Defensoria Pública do Estado de São Paulo/2013) – Em relação à questão das drogas no sistema penal brasileiro é correto afirmar que

A) o tráfico ilícito de entorpecentes é inafiançável, imprescritível e insuscetível de graça, indulto e anistia por disposição constitucional;

B) a dependência de drogas não pode excluir a culpabilidade nos crimes contra o patrimônio;

C) o lapso temporal para obtenção de livramento condicional do agente primário condenado pelo crime de associação para o tráfico de drogas se configura após o cumprimento de um terço da pena;

D) o descumprimento reiterado da pena do crime de porte de drogas para uso pessoal acarreta sua conversão em pena privativa de liberdade;

E) o processo de encarceramento no Brasil teve um significativo decréscimo após a aprovação da Lei de Drogas.

Correta: C

Comentários: *Para a concessão do livramento condicional há de se observar os requisitos objetivos (que diz em respeito à imposição da pena) e subjetivos. Dentre os requisitos objetivos encontramos a necessidade de cumprimento de mais de 1/3 da pena se o condenado não for reincidente em crime doloso e tiver bons antecedentes.*

Capítulo 18
Efeitos da Condenação

18.1. CLASSIFICAÇÃO DOS EFEITOS DA CONDENAÇÃO

Os efeitos da sentença condenatória irrecorrível são classificados pela doutrina da seguinte maneira:

a) **Efeito principal** – imposição de pena privativa de liberdade, restritiva de direitos, de multa ou medida de segurança;

b) **Efeitos secundários** – os quais possuem natureza penal e extrapenal.

18.2. EFEITOS SECUNDÁRIOS DA CONDENAÇÃO

Os efeitos secundários da condenação podem ser de natureza penal ou extrapenal.

18.2.1. Efeitos secundários de natureza penal

Os efeitos da condenação de natureza penal são: induzem à reincidência (art. 63 do Código Penal); impedem, em princípio, a concessão do *sursis* em novo crime praticado pelo agente e é causa de sua revogação (arts. 77, inc. I, e 81, inc. I e § 1º, do Código Penal); causam a revogação do livramento condicional (art. 86 do Código Penal); aumentam o prazo da prescrição da pretensão executória (art. 110, *caput*, *in fine*, do Código Penal); causam a revogação da reabilitação (art. 95 do Código Penal); têm influência na exceção da verdade no crime de calúnia (art. 138, § 3º, incs. I e III, do Código Penal); impedem o privilégio dos arts. 155, § 2º; 170; 171, § 1º; e 180, § 3º, 1ª parte, em relação ao segundo crime; todos do Código Penal.

18.2.2. Efeitos secundários de natureza extrapenal

Os efeitos secundários de natureza extrapenal atingem o condenado em outras esferas, que não a penal. Esses efeitos estão subdivididos em genéricos e específicos.

18.2.2.1. Genéricos

São os efeitos automáticos decorrentes de qualquer sentença penal condenatória e não necessitam ser expressamente declarados na sentença (art. 91 do Código Penal). São eles:

a) Tornar certa a obrigação de indenizar o dano causado pelo crime

O direito à indenização é assegurado pela Constituição Federal no art. 5º, inc. V; pelo Código Civil no art. 186; pelo Código Penal no art. 91, inc. I; e pelo Código de Processo Penal no art. 63.

A sentença penal condenatória transitada em julgado torna-se título executivo no juízo cível, não havendo necessidade de rediscutir a culpa do causador do dano. Após prévia liquidação, deve-se ingressar com a execução do valor apurado.

Na hipótese de ter sido aplicada a nova pena substitutiva de prestação pecuniária (art. 43, inc. I, do Código Penal), o valor em dinheiro pago à vítima ou seus dependentes será deduzido do montante de eventual condenação em ação civil de reparação de danos.

O efeito civil da reparação do dano persiste, mesmo quando ocorrer a extinção da punibilidade.

O ofendido, quando da ocorrência do delito, poderá:

1) **Ter o seu dano reparado na própria sentença penal condenatória:** o art. 387, inc. IV, do Código de Processo Penal dispõe que o juiz, ao proferir a sentença condenatória, "fixará valor mínimo para a reparação dos danos causados pela infração, considerando os prejuízos sofridos pelo ofendido" e, uma vez transitada em julgado a sentença, a execução poderá ser efetuada pelo valor fixado, sem prejuízo da liquidação para a apuração do dano efetivamente sofrido (art. 63, parágrafo único, do Código de Processo Penal).

2) aguardar o desfecho na esfera penal e, advindo o trânsito em julgado da sentença penal condenatória, ingressar no juízo cível com o pedido de execução para efeito de reparação do dano;

3) ingressar diretamente no Juízo Cível, com a ação civil de reparação do dano (*actio civilis ex delicti*).

Intentada a ação penal, o juiz da ação civil poderá suspender o curso desta, até o julgamento definitivo daquela (art. 64, parágrafo único, do Código de Processo Penal).

Ocorrendo o arquivamento do inquérito policial, ou mesmo que a decisão decrete a extinção de punibilidade, o ofendido terá direito à *actio civilis ex delicti*.

Quando o titular do direito à reparação do dano for pobre, a execução da sentença penal condenatória será promovida, dependendo do seu requerimento, pelo Ministério Público ou pela Defensoria Pública.

> **ATENÇÃO!**
> No juízo cível apenas se discute o valor da reparação.

b. **A perda em favor da União, ressalvado o direito do lesado ou de terceiro de boa-fé**

1) *dos instrumentos do crime*, desde que consistam em coisas cujo fabrico, alienação, uso, porte ou detenção constitua fato ilícito. Trata-se dos *instrumentos sceleris*, objetos empregados para a realização do crime, mas somente os descritos é que podem ser confiscados.

2) *do produto do crime ou de qualquer bem ou valor que constitua proveito auferido pelo agente com a prática do fato criminoso*. **Produto** é a vantagem direta auferida pela prática do crime (ex.: o relógio furtado). **Proveito** é a vantagem decorrente do produto (ex.: o dinheiro obtido com a venda do relógio furtado).

DISTINÇÕES	
Pena de perda de bens e valores	**Confisco do proveito do crime**
É pena. O efeito principal da condenação é que recai sobre o patrimônio lícito do condenado.	É um efeito secundário da condenação e recai sobre o patrimônio ilícito do condenado, isto é, o proveito do crime.

c. **Suspensão dos direitos políticos, enquanto durar a execução da pena (art. 15, inc. III, da Constituição Federal).**

O condenado fica privado de seus direitos políticos, enquanto não extinta a pena. Não poderá nem exercer o direito de voto.

SÚMULA REFERENTE À SUSPENSÃO DOS DIREITOS POLÍTICOS
Súmula nº 9/TSE – "A suspensão dos direitos políticos decorrentes de condenação criminal transitada em julgado cessa com o cumprimento ou a extinção da pena, independendo de reabilitação ou prova de reparação dos danos."

18.2.2.2. Específicos

São os efeitos que devem ser motivadamente declarados na sentença e só são cabíveis em determinadas situações (art. 92 do Código Penal). São eles:

1. **Perda de cargo, função pública ou mandato eletivo:**

   a) quando aplicada pena privativa de liberdade por tempo igual ou superior a um ano nos crimes praticados com abuso de poder ou violação de dever para com a Administração Pública. Ex.: os crimes funcionais previstos nos arts. 312 a 326 do Código Penal;

   b) quando for aplicada pena privativa de liberdade por tempo superior a quatro anos, nos demais casos.

Esse efeito deve ser declarado motivadamente pelo juiz, quando da sentença.

REQUISITOS	
Prática de crime no exercício da função pública e violação de deveres a ela inerentes.	Prática de qualquer crime.
Pena igual ou superior a um ano.	Pena superior a quatro anos.
Declaração expressa e motivada do efeito da sentença penal condenatória.	Declaração expressa e motivada do efeito da sentença penal condenatória.

ATENÇÃO!

No crime de tortura, a Lei nº 9.455/97 – art. 1º, § 5º, impõe como efeito da sentença condenatória, a perda do cargo, função ou emprego público, independentemente da pena imposta.

No caso de perda de mandato eletivo, o art. 55, inc. VI, da Constituição Federal determina a perda do mandato do deputado ou senador que sofrer condenação definitiva. Trata-se de dispositivo mais abrangente, pois não limita a espécie de crime a um mínimo da sanção aplicada. A perda do mandato será decidida pela Câmara dos Deputados ou pelo Senado Federal, por voto secreto e maioria absoluta, mediante provocação da respectiva mesa ou de partido político representado no Congresso Nacional.

2. **Incapacidade para o exercício do poder familiar, tutela ou curatela, nos crimes dolosos, sujeitos à pena de reclusão, cometidos contra filho, tutelado ou curatelado;**

Para sua aplicação deverão estar presentes os seguintes requisitos:

a) crime doloso;

b) sujeito à pena de reclusão;

c) filho, tutelado ou curatelado como vítimas;

d) declaração expressa na sentença.

> **ATENÇÃO!**
> Nos crimes de maus-tratos (art. 136 do Código Penal) e abandono de incapaz (art. 133 do Código Penal) não se aplica este efeito, visto que a pena prevista a esses delitos é de detenção.

3. **Inabilitação para dirigir veículo, quando utilizado como meio para a prática de crime doloso. Trata-se de efeito permanente e que só será cancelado com a reabilitação criminal.**

Para sua aplicação é necessário a presença de três requisitos:

a) crime doloso;

b) que o veículo tenha sido usado como meio para a prática do delito;

c) declaração expressa na sentença.

> **ATENÇÃO!**
> Nos crimes de homicídio culposo e lesão corporal culposa, cometidos na direção de veículo automotor, a suspensão ou proibição de obter a habilitação ou permissão para dirigir veículo constituem pena prevista no próprio tipo penal, e não efeito da condenação (arts. 302 e 303 da Lei nº 9.503/97).

Capítulo 18

> O condutor condenado fica obrigado a submeter-se a novos exames para que possa voltar a dirigir, de acordo com as normas estabelecidas pelo CONTRAN.

SÚMULAS REFERENTES AOS EFEITOS DA CONDENAÇÃO
Súmula nº 694/STF – "Não cabe *habeas corpus* contra a imposição da pena de exclusão de militar ou de perda de patente ou de função pública."
Súmula nº 249/TRF – "A reparação do dano não pode ser imposta como condição da suspensão da execução da pena."

18.3. SÍNTESE

Classificação dos efeitos da condenação	**Efeito principal** – imposição de pena privativa de liberdade, restritiva de direitos, de multa ou de medida de segurança. **Efeitos secundários** – podem ser de natureza penal e extrapenal.
Efeitos secundários de natureza penal	Induzem a reincidência (art. 63 do CP); impedem, em princípio, a concessão do *sursis* em novo crime praticado pelo agente e é causa de sua revogação (arts. 77, inc. I, e 81, inc. I e § 1º, do CP); causam a revogação do livramento condicional (art. 86 do CP); aumentam o prazo da prescrição da pretensão executória (art. 110, *caput, in fine,* do CP); causam a revogação da reabilitação (art. 95 do CP); têm influência na exceção da verdade no crime de calúnia (art. 138, § 3º, incs. I e III, do CP); impedem o privilégio dos arts. 155, § 2º; 170; 171, § 1º; e 180, § 3º, 1ª parte, em relação ao segundo crime; todos do Código Penal.
Efeitos secundários de natureza extrapenal	Atingem o condenado em outras esferas, que não a penal.
Efeitos secundários de natureza extrapenal genéricos (art. 91, CP)	São os efeitos automáticos decorrentes de qualquer sentença penal condenatória e não necessitam ser expressamente declarados na sentença. São eles: **a) Tornar certa a obrigação de indenizar o dano causado pelo crime:** O ofendido, quando da ocorrência do delito, poderá: **1) Ter o seu dano reparado na própria sentença penal condenatória:** O art. 387, inc. IV, do Código de Processo Penal dispõe que o juiz, ao proferir a sentença condenatória, "fixará valor mínimo para a reparação dos danos causados pela infração, considerando os prejuízos sofridos pelo ofendido" e, uma vez transitada em julgado a sentença, a execução poderá ser efetuada pelo valor fixado, sem prejuízo da liquidação para a apuração do dano efetivamente sofrido (art. 63, parágrafo único, do Código de Processo Penal);

	2) aguardar o desfecho na esfera penal e, advindo o trânsito em julgado da sentença penal condenatória, ingressar no juízo cível com o pedido de execução para efeito de reparação do dano; 3) ingressar diretamente no Juízo Cível, com a ação civil de reparação do dano (*actio civilis ex delicti*). **b. A perda em favor da União, ressalvado o direito do lesado ou de terceiro de boa-fé**: **1)** *dos instrumentos do crime*, desde que consistam em coisas cujo fabrico, alienação, uso, porte ou detenção constitua fato ilícito; **2)** *do produto do crime ou de qualquer bem ou valor que constitua proveito auferido pelo agente com a prática do fato criminoso*. **Produto** é a vantagem direta auferida pela prática do crime. **Proveito** é a vantagem decorrente do produto. **c. Suspensão dos direitos políticos, enquanto durar a execução da pena (art. 15, inc. III, da Constituição Federal)**. O condenado fica privado de seus direitos políticos, enquanto não extinta a pena. Não poderá nem exercer o direito de voto.
Efeitos secundários de natureza extrapenal específicos (art. 92, CP)	**b) Específicos** – são os efeitos que devem ser motivadamente declarados na sentença e só são cabíveis em determinadas situações. São eles: **1. Perda de cargo, função pública ou mandato eletivo**: (deve ser declarado motivadamente pelo juiz, na sentença) **a)** quando aplicada pena privativa de liberdade por tempo igual ou superior a um ano nos crimes praticados com abuso de poder ou violação de dever para com a Administração Pública; **b)** quando for aplicada pena privativa de liberdade por tempo superior a quatro anos nos demais casos. **2. Incapacidade para o exercício do poder familiar, tutela ou curatela, nos crimes dolosos, sujeitos à pena de reclusão, cometidos contra filho, tutelado ou curatelado.** Para sua aplicação deverão estar presentes os seguintes requisitos: **a)** crime doloso; **b)** sujeito à pena de reclusão; **c)** filho, tutelado ou curatelado como vítimas; **d)** declaração expressa na sentença. **3. Inabilitação para dirigir veículo, quando utilizado como meio para a prática de crime doloso. Trata-se de efeito permanente e que só será cancelado com a reabilitação criminal.** Para sua aplicação é necessária a presença de três requisitos: **a)** crime doloso; **b)** que o veículo tenha sido usado como meio para a prática do delito; **c)** declaração expressa na sentença.

18.4. QUESTÕES DE PROVA

1 – (Auditor fiscal – 2012/ESAF) – O juiz criminal, após analisar os elementos produzidos no processo e convencer-se de que o acusado cometeu um crime, prolatará sua decisão, condenando o acusado a cumprir a pena estabelecida. A respeito dos efeitos da condenação, é correto afirmar que:

A) faculta a obrigação de indenizar o dano causado pelo crime;

B) a perda em favor da União dos instrumentos do crime independente do direito do lesado ou de terceiro de boa-fé;

C) perda automática de cargo ou função pública;

D) inabilitação para dirigir veículo, quando utilizado como meio para a prática de crime doloso, se declarado na sentença.

Correta: E

Comentários: *Os efeitos específicos devem ser motivadamente declarados na sentença e apenas são cabíveis em determinadas situações (art. 92 do Código Penal). Dentre eles encontramos a inabilitação para dirigir veículo, quando utilizado como meio para a prática de crime doloso. Trata-se de efeito permanente e que só será cancelado com a reabilitação criminal. Para sua aplicação é necessária a presença de três requisitos: a) crime doloso; b) que o veículo tenha sido usado como meio para a prática do delito; c) declaração expressa na sentença.*

2 – (Advogado – CETESB/2013) – Dentre os efeitos da condenação previstos e disciplinados no Código Penal, encontra-se a seguinte hipótese:

A) perda em favor do Município, ressalvado o direito do lesado ou de terceiro de boa-fé, dos instrumentos do crime, desde que consistam em coisas cujo fabrico, alienação, uso, porte ou detenção constitua fato ilícito;

B) perda de cargo, função pública ou mandato eletivo quando aplicada pena privativa de liberdade por tempo igual ou superior a um ano, nos crimes praticados com abuso de poder ou violação de dever para com a Administração Pública;

C) inabilitação para dirigir veículo, quando utilizado como meio para a prática de crime doloso, de forma automática, sem necessidade de motivação expressa na sentença;

D) tornar certa a obrigação de indenizar o dano causado pelo crime, processando-se o cumprimento da sentença no próprio processo penal, após o trânsito em julgado;

E) perda em favor do Estado, ressalvado o direito do lesado ou de terceiro de boa-fé, do produto do crime ou de qualquer bem ou valor que constitua proveito auferido pelo agente com a prática do fato criminoso.

Correta: B

Comentários: *Os efeitos específicos devem ser motivadamente declarados na sentença e apenas são cabíveis em determinadas situações (art. 92 do Código Penal). O inciso I dispõe –* "a perda de cargo, função pública ou mandato eletivo: **a)** quando aplicada pena privativa de liberdade por tempo igual ou superior a 1 (um) ano, nos crimes praticados com abuso de poder ou violação de dever para com a Administração."

3 – (Ministério Público do Estado de Goiás/2012) – Na lição de Frederico Marques: ao lado dos efeitos que a condenação produz como ato jurídico, consequências dela derivam como fato ou acontecimento jurídico. A sentença condenatória, de par com seus efeitos principais, tem o que alguns denominam efeitos reflexos e acessórios, ou efeitos indiretos, que são consequência dos efeitos principais, ou efeito da sentença como fato jurídico (Nucci, Guilherme de Souza. *Manual de direito penal*: parte geral, 6. ed. São Paulo: Editora Revista dos Tribunais, 2009, p. 548). Nesse sentido, analise as proposições abaixo, assinalando a alternativa correta:

A) o efeito específico da incapacidade para o poder familiar, tutela ou curatela trata-se de efeito automático, que não necessita ser declarado em sentença condenatória;

B) a condenação criminal por fato praticado na atividade, pode resultar na perda de cargo, função, sendo atribuição do juiz criminal declarar em sentença;

C) o efeito de perda do Estado de bens e valores de origem ilícita abrange bens diversos, móveis ou imóveis obtidos em proveito do delito;

D) a inabilitação para dirigir não se confunde com a suspensão de autorização ou de habilitação para dirigir veículo. A primeira, considerada pelo estatuto repressivo efeito da condenação, dependente de declaração judicial motivada, aplicável quando é utilizado algum veículo como meio para a prática de crime doloso. A inabilitação tem efeito permanente, vigorando até que o condenado se reabilite. A segunda, enquanto interdição temporária de direitos, é aplicada em casos de crimes culposos de trânsito.

Correta: B

Comentários: *A perda de cargo, função pública ou mandato eletivo é também efeito da condenação (art. 92, inc. I, CP). Porém, deverá ser motivadamente declarada na sentença.*

Capítulo 19

Reabilitação

19.1. CONCEITO

Reabilitação é o benefício que tem por finalidade restituir o condenado à situação anterior à condenação, retirando as anotações de seu boletim de antecedentes (art. 93 do Código Penal).

Júlio Fabbrini Mirabete e Renato N. Fabbrini definem reabilitação como sendo uma "declaração judicial de que estão cumpridas ou extintas as penas impostas ao sentenciado, que assegura o sigilo dos registros sobre o processo e atinge outros efeitos da condenação."[1]

A reabilitação, nos termos do parágrafo único do art. 93 do Código Penal, atinge também os efeitos da condenação previstos no art. 92 do mesmo Diploma Legal, isto é, os efeitos extrapenais específicos.

O pressuposto básico para reabilitação é a existência de sentença condenatória com trânsito em julgado.

> **ATENÇÃO!**
> Não cabe reabilitação ao inimputável submetido à medida de segurança.

19.2. EFEITOS DA REABILITAÇÃO

A reabilitação possui dois efeitos:

a) **sigilo sobre o processo e a condenação** – o art. 202 da Lei de Execução Penal assegura esse sigilo a partir do cumprimento

---

[1] MIRABETE, Júlio Fabbrini; FABBRINI, Renato N. *Manual de direito penal*, p. 343.

ou extinção da pena. Tais informações não constarão nos antecedentes criminais, atestados ou certidões expedidas pela autoridade policial ou por auxiliares da Justiça, ou seja, nenhuma notícia ou referência à condenação, salvo, quando for para instruir processo pela prática de nova infração penal ou outros casos expressos em lei;

b) **suspensão dos efeitos extrapenais específicos** – suspende-se a perda do cargo ou função pública, a incapacidade para o exercício do poder familiar, tutela ou curatela, e a inabilitação para dirigir veículo. Entretanto, é vedada a reintegração no cargo, função, mandato eletivo e titularidade do poder familiar, tutela ou curatela.

19.3. NATUREZA JURÍDICA

Trata-se de causa suspensiva de alguns efeitos secundários da condenação e dos registros criminais.

A Exposição de Motivos, no item 82, dispõe: "Trata-se de instituto que não extingue, mas tão somente suspende alguns efeitos penais da sentença condenatória, visto que a qualquer tempo, revogada a reabilitação, se restabelece o *status quo ante*".

> **ATENÇÃO!**
> A reabilitação não é causa de extinção da punibilidade.

19.4. REQUISITOS

Os requisitos da reabilitação estão dispostos no art. 94 do Código Penal, senão, vejamos:

a) decurso do prazo de 2 anos depois do cumprimento ou da extinção da pena. Computa-se o período de prova do *sursis* ou livramento condicional, desde que não ocorra revogação. O prazo é igual tanto para o primário como para o reincidente;

b) domicílio do condenado no país durante esses 2 anos;

c) bom comportamento público e privado do condenado, durante o período acima mencionado;

d) reparação do dano causado pelo delito ou comprovação da impossibilidade de fazê-lo. Ex.: se a dívida já prescreveu no cível; documento comprobatório da renúncia do ressarcimento pela vítima.

O condenado tem que comprovar todos os requisitos, pois são cumulativos.

> **ATENÇÃO!**
> A reabilitação só pode ser pleiteada por meio de advogado.

Na hipótese de indeferimento do pedido de reabilitação, este poderá ser renovado, desde que suprida a falta precedente, ou seja, com instrução de novos elementos comprobatórios dos requisitos necessários.

19.5. PLURALIDADE DE CONDENAÇÕES

No caso de pluralidade de condenações, o pedido da reabilitação só será pertinente após o transcurso do período de dois anos a partir do cumprimento da última sanção penal.

O sentenciado apenado em vários processos, perante órgãos judiciais distintos, deverá comprovar, em único pedido, o preenchimento dos requisitos previstos no art. 94 do Código Penal e daqueles exigidos nos arts. 743 e 744 do Código de Processo Penal.[2]

19.6. RECURSO

O recurso cabível da decisão denegatória da reabilitação é apelação.

A doutrina diverge quanto à subsistência ou não do recurso de ofício, previsto no art. 746 do Código de Processo Penal em face da Lei de Execuções Penais, visto a ausência de dispositivo que trate de recurso semelhante. Alguns defendem que só é cabível apelação. Para outra corrente, hoje majoritária, a decisão que concede a reabilitação também é passível de recurso de ofício, nos termos do art. 746 do Código de Processo Penal, o qual não foi revogado pela

---
2 ESTEFAM, André. *Direito penal – parte geral*, p. 417.

Lei de Execuções Penais, pois a reabilitação não é considerada mero incidente de execução da pena, isto é, não é matéria de competência do juízo da execução.

19.7. COMPETÊNCIA

A reabilitação somente pode ser concedida pelo Juízo que proferiu a sentença condenatória, pois só será concedida após o término da execução da pena (art. 743 do Código de Processo Penal).

19.8. PROCEDIMENTO

O pedido de reabilitação deverá ser instruído com os documentos elencados no art. 744 do Código de Processo Penal:

1 – certidões comprobatórias de não ter o requerente respondido, nem estar respondendo a processo penal, em qualquer das comarcas em que houver residido durante o prazo a que se refere o artigo anterior;

2 – atestados de autoridades policiais ou outros documentos que comprovem ter residido nas comarcas indicadas e mantido, efetivamente, bom comportamento;

3 – atestados de bom comportamento fornecidos por pessoas a cujo serviço tenha estado;

4 – quaisquer outros documentos que sirvam como prova de sua regeneração;

5 – prova de haver ressarcido o dano causado pelo crime ou persistir a impossibilidade de fazê-lo.

19.9. REVOGAÇÃO DA REABILITAÇÃO

A reabilitação pode ser revogada de ofício ou a requerimento do Ministério Público, se o reabilitado for condenada, por decisão definitiva, como reincidente, à pena que não seja de multa (art. 95 do Código Penal).

19.10. SÍNTESE

Conceito	É o benefício que tem por finalidade restituir o condenado à situação anterior à condenação, retirando as anotações de seu boletim de antecedentes.
Efeitos da reabilitação	**a) Sigilo sobre o processo e a condenaçã** – o art. 202 da LEP assegura esse sigilo a partir do cumprimento ou extinção da pena. Tais informações não constarão nos antecedentes criminais, atestados ou certidões expedidas pela autoridade policial ou por auxiliares da Justiça, ou seja, nenhuma notícia ou referência à condenação, salvo, quando for para instruir processo pela prática de nova infração penal ou outros casos expressos em lei (art. 93, CP). **b) Suspensão dos efeitos extrapenais específicos** – suspende-se a perda do cargo ou função pública, a incapacidade para o exercício do poder familiar, tutela ou curatela, e a inabilitação para dirigir veículo.
Natureza jurídica	Trata-se de causa suspensiva de alguns efeitos secundários da condenação e dos registros criminais.
Requisitos (art. 94, CP)	**a)** Decurso do prazo de 2 anos depois do cumprimento ou da extinção da pena. Computa-se o período de prova do *sursis* ou livramento condicional, desde que não ocorra revogação. O prazo é igual tanto para o primário como para o reincidente. **b)** Domicílio do condenado no país durante esses 2 anos. **c)** Bom comportamento público e privado do condenado, durante o período acima mencionado. **d)** Reparação do dano causado pelo delito ou comprovação da impossibilidade de fazê-lo. O condenado tem que comprovar todos os requisitos, pois são cumulativos.
Pluralidade de condenações	Neste caso, o pedido da reabilitação só será pertinente após o transcurso do período de dois anos a partir do cumprimento da última sanção penal.
Recurso	O recurso cabível da decisão denegatória da reabilitação é a apelação. Para a doutrina, posição majoritária, é passível também o recurso de ofício (art. 746, CPP).
Competência	A reabilitação só pode ser concedida pelo Juízo que proferiu a sentença condenatória, pois só será concedida após o término da execução da pena.
Revogação da reabilitação (art. 95, CP)	Pode ser revogada de ofício ou a requerimento do Ministério Público, se o reabilitado for condenado, por decisão definitiva, como reincidente, à pena que não seja de multa.

19.11. QUESTÕES DE PROVA

1 – (Analista Judiciário – TRE/AM – 2010) – No que diz respeito à reabilitação, é correto afirmar que:

A) se o condenado for reincidente, somente poderá ser requerida decorridos 5 (cinco) anos do dia em que for extinta a pena ou encerrar a sua execução;

B) é admissível no caso de ter sido decretada a extinção da punibilidade pela prescrição da pretensão punitiva;

C) será revogada caso o reabilitado seja condenado, por sentença definitiva, à pena que não seja restritiva de direitos;

D) faz com que fiquem suspensos condicionalmente alguns efeitos penais da condenação e, se revogada, ficam eles restabelecidos;

E) um dos requisitos para a sua concessão é não ter o condenado, nos últimos dois anos, mudado de domicílio sem comunicar o Juízo.

Correta: B

Comentários: *A reabilitação poderá ser requerida após dois anos do dia em que for extinta, de **qualquer modo**, a pena ou terminar sua execução. Além do prazo, outros requisitos deverão ser preenchidos pelo requerente (art. 94, CP).*

2 – (Exame da Ordem dos Advogados do Brasil – CESPE/2008) – À luz do que dispõe o CP acerca da reabilitação, assinale a opção correta.

A) Caso o condenado seja reabilitado, terá assegurado o sigilo dos registros sobre o seu processo e a condenação.

B) Após o decurso de dois anos do dia em que for extinta, de qualquer modo, a pena ou terminar sua execução, o condenado poderá requerer a reabilitação, não se computando o período de prova da suspensão e o do livramento condicional.

C) Caso o reabilitado seja condenado, como reincidente, por decisão definitiva, à pena de multa, o Ministério Público pode requerer a revogação da reabilitação.

D) A reabilitação não pode ser revogada de ofício.

Correta: A

Comentários: *A reabilitação possui dois efeitos: **a)** sigilo sobre o processo e a condenação; **b)** suspensão dos efeitos extrapenais específicos. A reabilitação assegura ao condenado o sigilo dos registros sobre seu processo e condenação (art. 93,* caput, *CP).*

Capítulo 20
Das Medidas de Segurança

20.1. CONCEITO

Medida de segurança é uma sanção penal imposta pelo Estado, em execução a uma sentença cuja finalidade única é a prevenção no sentido de evitar que o autor do delito que tenha demonstrado certa periculosidade, volte a delinquir.

Medidas de segurança são meios jurídico-penais de que se serve o Estado para remover ou inocuizar o potencial de criminalidade do homem perigoso. Seu fim não é punir, mas corrigir ou segregar.[1]

A pena possui o caráter retributivo-preventivo e a medida de segurança possui o caráter preventivo. Assim, possui como finalidade a prevenção, visando a tratar o inimputável ou semi-imputável que demonstre, através da prática delitiva, certa periculosidade.

20.2. SISTEMAS

O nosso ordenamento jurídico apresenta dois sistemas.

a) **Sistema vicariante ou unitário** – ao indivíduo aplica-se pena **ou** medida de segurança.

b) **Sistema duplo-binário** – o agente fica sujeito à pena **e** à medida de segurança.

O Código Penal adotou o sistema vicariante, sendo impossível a cumulação de pena e medida de segurança.

---

[1] BRUNO, Aníbal. *Perigosidade criminal e medida de segurança*, p. 145.

20.3. PRESSUPOSTOS

Os pressupostos da medida de segurança são:

a) **o reconhecimento da prática de um ilícito penal.** Não será aplicada a medida de segurança quando não houver provas de que o réu cometeu delito ou quando estiver extinta a punibilidade. Portanto, mesmo com a prática de um crime, não se aplicará a medida de segurança quando:

   1 – não houver prova da autoria;

   2 – não houver prova do fato;

   3 – estiver presente qualquer causa de exclusão da ilicitude;

> **ATENÇÃO!**
> A ausência de culpabilidade não impede a aplicação da medida de segurança.

   4 – o crime for impossível;

   5 – ocorrer a prescrição da pretensão punitiva em qualquer de suas modalidades.

b) **a periculosidade do agente.** A probabilidade de que o réu venha a praticar novas ações delituosas. A periculosidade pode ser:

   1 – **periculosidade presumida** – quando a lei determina que em certas hipóteses o indivíduo será considerado perigoso. Não há necessidade de provar a sua periculosidade.

   2 – **periculosidade real** – quando há necessidade de provar a periculosidade.

> **ATENÇÃO!**
> Periculosidade é a potencialidade para a prática de ações lesivas. É a capacidade, aptidão, potencialidade que um homem possui para converter-se em causa de ações danosas.

Presume-se a periculosidade do inimputável (art. 97 do Código Penal), já com relação ao semi-imputável a periculosidade deverá ser demonstrada em juízo, através de peritos psiquiátricos (art. 26, parágrafo único, do Código Penal).

c) **ausência de imputabilidade plena.** O agente imputável não pode sofrer medida de segurança, apenas pena. Esta proibição passou a ser pressuposto da medida de segurança.[2]

20.4. ESPÉCIES DE MEDIDA DE SEGURANÇA

O nosso sistema penal prevê dois tipos de medidas de segurança:

a) **detentiva** – é a internação em hospitais de custódia e tratamento (art. 96, inc. I, do Código Penal).

b) **restritiva** – é o tratamento ambulatorial (art. 96, inc. II, do Código Penal).

20.4.1. Medida de segurança detentiva

A medida de segurança detentiva será obrigatória nos delitos punidos com reclusão. O tempo de sua duração é indeterminado, ou seja, perdura até que cesse a periculosidade. A verificação da cessação de periculosidade se dará após um prazo mínimo variável de 01 (um) a 03 (três) anos (art. 97, § 1º, do Código Penal). Caso não se constate a cessação de periculosidade, o condenado será mantido em tratamento, devendo ser realizada anualmente nova perícia ou então a qualquer tempo, quando assim determinar o juiz da execução (art. 97, § 2º, do Código Penal).

O condenado sujeito à medida de segurança detentiva será recolhido em hospital de custódia e tratamento e, na falta deste, em outro estabelecimento adequado.

> **ATENÇÃO!**
> Jamais o inimputável será recolhido à prisão, sob pena de constrangimento ilegal.

20.4.2. Medida de segurança restritiva

A medida de segurança restritiva será obrigatória nos delitos punidos com detenção, quando o juiz poderá submeter o condenado a tratamento ambulatorial. O tempo de sua duração é indeterminado,

---
2 BITENCOURT, Cezar Roberto. *Tratado de direito penal – parte geral*, p. 746.

ou seja, perdurará até que cesse a periculosidade. A verificação da cessação de periculosidade se dará após um prazo mínimo variável de 01 (um) a 03 (três) anos (art. 97, § 1º, do Código Penal). Caso não se constate a cessação de periculosidade, o condenado será mantido em tratamento, devendo ser realizada anualmente nova perícia ou então a qualquer tempo, quando assim determinar o juiz da execução (art. 97, § 2º, do Código Penal).

PRINCIPAIS DIFERENÇAS	
PENAS	**MEDIDAS DE SEGURANÇA**
Têm caráter retributivo-preventivo.	Têm natureza preventiva.
O seu fundamento é a culpabilidade.	O seu fundamento é a periculosidade.
São por tempo determinado.	São por tempo indeterminado. Só terminam quando cessar a periculosidade do agente.
São aplicadas aos imputáveis.	São aplicadas aos inimputáveis e excepcionalmente, aos semi-imputáveis (quando dependerem de tratamento curativo especial).

20.4.3. Desinternação ou liberação condicional

A desinternação ou liberação condicional será sempre condicional devendo ser restabelecida a situação anterior se o agente, antes do decurso de um ano, pratica fato indicativo de persistência de sua periculosidade (art. 97, § 3º, do Código Penal).

20.5. MEDIDA DE SEGURANÇA AO INIMPUTÁVEL

Na hipótese de o réu ser inimputável em decorrência de doença mental ou desenvolvimento mental incompleto ou retardado (art. 26, *caput*, do Código Penal), é possível ocorrer duas situações:

a) no caso de crime apenado com reclusão, o juiz determinará sua internação;

b) no caso de crime apenado com detenção, o juiz poderá aplicar tratamento ambulatorial.

Importante destacar que a qualquer fase do tratamento o juiz poderá determinar a sua internação, caso a providência se mostre necessária para fins curativos (art. 97, § 4º, do Código Penal).

A sentença que aplica a medida de segurança ao inimputável é absolutória imprópria.

20.6. MEDIDA DE SEGURANÇA AO SEMI-IMPUTÁVEL

Na hipótese de semi-imputável (art. 26, parágrafo único, do Código Penal) não há isenção de pena, mas sim aplicação de uma causa de diminuição da pena privativa de liberdade, de 1/3 a 2/3. O juiz aplicará a pena e em seguida verificará se o condenado necessita de especial tratamento curativo. Em sendo o caso, substituirá a pena privativa de liberdade por medida de segurança de internação ou tratamento ambulatorial, pelo prazo mínimo de 01 (um) a 03 (três) anos (art. 98 do Código Penal).

A natureza jurídica da sentença que aplica medida de segurança ao semi-imputável é condenatória, pois o juiz primeiro condena o réu, quando for o caso, e só depois constata a necessidade de tratamento curativo especial, substituindo a prisão por medida de segurança.

20.7. SUPERVENIÊNCIA DE DOENÇA MENTAL

Durante a execução da pena, o condenado pode passar a sofrer de alguma doença mental, motivando o juiz a substituir a pena por medida de segurança, nos termos do art. 183 da Lei de Execução Penal. Entretanto, havendo recuperação de sua saúde mental, deverá voltar a cumprir a pena.

O Superior Tribunal de Justiça entende que a medida de segurança no curso da execução deve observar o tempo de cumprimento da pena privativa de liberdade fixada na sentença condenatória (STJ, HC 249.790/MG, 5ª T., j. 25/09/2012).

Inimputável	Semi-imputável	Superveniência de doença mental
Periculosidade presumida.	Periculosidade deve ser comprovada.	Periculosidade deve ser comprovada.
Absolvição imprópria: o juiz absolve, mas ao mesmo tempo aplica medida de segurança.	Condenação. O juiz escolhe quando da imposição da sanção: pena diminuída **ou** medida de segurança, quando comprovada a necessidade.	Há condenação. O réu começa a cumprir a pena. Porém, passa a sofrer doença mental. O juiz substituirá a pena por medida de segurança (art. 183 da LEP).

20.8. MEDIDAS DE SEGURANÇA E PRESCRIÇÃO

A medida de segurança também está sujeita à prescrição da pretensão executória. O prazo será fixado com base no mínimo da pena prevista em abstrato para o delito em questão.

20.9. EXTINÇÃO DA MEDIDA DE SEGURANÇA

Após a desinternação ou liberação, transcorrido o prazo de um ano, não tendo o sentenciado praticado nenhum fato indicativo de periculosidade deve a medida de segurança ser declarada extinta.

A medida de segurança está em função do estado perigoso revelado pelo crime, logo o legislador entendeu que, cessada a punibilidade deste, extingue-se a medida de segurança.[3]

SÚMULAS REFERENTES À MEDIDA DE SEGURANÇA
Súmula nº 439/STJ – "Admite-se o exame criminológico pelas peculiaridades do caso, desde que em decisão motivada."
Súmula nº 527/STJ – "O tempo de duração da medida de segurança não deve ultrapassar o limite máximo da pena abstratamente cominada ao delito praticado."

20.10. SÍNTESE

Medida de segurança	É uma sanção penal imposta pelo Estado, em execução a uma sentença cuja única finalidade é a prevenção no sentido de evitar que o autor do delito que tenha demonstrado certa periculosidade, volte a delinquir.
Sistemas	a) **Sistema vicariante ou unitário** – ao indivíduo aplica-se pena **ou** medida de segurança. Foi adotado pelo Código Penal. b) **Sistema duplo-binário** – o agente fica sujeito à pena **e à** medida de segurança.
Pressupostos	a) O reconhecimento da prática de um ilícito penal. b) **A periculosidade do agente.** A probabilidade que o réu venha a praticar novas ações delituosas. Presume-se a periculosidade do inimputável (art. 97 do CP), já com relação ao semi-imputável a periculosidade deverá ser demonstrada em juízo, através de peritos psiquiátricos (art. 26, parágrafo único, do CP).
Espécies de medida de segurança	a) **Detentiva** – é a internação em hospitais de custódia e tratamento (art. 96, inc. I, do CP). b) **Restritiva** – é o tratamento ambulatorial (art. 96, inc. II, do CP).

---

[3] FRAGOSO, Heleno Cláudio. *Lições de Direito Penal – parte geral.* p. 506.

Medida de segurança detentiva	Será obrigatória nos delitos punidos com reclusão. O tempo de sua duração é indeterminado, ou seja, perdura até que cesse a periculosidade. A verificação da cessação de periculosidade se dará após um prazo mínimo variável de 01 (um) a 03 (três) anos (art. 97, § 1º, do CP). Caso não se constate a cessação de periculosidade, o condenado será mantido em tratamento, devendo ser realizada anualmente nova perícia ou então a qualquer tempo, quando assim determinar o juiz da execução (art. 97, § 2º, do CP). O condenado será recolhido em hospital de custódia e tratamento e, na falta deste, em outro estabelecimento adequado.
Medida de segurança restritiva	Será obrigatória nos delitos punidos com detenção, quando o juiz poderá submeter o condenado a tratamento ambulatorial. O tempo de sua duração é indeterminado, ou seja, perdurará até que cesse a periculosidade. A verificação da cessação de periculosidade se dará após um prazo mínimo variável de 01 (um) a 03 (três) anos (art. 97, § 1º, do CP). Caso não se constate a cessação de periculosidade, o condenado será mantido em tratamento, devendo ser realizada anualmente nova perícia ou então a qualquer tempo, quando assim determinar o juiz da execução (art. 97, § 2º, do CP).
Desinternação ou liberação condicional	Será sempre condicional devendo ser restabelecida a situação anterior se o agente, antes do decurso de um ano, pratica fato indicativo de persistência de sua periculosidade (art. 97, § 3º, do CP).
Medida de segurança ao inimputável	Na hipótese do réu ser inimputável em decorrência de doença mental ou desenvolvimento mental incompleto ou retardado (art. 26, *caput*, do CP), é possível ocorrer duas situações: **a)** no caso de crime apenado com reclusão, o juiz determinará sua internação; **b)** no caso de crime apenado com detenção, o juiz poderá aplicar tratamento ambulatorial.
Medida de segurança ao semi-imputável (art. 26, parágrafo único, CP)	Na hipótese de semi-imputável, não há isenção de pena, mas sim aplicação de uma causa de diminuição da pena privativa de liberdade, de 1/3 a 2/3. O juiz aplicará a pena e em seguida verificará se o condenado necessita de especial tratamento curativo. Em sendo o caso, substituirá a pena privativa de liberdade por medida de segurança de internação ou tratamento ambulatorial, pelo prazo mínimo de 01 (um) a 03 (três) anos (art. 98 do CP).
Superveniência de doença mental	Durante a execução da pena, o condenado pode passar a sofrer de alguma doença mental, motivando o juiz a substituir a pena por medida de segurança, nos termos do art. 183 da Lei de Execução Penais. Entretanto, havendo recuperação de sua saúde mental, deverá voltar a cumprir a pena.
Prescrição da medida de segurança	A medida de segurança também está sujeita à prescrição da pretensão executória. O prazo será fixado com base no mínimo da pena prevista em abstrato para o delito em questão.

20.11. QUESTÕES DE PROVA

1 – (XI Exame de Ordem Unificado – OAB/2013) – Helena, condenada à pena privativa de liberdade, sofre, no curso da execução da referida pena, superveniência de doença mental. Nesse caso, o juiz da execução, verificando que a enfermidade mental tem caráter permanente, deverá:

A) aplicar o art. 41, do CP, que assim dispõe, *verbis: "O condenado a quem sobrevém doença mental deve ser recolhido a hospital de custódia e tratamento psiquiátrico ou, à falta, a outro estabelecimento adequado."*

B) aplicar o art. 97 do CP, que assim dispõe, *verbis: "Se o agente for inimputável, o juiz determinará sua internação (art. 26). Se, todavia, o fato previsto como crime for punível com detenção, poderá o juiz submetê-lo a tratamento ambulatorial."*

C) aplicar o art. 183 da LEP (Lei nº 7210/84), que assim dispõe, *verbis: "Quando, no curso da execução da pena privativa de liberdade, sobrevier doença mental ou perturbação da saúde mental, o Juiz, de Ofício, a requerimento do Ministério Público, da Defensoria Pública ou da autoridade administrativa, poderá determinar a substituição da pena por medida de segurança."*

D) aplicar o art. 108 da LEP (Lei nº 7210/84), que assim dispõe, *verbis: "O condenado a quem sobrevier doença mental será internado em Hospital de Custódia e Tratamento Psiquiátrico".*

Correta: C

Comentários: *O juiz da execução, de ofício ou a requerimento do Ministério Público, da Defensoria Pública ou da autoridade administrativa, poderá determinar a substituição da pena por medida de segurança (art. 183 da LEP).*

2 – (Magistratura do Estado de São Paulo/2011) – Analise as proposições seguintes.

I – O livramento condicional poderá ser revogado se o liberado é condenado, por crime cometido na vigência do benefício, à pena de multa.

II – A reincidência é causa interruptiva tanto da prescrição da pretensão punitiva como da prescrição executória.

III – As causas de diminuição e de aumento de pena devem ser consideradas na terceira fase prevista no art. 68 do Código Penal.

IV – A decadência é instituto aplicável apenas na ação penal privada.

V – Se o agente for inimputável, mas o fato previsto como crime for punível com detenção, poderá o juiz, ao invés de determinar a sua internação, submetê-lo a tratamento ambulatorial.

Está correto somente o contido em:

A) I, IV e V;

B) II, III e IV;

C) I, III e V;

D) II, IV e V;

E) III, IV e V.

Correta: C

Comentários: *O art. 87 do Código Penal traz a revogação facultativa do livramento condicional: "O juiz poderá, também, revogar o livramento, se o liberado deixar de cumprir qualquer das obrigações constantes da sentença, ou for irrecorrivelmente condenado, por crime ou contravenção, à pena que não seja privativa de liberdade". O art. 68 do Código Penal prevê: "A pena-base será fixada atendendo-se ao critério do art. 59 deste Código; em seguida serão consideradas as circunstâncias atenuantes e agravantes; por último, as causas de diminuição e de aumento". A medida de segurança restritiva será obrigatória nos delitos punidos com detenção, quando o juiz poderá submeter o condenado a tratamento ambulatorial. O tempo de sua duração é indeterminado, ou seja, perdurará até que cesse a periculosidade. A verificação da cessação de periculosidade se dará após um prazo mínimo variável de 01 (um) a 03 (três) anos (art. 97, § 1º, do Código Penal). Caso não se constate a cessação de periculosidade, o condenado será mantido em tratamento, devendo ser realizada anualmente nova perícia ou então a qualquer tempo, quando assim determinar o juiz da execução (art. 97, § 2º).*

Capítulo 21

Da Ação Penal

21.1. INTRODUÇÃO

Direito de ação é o direito subjetivo de invocar a prestação jurisdicional do Estado a fim de que aplique o Direito Penal objetivo a um caso concreto.[1]

Constatada a ocorrência da infração penal, surge para o Estado a pretensão punitiva concreta. A persecução penal inicia-se com a investigação, via de regra, realizada no bojo do inquérito policial, que irá reunir todos os elementos informadores da autoria, materialidade e circunstâncias dos fatos.

Necessário frisar que o Plenário do Supremo Tribunal Federal, no dia 14/05/2015, no julgamento do Recurso Extraordinário RE 593.727, com repercussão geral, reconheceu a legitimidade do Ministério Público para promover, por autoridade própria, investigações de natureza penal e fixou os parâmetros de atuação do órgão ministerial na função investigativa. Entre os requisitos, os ministros frisaram que devem ser respeitados, em todos os casos, os direitos e garantias fundamentais dos investigados e que os atos investigatórios – necessariamente documentados e praticados por membros do Ministério Público – devem observar as hipóteses de reserva constitucional de jurisdição, bem como as prerrogativas profissionais garantidas aos advogados, como o acesso aos elementos de prova que digam respeito ao direito de defesa e a possibilidade do permanente controle jurisdicional de tais atos.

---

1 MARCÃO, Renato. *Curso de processo penal*, p. 213.

Encerrados os atos de polícia judiciária realizados nos autos de inquérito policial, nasce para o titular o direito de agir, ou seja, o direito de ação.

O direito de ação é o direito de pedir ou exigir a tutela jurisdicional com base em um fato concreto, isto porque ninguém pode fazer justiça com as próprias mãos. Logo, sempre que haja qualquer conflito, inclusive penal, deve-se postular sua solução perante o órgão jurisdicional competente.[2]

A ação penal é o direito de pedir ou exigir a tutela jurisdicional do Estado, visando à resolução de um conflito advindo de um fato concreto.[3]

21.2. CONDIÇÕES DA AÇÃO

As condições da ação podem ser genéricas ou específicas.

21.2.1. Condições da ação genéricas

As condições genéricas são exigidas em todas as ações penais, a saber:

a) **legitimidade das partes** – é a pertinência subjetiva da ação, ou seja, é a análise de quem pode ser o autor da ação, e quem será o réu. Com isso, podemos fazer a seguinte observação:
   - *legitimidade ativa* – é expressamente determinada pela lei. Isto é, o Ministério Público é o titular da ação penal pública e o querelante na ação penal privada;
   - *legitimidade passiva* – provável autor do delito maior de 18 anos;

b) **interesse de agir** – diz respeito à necessidade, adequação e utilidade do provimento jurisdicional. No processo penal, *a necessidade* é presumida, uma vez que não há pena sem processo, salvo nas hipóteses de transação penal nos Juizados. *A adequação* não é discutida no processo penal, pois o acusado se defende dos fatos, e não da classificação a ele atribuída

---

[2] GOMES, Luiz Flávio; BIANCHINI, Alice. *Curso de direito penal – parte geral*, p. 641.
[3] CUNHA, Rogério Sanches. *Manual de Direito Penal*, p. 513.

pelo titular da ação penal. *A utilidade* é a eficácia da atividade jurisdicional para satisfazer o interesse do autor, ou seja, se o processo será útil para satisfazer a pretensão punitiva do Estado;

c) **possibilidade jurídica do pedido** – o pedido formulado deve encontrar amparo no ordenamento jurídico. Isto é, o ordenamento jurídico brasileiro deve prever a providência pretendida pelo interessado;[4]

d) **justa causa** – é o lastro probatório mínimo para o oferecimento de peça acusatória, demonstrando a viabilidade da pretensão punitiva. A presença de *fumus boni iuris*, ou seja, *fumus delicti*, que consiste na prova do crime e ao menos indícios de autoria. Não se pode instaurar um processo contra alguém sem que se tenha prova da materialidade e indício de autoria.

21.2.2. Condições da ação específicas

São as condições exigidas em algumas ações penais. Podemos citar como exemplos:

a) representação do ofendido;

b) requisição do Ministro da Justiça;

c) laudo pericial nos crimes contra a propriedade imaterial (violação de direitos autorais);

d) laudo de constatação no caso de crime de drogas;

e) condição de militar no crime de deserção.

21.3. ESPÉCIES DE AÇÃO PENAL

O Código Penal e a legislação processual penal preveem duas espécies de ação penal: ação penal pública e ação penal privada. Esta é exceção; a regra está prevista no art. 100 do Código Penal, isto é, que toda ação penal é pública, salvo quando a lei expressamente a declara como privativa do ofendido.

---

4 GRECO FILHO, Vicente. *Manual de processo penal*, p. 97.

21.3.1. Espécies de ação penal pública

A ação penal pública é aquela em que o titular é o Ministério Público, de acordo com o art. 129, inc. I, da Constituição Federal.

A ação penal de iniciativa pública pode ser:

a) **ação penal pública incondicionada** – quando o Ministério Público não está sujeito ao implemento de qualquer condição. É livre para analisar o caso concreto e, se presentes as condições, deverá oferecer a denúncia;

b) **ação penal pública condicionada à representação do ofendido ou à requisição do Ministro da Justiça** – quando o Ministério Público dependerá do implemento de uma condição para iniciar a ação penal, que são as condições específicas de procedibilidade, como por exemplo, a representação do ofendido.

> **ATENÇÃO!**
> O Ministro da Justiça não fica sujeito a prazo decadencial para requisição, mas tem como limite o prazo prescricional para o tipo legal.

21.3.2. Espécies de ação penal privada

O titular da ação penal privada é o ofendido ou seu representante legal. Aqui a peça acusatória receberá nome de queixa-crime, e não denúncia.

Ação penal de iniciativa privada pode ser:

a) **ação penal privada personalíssima** – só pode ser iniciada pelo ofendido. Ex.: induzimento a erro essencial e ocultação de impedimento, art. 236 do Código Penal:

> Contrair casamento, induzindo em erro essencial o outro contraente, ou ocultando-lhe impedimento que não seja casamento anterior:
>
> Pena – detenção, de seis meses a dois anos.
>
> Parágrafo único. A ação penal **depende de queixa do contraente enganado** e não pode ser intentada senão depois de transitar em julgado a sentença que, por motivo de erro ou impedimento, anule o casamento.

Na ação penal privada personalíssima, não há sucessão processual. Sendo assim, falecendo o ofendido, estará extinta a punibilidade.

b) **Ação penal exclusivamente privada** – pode ser iniciada pelo ofendido e na sua ausência, pelo cônjuge, companheiro, ascendente, descendente ou irmão.

c) **Ação penal privada subsidiária da pública** – é iniciada pelo ofendido por meio de queixa-crime nos crimes de ação penal pública, quando esta não for intentada no prazo legal pelo Ministério Público.

TIPOS DE AÇÃO PENAL		LEGITIMIDADE
AÇÃO PENAL PUBLICA	Incondicionada.	Ministério Público
	Condicionada a representação.	Ministério Público – mediante representação do ofendido ou representante legal.
	Condicionada a requisição.	Ministério Público – mediante requisição do Ministro da Justiça.
AÇÃO PENAL PRIVADA	Exclusiva ou propriamente dita.	Ofendido ou seu representante legal.
	Personalíssima.	SOMENTE o ofendido.
	Subsidiária da pública.	Ofendido ou seu representante legal.

21.4. PRINCÍPIOS APLICADOS NA AÇÃO PENAL

21.4.1. Princípios aplicados na ação penal de iniciativa pública

a) **Princípio da obrigatoriedade ou legalidade** – estabelece que o Ministério Público, titular da ação penal, não pode dispor sobre o conteúdo ou conveniência do processo. Presentes as condições da ação, é obrigado a agir, isto é, ingressar com ação penal, salvo nos casos previstos expressamente na lei, como ocorre na Lei nº 9.099/95, no seu art. 76, que cuida da transação penal nas infrações penais de menor potencial ofensivo.

b) **Princípio da oficialidade** – o Ministério Público é o órgão oficial para a propositura da ação penal pública.

c) **Princípio da indisponibilidade** – o Ministério Público não pode desistir da ação penal proposta (art. 42 do Código de Processo Penal). Exceção a este princípio é a possibilidade de o Ministério

Público propor ao denunciado o benefício da suspensão condicional do processo (art. 89 da Lei nº 9.099/95).

d) **Princípio da indivisibilidade** – estabelece que havendo dois ou mais agentes do crime, devidamente identificados, o Ministério Público deve oferecer denúncia contra todos, ou seja, não poderá escolher os réus. Exceção a esta regra está prevista na Lei do Crime Organizado – Lei nº 12.850/2013, art. 4º, § 4º, segundo a qual o Ministério Público pode denunciar um dos réus e deixar de denunciar outro, desde que preenchidos os requisitos legais.

> **ATENÇÃO!**
> A ação penal deve ser proposta contra todos os agentes que cometeram o crime.

e) **Princípio da intranscendência** – a ação penal somente pode ser proposta contra o autor da infração penal.

f) **Princípio do *ne bis in idem*** – ninguém pode ser processado duas vezes pela mesma imputação.

21.4.2. Princípios aplicados na ação penal de iniciativa privada

a) **Princípio do *ne procedat iudex ex officio*** – não existe ação penal de oficio.

b) **Princípio do *ne bis in idem*** – ninguém pode ser processado duas vezes pela mesma imputação.

c) **Princípio da intranscedência** – a ação penal só pode ser proposta em desfavor do provável autor do delito.

d) **Princípio da oportunidade ou conveniência** – mediante critérios de oportunidade ou conveniência, o ofendido pode optar pelo oferecimento ou não da queixa-crime.

e) **Princípio da disponibilidade** – o querelante pode dispor da ação penal privada mediante o seu perdão (perdão do ofendido), perempção com extinção da punibilidade e desistência da ação.

f) **Princípio da indivisibilidade** – proposta a ação contra um dos autores, todos estão no processo, não podendo o ofendido escolher quem irá processar, no caso de concurso de agentes.

21.5. AÇÃO PENAL NOS CRIMES COMPLEXOS

Ocorre crime complexo quando se dá a fusão de dois ou mais crimes (ex.: latrocínio). Neste caso, a ação penal deve seguir a regra geral das ações penais, ou seja, se o legislador não dispuser, será ação penal pública incondicionada.

O art. 101 do Código Penal dispõe: "Quando a lei considera como elemento ou circunstâncias do tipo legal fatos que, por si mesmos, constituem crimes, cabe ação pública em relação àquele, desde que, em relação a qualquer destes, se deva proceder por iniciativa do Ministério Público".

21.6. AÇÃO PENAL NOS CRIMES CONTRA A DIGNIDADE SEXUAL

O art. 225 do Código Penal dispõe: "Nos crimes definidos nos Capítulos I e II deste Título, procede-se mediante ação penal pública condicionada à representação. Parágrafo único. Procede-se, entretanto, mediante ação penal pública incondicionada se a vítima é menor de 18 (dezoito) anos ou pessoa vulnerável".

Com isso, a regra geral será a ação penal pública condicionada à representação. A ação penal pública será incondicionada apenas em duas hipóteses: quando a vítima for menor de dezoito anos ou vulnerável.

21.7. AÇÃO PENAL NOS CRIMES CONTRA A HONRA

O art. 145 do Código Penal dispõe: "Nos crimes previstos neste Capítulo somente se procede mediante queixa, salvo quando, no caso do art. 140, § 2º, da violência resulta lesão corporal. Parágrafo único: Procede-se mediante requisição do Ministro da Justiça, no caso do inciso I do *caput* do art. 141 deste Código, e mediante representação do ofendido, no caso do inciso II do mesmo artigo, bem como no caso do § 3º do art. 140 deste Código".

A regra geral é que nos casos de crimes contra a honra a ação penal será de iniciativa privada. Exceções:

a) **no caso de injúria real com lesão corporal** – a ação penal será pública incondicionada;

b) no caso de crimes contra a honra do Presidente da República – a ação penal será pública condicionada à requisição do Ministro da Justiça;

c) no caso de crimes contra a honra do funcionário público em suas funções – a ação penal será pública condicionada à representação do ofendido. Também, haverá legitimidade concorrente do Ministério Público e do ofendido, ocorrendo o chamado direito de opção.

SÚMULAS REFERENTES À AÇÃO PENAL
Súmula Vinculante nº 35/STF – "A homologação da transação penal prevista no art. 76 da Lei nº 9.099/1995 não faz coisa julgada material e, descumpridas suas cláusulas, retoma-se à situação anterior, possibilitando-se ao Ministério Público a continuidade da persecução penal mediante oferecimento de denúncia ou requisição de inquérito policial."
Súmula nº 714/STF – "É concorrente a legitimidade do ofendido, mediante queixa, e do Ministério Público, condicionada à representação do ofendido, para ação penal por crime contra a honra de servidor público em razão do exercício de suas funções."
Súmula nº 542/STJ – "A ação penal relativa ao crime de lesão corporal resultante de violência doméstica contra a mulher é pública incondicionada."

21.8. SÍNTESE

Ação Penal	É o direito de pedir ou exigir a tutela jurisdicional do Estado na busca de solucionar um caso concreto.
Condições da ação genéricas	**a) Legitimidade das partes** – é a pertinência subjetiva da ação, ou seja, é a análise de quem pode ser o autor da ação, e quem será o réu. **b) Interesse de agir** – diz respeito à necessidade, adequação e utilidade do provimento jurisdicional. No processo penal, *a necessidade* é presumida uma vez que não há pena sem processo, salvo nas hipóteses de transação penal nos Juizados. *A adequação* não é discutida no processo penal, pois, o acusado se defende dos fatos e não da classificação a ele atribuída pelo titular da ação penal. *A utilidade* é a eficácia da atividade jurisdicional para satisfazer o interesse do autor, ou seja, se o processo será útil para satisfazer a pretensão punitiva do Estado. **c) Possibilidade jurídica do pedido** – o pedido formulado deve encontrar amparo no ordenamento jurídico. **d) Justa causa** – é o lastro probatório mínimo para o oferecimento de peça acusatória, demonstrando a viabilidade da pretensão punitiva. A presença de *fumus boni iuris*, ou seja, *fumus delicti*, que consiste na prova do crime e ao menos indícios de autoria.

Condições da ação específicas	a) Representação do ofendido. b) Requisição do Ministro da Justiça. c) Laudo pericial nos crimes contra a propriedade imaterial (violação de direitos autorais). d) Laudo de constatação no caso de crime de drogas; e) Condição de militar no crime de deserção.
Espécies de ação penal	Ação Penal Pública Ação Penal Privada
Espécies de ação penal de iniciativa pública	a) **Ação penal pública incondicionada** – quando o Ministério Público não está sujeito ao implemento de qualquer condição. É livre para analisar o caso concreto e, se presentes as condições, deverá oferecer a denúncia. b) **Ação penal pública condicionada à representação do ofendido ou à requisição do Ministro da Justiça** – quando o Ministério Público dependerá do implemento de uma condição para iniciar a ação penal, que são as condições específicas de procedibilidade.
Espécies de ação penal de iniciativa privada	a) **Ação penal privada personalíssima** – só pode ser iniciada pelo ofendido. Ex.: art. 236 do CP. Não há sucessão processual. Sendo assim, falecendo o ofendido, estará extinta a punibilidade. b) **Ação penal exclusivamente privada** – pode ser iniciada pelo ofendido e na sua ausência, pelo cônjuge, companheiro, ascendente, descendente ou irmão. c) **Ação penal privada subsidiária da pública** – é iniciada pelo ofendido por meio de queixa-crime nos crimes de ação penal pública, quando esta não for intentada no prazo legal pelo Ministério Público.
Princípios aplicados na ação penal de iniciativa pública	a) **Princípio da obrigatoriedade ou legalidade** – estabelece que o Ministério Público, titular da ação penal, não pode dispor sobre o conteúdo ou conveniência do processo. Presentes as condições de ação, é obrigado a agir, isto é, ingressar com ação penal, salvo nos casos previstos expressamente na lei. b) **Princípio da oficialidade** – o Ministério Público é o órgão oficial para a propositura da ação penal pública. c) **Princípio da indisponibilidade** – o Ministério Público não pode desistir da ação penal proposta. **Exceção** – é a possibilidade de o Ministério Público propor ao denunciado o benefício da suspensão condicional do processo (art. 89 da Lei nº 9.099/95). d) **Princípio da indivisibilidade** – estabelece que havendo dois ou mais agentes do crime, devidamente identificados, o Ministério Público deve oferecer denúncia contra todos, ou seja, não poderá escolher os réus. Exceção a esta regra está prevista na Lei do Crime Organizado – Lei nº 12.850/2013, art. 4º, § 4º.

	e) **Princípio da intranscendência** – a ação penal somente pode ser proposta contra o autor da infração penal. f) **Princípio do *ne bis in idem*** – ninguém pode ser processado duas vezes pela mesma imputação.
Princípios aplicados na ação penal de iniciativa privada	a) **Princípio do *ne procedat iudex ex officio*** – não existe ação penal de oficio. b) **Princípio do *ne bis in idem*** – ninguém pode ser processado duas vezes pela mesma imputação. c) **Princípio da intranscedência** – a ação penal só pode ser proposta em desfavor do provável autor do delito. d) **Princípio da oportunidade ou conveniência** – mediante critérios de oportunidade ou conveniência, o ofendido pode optar pelo oferecimento ou não da queixa-crime. e) **Princípio da disponibilidade** – o querelante pode dispor da ação penal privada mediante o seu perdão (perdão do ofendido), perempção com extinção da punibilidade e desistência da ação. f) **Princípio da indivisibilidade** – proposta a ação contra um dos autores, todos estão no processo, não podendo o ofendido escolher quem irá processar, no caso de concurso de agentes.
Ação penal nos crimes complexos	A ação penal deve seguir a regra geral das ações penais, ou seja, se o legislador não dispuser, será ação penal pública incondicionada. (art. 101, CP)
Ação penal nos crimes contra a dignidade sexual	A regra geral é ação penal pública condicionada à representação. Será ação penal pública incondicionada: quando a vítima for menor de dezoito anos e vulnerável (art. 225, CP).
Ação penal nos crimes contra a honra	A regra geral é ação penal será de iniciativa privada. **Exceções**: a) **no caso de injúria real com lesão corporal** – a ação penal será pública incondicionada; b) **no caso de crimes contra a honra do Presidente da República** – a ação penal será pública condicionada à requisição do Ministro da Justiça; c) **no caso de crimes contra a honra do funcionário público em suas funções** – a ação penal será pública condicionada à representação do ofendido. Também, haverá legitimidade concorrente do Ministério Público e do ofendido, ocorrendo o chamado direito de opção.

21.9. QUESTÕES DE PROVA

1 – (IX – Exame de Ordem Unificado – OAB/2012) – Tendo como base o instituto da ação penal, assinale a afirmativa correta.

A) Na ação penal privada vigora o princípio da oportunidade ou conveniência.

B) A ação penal privada subsidiária da pública fere dispositivo constitucional que atribui ao Ministério Público o direito exclusivo de iniciar a ação pública.

C) Como o Código Penal é silente no tocante à natureza da ação penal no crime de lesão corporal culposa, verifica-se que a referida infração será de ação penal pública incondicionada.

D) A legitimidade para ajuizamento da queixa-crime na ação penal exclusivamente privada (ou propriamente dita) é unicamente do ofendido.

Correta: A

Comentários: *Os princípios presentes na ação penal de iniciativa privada são: a) Princípio do* ne procedat iudex ex officio; *b) Princípio do* ne bis in idem; *c) Princípio da intranscedência; d) Princípio da oportunidade ou conveniência; e) Princípio da disponibilidade; f) Princípio da indivisibilidade.*

2 – (Titular de Serviços de Notas e de Registros – TJ/SE – 2014) – A respeito da ação penal pública, assinale a opção correta.

A) Se for cometido crime contra a administração da justiça, a ação penal pública será condicionada à requisição da autoridade judiciária.

B) Nos casos de crimes praticados contra o patrimônio público de Estado Federado, a ação penal pública será condicionada à representação do procurador do Estado.

C) Nos casos de delitos praticados por instituição bancária contra a ordem financeira nacional, a ação penal pública será condicionada à requisição do ministro da Fazenda.

D) Se o ofendido tiver menos de sessenta anos de idade, no caso de crime de receptação praticado pelo seu irmão, a ação penal pública será condicionada à representação do ofendido.

E) No caso dos delitos previstos na Lei de Crimes Ambientais, a ação penal pública será condicionada à requisição do ministro do Meio Ambiente.

Capítulo 21

Correta: D

Comentários: *Os delitos previstos no título II – Dos crimes contra o patrimônio, são regidos por ação penal pública incondicionada. Entretanto, o art. 182 do Código Penal traz a possiblidade de ação penal pública condicionada à representação em algumas situações, dentre elas: quando for cometido em prejuízo de irmão, legítimo ou ilegítimo.*

3 – (Perito em Telecomunicação da Polícia Civil do Estado do Espírito Santo/2013) – Sobre a ação penal, é correto afirmar.

A) A ação penal pública é promovida pelo Ministério Público, dependendo, quando a lei exige, de representação do ofendido.

B) A ação de iniciativa privada não poderá ser intentada nos crimes de ação pública, mesmo que o Ministério Público deixe de oferecer denúncia no prazo legal.

C) A morte do ofendido não transfere aos herdeiros o direito de oferecer queixa.

D) É possível a retratação da representação após oferecida a denúncia.

E) O perdão do ofendido é admissível, mesmo após o trânsito em julgado da sentença condenatória.

Correta: A

Comentários: *O art. 100, § 1º, do Código Penal dispõe: "A ação pública é promovida pelo Ministério Público, dependendo, quando a lei o exige, de representação do ofendido ou de requisição do Ministro da Justiça".*

Capítulo 22
Da Extinção da Punibilidade

22.1. CONCEITO DE PUNIBILIDADE

Punibilidade é o direito que tem o Estado de impor uma sanção ao autor do delito. A punibilidade, portanto, não integra o conceito analítico de crime, mas sua consequência jurídica. É o direito de punir do Estado.

A punibilidade é a possibilidade jurídica da imposição da pena ao agente do crime.[1]

O direito de punir do Estado não é eterno, ou seja, não perdura por tempo indefinido, podendo desaparecer com a ocorrência de uma causa extintiva do *ius puniendi.* Elas podem ocorrer em dois momentos:

Antes da sentença condenatória irrecorrível – são conhecidas por causas extintivas da pretensão punitiva.

Depois da sentença condenatória irrecorrível – são conhecidas por causas extintivas da pretensão executória.

> **ATENÇÃO!**
> A punibilidade não integra o crime porque ela é a consequência jurídica do crime.

22.2. CAUSAS EXTINTIVAS DA PUNIBILIDADE

O direito do Estado de punir o autor de uma infração penal não é absoluto, isto é, o agente culpável, em virtude de uma causa extintiva de punibilidade, não se sujeitará à sanção cominada no tipo penal.

---
1 TELES, Ney Moura. *Direito penal – parte geral*, p. 516.

As causas extintivas da punibilidade estão previstas no art. 107 do Código Penal. Trata-se de um rol meramente exemplificativo. Isto significa que outras normas podem tratar de causas que extinguem o *ius puniendi* do Estado, além das previstas no artigo em questão. Encontramos, por exemplo: o art. 312, § 3º, do Código Penal, que cuida da reparação do dano ou restituição da coisa no peculato culposo; o art. 337-A do Código Penal, em que o agende declara ou confessa sonegação de contribuição previdenciária; morte da vítima em crimes de ação penal privada personalíssima (art. 236, parágrafo único).

> **ATENÇÃO!**
> O juiz que reconhecer extinta a punibilidade, em qualquer fase do processo, deverá declará-la de ofício.

Passaremos à análise das causas extintivas da punibilidade elencadas no art. 107 do Código Penal.

22.3. MORTE DO AGENTE

Com a morte do agente, isto é, em sentido amplo, investigado, indiciado, réu, sentenciado ou condenado, a sanção penal se resolve. Trata-se do princípio da pessoalidade da pena, ou seja, nenhuma sanção penal passará da pessoa do delinquente (art. 5º, inc. XLV, da Constituição Federal). Entretanto, os efeitos extrapenais secundários da sentença penal condenatória subsistem, ou seja, os herdeiros respondem pelos danos até o limite da herança.

O art. 62 do Código de Processo Penal dispõe: "No caso de morte do acusado, o juiz somente à vista da certidão de óbito, e depois de ouvido o Ministério Público, declarará extinta a punibilidade".

Importante destacar que a extinção da punibilidade do agente pela morte, por ser uma causa pessoal, não se comunica aos comparsas – coautores e/ou partícipes.

A morte do agente pode ocorrer a qualquer momento, ou seja, antes ou durante a ação penal, bem como na fase de execução. Em todas essas situações levará à extinção da punibilidade.

> **ATENÇÃO!**
> A morte da vítima extingue a punibilidade do réu na ação penal de inciativa privada personalíssima. Exemplo único: induzimento a erro essencial ou ocultação de impedimento – art. 236 do Código Penal.

22.4. ANISTIA, GRAÇA OU INDULTO

Anistia, graça e indulto são espécies de indulgência estatal, ou seja, a renúncia do Estado ao direito de punir.

A extinção da punibilidade do destinatário da anistia, graça ou indulto só será obtida quando do seu acolhimento por decisão judicial, isto porque são concedidas por órgãos estatais diversos do Poder Judiciário.

22.4.1. Anistia

Anistia é uma maneira de clemência ou indulgência do Estado de fatos criminosos no campo do Direito Penal. É o esquecimento da infração penal.

Pela anistia, o Estado renuncia ao seu *ius puniendi*, perdoando a prática de infrações penais. Pode ser concedida antes ou depois da sentença penal condenatória, mas sempre retroagindo para beneficiar os réus.

A competência para concessão da anistia é da União, conforme prevê o art. 21, inc. XVII, da Constituição Federal, e está no rol das atribuições do Congresso Nacional (art. 48, inc. VIII, da Constituição Federal). Deve ser concedida por lei ordinária, a qual deverá ser sancionada pelo Presidente da República.

Em regra, essa causa de extinção de punibilidade destina-se a crimes políticos, abrangendo, excepcionalmente, crimes comuns.

A anistia pode ser:

a) **própria** – quando for concedida antes da sentença penal condenatória;

b) **imprópria** – quando for concedida após o trânsito em julgado da sentença penal condenatória;

c) **geral ou absoluta** – quando não exclui pessoas;

d) **parcial ou relativa** – quando exclui pessoas;

e) **condicional** – quando impõe condições;

f) **incondicional** – quando não impõe condições;

g) **restrita** – quando exclui crimes conexos;

h) **irrestrita** – quando não exclui crimes conexos.

A anistia extingue todos os efeitos penais, isto é, nenhum efeito em virtude do fato delituoso praticado pode prejudicar o agente, após a anistia. Entretanto, os efeitos civis subsistem, por exemplo, a obrigação de reparação de dano.

> **ATENÇÃO!**
> A anistia abrange fatos e não indivíduos.

DIFERENÇA	
ANISTIA	**ABOLITIO CRIMINIS**
Alcança apenas os fatos passados e continua a existir o tipo penal.	A norma penal incriminadora deixa de existir.

22.4.2. Graça

A graça é concedida, pelo Presidente da República (art. 84, inc. XII, da Constituição Federal), individualmente a uma pessoa específica.

A graça tem por objeto crimes comuns, com sentença condenatória transitada em julgado, visando ao benefício de pessoa determinada por meio da extinção ou comutação da pena imposta.[2]

A graça, também conhecida como indulto individual, nos termos dos arts. 188 e 189 da Lei de Execução Penal, poderá ser provocada por petição do condenado, por iniciativa do Ministério Público, do Conselho Penitenciário ou da autoridade administrativa, acompanhada dos documentos que a instruírem, será entregue ao Conselho Penitenciário para a elaboração de parecer e posterior envio ao Ministério da Justiça.

---

2 MASSON, Cleber. *Direito penal esquematizado – parte geral*, p. 866.

A graça alcança somente a execução da pena, na forma prevista pelo decreto presidencial, permanecendo íntegros os efeitos penais secundários e os de natureza civil.

A graça pode ser:

a) **plena** – quando gera a extinção da pena imposta ao condenado;

b) **parcial** – quando gera diminuição ou comutação da pena.

> **ATENÇÃO!**
> A graça, em regra, não pode ser recusada, salvo na hipótese de comutação de pena (art. 739 do Código de Processo Penal).

22.4.3. Indulto

O indulto, também conhecido por indulto coletivo, é concedido de forma espontânea, pelo Presidente da República (art. 84, inc. XII, da Constituição Federal), a todo grupo de condenados que preencherem os requisitos definidos pelo decreto.

O indulto é concedido para pessoas. Perdoa-se total ou parcialmente a pena.

Normalmente, o indulto é concedido anualmente pelo Presidente da República, por meio de decreto.

O indulto pode ser:

a) **pleno ou total** – quando extingue toda a pena imposta;

b) **parcial** – pode consistir em redução de pena ou em sua comutação em outra de menor gravidade, ou seja, por exemplo, substituição da pena de prisão por multa.

> **ATENÇÃO!**
> As infrações penais previstas na Lei nº 8.072/90 são insuscetíveis de anistia, graça e indulto. Entretanto, em virtude da omissão do art. 1º, § 6º, da Lei nº 9.455/97, o crime de tortura é inafiançável e insuscetível de graça ou anistia.

PRINCIPAIS DIFERENÇAS ENTRE ANISTIA, GRAÇA E INDULTO				
Instituto	Competência	Efeitos	Momento de concessão	Características
ANISTIA	Congresso Nacional.	Atinge todos os efeitos penais, mas não os extrapenais.	Pode ser concedida antes ou depois de a sentença penal condenatória transitar em julgado.	Benefício coletivo, por se referir apenas a fatos, atingindo somente os que o cometeram; Concedido por lei ordinária; Não gera reincidência.
GRAÇA	Presidente da República, podendo ser delegada aos Ministros de Estado, ao Procurador-Geral da República ou ao Advogado-Geral da União.	Atingem apenas os efeitos principais da condenação, permanecendo os demais.	Só pode ser concedida após o trânsito em julgado da sentença penal condenatória.	Benefício individual – sua concessão depende de requerimento expresso ao juiz; Gera reincidência.
INDULTO	Presidente da República, podendo ser delegada aos Ministros de Estado, ao Procurador-Geral da República ou ao Advogado-Geral da União.	Atingem apenas os efeitos principais da condenação, permanecendo os demais.	Só pode ser concedida após o trânsito em julgado da sentença penal condenatória (*jurisprudência do STF da desnecessidade do trânsito em julgado*).	Benefício coletivo – pode ser concedido de ofício pelo juiz; Gera reincidência.

22.5. RETROATIVIDADE DE LEI QUE NÃO MAIS CONSIDERA O FATO COMO CRIMINOSO

Trata-se da *abolitio criminis ou novatio legis*, ou seja, uma nova lei que deixa de considerar um fato como criminoso. É a exclusão do caráter ilícito do fato, o qual deixa de ser criminoso.

O art. 2º do Código Penal dispõe: "Ninguém pode ser punido por fato que lei posterior deixa de considerar crime, cessando em virtude dela a execução e os efeitos penais da sentença condenatória".

A *abolitio criminis* alcança a execução e os efeitos penais da sentença condenatória. Não serve como pressuposto da reincidência e nem configura maus antecedentes. Entretanto, os efeitos civis subsistem, isto é, a obrigação de reparar o dano produzido pela infração penal.

A competência para aplicar a *abolitio criminis* será do juiz do processo, do tribunal ou das execuções, isto de acordo com o trâmite do processo.

A *abolitio criminis* pode ocorrer mesmo após o trânsito em julgado da sentença e ainda haverá extinção da punibilidade.

> **ATENÇÃO!**
> A *abolitio criminis* não se confunde com a despenalização, pois esta significa lei nova mais favorável que procura evitar ou suavizar a pena, sem com isso eliminar o caráter ilícito do fato.

22.6. PRESCRIÇÃO, DECADÊNCIA OU PEREMPÇÃO

22.6.1. Decadência

A decadência é uma consequência processual que encontramos nas ações penais de iniciativa privada e de iniciativa pública condicionada, com relação ao exercício da representação.

O art. 38 do Código de Processo Penal dispõe: "Salvo disposição em contrário, o ofendido, ou seu representante legal, decairá no direito de queixa ou de representação, se não o exercer dentro do prazo de seis meses, contado do dia em que vier a saber quem é o autor do crime, ou, no caso do art. 29, do dia em que se esgotar o prazo para o oferecimento da denúncia."

Decadência é a perda do direito de ação pela consumação do termo fixado pela lei para o oferecimento da queixa (nas ações penais de iniciativa privada) ou representação (nas ações penais públicas condicionadas), demonstrando assim, a inércia do seu titular.

Nos crimes de ação penal pública condicionada à representação, o Ministério Público somente poderá impetrar a ação mediante a atividade do ofendido que detém a condição específica de procedibilidade – a representação.

A decadência só é possível antes do início da ação penal e comunica-se a todos os autores do crime.

A decadência extingue diretamente o direito de ação e indiretamente o direito do Estado de punir.

O prazo decadencial para o oferecimento da representação nas ações que dependam desta condição, ou para a propositura da queixa--crime é de **seis meses,** independentemente do número de dias de cada mês.

Este prazo é contado na forma penal, ou seja, computado o dia do início e excluído o dia do fim (art. 10 do Código Penal). O prazo decadencial não se interrompe e nem se suspende.

O termo inicial da decadência é a data em que o ofendido tomou conhecimento da autoria do fato. O art. 103 do Código Penal dispõe "Salvo disposição expressa em contrário, o ofendido decai do direito de queixa ou de representação se não o exerce dentro do prazo de 6 (seis) meses, contado do dia em que veio a saber quem é o autor do crime, ou, no caso do § 3º do art. 100 deste Código, do dia em que se esgota o prazo para oferecimento da denúncia".

> **ATENÇÃO!**
> O direito de queixa ou representação comum tem como termo inicial o conhecimento da autoria. Já na queixa subsidiária, o termo inicial se dá com o esgotamento do prazo para o Ministério Público de denunciar, ou seja, a partir da sua inércia.

Na queixa subsidiária, a decadência não extingue a punibilidade porque o Ministério Público continua vinculado à ação penal. O querelante subsidiário perde o direito de agir, mas não extingue a punibilidade porque o Ministério Público continua titular da ação.

Com relação à requisição do Ministro da Justiça, não existe previsão legal de decadência.

22.6.2. Decadência e alguns tipos penais

No crime continuado, o prazo decadencial é contado isoladamente em relação a cada um dos crimes, isto é, a partir do dia em que se descobre a autoria de cada um dos delitos.

No crime permanente, o prazo decadencial só começa a fluir quando cessar a permanência, ainda que a autoria já seja conhecida.

No crime habitual, o prazo decadencial é contado a partir do último ato conhecido praticado pelo autor.

22.6.3. Perempção

A perempção é uma sanção processual que só ocorre nas ações penais de iniciativa privada. Significa a morte da ação penal já proposta, na hipótese em que o querelante é inerte ou negligente.

O art. 60 do Código de Processo Penal apresenta as hipóteses de perempção, isto é, nos casos que só se procede mediante queixa, a ação penal ficará perempta:

1 – quando, iniciada esta, o querelante deixar de promover o andamento do processo durante 30 dias seguidos;

2 – quando, falecendo o querelante, ou sobrevindo sua incapacidade, não comparecer em juízo, para prosseguir no processo, dentro do prazo de 60 (sessenta) dias, qualquer das pessoas a quem couber fazê-lo, ressalvado o disposto no art. 36;

3 – quando o querelante deixar de comparecer, sem motivo justificado, a qualquer ato do processo a que deva estar presente, ou deixar de formular o pedido de condenação nas alegações finais;

4 – quando, sendo a querelante pessoa jurídica, esta se extinguir sem deixar sucessor.

A perempção só ocorrerá nas ações penais exclusivamente privadas, já que nas ações privadas subsidiárias da pública, confere-se ao Ministério Público a retomada da causa como parte principal (art. 29 do Código de Processo Penal). Tal hipótese caracteriza a chamada ação penal indireta, em que o Ministério Público retoma a titularidade principal da ação.

DIFERENÇAS	
PEREMPÇÃO	PERDÃO DO OFENDIDO
É um ato unilateral.	É um ato bilateral.
Deriva da inércia do ofendido.	Deriva de um ato de benevolência do ofendido.

22.6.4. Prescrição

A prescrição é a perda, em face do decurso do tempo, do direito do Estado de punir ou executar punição já imposta. É a perda da pretensão punitiva ou executória. O Estado possui um limite temporal para exercer seu direito de punir, sob pena de perdê-lo.

DIFERENÇAS	
DECADÊNCIA	**PRESCRIÇÃO**
É a perda da ação.	É a perda da pretensão.
Só ocorre antes da propositura da ação.	Pode ocorrer: antes ou durante a ação penal, ou até após o trânsito em julgado.
Só em ação penal privada ou em ação penal pública condicionada à representação.	Pode ocorrer em qualquer espécie de ação penal.

ATENÇÃO!

O fundamento da prescrição é o tempo e faz desaparecer o interesse social de punir.

Todo crime, por mais grave que seja, prescreve. Não há crime que não prescreva, com exceção do racismo e da ação de grupos armados, civis ou militares, contra a ordem constitucional e o Estado Democrático, os quais são imprescritíveis (art. 5º, incs. XLII e XLIV, da Constituição Federal).

O crime de tortura não está no rol dos delitos imprescritíveis. Pela Constituição Federal, a tortura prescreve. Porém, o Tratado de Roma, que criou o Tribunal Penal Internacional – TPI, ratificado pelo Brasil depois de 1988, estabelece que os crimes do TPI são imprescritíveis. Dentre eles, encontramos a tortura.

O Tratado de Roma foi aprovado com quórum comum, portanto, tem *status* supralegal. Só teria *status* constitucional se tivesse sido aprovado com o quórum qualificado de emenda. Com isso, os Tratados de Direitos Humanos não ratificados por quórum especial têm *status* supralegal. Logo, a tortura é prescritível, prevalecendo a Constituição, superior ao Tratado. Entretanto, existe corrente defendendo que apesar de possuir *status* de norma supralegal, conflitando os Tratados de Direitos Humanos com a Constituição Federal, prevalece a norma que melhor atende aos direitos humanos. É o chamado princípio *pro homine*.

22.6.4.1. Espécie de prescrição

A prescrição pode ser:

a) **prescrição da pretensão punitiva** – ocorre antes do trânsito em julgado da condenação e faz desaparecer todos os efeitos da condenação. Não gera reincidência;

A prescrição da pretensão punitiva divide-se em:

- **prescrição da pretensão punitiva propriamente dita ou em abstrato** (art. 109 do Código Penal);
- **prescrição da pretensão punitiva superveniente ou intercorrente** (art. 110, § 1º, do Código Penal);
- **prescrição da pretensão punitiva retroativa** (art. 110 e parágrafos, c.c. art. 109, todos do Código Penal).

b) **prescrição da pretensão executória** – ocorre depois do trânsito em julgado da condenação e faz desaparecer somente o efeito executório da condenação, ou seja, cumprimento da pena. Os demais efeitos, civis e penais, permanecem. Todos os efeitos permanecem, salvo o executório. Gera reincidência.

22.6.4.2. Prescrição da pretensão punitiva propriamente dita ou em abstrato

A prescrição da pretensão punitiva propriamente dita ou em abstrato regula-se pelo máximo da pena aplicada no tipo penal. Tendo como parâmetro a maior pena possível de ser aplicada, a prescrição se dará nos seguintes lapsos temporais, conforme dispõe o art. 109 do Código Penal:

> I – em vinte anos, se o máximo da pena é superior a doze;
>
> II – em dezesseis anos, se o máximo da pena é superior a oito anos e não excede a doze;
>
> III – em doze anos, se o máximo da pena é superior a quatro anos e não excede a oito;
>
> IV – em oito anos, se o máximo da pena é superior a dois anos e não excede a quatro;
>
> V – em quatro anos, se o máximo da pena é igual a um ano ou, sendo superior, não excede a dois;
>
> VI – em 3 (três) anos, se o máximo da pena é inferior a 1 (um) ano.

PENA	PRAZO PRESCRICIONAL
superior a 12 anos	20 anos
superior de 8 anos a 12 anos	16 anos
superior de 4 anos a 8 anos	12 anos
superior de 2 anos a 4 anos	8 anos
igual a 1 ano e não excede 2 anos	4 anos
inferior a 1 ano	3 anos

O Estado norteia o prazo prescricional com base na gravidade do crime. Quanto maior a pena máxima em abstrato, maior tempo existirá para buscar a punição do criminoso.

As causas de aumento e de diminuição de pena, por trazerem cálculos em frações que têm o condão de deixar a pena acima do máximo ou abaixo do mínimo, são também considerados para a verificação do prazo prescricional.

No caso de concurso de crimes e de crime continuado, as penas são consideradas isoladamente (art. 119 do Código Penal), sem o acréscimo da causa de aumento de pena, no caso do concurso formal e do crime continuado, ou sem a soma das penas, no caso de concurso material ou de concurso formal impróprio.

Não se consideram as agravantes e nem atenuantes de pena para verificação do prazo prescricional. Exceção: a senilidade ou menoridade da vítima. O art. 115 do Código Penal dispõe: "São reduzidos de metade os prazos de prescrição quando o criminoso era, ao tempo do crime, menor de 21 (vinte e um) anos, ou, na data da sentença, maior de 70 (setenta) anos".

22.6.4.3. Efeitos da prescrição da pretensão punitiva propriamente dita ou em abstrato

Os efeitos da prescrição da pretensão punitiva propriamente dita são:

a) desaparecimento para o Estado do seu direito de punir, inviabilizando qualquer análise de mérito;

b) a pretensão condenatória provisória é rescindida, não se operando qualquer efeito penal ou civil;

c) o acusado não será responsabilizado pelas custas processuais e haverá restituição da fiança, se houver prestado.

> **ATENÇÃO!**
> A prescrição da pretensão punitiva afastará todos os efeitos, principais e secundários, penais e extrapenais, da condenação.

22.6.4.4. Contagem do prazo prescricional

O início do cômputo do prazo prescricional se dá nos termos do art. 111 do Código Penal:

I – do dia em que o crime se consumou. Regra geral;

II – no caso de tentativa, do dia em que cessou a atividade criminosa. A prescrição começa a correr a partir da prática do último ato de execução;

III – nos crimes permanentes, do dia em que cessou a permanência. A prescrição só começa a correr a partir da prática do último ato criminoso;

IV – nos crimes de bigamia e de falsificação ou alteração de assentamento do registro civil, da data em que o fato se tornou conhecido. Nestas hipóteses, o início do prazo prescricional se dá na data da publicidade do fato, e não na data da prática da conduta criminosa;

V – nos crimes contra a dignidade sexual de crianças e adolescentes, previstos no Código Penal ou em Legislação Especial, da data em que a vítima completar 18 (dezoito) anos, salvo se a esse tempo já houver sido proposta a ação penal. Não alcançará os fatos anteriores à vigência da Lei nº 12.650/2012, uma vez ser prejudicial ao réu.

As penas mais leves prescrevem com as mais graves (art. 118 do Código Penal).

O prazo prescricional é contado na forma penal (art. 10 do Código Penal), ou seja, inclui-se o dia do início e exclui-se o dia do final. O prazo é improrrogável.

22.6.4.5. Prescrição da pretensão punitiva retroativa

A prescrição da pretensão punitiva retroativa é um instituto penal que se baseia na pena concretamente aplicada na sentença penal condenatória. Aqui, conta-se o tempo entre o recebimento da denúncia e a data da publicação da sentença.

O art. 110, § 1º, do Código Penal, dispõe: "A prescrição, depois da sentença condenatória com trânsito em julgado para a acusação ou depois de improvido seu recurso, regula-se pela pena aplicada, não podendo, em nenhuma hipótese, ter por termo inicial data anterior à da denúncia ou queixa".

Com isso, baseado na pena concretamente aplicada, verifica-se o prazo do art. 109 do Código Penal, o que poderá ensejar a prescrição tomando-se por base o tempo decorrido entre a data do recebimento da denúncia e a data da sentença.

22.6.4.6. Prescrição da pretensão punitiva intercorrente ou superveniente

A prescrição da pretensão punitiva intercorrente ou superveniente, a exemplo da prescrição retroativa, também se baseia na pena concretamente aplicada na sentença condenatória.

Esta espécie de prescrição pressupõe sentença ou acórdão penal condenatório, em que os prazos prescricionais serão os mesmos do art. 109 do Código Penal. Isto é, com o trânsito em julgado para a acusação com relação à pena aplicada, conta-se da data da publicação da condenação até o trânsito em julgado final e tem os mesmos efeitos da pretensão da prescrição punitiva em abstrato.

As características da prescrição superveniente são idênticas às da retroativa, com a peculiaridade de contar-se o prazo prescricional para o futuro, ou seja, para períodos posteriores à sentença condenatória recorrível.

A prescrição da pretensão punitiva intercorrente ocorrerá quando o prazo entre a sentença condenatória recorrível e o trânsito em julgado para acusação e defesa, tomando por base a pena concretamente aplicada, perfizer os limites estabelecidos no art. 109 do Código Penal.

22.6.4.7. Prescrição da pretensão executória

O art. 110 do Código Penal dispõe: "A prescrição depois de transitar em julgado a sentença condenatória regula-se pela pena aplicada e verifica-se nos prazos fixados no artigo anterior, os quais se aumentam de um terço, se o condenado é reincidente".

Após o trânsito em julgado da sentença penal condenatória, a execução daquela sanção também ficará sujeita à prescrição. Haverá um prazo para que o Estado possa concretizar a sentença condenatória. Nesta modalidade de prescrição, os prazos regulam-se pela pena concretamente aplicada.

O art. 112 do Código Penal dispõe sobre o início da contagem do prazo prescricional da pretensão executória:

> I – do dia em que transita em julgado a sentença condenatória, para a acusação, ou a que revoga a suspensão condicional da pena ou o livramento condicional;
>
> II – do dia em que se interrompe a execução, salvo quando o tempo da interrupção deva computar-se na pena.

ATENÇÃO!
Quando o condenado foge ou quando é revogado o livramento condicional, a prescrição é regulada pelo tempo que resta da pena.

Reconhecida a prescrição da pretensão executória, cinde-se a pena aplicada, sem, contudo, rescindir a sentença condenatória que produz efeitos penais e extrapenais.

22.6.4.8. Causas suspensivas e interruptivas da prescrição

Os prazos prescricionais estão submetidos a duas espécies de causas: as causas suspensivas e as causas interruptivas.

a) **Causas suspensivas** – detêm o cômputo do prazo, contando-se o tempo anterior quando a dita causa não operar mais seu efeito. Superada a causa suspensiva, a prescrição volta a correr, considerando-se o tempo já decorrido anteriormente ao aparecimento da questão impeditiva.

b) Causas interruptivas – inauguram um novo prazo, fazendo com que o tempo prescricional seja recontado do início a partir dela. A causa interruptiva faz zerar o cronômetro, ou seja, inicia-se uma nova contagem.

22.6.4.9. Causas suspensivas

O art. 116 do Código Penal apresenta três causas suspensivas, sendo duas para a pretensão da prescrição punitiva (incisos I e II) e uma para a pretensão da prescrição executória (parágrafo único). A saber:

> I – enquanto não resolvida, em outro processo, questão de que dependa o reconhecimento da existência do crime;
>
> II – enquanto o agente cumpre pena no estrangeiro.
>
> **Parágrafo único.** Depois de passada em julgado a sentença condenatória, a prescrição não corre durante o tempo em que o condenado está preso por outro motivo.

Também, encontramos nas legislações extravagantes e na Constituição Federal, outras causas suspensivas. Podemos citar como exemplo:

- **o art. 53, §§ 3º e 5º, da Constituição Federal** – no caso de denúncia contra Senador ou Deputado, o Supremo Tribunal Federal dará ciência à respectiva Casa, que poderá, por maioria dos membros, sustar o andamento da ação até a decisão final. A sustação do processo suspende a prescrição, enquanto durar o mandato do parlamentar;
- **o art. 89, § 6º, da Lei nº 9.099/95;** que dispõe: "Não correrá a prescrição durante o prazo de suspensão do processo".
- *o art. 366 do Código de Processo Penal* – no caso de citação por edital, se o acusado não comparecer e nem constituir advogado o processo ficará suspenso, bem como o curso do prazo prescricional.

22.6.4.10. Causas interruptivas

O art. 117 do Código Penal apresenta o rol taxativo das causas interruptivas, a saber:

> I – pelo recebimento da denúncia ou da queixa;
> II – pela pronúncia;
> III – pela decisão confirmatória da pronúncia;
> IV – pela publicação da sentença ou acórdão condenatórios recorríveis;
> V – pelo início ou continuação do cumprimento da pena;
> VI – pela reincidência.

As causas de interrupção da prescrição produzem efeitos relativamente a todos os autores do delito, salvo a do início ou continuação do cumprimento da pena e a reincidência.

No caso de crimes conexos, objeto do mesmo processo, estende-se aos demais a interrupção relativa a qualquer deles.

À exceção do início ou continuação do cumprimento da pena, interrompida a prescrição, o prazo começará a correr, novamente, do dia da interrupção.

22.6.4.11. Prescrição da pena restritiva de direitos

As penas restritivas de direito são substitutivas das privativas de liberdade. Com isso, o prazo para efeitos de cálculo de prescrição será aquele previsto para a pena privativa de liberdade aplicada. Rogério Greco dispõe que "embora tenha havido substituição da pena privativa de liberdade pela restritiva de direitos, o tempo de cumprimento desta última será o mesmo daquela."[3]

22.6.4.12. Prescrição da pena de multa

A prescrição da pena de multa está estabelecida no art. 114 do Código Penal, a saber:

a) em 2 (dois) anos: quando a multa for a única cominada ou aplicada;

---
3 GRECO, Rogério. *Curso de direito penal – parte geral*, p. 806.

b) no mesmo prazo estabelecido para prescrição da pena privativa de liberdade: quando a multa for alternativa ou cumulativamente cominada ou cumulativamente aplicada.

Com isso, torna-se necessário separar a prescrição da pretensão punitiva da multa e a prescrição da pretensão executória da multa.

22.6.4.13. Prescrição da pretensão punitiva da pena de multa

Na prescrição da pretensão punitiva da pena de multa, teremos quatro situações:

a) **em dois anos** – se a multa é a única pena cominada;

b) **no mesmo prazo da prescrição da pena privativa de liberdade** – se a multa é cumulada com a pena privativa de liberdade;

c) **no mesmo prazo da prescrição da pena privativa de liberdade** – se a multa é alternativa da pena privativa de liberdade (privativa de liberdade ou multa);

d) **em dois anos** – se o tipo penal só é punível com multa.

22.6.4.14. Prescrição da pretensão executória da pena de multa

Na prescrição da pretensão executória da pena de multa, teremos duas situações:

a) **em dois anos** – quando a pena de multa for a única aplicada;

b) **mesmo prazo da pena privativa de liberdade** – quando a pena de multa for acumulada com a privativa de liberdade.

22.6.4.15. Prescrição antecipada, virtual ou em perspectiva

A prescrição antecipada não tem previsão legal, porém grande parte dos doutrinadores admite a sua existência.

A prescrição antecipada, para a maioria da doutrina, tem como base a inexistência de interesse de agir por parte do órgão acusador. Neste sentido, Fernando Capez afirma "a utilidade do processo traduz-se na eficácia da atividade jurisdicional para satisfazer o interesse do autor. Se, de plano, for possível perceber a inutilidade da persecução penal aos fins a que se presta, dir-se-á que inexiste interesse de agir. É o caso de se oferecer denúncia quando, pela análise da pena possível de ser imposta ao final, se eventualmente comprovada a culpabilidade do réu, já se pode antever a ocorrência da prescrição retroativa."[4]

O juiz, analisando as circunstâncias objetivas e subjetivas que rodeiam o fato, pode antecipar o reconhecimento da prescrição retroativa, sob o fundamento de falta de interesse de agir do autor. Assim, se o magistrado no momento do recebimento da inicial ou da sentença, percebe que a futura pena a ser aplicada ao agente acarretará certamente a prescrição retroativa, reconhece a extinção da punibilidade em perspectiva ou de forma antecipada.

Entretanto, apesar do entendimento doutrinário aqui lançado, o Superior Tribunal de Justiça editou em 2010 a Súmula nº 438, afastando a aplicação deste modelo de prescrição. Vejamos: "*É inadmissível a extinção da punibilidade pela prescrição da pretensão punitiva com fundamento em pena hipotética, independentemente da existência ou sorte do processo penal*".

22.7. RENÚNCIA AO DIREITO DE QUEIXA OU AO PERDÃO ACEITO, NOS CRIMES DE AÇÃO PRIVADA

22.7.1. Renúncia

Renúncia é o ato voluntário e unilateral do ofendido ou de seu representante legal, abdicando do direito de promover a ação penal privada, extinguindo-se, assim, a punibilidade do agente. Decorre de um desdobramento lógico do princípio da oportunidade da ação penal.

A princípio, a renúncia é um instituto aplicável apenas nas ações penais privadas. Todavia, com o advento da Lei nº 9.099/95, a ação penal pública condicionada à representação também passou a aceitá-la, nos termos do seu art. 74, parágrafo único, que assim dispõe: "Tratando-se de ação penal de iniciativa privada ou de ação penal pública condicionada à representação, o acordo homologado acarreta a renúncia ao direito de queixa ou representação".

---

4 CAPEZ, Fernando. *Curso de processo penal*, p. 92.

> **ATENÇÃO!**
> Na ação penal privada subsidiária da pública, a renúncia não extingue a punibilidade, uma vez que o Ministério Público pode continuar como titular da ação.

22.7.2. Espécies de renúncia

A renúncia pode ser expressa ou tácita.

- **Renúncia expressa** – é aquela realizada por declaração assinada pelo ofendido ou por seu representante legal ou procurador com poderes especiais (art. 50 do Código de Processo Penal).

- **Renúncia tácita** – ocorre quando o comportamento da vítima for incompatível com a vontade de iniciar a ação penal. Exemplo: o ofendido convida a pessoa que lhe caluniou para ser padrinho do seu casamento.

O acordo realizado no juízo civil também caracteriza uma hipótese de renúncia tácita quando se tratar de infrações penais de menor potencial ofensivo (art. 74 da Lei nº 9.099/95).

Na hipótese de coautoria, a renúncia ao exercício do direito de queixa em relação a um dos autores, a todos se estenderá, conforme preceitua o art. 49 do Código de Processo Penal. É o chamado *critério da extensibilidade da renúncia*, desdobramento do princípio da indivisibilidade da ação penal.

22.7.3. Perdão do ofendido

O perdão do ofendido é o ato pelo qual o ofendido ou seu representante legal desistem de prosseguir com o andamento do processo já em curso, desculpando o ofensor pela prática do crime. É um desdobramento do princípio da disponibilidade. É um instituto exclusivo de ação privada.

Caso ocorra o perdão em uma ação penal privada subsidiária, o Ministério Público retoma a titularidade da mesma. É o que chamamos de ação penal indireta.

> **ATENÇÃO!**
> O perdão é um ato bilateral, pois a extinção da punibilidade só ocorrerá com o perdão aceito.

22.7.4. Espécie de perdão

O perdão pode ser:

- **perdão extraprocessual** – quando realizado fora do processo, ou seja, por meio de carta, testamento ou no cartório;
- **perdão processual** – ocorre nos próprios autos do processo.

O perdão e sua aceitação podem ser expressos ou tácitos. Mas, a recusa do perdão deve ser sempre expressa, pois o silêncio gera a aceitação.

PERDÃO DO OFENDIDO	RENÚNCIA
Decorre do princípio da disponibilidade.	Decorre do princípio da oportunidade.
É um ato bilateral, pois exige a aceitação para extinguir a punibilidade.	É um ato unilateral.
É exclusivo de ação penal privada.	Excepcionalmente, cabível em ação penal pública (art. 74, parágrafo único da Lei nº 9.099/95).
Pressupõe processo penal em curso.	Obsta a formação do processo penal.
Pode ser extraprocessual ou processual.	É sempre extraprocessual.

22.8. RETRATAÇÃO DO AGENTE

Retratar não é confessar. É retirar o que disse, trazendo a verdade novamente à tona. A retratação é uma causa extintiva da punibilidade e que atua apenas nos casos expressamente previstos em lei.

As hipóteses que admitem a retratação como causa extintiva da punibilidade são:

a) calúnia (art. 138 do Código Penal);
b) difamação (art. 139 do Código Penal);
c) falso testemunho ou falsa perícia (art. 342 do Código Penal).

22.9. PERDÃO JUDICIAL

É o instituto pelo qual o juiz, não obstante a prática de um fato típico e antijurídico por um sujeito comprovadamente culpado deixa de lhe aplicar, nas hipóteses taxativamente previstas em lei, o preceito sancionador levando em consideração determinadas circunstâncias que concorrerão para o evento.

Perdão judicial é o instituto pelo qual o juiz, não obstante comprovada a prática da infração penal pelo sujeito culpado, deixa de aplicar a pena em face de justificadas circunstâncias.[5]

É a hipótese de perda estatal do interesse de punir, ou seja, o Estado perde o interesse de punir.

> **ATENÇÃO!**
> O perdão judicial é ato unilateral. O perdão do ofendido é ato bilateral, precisa ser aceito.

O perdão judicial é um direito subjetivo do acusado, e, presentes os requisitos legais, o juiz deve perdoar.

O perdão judicial está previsto no homicídio culposo, no art. 121, § 5º, do Código Penal: "Na hipótese de homicídio culposo, o juiz poderá deixar de aplicar a pena, se as consequências da infração atingirem o próprio agente de forma tão grave que a sanção penal se torne desnecessária".

A sentença que concede o perdão judicial é declaratória extintiva da punibilidade.

> **ATENÇÃO!**
> O perdão judicial não gera a reincidência.

CAUSAS DE EXTINÇÃO DA PUNIBILIDADE	MOMENTO DA SUA OCORRÊNCIA
MORTE DO AGENTE	Pode ocorrer em qualquer momento (antes ou durante a ação penal, ou ainda após o trânsito em julgado da sentença condenatória).

---

5 JESUS, Damásio E. de. *Código penal anotado*, p. 284.

ANISTIA	Antes da sentença ou depois de transitar em julgado a Sentença condenatória.
GRAÇA	Depois do trânsito em julgado da sentença penal condenatória.
INDULTO	Depois do trânsito em julgado da sentença penal condenatória.
ABOLITIO CRIMINIS	Antes da sentença ou depois da sentença penal condenatória irrecorrível.
PRESCRIÇÃO	Antes da sentença ou depois de transitar em julgado a sentença penal condenatória.
DECADÊNCIA	Antes do início da ação penal privada ou da ação penal pública condicionada à representação.
PEREMPÇÃO	Durante a ação penal privada.
RENÚNCIA AO DIREITO DE QUEIXA	Antes do início da ação penal privada.
PERDÃO ACEITO	Após o início da ação penal privada até o trânsito em julgado da sentença condenatória.
RETRATAÇÃO	Até a sentença final
PERDÃO JUDICIAL	É concedido pelo juiz na sentença.

SÚMULAS REFERENTES ÀS CAUSAS DE EXTINÇÃO DA PUNIBILIDADE

Súmula nº 146/STF – "A prescrição da ação penal regula-se pela pena concretizada na sentença, quando não há recurso da acusação."

Súmula nº 497/STF – "Quando se tratar de crime continuado, a prescrição regula-se pela pena imposta na sentença, não se computando o acréscimo decorrente da continuação."

Súmula nº 554/STF – "O pagamento de cheque emitido sem provisão de fundos, após o recebimento da denúncia, não obsta ao prosseguimento da ação penal."

Súmula nº 594/STF – "Os direitos de queixa e de representação podem ser exercidos, independentemente, pelo ofendido ou por seu representante legal."

Súmula nº 604/STF – "A prescrição pela pena em concreto é somente da pretensão executória da pena privativa de liberdade."

Súmula nº 611/STF – "Transitada em julgado a sentença condenatória, compete ao juízo das execuções a aplicação da lei mais benigna."

Súmula nº 18/STJ – "A sentença concessiva do perdão judicial é declaratória da extinção da punibilidade, não subsistindo qualquer efeito condenatório."

Súmula nº 191/STJ – "A pronúncia é causa interruptiva da prescrição, ainda que o Tribunal do Júri venha a desclassificar o crime."

Súmula nº 220/STJ – "A reincidência não influi no prazo da prescrição da pretensão punitiva."

Súmula nº 338/STJ – "A prescrição penal é aplicável nas medidas socioeducativas."

Súmula nº 415/STJ – "O período de suspensão do prazo prescricional é regulado pelo máximo da pena cominada."

Súmula nº 438/STJ – "É inadmissível a extinção da punibilidade pela prescrição a pretensão punitiva com fundamento em pena hipotética, independentemente da existência ou sorte do processo penal."

22.10. SÍNTESE

Punibilidade	É o direito que tem o Estado de impor uma sanção ao autor do delito.
Causas extintivas da punibilidade previstas no art. 107 do CP	morte do agente
	anistia, graça ou indulto
	retroatividade de lei que não mais considera o fato como criminoso
	prescrição, decadência ou perempção
	renúncia do direito de queixa ou perdão aceito, nos crimes de ação privada
	retratação do agente
	perdão judicial
Morte do agente	A morte do agente, investigado, indiciado, réu, sentenciado ou condenado – extingue a sanção penal.
	Os efeitos extrapenais secundários da sentença penal condenatória subsistem.
	A morte deve ser provada com a certidão de óbito.
	É uma casa pessoal e por isso não se comunica aos demais coautores e/ou partícipes.
Anistia	É uma maneira de clemência ou indulgência do Estado de fatos criminosos no campo do Direito Penal. É o esquecimento da infração penal.
	O Estado renuncia ao seu *ius puniendi*, perdoando a prática de infrações penais.
	Pode ser concedida antes ou depois da sentença penal condenatória, mas sempre retroagindo para beneficiar os réus.
	A competência para concessão da anistia é da União. Deve ser concedida por lei ordinária, a qual deverá ser sancionada pelo Presidente da República.
	A anistia pode ser:
	a) **própria** – quando for concedida antes da sentença penal condenatória;
	b) **imprópria** – quando for concedida após o trânsito em julgado da sentença penal condenatória;
	c) **geral ou absoluta** – quando não exclui pessoas;
	d) **parcial ou relativa** – quando exclui pessoas;
	e) **condicional** – quando impõe condições;
	f) **incondicional** – quando não impõe condições;
	g) **restrita** – quando exclui crimes conexos;
	h) **irrestrita** – quando não exclui crimes conexos.
	A anistia extingue todos os efeitos penais, mas os efeitos civis subsistem.

Graça (também conhecida por indulto individual)	É concedida, pelo Presidente da República, individualmente a uma pessoa específica. Por iniciativa do Ministério Público, do Conselho Penitenciário ou da autoridade administrativa, acompanhada dos documentos que a instruírem, será entregue ao Conselho Penitenciário para a elaboração de parecer e posterior envio ao Ministério da Justiça. Alcança somente a execução da pena, na forma prevista pelo decreto presidencial, permanecendo íntegros os efeitos penais secundários e os de natureza civil. A graça pode ser: **a) plena** – quando gera a extinção da pena imposta ao condenado; **b) parcial** – quando gera diminuição ou comutação da pena.
Indulto (também conhecido por indulto coletivo)	É concedido de forma espontânea, pelo Presidente da República (por meio de decreto), a todo grupo de condenados que preencherem os requisitos definidos pelo decreto. É concedido para pessoas. Perdoa-se total ou parcialmente a pena. O indulto pode ser: **a) pleno ou total** – quando extingue toda a pena imposta; **b) parcial** – pode consistir em redução de pena ou em sua comutação em outra de menor gravidade.
Retroatividade de lei que não mais considera o fato como criminoso	Trata-se do *abolitio criminis ou novatio legis*, ou seja, uma nova lei que deixa de considerar um fato como criminoso. É a exclusão do caráter ilícito do fato, o qual deixa de ser criminoso. Alcança a execução e os efeitos penais da sentença condenatória. Não serve como pressuposto da reincidência e nem configura maus antecedentes. Entretanto, os efeitos civis subsistem. A competência para aplicar *abolitio criminis* será do juiz do processo, do tribunal ou das execuções, isto de acordo com o trâmite do processo. Pode ocorrer mesmo após o trânsito em julgado da sentença e ainda haverá extinção da punibilidade.
Decadência	É uma consequência processual que encontramos nas ações penais de iniciativa privada e de iniciativa pública condicionada, com relação ao exercício da representação. É a perda do direito de ação pela consumação do termo fixado pela lei para o oferecimento da queixa (nas ações penais de iniciativa privada) ou representação (nas ações penais públicas condicionadas), demonstrando assim, a inércia do seu titular. Só é possível antes do início da ação penal e comunica-se a todos os autores do crime.

Capítulo 22

	Extingue diretamente o direito de ação e indiretamente o direito do Estado de punir. O prazo decadencial para o oferecimento da representação nas ações que dependam desta condição, ou para a propositura da queixa-crime é de **seis meses**. O termo inicial da decadência é a data em que o ofendido tomou conhecimento da autoria do fato, salvo disposição expressa em contrário. **Decadência no crime continuado** – o prazo decadencial é contado isoladamente em relação a cada um dos crimes, isto é, a partir do dia que se descobre a autoria de cada um dos delitos. **Decadência no crime permanente** – o prazo decadencial só começa a fluir quando cessar a permanência, ainda que a autoria já seja conhecida. **Decadência no crime habitual** – o prazo decadencial é contado a partir do último ato conhecido praticado pelo autor.
Perempção (art. 60, CPP)	É uma sanção processual que só ocorre nas ações penais de iniciativa privada. Significa a morte da ação penal já proposta, na hipótese em que o querelante é inerte ou negligente. A ação penal exclusivamente privada ficará perempta: **1** – quando, iniciada esta, o querelante deixar de promover o andamento do processo durante 30 dias seguidos; **2** – quando, falecendo o querelante, ou sobrevindo sua incapacidade, não comparecer em juízo, para prosseguir no processo, dentro do prazo de 60 (sessenta) dias, qualquer das pessoas a quem couber fazê-lo, ressalvado o disposto no art. 36; **3** – quando o querelante deixar de comparecer, sem motivo justificado, a qualquer ato do processo a que deva estar presente, ou deixar de formular o pedido de condenação nas alegações finais; **4** – quando, sendo a querelante pessoa jurídica, esta se extinguir sem deixar sucessor.
Prescrição	É a perda, em face do decurso do tempo, do direito do Estado punir ou executar punição já imposta. Todo crime, por mais grave que seja, prescreve. **Exceção: crimes imprescritíveis** – **a)** racismo; **b)** ação de grupos armados, civis ou militares, contra a ordem constitucional e o Estado Democrático.
Espécie de prescrição	**a) Prescrição da pretensão punitiva** – ocorre antes do trânsito em julgado da condenação e faz desaparecer todos os efeitos da condenação. Não gera reincidência. Divide-se em: **Prescrição da pretensão punitiva propriamente dita ou em abstrato** (art. 109 do CP).

	Prescrição da pretensão punitiva superveniente ou intercorrente (art. 110, § 1º, do CP). **Prescrição da pretensão punitiva retroativa** (art. 110 e parágrafos, c.c. art. 109, todos do CP). **b) Prescrição da pretensão executória** – ocorre depois do trânsito em julgado da condenação e faz desaparecer somente o efeito executório da condenação, ou seja, cumprimento da pena. Os demais efeitos, civis e penais, permanecem. Gera reincidência.
Prescrição da pretensão punitiva propriamente dita ou em abstrato (art. 109, CP)	Regula-se pelo máximo da pena aplicada no tipo penal. Tem como parâmetro a maior pena possível de ser aplicada. Ocorre: I – em vinte anos, se o máximo da pena é superior a doze; II – em dezesseis anos, se o máximo da pena é superior a oito anos e não excede a doze; III – em doze anos, se o máximo da pena é superior a quatro anos e não excede a oito; IV – em oito anos, se o máximo da pena é superior a dois anos e não excede a quatro; V – em quatro anos, se o máximo da pena é igual a um ano ou, sendo superior, não excede a dois; VI – em 3 (três) anos, se o máximo da pena é inferior a 1 (um) ano. **Causas de aumento e de diminuição de pena** – por trazerem cálculos em frações que têm o condão de deixar a pena acima do máximo ou abaixo do mínimo, são consideradas para a verificação do prazo prescricional. **Concurso de crimes e crime continuado** – as penas são consideradas isoladamente, sem o acréscimo da causa de aumento de pena, no caso do **concurso formal e do crime continuado**, ou sem a soma das penas, no caso de concurso material ou de concurso formal impróprio. **Crime continuado** (Súmula nº 497/STF) – A prescrição regula-se pela pena imposta na sentença. Não se consideram as agravantes e nem atenuantes de pena para verificação do prazo prescricional. **Exceção** – a senilidade ou menoridade da vítima (art. 115, CP).
Efeitos da prescrição da pretensão punitiva propriamente dita ou em abstrato	a) Desaparecimento para o Estado do seu direito de punir. b) A pretensão condenatória provisória é rescindida, não se operando qualquer efeito penal ou civil. c) O acusado não será responsabilizado pelas custas processuais e haverá restituição da fiança, se houver prestado.

Contagem do prazo prescricional (art. 111, CP)	**I** – do dia em que o crime se consumou. **Regra geral**. **II** – no caso de tentativa, do dia em que cessou a atividade criminosa. **III** – nos crimes permanentes, do dia em que cessou a permanência. **IV** – nos crimes de bigamia e de falsificação ou alteração de assentamento do registro civil, da data em que o fato se tornou conhecido. Nestas hipóteses, o início do prazo prescricional se dá na data da publicidade do fato e não na data da prática da conduta criminosa. **V** – nos crimes contra a dignidade sexual de crianças e adolescentes, previstos no Código Penal ou em Legislação Especial, da data em que a vítima completar 18 (dezoito) anos, salvo se a esse tempo já houver sido proposta a ação penal. As penas mais leves prescrevem com as mais graves.
Prescrição da pretensão punitiva retroativa (art. 110, CP)	É um instituto penal que se baseia na pena concretamente aplicada na sentença penal condenatória. Aqui conta-se o tempo entre o recebimento da denúncia e a data da publicação da sentença. Baseado na pena concretamente aplicada, verifica-se o prazo do art. 109 do Código Penal, o que poderá ensejar a prescrição tomando-se por base o tempo decorrido entre a data do recebimento da denúncia e a data da sentença.
Prescrição da pretensão punitiva intercorrente ou superveniente	Baseia-se na pena concretamente aplicada na sentença condenatória. Pressupõe sentença ou acórdão penal condenatório, onde os prazos prescricionais serão os mesmos do art. 109 do CP. Isto é, com o trânsito em julgado para a acusação com relação à pena aplicada, conta-se da data da publicação da condenação até o trânsito em julgado final e tem os mesmos efeitos da pretensão da prescrição punitiva em abstrato. Conta-se o prazo prescricional para o futuro, ou seja, para períodos posteriores à sentença condenatória recorrível. Ocorrerá quando o prazo entre a sentença condenatória recorrível e o trânsito em julgado para acusação e defesa, tomando por base a pena concretamente aplicada, perfizer os limites estabelecidos no art. 109 do CP.
Prescrição da pretensão executória (art. 110, CP)	*"A prescrição depois de transitar em julgado a sentença condenatória regula-se pela pena aplicada e verifica-se nos prazos fixados no artigo anterior, os quais se aumentam de um terço, se o condenado é reincidente"*. Após o trânsito em julgado da sentença penal condenatória, a execução daquela sanção também ficará sujeita à prescrição. Haverá um prazo para que o Estado possa concretizar a sentença condenatória. Os prazos regulam-se pela pena concretamente aplicada.

	O art. 112 do CP dispõe o início da contagem do prazo prescricional da pretensão executória: I – do dia em que transita em julgado a sentença condenatória, para a acusação, ou a que revoga a suspensão condicional da pena ou o livramento condicional; II – do dia em que se interrompe a execução, salvo quando o tempo da interrupção deva computar-se na pena. Reconhecida a prescrição da pretensão executória, cinde-se a pena aplicada, sem, contudo, rescindir a sentença condenatória que produz efeitos penais e extrapenais.
Causas suspensivas e interruptivas da prescrição	**a) Causas suspensivas** – detêm o cômputo do prazo, contando-se o tempo anterior quando a dita causa não operar mais seu efeito. Superada a causa suspensiva, a prescrição volta a correr, considerando-se o tempo já decorrido anteriormente ao aparecimento da questão impeditiva. **b) Causas interruptivas** – inauguram um novo prazo, fazendo com que o tempo prescricional seja recontado do início a partir dela. A causa interruptiva inicia-se uma nova contagem.
Causas suspensivas (art. 116, CP)	I – enquanto não resolvida, em outro processo, questão de que dependa o reconhecimento da existência do crime. II – enquanto o agente cumpre pena no estrangeiro. III – depois de passada em julgado a sentença condenatória, a prescrição não corre durante o tempo em que o condenado está preso por outro motivo. Também, encontramos outras causas suspensivas: *a)* **o art. 53, §§ 3º e 5º, da CF** – no caso de denúncia contra Senador ou Deputado, o STF dará ciência à respectiva Casa, que poderá, por maioria dos membros, sustar o andamento da ação até a decisão final. A sustação do processo suspende a prescrição, enquanto durar o mandato do parlamentar; *b)* **o art. 89, § 6º, da Lei nº 9.099/95**, dispõe *"Não correrá a prescrição durante o prazo de suspensão do processo"*; *c)* **o art. 366 do CPP** – no caso de citação por edital, se o acusado não comparecer e nem constituir advogado o processo ficará suspenso, bem como o curso do prazo prescricional.
Causas interruptivas (art. 117, CP)	I – pelo recebimento da denúncia ou da queixa. II – pela pronúncia. III – pela decisão confirmatória da pronúncia. IV – pela publicação da sentença ou acórdão condenatórios recorríveis. V – pelo início ou continuação do cumprimento da pena. VI – pela reincidência.

	As causas de interrupção da prescrição produzem efeitos relativamente a todos os autores do delito, salvo a do início ou continuação do cumprimento da pena e a reincidência. No caso de crimes conexos, objeto do mesmo processo, estende-se aos demais a interrupção relativa a qualquer deles. **Exceção** – do início ou continuação do cumprimento da pena, interrompida a prescrição, o prazo começará a correr, novamente, do dia da interrupção.
Prescrição da pena restritiva de direitos	O prazo para efeitos de cálculo de prescrição será aquele previsto para a pena privativa de liberdade aplicada.
Prescrição da pena de multa (art. 114, CP)	**a)** em 2 (dois) anos: quando a multa for a única cominada ou aplicada; **b)** no mesmo prazo estabelecido para prescrição da pena privativa de liberdade: quando a multa for alternativa ou cumulativamente cominada ou cumulativamente aplicada. Prescrição da pretensão punitiva da pena de multa: **a) em dois anos** – se a multa é a única pena cominada; **b) no mesmo prazo da prescrição da pena privativa de liberdade** – se a multa é cumulada com a pena privativa de liberdade; **c) no mesmo prazo da prescrição da pena privativa de liberdade** – se a multa é alternativa da pena privativa de liberdade (privativa de liberdade ou multa); **d) em dois anos** – se o tipo penal só é punível com multa. Prescrição da pretensão executória da pena de multa: **a) em dois anos** – quando a pena de multa for a única aplicada; **b) mesmo prazo da pena privativa de liberdade** – quando a pena de multa for acumulada com a privativa de liberdade.
Prescrição antecipada, virtual ou em perspectiva	Não tem previsão legal, porém grande parte dos doutrinadores admite a sua existência. O juiz, analisando as circunstâncias objetivas e subjetivas que rodeiam o fato, pode antecipar o reconhecimento da prescrição retroativa, sob o fundamento de falta de interesse de agir do autor. Assim, se o magistrado no momento do recebimento da inicial ou da sentença, percebe que a futura pena a ser aplicada ao agente acarretará certamente a prescrição retroativa, reconhece a extinção da punibilidade em perspectiva ou de forma antecipada. Entretanto, o STJ editou a Súmula nº 438, afastando a aplicação deste modelo de prescrição. *"É inadmissível a extinção da punibilidade pela prescrição da pretensão punitiva com fundamento em pena hipotética, independentemente da existência ou sorte do processo penal"*.

Renúncia	É o ato voluntário e unilateral do ofendido ou de seu representante legal, abdicando do direito de promover a ação penal privada, extinguindo-se, assim, a punibilidade do agente. Decorre de um desdobramento lógico do princípio da oportunidade da ação penal. **Espécies de renúncia:** **Renúncia expressa** – é aquela realizada por declaração assinada pelo ofendido ou por seu representante legal ou procurador com poderes especiais (art. 50 do CPP). **Renúncia tácita** – ocorre quando o comportamento da vítima for incompatível com a vontade de iniciar a ação penal. Na hipótese de coautoria, a renúncia ao exercício do direito de queixa em relação a um dos autores, a todos se estenderá (art. 49, CPP).
Perdão do ofendido	É o ato pelo qual o ofendido ou seu representante legal desistem de prosseguir com o andamento do processo já em curso, desculpando o ofensor pela prática do crime. É um desdobramento do princípio da disponibilidade. É um instituto exclusivo de ação privada. **Espécie de perdão:** **Perdão extraprocessual** – quando realizado fora do processo, ou seja, por meio de carta, testamento ou no cartório. **Perdão processual** – ocorre nos próprios autos do processo. O perdão e sua aceitação podem ser expressos ou tácitos. Mas, a recusa do perdão deve ser sempre expressa, pois o silêncio gera a aceitação.
Retratação do agente	É retirar o que disse, trazendo a verdade novamente à tona. As hipóteses que admitem a retratação como causa extintiva da punibilidade são: **a)** calúnia (art. 138 do Código Penal); **b)** difamação (art. 139 do Código Penal); **c)** falso testemunho ou falsa perícia (art. 342 do Código Penal).
Perdão judicial	É o instituto pelo qual o juiz, não obstante a prática de um fato típico e antijurídico por um sujeito comprovadamente culpado deixa de lhe aplicar, nas hipóteses taxativamente previstas em lei, o preceito sancionador levando em consideração determinadas circunstâncias que concorrerão para o evento. O Estado perde o interesse de punir. É um direito subjetivo do acusado onde presentes os requisitos legais, o juiz deve perdoar. Não gera a reincidência.

22.11. QUESTÕES DE PROVA

1 – (Delegado de Polícia do Estado de Santa Catarina/2014) – De acordo com o Código Penal, dentre outras, extingue-se a punibilidade nas seguintes situações, **exceto**:

A) anistia, graça ou indulto;

B) renúncia do direito de queixa ou pelo perdão aceito, nos crimes de ação privada;

C) doença incapacitante irreversível do agente;

D) prescrição, decadência ou perempção;

E) retroatividade de lei que não mais considera o fato como criminoso e pela morte do agente.

Correta: C

Comentários: *O art. 107 do Código Penal elenca taxativamente as hipóteses de extinção da punibilidade: **a)** morte do agente; **b)** anistia, graça ou indulto; **c)** retroatividade de lei que não mais considera o fato como criminoso; **d)** prescrição, decadência ou perempção; **e)** renúncia a direito de queixa ou ao perdão aceito, nos crimes de ação privada; **f)** retratação do agente, nos casos em que a lei a admite; **g)** pelo perdão judicial, nos casos previstos em lei. Logo, doença incapacitante irreversível do agente não consta neste rol.*

2 – (Delegado de Polícia do Estado de Santa Catarina/2014) – De acordo com o Código Penal assinale a alternativa **correta**.

A) A pena para quem pratica homicídio qualificado será aplicada de 12 (doze) a 20 (vinte) anos de reclusão.

B) Se o agente comete o crime de homicídio impelido por motivo de relevante valor social ou moral, ou sob o domínio de violenta emoção, logo em seguida a injusta provocação da vítima, o juiz pode reduzir a pena de um terço até a metade.

C) A prescrição, depois da sentença condenatória com trânsito em julgado para a acusação ou depois de improvido seu recurso, regula-se pela pena aplicada, não podendo, em nenhuma hipótese, ter por termo inicial data anterior à da denúncia ou queixa.

D) A pena é aumentada de 1/6 (um sexto) até a metade se o crime de homicídio for praticado por milícia privada, sob o pretexto de prestação de serviço de segurança, ou por grupo de extermínio.

E) A sentença que conceder perdão judicial será considerada para efeitos de reincidência.

Correta: C

Comentários: *O § 1º do art. 110 do Código Penal prevê: "A prescrição, depois da sentença condenatória com trânsito em julgado para a acusação ou depois de improvido seu recurso, regula-se pela pena aplicada, não podendo, em nenhuma hipótese, ter por termo inicial data anterior à da denúncia ou queixa".*

3 – (Delegado de Polícia do Estado de São Paulo/2014) – Em regra geral, a prescrição antes de transitar em julgado a sentença final:

A) é chamada, pela doutrina, de prescrição intercorrente;

B) é chamada, pela doutrina, de prescrição retroativa;

C) regula-se pelo mínimo da pena privativa de liberdade cominada ao crime;

D) regula-se pela pena aplicada na sentença de primeiro grau;

E) regula-se pelo máximo da pena privativa de liberdade cominada ao crime.

Correta: E

Comentários: *A prescrição, antes de transitar em julgado a sentença final, regula-se pelo máximo da pena privativa de liberdade cominada ao crime (art. 109 do Código Penal).*

4 – (XV – Exame Unificado – OAB/2014) – Francisco foi condenado por homicídio simples, previsto no art. 121 do Código Penal, devendo cumprir pena de seis anos de reclusão. A sentença penal condenatória transitou em julgado no dia 10 de agosto de 1984. Dias depois, Francisco foge para o interior do Estado, onde residia, ficando isolado num sítio. Após a fuga, as autoridades públicas nunca conseguiram capturá-lo. Francisco procura você como advogado (a) em 10 de janeiro de 2014.

Com relação ao caso narrado, assinale a afirmativa correta.

A) Ainda não ocorreu prescrição do crime, tendo em vista que ainda não foi ultrapassado o prazo de trinta anos requerido pelo Código Penal.

B) Houve prescrição da pretensão executória.

C) Não houve prescrição, pois o crime de homicídio simples é imprescritível.

D) Houve prescrição da pretensão punitiva pela pena em abstrato, pois Francisco nunca foi capturado.

Correta: B

Comentários: *Nos termos dos arts. 109 e 110 do Código Penal, a pena de seis anos prescreverá em doze anos. Com isso, sua condenação ocorreu no ano de 1984, tendo prescrito em 1996. Em 2014, já havia a prescrição da pretensão executória do Estado.*

5 – (Defensoria Pública do Estado de São Paulo/2013) – Sobre o indulto (Decreto nº 7.873/12), é correto afirmar que:

A) é previsto para pessoas que cumprem pena em regime semiaberto para visita à família e pode ser concedido por prazo não superior a sete dias, podendo ser renovado por mais quatro vezes durante o ano;

B) a prática de falta disciplinar de natureza grave nos últimos dozes meses contados retroativamente à data da publicação do Decreto impede a obtenção do induto quando homologada pelo juízo competente e respeitado o devido processo legal;

C) a aplicação de sanção por falta disciplinar de natureza grave interrompe a contagem do lapso temporal para a obtenção do indulto quando homologada pelo juízo competente e respeitado o devido processo legal;

D) não pode ser concedido a estrangeiros reincidentes.

E) a prática de falta disciplinar de natureza grave após a publicação do Decreto Presidencial impede a obtenção do indulto quando homologada pelo juízo competente e respeitado o devido processo legal.

Correta: B

Comentários: *O art. 4º do Decreto nº 7.873/2012 dispõe: "A declaração do indulto e da comutação de penas previstos neste Decreto fica condicionada à inexistência de aplicação de sanção, homologada pelo juízo competente, em audiência de justificação, garantido o direito ao contraditório e à ampla defesa, por falta disciplinar de natureza grave, prevista na Lei de Execução Penal, cometida nos doze meses de cumprimento da pena, contados retroativamente à data de publicação deste Decreto".*

6 – (Defensoria Pública do Estado de São Paulo/2013) – Em relação à questão de gênero no sistema penal brasileiro é correto afirmar que:

A) a criminologia crítica demonstrou que a mulher tem maior tendência para cometer crimes passionais;

B) os estabelecimentos penais destinados a mulheres devem ser dotados de estrutura adequada para que possam cuidar de seus filhos e amamenta-los até o período máximo de seis meses de idade;

C) caso a mulher presa seja surpreendida na posse de uma bateria de telefone celular comete falta disciplinar de natureza grave, que acarreta a perda de convivência com seu filho na unidade prisional;

D) o Decreto Presidencial de Indulto pode prever lapsos temporais menores para obtenção de indulto pelas mulheres;

E) o relacionamento homoafetivo fora dos dias de visita constitui falta disciplinar de natureza grave, pois pode subverter a ordem e a disciplina da unidade prisional.

Correta: D

Comentários: *O art. 1º, inc. VI, alíneas "a" e "b" do Decreto nº 7.873/2012,* prevê períodos distintos para homens e mulheres, vejamos: *"VI – condenadas a pena privativa de liberdade superior a oito anos* *que tenham filho ou filha menor de dezoito anos ou com deficiência que necessite de seus cuidados e que, até 25 de dezembro de 2012, tenham cumprido: a) se homens não reincidentes, um terço da pena, ou metade, se reincidentes; ou b) se mulheres não reincidentes, um quarto da pena, ou um terço, se reincidentes."*

7 – (Defensoria Pública do Estado de São Paulo/2013) – Sobre a prescrição é correto afirmar que:

A) em caso de fuga a prescrição da pretensão executória não corre até a nova prisão;

B) as penas restritivas de direitos e de multa prescrevem em dois anos;

C) as faltas disciplinares na execução penal não prescrevem por ausência de previsão legal, conforme a jurisprudência do Superior Tribunal de Justiça;

D) as medidas de segurança prescrevem a despeito da ausência de previsão legal, conforme a jurisprudência do Superior Tribunal de Justiça;

E) no caso de concurso de crimes a prescrição incidirá sobre o total da pena imposta na sentença.

Correta: D

Comentários: *De acordo com o Superior Tribunal de Justiça, embora a medida de segurança não seja pena, ela tem caráter sancionatório, logo deve obedecer aos critérios de prescritibilidade aplicáveis às penas. Neste sentido, decidiu no HC 59.764 – SP, o Min. Og Fernades (Informativo 436).*

BIBLIOGRAFIA

ALIMENA, Bernadino. *Princípios de derecho penal.* Trad. Eugenio Cuello Callón. Madrid: Victoriano Suárez, 1915. v. 1.

BARROS, Flávio Monteiro de. *Direito penal – parte geral.* São Paulo: Saraiva, 2003.

BITENCOURT, Cezar Roberto. *Tratado de direito penal – parte geral.* 14. ed. rev., atual. e ampl. São Paulo: Saraiva, 2009.

BRUNO, Aníbal. *Perigosidade criminal e medida de segurança – edição histórica.* Rio de Janeiro: Rio, 1977.

CAPEZ, Fernando. *Curso de direito penal*: parte geral. 15. ed. São Paulo: Saraiva, 2011. v. 1.

_____. *Curso de processo penal.* 22. ed. São Paulo: Saraiva, 2015.

CARRARA, Francesco. *Programa de derecho criminal. Parte general.* Bogotá: Temis, 2004. v. 1.

CUNHA, Rogério Sanches. *Manual de direito penal.* Salvador: JusPodivm, 2013.

ESTEFAM, André. *Direito penal – parte geral.* São Paulo: Saraiva, 2010.

FRAGOSO, Heleno Cláudio. *Lições de direito penal – parte geral.* 17. ed. rev. por Fernando Fragoso. Rio de Janeiro: Forense, 2006.

GOMES, Luiz Flávio. *Erro de tipo, erro de proibição e descriminantes putativas.* 6. ed. Salvador: JusPodivm, 2015.

_____; BIANCHINI, Alice. *Curso de direito penal – parte geral.* Salvador: JusPodivm, 2015.

GONÇALVES, Carlos Roberto. *Direito civil brasileiro.* 5. ed. São Paulo: Saraiva, 2007.

GONÇALVES, Victor Eduardo Rios. *Direito penal – parte geral.* 16. ed. São Paulo: Saraiva, 2010.

GRECO FILHO, Vicente. *Manual de processo penal.* São Paulo: Saraiva, 1991.

GRECO, Rogério. *Curso de direito penal – parte geral.* 17. ed. Niterói: Impetus, 2015. v. 1.

JESUS, Damásio E. de. *Direito penal – parte geral.* 36. ed. São Paulo: Saraiva, 2015. v. 1.

_____. *Código penal anotado.* 23. ed. São Paulo: Saraiva, 2016.

MARCÃO, Renato. *Curso de processo penal.* 2. ed. rev., ampl. e atual. São Paulo: Saraiva, 2016.

MASSON, Cleber. *Direito penal esquematizado – parte geral.* Rio de Janeiro: Forense; São Paulo: Método, 2012.

MIRABETE, Júlio Fabbrini; FABBRINI, Renato N. *Manual de direito penal,* 27. ed. São Paulo: Atlas, 2011. v. 1.

NORONHA, Edgard Magalhães. *Direito penal.* São Paulo: Saraiva, 1980. v. 1.

NUCCI, Guilherme de Souza. *Manual de direito penal – parte geral e parte especial.* 4. ed. rev., atual. e ampl. São Paulo: Revista dos Tribunais, 2008.

PRADO, Luiz Regis. *Curso de direito penal brasileiro – parte geral.* São Paulo: Revista dos Tribunais, 1999.

SALIM, Alexandre; AZEVEDO, Marcelo André de. *Direito penal – parte geral.* 3. ed. Salvador: JusPodivm, 2013.

SILVA, José Afonso da. *Curso de direito constitucional positivo.* 26. ed. São Paulo: Malheiros, 2006.

TELES, Ney Moura. *Direito penal – parte geral.* São Paulo: Atlas, 2004.

TOLEDO, Francisco de Assis. *Princípios básicos de direito penal.* São Paulo: Saraiva, 2000.

VERGARA, Pedro. *Das circunstâncias atenuantes no direito penal vigente.* Rio de Janeiro: Bofoni, 1948.

WELZEL, Hans. *Derecho penal. Parte general.* Buenos Aires: Roque Depalma Editor, 1956.

ZAFFARONI, Eugenio Raúl. *Manual de derecho penal – Parte general.* Buenos Aires: Ediar, 1996.

_____; BATISTA, Nilo; ALAGIA, Alejandro; SLOKAR, Alejandro. *Direito penal brasileiro.* 4. ed. Rio de Janeiro: Revan, 2013.

_____; PIERANGELI, José Henrique. *Da tentativa.* São Paulo: Revista dos Tribunais, 1988.

Anotações

Anotações

Rua Alexandre Moura, 51
24210-200 – Gragoatá – Niterói – RJ
Telefax: (21) 2621-7007
www.impetus.com.br

Esta obra foi impressa em papel offset 75 grs./m².